평생교육경영론

THE THEORY PRACTICE OF
LIFELONG EDUCATION MANAGEMENT

평생교육 경영론

김동일 · 조원환 · 박현진 공저

동문사

PREFACE

머리말

평생교육은 결국 사람과 밀접한 관계 속에서 이루어지는 교육이다. 팬데믹(pandemic)으로 인해 언택트(untact)하는 시대가 도래했지만, 인간은 본질적으로 사람을 만나야 살아갈 수 있는 사회적 존재이다. 평생교육 경영에서도 '언택트 마케팅'이라는 개념이 등장하며 비대면 중심의 서비스가 강조되고 있으나, 그 어떤 형태의 마케팅이라도 결국 중심에는 사람이 있어야 하며, 언택트(untact)든 컨택트(contact)든 사람의 필요와 감정을 반영한 맞춤형 교육 서비스로 이어져야 한다. 오늘날 평생교육 경영은 사물인터넷(IoT), 인공지능(AI), 증강현실(AR), 가상현실(VR) 등 첨단 기술과의 융합을 통해 편리한 학습 환경을 제공하고 있으며, 이러한 변화는 교육 수요자 중심의 경영을 더욱 구체화시키고 있다. 그러나 아무리 기술이 발전하더라도 평생교육 경영의 본질은 관계에 있으며, 이는 단순한 이윤 추구가 아니라 사람과 사람 사이의 신뢰와 감정을 바탕으로 긍정적 관계를 형성하고 유지하는 것이다. 경영은 고객을 이해하고, 그들이 가치 있다고 여기는 것을 창출하는 과정이며, 세계적인 경영학자 오마에 겐이치가 말한 것처럼 경쟁을 넘어서 새로운 고객 가치를 제안하는 데 그 목적이 있다. 이러한 관점에서 평생교육 경영은 고유한 가치를 창출하고 전달함으로써 사람의 성장을 돕는 활동이며, 관계를 통해 형성된 조직 속에서 더 나은 환경과 시스템을 만들어가는 여정이다. 이 책은 평생교육과 경영의 융합을 이해하는 데 목적이 있으며, 평생교육의 기본 개념, 경영의 핵심 요소, 그리고 평생교육경영의 실제를 균형 있게 설명하고자 하였으며, 이 책이 독자에게 실질적인 통찰과 방향성을 제공하길 바라는 마음으로 집필하였다. 이 교재가 나오기까지 도움을 주신 많은 분들께 깊은 감사의 뜻을 전하며, 늘 응원해주시는 분들의 기대에 부응하기를 바라는 마음으로 이 책을 펴낸다.

2025년 8월

집필자 일동

CONTENTS

차 례

Chapter

01

평생교육정책과 경영

1. 평생교육 태동 및 발전

현대사회의 변화로 인공지능이 등장하고 산업의 지형뿐 아니라 우리의 삶도 변화시키고 있다. 하루가 지나고 나면 새로운 정보와 지식으로 정신이 없을 정도이다. 이러한 사회환경의 변화는 새로운 지식과 기술의 습득을 요구하고 있으며, 변화하는 환경에 잘 적응하고, 그것이 잘사는 삶으로 연계하기 위해서는 지속적인 학습이 필요하기에 평생교육이 화두가 되고 있다.

1) 급속한 과학기술의 발달

평생교육의 태동은 기술혁신에 따른 직업구조와 산업구조의 변화이다. 미래학자 칸(Kahn)은 과학기술의 발달이 산업의 구조를 변화시키며 새로운 직업 창출로 직업구조를 바꾸어 놓게 될 것이라 하였다(차경수 외, 1995). 4차 산업혁명과 함께 의사, 검사, 회계사 등 '사'자 돌림의 전문직을 최고라고 여겼던 사회통념이 무너지고 있다. 10년 전에는 존재하지 않았던 앱 개발자, 드론 조종사, 소셜미디어 관리자, 우버 택시 운전자, 유튜브 콘텐츠 크리에이터, 클라우드 컴퓨팅 전문가, 빅데이터 분석전문가 등이 생겨나 유망 직업으로 주목받는 현실만 봐도 쉽게 알 수 있는 일이다. 미래 일자리 변화의 속도가 빨라지고 있는 만큼, 일자리에 영향을 미치는 환경 변화를 살펴보고 인간에게 필요한 핵심역량을 찾는 일도 점점 더 중요해지고 있다(전미경 외, 2017).

| 그림 1-1 | 예상되는 미래 직업 사례

출처: 미래창조과학부 미래준비위원회 외. (2017). 10년 후 대한민국 미래 일자리의 길을 찾다: 미래 전략 보고서. 서울: 진한엠앤비.

2) 4차 산업혁명의 인공지능화

4차 산업혁명이라는 개념을 처음 제기한 연구자는 클라우스 슈밥(Klaus Schwab)으로 인공지능, 사물인터넷, 빅데이터 활용 등을 특징으로 하는 새로운 산업환경의 도래를 4차 산업혁명 시대라고 할 수 있다. 슈밥(Schwab, 2016)에 의하면, 1차 산업혁명은 기계화, 2차 산업혁명은 전기화, 3차 산업혁명은 정보화, 그리고 4차 산업혁명은 인공지능화로 핵심키워드를 정리하였다(송경진, 2017). 1~4차 산업혁명의 특징을 정리하면 다음과 같다(임종헌 외, 2017).

| 표 1-1 | 1~4차 산업혁명 특징

구분	특징	내용
1차	물, 증기	물과 증기를 이용한 증기기관을 활용 생산성 향상
2차	전기	전기 에너지 이용을 통한 대량생산 체제 구축
3차	전자, 정보기술	전자와 정보기술을 이용한 자동화 및 디지털화
4차	디지털, 물리학, 생물학	디지털 기술을 바탕으로 물리학, 생물학 결합

출처: 임종헌 외. (2017). 4차 산업혁명 사회에서 교육의 방향과 교원의 역량에 관한 탐색적 연구. 한국교육, 44(2), 5-32.

4차 산업혁명 시대에 대한 여러 학자의 주장으로 인해 교육개혁이 필요하다는 논의가 확산하고 있으며, 국내 교육현장도 많은 영향을 받게 되었다. 2017년 국제미래학회에서 발간한 '제4차 산업혁명 시대 대한민국 미래교육보고서'를 살펴보면, 4차 산업혁명시대 교육의 방향과 개혁과제, 그리고 교육방식에 대한 구체적인 내용이 포함되어 있음을 알 수 있다(김대식, 2017). 인공지능으로 대변하는 4차 산업사회에서 인간이 인공지능보다 잘할 수 있는 직업환경 변화에 대비하기 위해서는 현재의 산업사회형 대량생산 방식 특성인 표준화, 규격화, 정형화된 학교 교육에서 벗어나 사회의 변화에 따라 다양성, 창의성, 유연성을 강화할 수 있는 교육의 변모가 이루어져야 할 것이다.

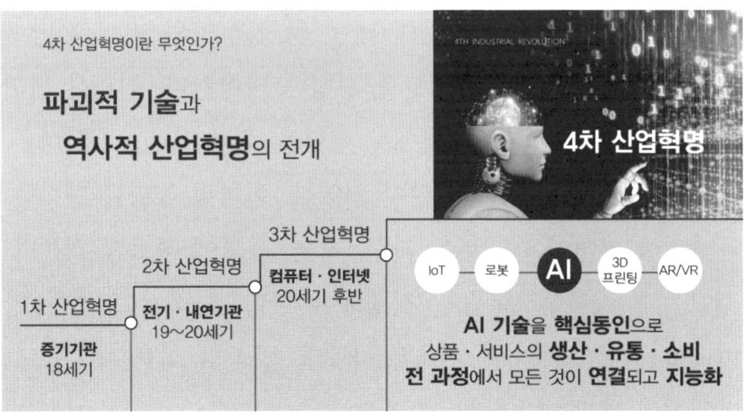

| 그림 1-2 | 산업혁명의 흐름

출처: https://steemkr.com/kr/@tanama/xzykv-4

1차 산업혁명은 증기기관의 발명으로 인한 제조업에서의 생산성 향상, 2차 산업혁명은 전기를 통한 대량생산, 3차 산업혁명은 정보기술을 바탕으로 한 인터넷 발달로 제조업의 변화를 토대로 구분될 수 있는 개념이다. 이에 4차 산업혁명은 3차 산업혁명의 디지털 기술을 바탕으로 물리학, 생융합이 되면서 일어난 산업 변화로 생산 패러다임의 혁명적 변화를 예고하고 있다. 4차 산업혁명은 3차 산업혁명의 연장선에 있지만, 3차 산업혁명의 모습에 물리와 생물이 융합되면서 인공지능 등 다양한 분야의 기술이 통합되는 현상이 주요 특징으로 나타나게 될 것이다. 물리학, 디지털학, 생물학의 영역을 다음과 같이 구분하고 있다(Schwab, 2016).

| 표 1-2 | 4차 산업혁명의 핵심 기술

영역	핵심기술
물리학	무인 운송수단, 3D 프린터, 로봇공학, 신소재
디지털학	사물인터넷, 블록체인
생물학	유전학, 유전자 편집, 합성생물학

출처: 임종헌 외. (2017). 4차 산업혁명 사회에서 교육의 방향과 교원의 역량에 관한 탐색적 연구. 한국교육, 44(2), 5-32.

현대사회의 급격한 속도로 생산해 내는 엄청난 양의 지식과 정보는 국가를 하나의 공동체로 연결하는 네트워크를 형성해 나아간다. 이러한 변화는 산업의 모양이나 형태뿐만 아니라 우리 삶에도 영향을 주고 있다. 너무 빠른 변화로 인해 이에 적응하는 것조차 힘든 상황이 되었다. 이처럼 놀라운 변화는 산업 구조 변화를 가져오며 현대인은 새로운 지식, 기술, 정보에 빠르게 적응하기 위해 끊임없는 재교육과 자기주도학습을 진행해야 한다. 따라서 교육은 현실의 바탕 위에서 미래를 전망하고 이를 기초로 새로운 방식의 교육으로 변모해야 할 필요성과 당위성이 존재한다(권건일 외, 2006).

이와 같이 현대사회는 정보화, 개방화, 다양화의 세 가지 특징을 가진다. 정보통신의 기술은 다양한 분야에서 많은 양의 지식과 정보를 생산해 내고 있으며, 교통과 통신의 발달로 지역과 지역 간, 국가와 국가 간에 교류 증대를 확대하고, 경제와 문화 분야를 하나로 연결되는 영향을 받는다. 이제 세계는 지구촌이라고 불릴 정도로 경계선이 무너지고 있다(이경화 외, 2017).

이러한 문화 개방은 다양한 문화에 관한 관심과 욕구를 증대시키고 사람들의 생활과 사고에 영향을 미침으로써, 현대인은 다원화된 사회에서 각자의 개성을 추구하며 살아가게 되었다(성낙돈 외, 2015).

3) 지식기반사회의 도래

지식기반사회(knowledge based society, 知識基盤社會)란 지식과 정보가 가치의 중심이 되는 사회로 컴퓨터 및 다양한 정보통신기술의 비약적 발전으로 지식의 가치가 정치, 경제, 사회 전반에 걸쳐 영향력이 커진 사회를 의미한다. 또한 1996년 OECD 보고서를 통해 '지식기반경제'라는 용어는 '지식과 정보의 창출, 확산, 활용이 모든 경제적 활동영역에 영향을 미칠 뿐 아니라 국가의 부가가치 창출과 기업과 개인의 경쟁력 원천이 되는 경제'라고 정의하였다. 그리고 지식의 생성, 분배, 활용에 직접적인 기반을 둔 경제를 말한다. 즉 자본이나 노동력보다는 지식이 경쟁력과 성장의 원천이 되는 경제를 말하며, 경제적 측면에서 보면 노동이나 자본보다 지식이 경쟁력 결정의 핵심요소가 되는 경제이다. '지식기반경제'를 처음 제창한 학자는 미국 경영학 교수인 피터 드러커(Peter F. Drucker)이다. 그는 『자본주의 이후의 사회(Next Society)』에서 지식 자체가 자본과 노동을 대체하는 지식근로자가 등장할 것이라고 처음으로 예견하였다(이향란, 2015). 여기서 지식이란 단순히 무엇에 대해 '아는 것'만을 뜻하는 것이 아니라, 앎을 바탕으로 무엇인가를 새롭게 창출하고 조직하여 체계화함으로써 다시 새로운 것을 창출할 수 있는 기술과 정보까지도 포괄하는 개념이다.

앨빈 토플러(Alvin Toffler)는 『제3물결(The third wave)』에서 제3의 물결로 표현되

는 정보사회는 다양화, 분권화, 통합화의 특징을 가진다고 주장하였다(Toffler, 1980). 이러한 지식·정보의 사회에서는 나름대로 가치판단을 중요시한다. 또한 아동기 및 청소년기에 한 번 배운 지식만으로 백 세까지 살아가기에 충분한 지식과 정보를 제공할 수 없기 때문에 학교교육제도만으로는 현재 사회가 요구하는 변화를 감당하기 어렵다.

21세기는 글로벌 시대의 생산 및 정보통신기술의 급속한 발전으로 전 세계적인 개방과 통합이 가속화되고 있다. 이에 따라 정보산업, 문화산업, 금융산업 등 지식서비스에 근거한 지식산업이 더 큰 비중을 차지하는 생산체제로 빠르게 전환되고 있다. 지식기반사회에서 평생교육기관의 경영은 교육방법의 발전, 학습자의 요구와 교육시장의 변화에 신속히 대응해야 한다. 또한 공공기관의 평생교육시설은 시민들의 다양한 이해갈등의 조정, 글로벌 경제의 위기에 대한 전략적 대응, 지식기반사회에 새롭게 나타나는 다양한 행정 수요 등을 충족시켜야 한다.

미래학자이자 역사학자 유발 하라리(Yuval Harari)는 "현재 학교에서 아이들에게 가르치는 내용의 80~90%는 이 아이들이 40대가 됐을 때 전혀 쓸모없을 확률이 크다(Harari, 2014)"고 하였다. 이는 학습활동이 학교 안에서보다는 밖에서 더 많이 이루어질 것이며 정보지식에 대한 패러다임 전이(paradigm shift), 즉 개념의 재정립이 일어난다는 것이다. 21세기 지식기반사회를 주도할 인재를 육성하는 것이 평생교육의 관건이다. 폭발적으로 쏟아지는 정보 가운데 활용할 수 있는 정보를 선택하고, 분석·종합하여 새로운 정보를 창출할 수 있는 자기주도적인 능력을 갖춘 사람을 필요로 한다. 특히, 4차 산업혁명에서 교육의 변화는 인간존중을 지향하면서 인간의 삶이 중심이 될 수 있도록 역량과 인성이 강조되는 학습이 핵심이 되어야 하며, 공동체를 중심으로 하여 교육적 공공성뿐 아니라 개별성도 강조되어야 한다. 자신의 문화와 생활방식을 주체적으로 발전시켜 나갈 수 있는 사람, 타인을 존중하며 더불어 협력하는 가운데 창조적 삶을 영위할 수 있는 인재를 발굴하는 것이 과제이다. 또한 지식기반사회는 정보통신의 혁명, 경쟁의 세계화, 수요의 고급화와 다양화, 수확체증[1]의 현상 등을 특징으로 하고 있다. 그리고 학습이 이루어지는 장소가 다양해지고 일과 학습이 통합되는 학습이 중요시되고 있으며, 교육기관 밖에서 이루어지는 학습을 중시하게 되면서 이것이 양적으로 팽창하게 될 것이다.

이러한 4차 산업혁명 사회의 특징 및 체제의 혁명적 변화는 새로운 직업의 탄생, 그리고 기존의 상당수 직업의 소멸로 이루어지게 될 것이다. 세계경제포럼(World Economic Forum, 2016)에서 분야별 일자리 증감을 인공지능과 자동화 도입의 영향으로 새로운 직업의 수요와 특정 직업군의 변화에 적응해야 할 필요성이 커질 것이라고 분석·발표하였다(임종헌 외, 2017).

미국에서 나타난 기술 발전에 따른 일자리 직무변화를 살펴보면, 창의적 커뮤니케이션과 비구조화된 문제해결이 필요한 일자리는 꾸준히 늘어나지만, 과거 산업사회에 필요했던 반복적이거나 육체를 활용한 직무는 지속해서 감소 추세에 있음을 알 수 있다. 반면 교육전문가의 경우 인공지능 대체율이 매우 낮음을 알 수 있는데, 이는 세계경제포럼(World Economic Forum)에서 발표한 내용과 유사한 결과임을 알 수 있다. 교육과 훈련은 인간의 본질과 관련된 직업으로 고유의 가치를 잃지 않을 것을 기대하게 된다. 하지만 현재 이대로의 교육은 미래의 지식기반 사회를 대처하기에는 미흡하다. 미래사회에서는 나와 생각과 의견이 다른 이질적 그룹과의 상호작용 역량, 그리고 스스로 참여하려는 자율적 역량이 중요하다. 이에 한국교육의 커다란 방향을 바꾸기 위해서는 시스템 자체에 획기적인 변화가 요구되어야 한다(최경민 외, 2018). 이것이 지식기반사회의 '평생학습'인 것이다. 또한 지식기반사회의 변화에 적응하기 위해 개개인은 끊임없이

1) 일반적으로 토지, 노동, 자본과 같은 생산요소는 '수확 체감의 법칙'이 적용된다. 즉, 생산요소를 증가 투입하면 한계 생산물이 지속해서 감소한다. 그러나 지적 자본은 오히려 '수확체증의 법칙'이 적용된다. 예를 들면, 기업의 종업원이 업무를 처리하는 과정에서 얻은 지식이나 노하우는 그것을 쓸수록 더 발전하고 새로운 노하우를 발견하는 토대가 된다. 왜냐하면 지적 자본은 제한된 자원이 아니기 때문에 기존의 지식과 경험 등에 의해 무한히 새로 개발되기 때문이다. 또한 조직성원들과의 지식 공유 등을 통해서 시너지 효과가 발생, 새로운 지식이나 노하우 등이 창조될 수 있기 때문이다. 지적 자본의 개발, 통제는 정보화 시대에 더 높은 생산을 위한 중요한 요소이다(다음백과사전, 2024).

학습하는 능력을 기르고 평생교육기관은 효과적인 지식관리를 위해 평생교육을 활성화하는 것이 모든 조직의 주요 과제가 되고 있다는 것을 시사하면서 평생교육경영의 도입을 재확인한다(이향란, 2015).

4) 인간소외 현상

폭발적으로 증대되는 과학기술의 발달은 정신적 가치보다 물질적 가치에 비중을 두게 하고, 자기표현의 자유를 구속당하여 무력감, 불안감 속에서 자기 소외감을 느끼게 만든다. 도시화의 증대 현상은 인간의 소외의식을 촉발하고 심화시키는 원천이 된다. 특히, 핵가족화된 가정생활은 노인의 소외의식을 가중해 노인 문제를 형성할 뿐만 아니라, 자녀의 양육방식에 있어서 세대 간의 단절 현상으로 현대인들에게 적응상의 어려움을 제기하게 된다. 현대사회에서 인간소외의 문제를 극복하기 위해서는 자신의 실존적 의의와 자기 밖의 세계와의 관계 형성이 바르게 정립하여야 한다. 이를 위해 개인적으로는 자기 정립이 평생교육 과제가 될 것이고 국가적으로는 평생교육 제도 정립이 평생교육의 과업이 될 것이다.

5) 세대 간 갈등 문제

세대 간 갈등을 지적할 수 있다. 노인 인구의 비율이 증가하면서 인구의 연령구조가 변하고 있다. 인구의 고령화는 인구의 감소세와 더불어 출산율과 사망률이 감소하면서 젊은 인구의 감소로 나타나게 된다. 결국 인구의 고령화는 개인의 라이프스타일의 변화는 물론 사회적인 변화까지 수반하게 된다. 고령사회는 젊은 인구의 감소로 노동력이 양적·질적으로 감소하게 된다(한우섭 외, 2019). 노령인구의 증가는 사회보장비용의 증가를 가져왔고 이 과정에서 젊은 세대와 노인세대 간에 갈등도 서서히 드러나고 있다. 뿐만 아니라 급격한 사회변화로

서로 간의 문화적 차이, 가치관의 차이, 그리고 이념적 갈등으로 나타나고 있다. 이러한 문제들을 해결하기 위해서는 세대 간의 차이를 극복하고자 하는 노력이 요구된다. 이러한 사회적 수요와 생애발달에 따른 다양한 교육적 요구를 학교교육 중심의 교육제도만으로는 충분히 해결해 줄 수는 없다. 따라서 이러한 미래 사회변화를 대비하기 위해서는 교육에 대한 개념적 확장과 제도적 변화가 불가피하게 되었다.

6) 100세 시대의 생애교육 필요

인간의 수명연장에 따른 생애교육의 필요성이다. 유전공학, 재생의학, 나노기술 같은 분야들이 발전에 힘입어 점점 더 낙관적인 예언이 등장하고 있다. 우리는 대략 10년마다 한 번씩 병원으로 달려가 개조 시술을 받을 것이라고 한다. 그 시술은 단순히 질병을 치료하는 데 그치지 않고, 노화하는 조직을 재생하고 손, 눈, 뇌의 성능을 높일 것이다. 70년대에 미국의 인기 드라마 〈600만 달러의 사나이(1974~1978)〉, 〈캡틴 아메리카: 윈터 솔져(2014)〉, 〈매드맥스: 분노의 도로(2015)〉, 〈공각기동대: 고스트 인 더 쉘(2017)〉 등의 영화 속의 장면이 현실이 되어 좀 더 월등한 능력을 갖고 싶은 몸이 일부를 기계로 대체하는 포스트휴먼이 생겨날 것이다(Harari, 2016). 20세기에 기대수명이 40세에서 70세로 두 배 가까이 늘어났으니, 21세기는 적어도 그 두 배인 150세까지는 거뜬하리라 생각한다. 그러므로 나머지 인생을 준비할 과정이 필요하며 바로 이런 점에서 계속교육에 대한 요구는 불가피하다.

7) 세계화의 사회적 병리현상

세계화(globalization) 현상과 함께 현대사회의 위기, 환경파괴 등을 지적할 수 있다. 교통과 정보통신의 발달로 국가 간의 교류와 협력의 범위가 확대되었으며, 세계화로 인해 생활양식 교류, 문화의 교류 등이 활성화되었다. 하지만 과학기술의 발달로 편리해진 만큼 개발로 지불해야 할 대가가 크다. 환경파괴의 문제, 지구 파멸의 위험 등은 이미 지구 전체의 문제가 되었으며 인간의 생존에 큰 위협을 느끼게 되었다. 국가 간 빈부의 격차, 지나친 경쟁 사회가 가져온 인간관계의 변질, 인간소외 현상 더 나아가 사회병리적 현상으로 나타나고 있다.

이처럼 변화에 대한 요구의 하나로 2015년 교육부 주관으로 세계교육포럼이 인천 송도에서 개최되었으며, '모두를 위한 교육, EFA(Education For All)'를 지향하면서 모든 사람이 성, 인종, 나이, 지역 등과 관계없이 양질의 교육을 받아야 한다고 제시하였다(윤종혁 외, 2016). 교육계의 올림픽이라고도 불리는 세계교육포럼은 세계적 영향력이 매우 강력한 포럼으로, 여기서 제시하는 EFA는 교육을 받을 권리, 형평성 포용, 양질의 교육, 평생학습 등이 핵심가치라고 할 수 있다. 즉, 어떤 학습자도 배제 받지 않으며 각자의 가진 잠재력을 최대한 발휘할 수 있도록 기회를 제공하는 것이 인간의 기본적인 권리임을 강조하고 있다(김기표, 2016).

2. 평생교육의 개념

1) 평생교육 배경

평생교육의 용어는 영어로 평생교육(Lifelong Education), 일본에서는 생애교육(生涯敎育), 중국에서는 종신교육(終身敎育)이라는 유사한 용어들을 사용하고 있다. 나라마다 조금씩 차이는 있지만, 그 의미는 같다고 볼 수 있다. 21세기에는 평생교육이라는 단어가 일상적이고 보편적인 단어가 되어 버렸다. 그리고 우리의 삶 속에 깊숙이 스며들어 와 있으며 넓게 사용되고 있다. 현대사회는 국가 · 사회적 지식에 대한 중요성을 매우 강조하며 지식기반사회를 조성하기 위하여 「평생교육법(1999)」을 제정하고 지방자치단체는 평생학습도시로 인정받기 위해 노력하고 있다. 또한, 정보통신기술(information technology)의 급격한 발달로 세계는 초국가적으로 지구공동체를 부르며 하나의 운명공동체를 갖기도 한다. 이제 평생교육과 학습은 정보 및 지식사회로 지칭되는 현대사회를 살아가는 모든 인간의 생활양식과 생존방식이 되고 있다. 이처럼 새로운 지식과 정보로 인하여 빠르게 대응하기 위해 끊임없는 재교육을 수행하고 있으며, 내용도 4차 산업혁명 시대에 발맞추어 새로운 패러다임의 변화를 통해 인간 삶의 질 향상을 노력하고 있다.

현대사회는 정보화 시대이면서 다변화 시대이고 평생교육 시대의 특징을 갖고 있다. 이처럼 다양한 변화의 시대와 현대사회에서 오랜 생명력을 유지하기 위해서는 효과적이고 효율적이며 지속 가능한 기술이 필요한 상황이다. 이에 평생교육적인 관점에서 평생교육자의 역할이 매우 중요하며 그 범위와 직무 또한 넓어지고 있어 평생교육사를 하나의 생존을 위한 패러다임으로 수용해야 할 것이다.

평생교육의 포괄적인 개념으로는 "모든 개인은 일생을 통하여 계속 교육받아야 하며, 학습사회 건설의 초석이며, 미래의 교육을 이끌 중요한 패러다임"을 함축하고 있다.

평생교육이란 교육의 최상위 개념으로 인생의 전 생애에 걸쳐 이루어지고 있는 유아교육, 아동교육, 청소년교육, 성인교육, 노인교육 등을 포함하고, 모든 생활 영역에서 실시되고 있는 가정교육, 학교교육, 사회교육, 산업교육(직장교육), 사이버교육 등 교육의 다섯 마당을 통칭하는 개념이다(김진화, 2008).

평생교육을 시간적·공간적 개념으로 구분하기도 한다. 시간적 평생교육은 언제나 개인의 학습권이 보장될 수 있는 사회체제 실현을 지향한다. 개인의 전 생애에 걸쳐서 자신이 원하는 교육 형태와 내용에 대한 접근이 유연하게 열린 사회체제이다. 교육제도에 개인의 생애주기를 맞추는 것이 아닌, 각 개인이 가지고 있는 삶의 계획, 목표, 조건에 따라 교육이 유연하게 제공될 수 있는 체제로서 개방적인 성격을 가지고 있다(한숭희, 2006). 공간적 평생교육은 교육이 학교 외의 여러 공간에서도 활발하게 이루어지고 있다. 학교, 가정, 지역사회, 일터 등과 같은 물리적 공간을 넘어 빠르게 발전하는 가상공간(사이버 공간)까지 확대되어 성인학습자에게 교육기회를 제공하는 역할을 한다(권대봉, 2006). 이러한 교육 공간의 확대는 누구나 교수자이며 누구나 학습자일 수 있다는 사실을 내포한다(권이종 외, 2001).

또한 형식적 평생교육은 형식교육(formal education), 비형식교육(non-formal education), 무형식학습(informal learning)으로 구분한다.

첫째, 형식교육은 학교교육과 동의어로 생각할 수 있다. 사전에 의도적으로 구성한 표준화된 교육과정을 바탕으로 학년이나 학교 위계에 따라 단계적으로 교육 경험을 제공받으며 사회적 공인을 받을 수 있는 학위나 자격증 형태로 인정된다(Merriam et al., 2007).

둘째, 비형식교육은 제도적으로 규정되어 있는 형식교육체제 이외의 조직화된 교육활동으로서 시민사회단체, 평생교육시설, 종교단체, 사회복지단체, 박물관, 도서관, 기업 등에서 운영하는 교육 프로그램을 말한다. 브레넌(Brennan, 1997)은 비형식교육의 성격을 형식교육과의 관계성을 중심으로 보완적(complement) 성격, 대안적(alternative) 성격, 추가적(supplement) 성격의 비형식교육으로 구분하여 제시하였다(Merriam et al., 2007).

셋째, 무형식학습은 교육 목표를 수립하거나 그 목표를 달성하기 위한 체계나 형식이 갖추어지지 않은 채 의도하지 않은 상황에서 발생하는 학습을 말한다.

2) 평생교육의 정의

1965년 UNESCO에서 평생교육론을 제안한 랑그랑(P. Lengrand)은 평생에 걸친 학습의 지원 원리로 통합의 이념을 제시하였다. 즉 인간이 태어나면서부터 죽을 때까지의 시계열에 걸친 통합과 사회 전체에 걸친 생활의 통합이라는 두 가지 이념을 제시하였다. 평생교육은 개인 삶의 질 향상이라는 이념을 추구하며, 인간의 학습 본능 '호모 에루디티오(Homo Eruditio)'를 일깨워 평생 배움을 계속하면서 살아가도록 하려는 것이다.

UNESCO 한국위원회(1973)에서는 평생을 통한 계속교육인 교육을 의미하며, 급변하는 현대사회에서 일정 연령층을 대상으로 하는 한정된 기간의 교육으로서의 학교교육과 다른 한편으로는 조직화하지 못한 비효율적인 상태로 방치된 사회교육의 기능을 다 같이 개편·강화하고 한 사회의 교육자원을 효율화함으로써 교육역량의 극대화를 지향하는 노력을 의미한다(김봉철, 2001). 평생교육의 정의는 매우 다양하므로 한마디로 표현하기 어렵다. 학자들의 정의하는 평생교육을 요약하면 다음과 같다.

인도 출신의 평생교육 학자인 데이브(Dave, 1976)는 "개인과 집단 모두의 생활의 질을 향상하기 위하여 개인의 전 생애를 통한 개인적·사회적·직업적 발달을 꾀하는 과정"이라고 정의하였다(임종운 외, 2005).

김도수는 평생교육을 "개인과 집단의 생활의 질을 높이기 위하여 사적 교육의 단계에서, 모든 사람에게 교육기회를 보장하는 공적 교육의 단계로 전환하는 것을 목표로 하며 인간의 교육을 위하여 기존의 모든 교육을 수직적·수평적으로 통합·재편성하려는 교육체제 개혁의 지도이념"으로 정의하였다(김도수, 2001). 그리고 한숭희는 "학습자들이 자기주도적인 평생학습을 통해 자신의 경험을 끊임없이 재구성하고 개발시켜 나갈 수 있도록 지원하는 교육 과정·방법·제도·네트워크 등"을 의미한다고 보았다(한숭희, 2006).

황종건은 평생교육을 "생을 통한 교육으로 그동안 청소년만을 대상으로 하던 학교교육에 국한되었던 교육의 개념을 탈피하여, 개인의 일생을 통한 교육적 과정의 수직적 연결과 개인과 사회생활의 모든 국면과의 수평적 통합을 강조하는 것이다."라고 정의하였다(황종건, 1992). 또한 장진호는 평생교육을 "개인이 전

생애를 통하여 능동적으로 계속적 학습의 기회를 포착함으로써 인간성의 조화로운 발달을 꾀하며, 변화하는 현대적 생활에 슬기롭게 대처하고 창조적으로 개척해 나갈 수 있는 지식과 기능을 익히며, 다른 사람과 더불어 공동체의 복지를 증진해 나가는 인간화 교육을 의미한 것"이라고 말하고 있다(장진호, 1988).

김종서 등은 "삶의 질 향상이라는 이념추구를 위하여 태교에서부터 시작하여 유아교육, 청소년교육, 성인전기교육, 성인후기교육, 노인교육을 수직적으로 통합한 교육과 가정교육, 사회교육, 학교교육을 수평적으로 통합한 교육을 총칭"하여 말하며, 그것은 개인의 잠재능력의 최대한 신장과 사회발전에 참여하는 능력의 개발을 목적으로 한다(김종서 외, 2009). 또한 차갑부는 "한 개인이 태어나서 죽기 전까지의 수직적 통합과 가정과 학교를 포함한 모든 생활공간의 수평적 통합을 통하여 언제, 어디에서나 필요할 때 자신의 학습욕구를 충족시킬 수 있는 형식적·비형식·무형식적 교육활동이다."라고 하였다(차갑부, 2014).

이들의 견해는 학습이 삶의 특정 시기에 국한되지 않고 일생 이루어지며 학교뿐만 아니라 모든 장소에서 이루어질 수 있는 범생애적 속성을 갖는다는 점을 평생교육의 전제로 삼고 있다. 이는 교육을 받을 권리는 학교교육을 넘어서 본질적으로 삶의 과정 전반에 걸쳐 배울 수 있는 권리를 의미한다. 하지만 평생교육 정의에 있어서 주의할 점은 그 개념이 여러 다른 개념과 혼동되어 사용되는 와중에서 평생교육은 곧 성인 대상 교육이라고 잘못 인식되기 쉽다는 점이다. 평생교육은 성인에게만 해당하는 교육이 아니며, 평생교육과 성인교육이 일치하는 개념도 아니다. 평생교육은 요람에서 무덤까지 전 생애에 걸쳐 이루어지며, 모든 연령층의 교육과 모든 형식의 교육을 포함하는 보다 상위의 개념이다.

「평생교육법」에서 정의하는 개념은 평생교육법 제2조에 따라 학교의 정규교육과정을 제외한 학력보완교육, 문자해득교육, 직업능력향상교육, 성인 진로개발역량 향상교육, 인문교양교육, 문화예술교육, 시민참여교육 등을 포함하는 모든 형태의 조직적인 교육활동을 말한다[2].

그리고 교수방법에 있어 성인교육 교사의 역할은 일반 학교나 대학의 형식적인 프로그램을 전통적인 방법으로 가르치는 교수자의 역할과 비슷하다고 볼 수 있다. 그러나 교육의 대상이 다르고 비형식적이며 비학교환경이라는 점에 있어서, 평생교육의 성인교육 교사의 역할은 그러한 교사역할과 다른 점이 있다(이경화 외, 2017).

3. 평생교육의 원리 및 특성

1) 평생교육에 대한 다양한 견해

평생교육이란 모태로부터 죽을 때까지 평생을 두고 행하여지는 교육으로서 교육과 다를 바 없다는 평생교육과 교육을 동의어로 보는 견해를 가지기도 한다(정지웅 외, 2000). 다만, 지식과 기술의 폭발적인 증가로 인하여 사회변화, 생활양식의 변화, 기술혁신 등으로 학교교육만으로는 생의 준비나 생 자체를 영위할 수 없어 평생교육이라는 개념으로 재정립해야 할 필요가 새롭게 주목받았기 때문에 나타난 것이다. 즉 교육과 평생교육은 같은 의미이지만 교육이 학교에서만 이루어지는 것이라는 잘못된 생각이 만연하면서, 교육은 삶이 있는 한 지속하는 것이라는 의미가 상실되었다는 견해이다.

랑그랑(Lengrand, 1970)은 평생교육을 모든 국민에게 평생을 통해 각기 자신이 가진 다방면에 걸친 소질을 계속 발전시키고 사회의 발전에 충분히 참여할 수 있게 하는 교육이라고 보았다. UNESCO 한국위원회(1973)도 평생교육을 급속

2) 사회교육법 제2조1항(1982) "사회교육이라 함은 다른 법률에 의한 학교교육을 제외하고 국민의 평생교육을 위한 모든 형태의 조직적인 교육활동을 말한다."
평생교육법 제2조1항(1999) "평생교육이라 함은 학교교육을 제외한 모든 형태의 조직적인 교육활동을 말한다."

히 변천하는 사회에 있어서 개인과 집단이 계속된 자기 갱신과 사회적 적응을 추구하기 위한 것으로 보았다(안옥순, 2018). 평생교육의 본질적 기능(내재적 목적관)은 정치발전, 경제발전, 사회발전에 필요한 유능한 인재를 양성하는 것을 목적으로 하고 있다. 평생교육의 목표를 양자 중 어느 것에 치중해야 할 것인지에 대한 논쟁은 계속됐으나 양자를 통합한 개념을 핵심으로 하고 있다. 즉, 평생교육의 목표는 평생에 걸친 자아실현과 사회발전 능력의 함양을 통합하는 개념이다.

장진호(1988)는 평생교육을 교육과 비교하여 과일바구니와 과일의 관계로 보았다. 즉 바구니는 평생교육이라고 비교할 수 있고 사과, 배, 감, 귤 등은 유아교육, 초등교육, 고등교육, 성인교육, 노인교육 등으로 비교했다. 모치다 에이이치 등(持田榮一 · 森隆夫 · 諸岡和房, 1979)은 평생교육을 총론으로 다른 교육을 각론에 비유했다. 예컨대 생애교육과 유아교육, 생애교육과 기업교육이라고 보았다. 데이브(Dave, 1976)는 개인적 · 사회적 삶의 질을 계속 향상하기 위하여 평생에 걸쳐 연장 실시되는 모든 형태의 형식적 · 비정규적 · 비형식적 학습 활동 전부를 포함한다. 평생교육 개념 가운데 가장 보편성을 띤 개념으로 비교적 많은 사람이 선호하고 있다.

2) 학자들의 관점에서 보는 특성

평생교육론의 창시자격인 프랑스의 랑그랑이 언급한 평생교육의 특성은 다음과 같다.

첫째, 일생에 걸쳐 지속된다(지속성).

둘째, 지적 · 정서적 · 심미적 · 직업적 · 정치적 · 신체적이라는 다면적인 인간으로서 전체적 · 구체적인 관계를 맺고자 한다(인간성).

셋째, 인격의 전체적이고 유기적인 발달을 고려하여 여러 가지 교육 간의 연계와 통합을 도모한다(유기적 연계성 또는 통합성).

넷째, 지식 · 지성 · 인격은 형성되는 것이므로 인간은 지속적으로 탐구하면서 교육활동을 도모한다(탐구성).

다섯째, 한 사람, 한 사람이 가지고 있는 개성이나 독자성, 자기 자신이 가진 특성에 따라 자발적 · 자주적으로 성장 발달해 가는 것이 중점을 둔다(자주성).

여섯째, 끊임없는 자기 발전의 과정이며, 교육을 성장의 수단으로 본다(계속성).

일곱째, 인간이 가지고 있는 자질을 일생에 걸쳐 발달단계에 따라 계발하는 것이다(자기계발성).

여덟째, 교육기회를 선택할 때 이용할 수 있는 매체의 여부, 그것을 개인이나 사회에 적용 여부를 고려해야 한다(적응성).

아홉째, 사람들이 실생활에 관련되는 여러 가지 환경이나 상황에 따라 확대하는 것이다(실용성).

열째, 시간과 상황에 따라 사회 전체가 교육의 기회를 제공하는 것으로 본다(보편성).

데이브(Dave, 1973)의 세 가지 기본개념은 생(life), 평생(lifelong), 교육(education)이다.

이 세 가지는 평생교육의 범위 및 의미를 결정한다(Dave).

첫째, 교육은 형식적 학교교육을 마치면 종료되는 것이 아니라 평생에 거치는 과정이다. 평생교육은 일생에 걸쳐 수직적 · 수평적 통합(integration)을 통해 이루어진다. 이때 수평적 통합은 학교와 가정 그리고 사회교육의 통합을 의미하고 수직적 통합은 발달단계의 통합을 의미한다.

둘째, 평생교육의 내용, 학습도구 및 기법, 학습시간에 있어서 유연성(flexibility) 및 다양성(diversity)과 민주성(democratization)을 특징으로 한다.

셋째, 평생교육에 대한 세 가지 주요 선행요건은 기회(opportunity), 동기(motivation) 및 교육가능성(eduability)이다.

넷째, 조작적 수준에서 평생교육은 모든 총체적(totality) 교육체제를 제공한다.

이처럼 데이브는 평생교육의 핵심적인 특성으로 총체성, 통합성, 유연성, 민주성이라 하였다(임종운 외, 2005).

이 외에도 평생교육의 일반적인 특성은 다음과 같다.

첫째, 평생교육은 개인 차원 및 사회공동체 차원에서 삶의 질을 높이는 것을 목적으로 한다.

둘째, 평생교육은 태어나면서부터 무덤에 이르기까지 한 개인이 생존 기간 전체에 걸쳐서 이루어지는 교육을 수직적으로 통합한 것이다.

셋째, 평생교육은 모든 기관(학교, 직장, 대중매체, 도서관, 자원단체 등)과 학교, 가정, 사회, 직장 등에서 이루어지는 교육을 수평적으로 통합한 것이다.

넷째, 평생교육은 계획적인 학습과 우발적인 학습을 모두 포함한다.

다섯째, 평생교육에서는 국민 전체의 평생에 걸친 교육기회의 균등화 및 확대에 노력한다.

여섯째, 평생교육에서는 발달과업(developmental tasks)을 중시한다.

일곱째, 평생교육은 일반교양교육과 전문교육이 조화와 균형을 이루도록 노력한다.

여덟째, 평생교육은 학교가 교육을 독점하는 것을 인정하지 않으며 학교교육이 지니는 의미를 평생교육의 관점에서 찾으려 한다.

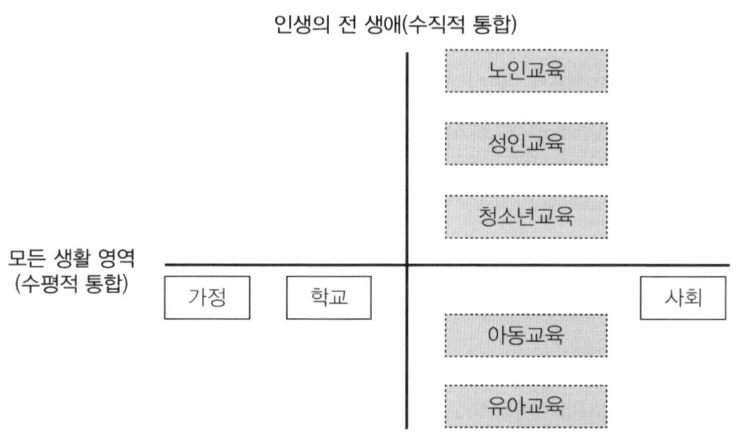

| 그림 1-3 | 십자형 평생교육 개념

출처: 김동일 외. (2025). 평생교육론. 서울: 동문사.

아홉째, 평생교육은 사회를 교육적인 환경으로 만들기 위해 노력한다.

열째, 평생교육은 교육의 형태, 내용, 방법을 다양하고 융통성을 부여함으로써 개인과 사회의 필요에 대처하는 동시에 누구나 쉽게 접근할 수 있게 한다.

이처럼 평생교육이 가진 모든 특성은 바로 그 자체가 평생교육의 목표이기도 하다. 결국 평생교육의 지향점은 평생교육을 통해 개인, 사회, 즉 인간 삶의 질 향상이라고 할 수 있다.

4. 평생교육의 역사

1) 서구 평생교육 태동

(1) 발생기

최초로 발생한 평생교육의 형태는 1650년 영국의 퀘이커 교도들이 영국 전역에 확산시킨 문해교육이다. 구체적으로 1669년 성경지식진흥협회(Society for Promoting Christian Knowledge)가 운영하는 '자유학교', 1780년대에는 '주일학교(Sunday School)', '성인학교(Adult School)' 등에서 성인기초교육이 시작되었다. 종교인 주도로 시작한 영국의 평생교육은 산업혁명을 거치면서 노동자들의 직업훈련 교육으로 변화하였고, 그동안 상류계급의 선물로 여겨졌던 교육을 신이 부여해 주는 인간의 권리로 인식되었다.

미국에서의 평생교육 활동으로 준토(Junto), 라이시움(Lyceum), 셔터쿼(Chautauqua) 등이 있다. 준토는 1680년 시작된 일종의 토론 클럽으로 자연철학, 정치, 도덕과 같은 문제를 정기적으로 모여 탐구하고 논의하는 것으로 시작되었다. 그 후

점차 시민조직으로 성장하면서, 1741년에는 독립적인 성인교육기관으로 성장하게 되었다. 라이시움은 1861년부터 시작된 운동으로서 아리스토텔레스(Aristoteles)가 그의 제자들을 가르쳤던 신전 마당의 숲 이름에서 비롯된 것으로, 문화강좌의 성격을 띠는 활동이었다. 처음에는 지역단위 강연이나 토론활동으로 시작되었으나 점차 전국적인 연합체로 발전하게 되었다. 셔터쿼는 1866년부터 시작된 운동으로서 미국 뉴욕주 서부에 있는 셔터쿼 호수에서 실시한 일종의 농민교육으로 교육과 오락을 겸한 여름학교였다. 후에는 여름성경학교의 형태로 발전하면서 1878년에는 전국적으로 조직된 '셔터쿼 문학 과학 서클'이 창립되었다(Houl, 1992).

(2) 성장기

영국에서는 20세기에 들어가면서 기존의 대학확장 운동과 더불어 노동자고등교육진흥협회(An Association for Promoting Higher Education of Workers)가 조직되었고, 1905년에는 노동자교육협회(Worker's Education Association)를 창설하여 노동자교육을 확대하였는데 이는 현재까지 영국 평생교육에 영향력을 발휘하고 있다. 그 후 1917년에는 성인교육위원회(Adult Education Committee)가 설립되고, 이 위원회의 요구에 따라 모든 대학에 교외교육부(Extramural Department)를 설치하고, 교양교육을 실시할 것을 강조하였다(김도수, 1995).

미국에서는 1887년 존스 홉킨스 대학교 교수였던 아담스(Adams)가 영국의 대학확장 운동을 제안하고, 1888년 듀이(Dewey)가 뉴욕 주립대학으로부터 1만 달러의 재정지원을 받음으로써 성인교육 프로그램을 발전시키는 계기가 되었다. 특히, 1926년에 창립된 미국성인교육협회(American Association for Adult Education)는 성인교육저널(Adult Education Journal)을 발간하고 많은 연구 활동을 후원하는 등 미국의 평생교육 발전을 위한 체계적인 조직으로 확대되었다.

(3) 성숙기

제2차 세계대전 이후 평생교육의 개념이 정규교육과정을 마친 성인이 계속학습하는 과정에서 평생 이루어지는 학습개념으로 바뀌게 된다.

영국의 개방대학은 성인들을 대상으로 학력과 관계없이 누구나 이 과정에 참여하여 학위를 받을 수 있도록 함으로써 성인교육제도의 발달과 교육방송체제의 확립, 교육기회의 평등을 지지하는 정책이 등장하는 계기가 되었다(Perry, 1976).

미국의 대학에서는 1970년대에 이르러 성인들이 대학교에 출석하지 않고도 학위를 취득할 수 있는 교외학위과정(External Degree Program)과 교외학습과정(Off-Campus Class)을 설치하여 운영하였다.

1970년대는 경제협력개발기구(Organization for Economic Cooperation and Development, OECD)의 계속교육, 유네스코(UNESCO)의 평생교육 정책 도입으로 평생교육이 세계적으로 확산하는 계기가 되었다.

2) UNESCO와 OECD의 평생교육정책

(1) UNESCO의 평생교육정책

세계 각 나라는 교육, 자연 과학, 인문 사회 과학, 문화, 정보 커뮤니케이션 등의 분야에서 규범을 정하고 협력을 통하여 세계 평화와 안전에 이바지하고자 UNESCO(유엔교육과학문화기구, United Nation Educational, Scientific, and Cultural Organization)는 1945년 11월 16일 37개국 대표들이 영국 런던에 모여 창설하였다. UNESCO 헌장 전문에는 전쟁은 사람의 마음속에서 생기는 것이므로 사람의 마음속에 평화의 울타리를 쌓아야 하고, 두 차례에 걸친 세계대전으로 인한 전쟁의 참화가 반복됨으로써 교육 분야에서는 교육을 받을 권리를 세계 사람들에게 보장하여 지역 및 세대 간에 벌어진 교육 격차를 바로잡으며, 사회의 민주화를 도모할 것을 명시하고 있다. 이에 인간 중심적 발전과 인권에 대한 완전한 존중을 바탕으로 지속적이고 평등한 발전을 이룰 수 있는 최소한의 조건으로 기초교육을 강화하자는 견해이다. 따라서 학습은 인간이기에 가지는 최소한의 권리라는 인식이다. 그래서 '인간 중심적 평생학습관'을 견지하고 있다.

UNESCO의 역사는 평생교육의 역사와 함께하고 있다. 교육사업은 설립 초기부터 1950년대까지는 문맹퇴치를 목적으로 성인 문해교육이 주된 사업이었으며, 1965년 파울 랑그랑(Paul Lengrand)이 UNESCO 성인교육위원회에 제안한 보고서는 전 생애에 걸친 모든 교육의 통합을 일컫는 '평생교육(Lifelong Education)'이란 용어를 처음 사용하였다. 그리고 1972년 UNESCO 교육발전국제위원회 위원장이었던 에드가 포르(Edgar Faure)는 그의 보고서 「존재를 위한 학습(Learning to Be)」을 통해 평생교육의 본질에 대해 본격적인 시작을 알렸다.

UNESCO 제1차 회의를 1949년 덴마크 엘시노어에서, 제2차 회의를 1960년 캐나다 몬트리올에서 개최한 이래, 약 10년 주기로 세계성인교육회의를 개최하고 있다. 이상 두 차례에 걸친 국제적 회의에서는 평생교육이란 말이 사용되지 않았지만, 이러한 교육개혁을 추진하기 위한 주장이 마침내 1965년 12월 UNESCO 본부인 프랑스 파리에서 개최된 세계성인교육발전회의에서 평생교육론의 탄생으로 결실을 보게 되었다. 이 회의에서 의장을 맡은 당시 UNESCO 사무국 성인교육부장이었던 파울 랑그랑이 토의 자료로서 조서를 제출하였다. 이 조서에서 교육을 성인이 되기 위한 준비로 생각하는 사고방식을 인간의 가능성을 끌어내는 평생을 통한 생활이라고 생각하는 불어로 영구교육(éducation permanente) 개념을 제창하였다. 이 조서 서두에서 교육이란 "아동기 · 청소년기에 정지되는 것이 아니라 인간이 태어나는 순간부터 계속되어야 하는 것이다."라고 기술하면서 "평생교육" 이념의 제1성으로 전해지고 있다. 그 후 영어로 계속교육(continuing education)으로 번역하였다가, 다시 평생교육(lifelong education)으로 바꾸어 사용되고 있다.

| 표 1-3 | UNESCO 평생교육 주요사업 연혁

연도	내용
1949년	•제1차 세계성인교육회의 개최(덴마크 엘시노어)
1965년	•파리 성인교육추진국제위원회 개최 파울 랑그랑(Paul Lengrand)의 「평생교육에 관하여」 보고서 제출
1968년	•제15회 유네스코총회 '세계 교육의 해' 의제로 평생교육 채택
1971년	•교육발전국제위원회(Faure 위원회) 조직
1972년	•포르(Faure)의 「존재를 위한 학습(Learning to Be)」 보고서 제출 제3차 세계성인교육회 개최(일본 도쿄)
1996년	•21세기 특별위원회 개최 들로로(Delore)의 「Learning: The Treasure Within」 보고서 발간
2000년	•「세계교육보고서 2000」 발간 주제: '평생교육을 지향하는 교육권'
2001년	•제56차 UN 총회 'UN 문해교육 10개년 계획(2003~2013): 모든 이를 위한 교육(Education for All)' 채택

출처: 최은수. (2019). 주요 외국의 평생교육정책. 서울: 학지사.

UNESCO의 평생교육 사업 전개 방향은 '모든 이를 위한 교육(Education For All, EFA)'이라는 큰 주제 속에 중장기 전략(2014~2021년)을 '평화(Peace)'와 '공평하고 지속적인 발전(Equitable and sustainable development)'이라는 목표 아래 다음과 같은 9개의 전략목표를 제시하였다. 그중에 전략목표 1~3까지는 교육 분야의 중장기 전략을 제시하고 있다(UNESCO, 2014).

- 전략목표 1. 모두를 위한 양질의 평생학습 기회 제공을 위한 교육체계 개발 지원
- 전략목표 2. 창조적이고 책임 있는 세계시민 양성을 위한 역량 강화
- 전략목표 3. 모든 이를 위한 교육(EFA) 증진 및 미래 교육 의제 설정
- 전략목표 4. 국가, 지역, 전 지구적 차원의 과학, 기술, 혁신, 체제 및 정책 강화
- 전략목표 5. 지속가능발전의 주요과제에 관한 분야 국제협력 증진

- 전략목표 6. 통합적 사회발전 지원, 문화 간 화해를 위한 대화 증진, 윤리 원칙의 증진
- 전략목표 7. 유산의 보호와 진흥, 전승
- 전략목표 8. 창의성과 문화적 표현의 다양한 증진
- 전략목표 9. 표현의 자유, 미디어 발전, 지식과 정보에 대한 접근 증진

이에 UNESCO의 정책은 한국 평생교육 정책이 나아갈 방향을 다음과 같이 시사하고 있다(최은수, 2019).

첫째, 교육소외 계층의 교육 접근의 향상을 위한 끊임없는 노력이 이루어져야 함을 시사한다.

둘째, '지속가능발전을 위한 교육(ESD)'은 환경, 사회, 경제 각 분야 및 삶의 질에서의 지속적인 발전을 위한 시민들의 역량을 다양한 학습의 형태와 관점의 수용 및 통합을 강화하고 있다. 이와 같은 정책은 한국의 평생교육 정책 역시 국민의 평생학습 촉진을 위하여 다양한 차원의 교육, 훈련 및 관리 방식의 개발과 적용이 필요할 뿐 아니라 학습자, 그리고 교육에 관련된 정부 및 모든 이해관계자들이 이를 위한 통합적이고 변혁적인 관점을 지녀야 한다.

셋째, 다양한 기관과 각 부처의 네트워크 구축과 긴밀한 협력에 대한 필요성에 대해 시사하고 있다.

(2) OECD의 평생교육정책

OECD는 전쟁으로 황폐해진 유럽 대륙의 재건을 위하여 미국의 마셜 플랜지원을 받아 1961년 OECD(경제협력개발기구, Organization for Economic Cooperation and Development)를 발족하게 되었다. OECD의 기본목표는 회원국들의 경제성장, 고용 및 생활수준 향상, 세계 경제 안정 유지, 각국의 국제무역 및 자본이동의 자유화, 개발도상국 경제원조 등을 주요 목표로 하고 있으며, 경제 분야뿐만 아니라 소비자 문제, 에너지, 고용과 인력개발, 교육, 사회문제, 건강, 기술과 산업

등 경제·사회·문화·복지 분야를 포괄하는 종합적인 자문회의 기구 성격을 지니고 있다. OECD의 역사는 스웨덴의 경제학자인 렌(Rehn)의 순환교육(Recurrent Education)이라는 의미로 시작된다. 렌은 1950년대 스웨덴 노동시장의 변화에 예민하게 반응할 수 있는 탄력적인 교육제도로 순환교육의 아이디어를 처음 제시하였으며, 1973년 OECD는 현실적 전략인 「순환교육: 평생학습을 위한 전략(Recurrent Education: a Strategy for Lifelong Learning)」을 보고하였다.

| 표 1-4 | OECD 평생교육 주요사업 연혁

연도	내용
1961년	•'경제성장과 교육투자(Economic Growth and Investment in Education)' 콘퍼런스 개최
1968년	•교육연구혁신센터(CERI) 설립
1970년	•교육위원회 설치
1973년	•「순환교육: 평생학습을 위한 전략(Recurrent Education: a Strategy for Lifelong Learning)」 발간
1975년	•스웨덴 스톡홀름 「순환교육: 동향과 이슈(Recurrent Education: Trends and Issue」 보고서 발간
1987년	•「Recurrent Education Revisited: Modes of Participation and Financing)」 발간
1996년	•프랑스 파리 제4차 교육부 장관회의 「모든 이를 위한 평생학습(Lifelong Learning for All)」 보고서 발표
2001년	•프랑스 파리 제5차 교육부 장관회의 '모든 이를 위한 역량 개발에의 투자(Investing Competencies for All)' 주제로 개최

출처: 최은수. (2019). 주요 외국의 평생교육정책. 서울: 학지사.

2001년 프랑스 파리에서 열린 제5차 교육부 장관회의는 '모든 이를 위한 역량 개발에서의 투자(Investing Competencies for All)'를 주제로 개최되었으며 지식기반사회 조성의 핵심 도구로서 평생학습전략이 강조되었다. 이 회의를 통해 논의된 사항들은 다음과 같다(성낙돈 외, 2015).

첫째, 일터와 학습 간의 경계가 희미해져 가고 있는 상황에서 지속적 경제발전과 사회적 성장을 위해 인적 자본과 사회적 자본의 중요성을 인식하고 강화가 필요하다.

둘째, 전 생애에 걸친 역량 개발을 통해 사회공동체의 질 제고와 교수·학습의 개선이 필요하다.

셋째, 학교에서 일터로의 인력 개발 모델과 일터에서 학교의 인력 개발 모델, 그리고 일터에서 일터의 자체적인 인력 개발 모델이 연계되는 '평생학습 전략 모형'을 제시한다.

넷째, 급격한 사회변화에 따른 교육과 인적자원개발의 중요성에 대한 인식공유, 학습방법의 학습, 문제해결, 창의력, 집단 내 협력 등의 고등사회적 역량 또는 범교과적인 역량 함양을 강조한다.

다섯째, 인적·사회적 자본 축적을 위한 생애 역량 개발 투자 증대와 평등한 교육 및 학습기회 보장, 일과 학습의 연계 강화, 모든 사회 분야의 교육과 학습 네트워크 강화, ICT 교육 활용 기업체 간의 횡적 협력 체제와 초·중등·고등·성인교육의 종적 협력 체제 구축, 정보 격차 문제 등을 해결한다. 이처럼 지식기반사회에서의 인적·사회적 자본의 중요성을 강조하였다(이희수 외, 2007).

OECD의 평생교육 정책은 공정성(equity)과 효율성(efficiency)의 두 가지 측면에서 다음과 같이 시사하고 있다(최은수, 2019).

첫째, 사회통합을 위한 평생교육 정책이 교육기회의 공정성 측면에서 제고되어야 한다.

둘째, 경제와 교육의 연결은 시대 변화에 적절한 인적 자원 개발의 중요성을 시사하고 있다.

(3) UNESCO와 OECD의 평생교육 비교

UNESCO와 OECD는 평생학습사회 건설을 기반으로 학교교육 중심 교육체계에서 벗어나야 한다는 점은 서로 일치한다. 하지만 지향하고 싶어 하는 설립 목적이 다르다 보니 평생교육을 바라보는 관점이 차이가 있다.

첫째, UNESCO는 인간주의에 기초한 전인적인 자아실현에 중점을 두고, 개인과 집단의 삶의 질을 향상하게 하는 데 목적이 있다. 반면, OECD는 중심 목적을 직업능력개발 향상과 경제발전에 초점을 두고 있다. 즉 교육과 직업 활동이 분리해서는 안 되며 지속적이고 순환적인 관계를 유지해야 한다. 전 생애에 걸친 직업능력 신장을 강조하는 순환교육에 목적을 두고 있다.

둘째, UNESCO는 설립 초기부터 지금까지 '모든 이의 삶의 권리로서의 학습'을 주장하는 인간 중심적 평생학습관을 견지하고 있다. 하지만 OECD는 학습경제론적 관점에 근거하여 '생애능력개발, 투자 확대 정책'을 주장한다.

셋째, UNESCO는 인간 중심적 발전과 인권 존중을 바탕으로 지속적이고 평등한 발전을 이룰 수 있는 최소한의 조건으로서 기초교육을 강화해야 한다는 입장이기 때문에 학습은 인간이 가지는 최소한의 권리라는 인식을 하고 있다. 그렇지만 OECD는 경제적 발전이라는 목적하에 평생학습에 접근하고 있다. 더 월등한 경제발전을 이루기 위한 절대적 조건으로서 인간의 능력개발을 위한 평생학습을 주장하는 것이다. 급변화하는 세계에 적응하기 위해 모든 사람에게 평생학습은 필수적이며 누구나, 언제, 어디서든지 평생학습에 접근할 수 있어야 한다.

넷째, UNESCO는 '모든 이를 위한 교육(국경 없는 교육; EFA)'과 '만인의 배움 권리(Right of Learn)'라는 사업으로 인간 기본권으로서의 학습권 보장을 확대하고 있다. OECD는 '모든 이를 위한 평생학습 투자 확대 정책'을 통해 평생교육의 재정 확대에 주력하고 있다. 결국 재정 확대는 투자이고, 더 많은 이익으로 돌아올 것이라는 믿음이 있는 것이다.

과거 우리나라는 UNESCO의 평생교육 정책에 영향을 많이 받아 왔으나 최근에는 OECD의 평생교육 정책에 자주 영향을 받고 있음을 볼 수 있다.

| 표 1-5 | UNESCO와 OECD 평생교육 비교

구분	UNESCO	OECD
이념적 지향성	•주요 이념: 이상주의 학습사회론, 인간중심 평생교육론 •핵심 모토: 모든 이를 위한 교육(Education for All) •핵심 주제: 존재를 위한 학습(Learning to Be) •주요 회의: 세계성인교육회의	•주요 이념: 경제주의 학습경제론, 전략적 인간자원개발론 •핵심 모토: 모든 이를 위한 평생학습(Lifelong Learning for All) •핵심 주제: 평생학습전략, 순환교육 •주요 회의: OECD 교육부 장관회의
이론적 배경	•랑그랑(Lengrand): 새로운 평생교육 패러다임 •포르(Faure): Learning to Be •들로르(Delors): Learning the treasure within	•인간자본론(human capital theory) •사회자본론(social capital theory)
관심 영역	•교육기회의 확장→계속교육 •교육내용과 주도권의 확장: 교수자 공급중심→학습자 선택 중심 •교수·학습 메커니즘의 확장: 형식교육→비·무형식교육	•평생에 걸친 직업능력개발 •인적 자본과 사회적 자본 개발 •일과 학습의 연계 모델 •투자로서의 평생학습정책

출처: 최은수. (2019). 주요 외국의 평생교육정책. 서울: 학지사.

3) 한국 평생교육의 역사

(1) 기독교 선교사의 사회적 기여

한국의 평생교육은 과거 기독교 초기 선교사들의 선교활동 시기에 많은 영향을 받았다. 그 당시의 사회활동과 평생교육은 많은 신학자, 역사학자, 사회학자, 지리학자 등 다양한 방법으로 연구를 소개하고 있다. 신성훈(2013)은 일제강점기인 태동기(1880~1945)를 비롯하여 해방 이후의 재건기(1946~1960), 전개기(1961~1980), 전환기(1981~2012)를 지나오면서 지역 교회의 사회활동을 시대적 배경에 따라 규명하고 사회교육 활동의 목적, 교육활동 내용, 운영에 대해 구분하기도 하였다. 또한 김미향(2014)은 사회교육자로서의 전문성을 논하면서 국가재건기(1945~1960), 경제성장 및 민주화 운동기(1961~1987), 시민사회형성기(1988

~1997), 복지 및 세계화 병행기(1988~2012)의 시대별로 구분하기도 한다. 이처럼 평생교육 관점에서 한국기독교 초기 선교사들의 사회활동은 평생교육 발전의 근본이 되었다. 그리고 이들은 사회활동 전문가이자 평생교육자라고 할 수 있다(김동일, 2019a).

한국기독교 초기 선교사들의 사회활동은 성경을 기준으로 테오리아(theoria)와 프락시스(praxis) 간의 상호작용을 반영하여 사회활동 교육이라는 실천적 가치를 가지고 있다. 한국교회 초기 선교사들이 교회교육과 사회 공교육에 큰 업적을 이루었으며 교단에 따라 의학, 여성학, 학교 및 사회 공교육, 아동 및 청소년교육, 장애복지시설과 권리교육 등 다양한 분야의 활동으로 한국 사회에 골고루 확산시키고 발전시켰다. 농업기술교육과 사회계몽, 그리고 여성교육을 통해 여성권리 신장에 노력을 쏟았다. 이를 기반으로 여성들도 동참하여 지도자 양성과 적극적인 사회일원으로서 활동할 수 있게 되었다. 한국의 농경사회는 낮은 경제적 생활과 교육의 질 그리고 높은 문맹률을 가지고 있었다. 하지만 선교사들의 헌신을 통해 교육, 사회, 문화, 정치, 경제 등 많은 부분에서 근대화의 기초를 쌓을 수 있었다(성연환, 2011). 그리고 초기 선교사들의 사회활동은 평생교육이라는 정책과 제도가 없었지만, 지금에 비추어보면 신교육, 공교육 그리고 기독교교육이 바로 평생교육에 이바지한 것이라고 본다(김인수, 2009).

해방 이전 조선시대에는 향리를 중심으로 '계', '두레' 등 마을의 개선과 협력을 위한 활동이었고, 향교에서는 정규교육뿐 아니라 교육을 받지 못한 민중들에게 예의, 질서, 경로사상 등을 고취하는 교육활동을 실시하였다. 일제 강점기에는 야학 및 민족학교 등에서 문맹퇴치교육과 계몽교육이 중점적으로 이루어졌다.

(2) 기독교 사회활동의 시민교육

한국의 근대 사회교육사상을 분석하면 구한말에 서구의 기독교적 이념의 토대에서 평등교육을 지향하고 지역사회에서 교육적 실천에 앞장섰으며 비형식교육의 사회활동이 많이 이루어졌다. 일제의 통제로 인하여 민족계몽, 민족적 지도자의 양성, 이상촌의 건설 등 다양한 형태의 사회교육이 있었다. 이러한 사회교육 실천원리의 교육이 기독교 사회활동단체와 시민교육이다. 기독교 사회활동단체의 시민교육은 다음과 같다(김동일, 2019a).

① YMCA

산업혁명 이후 젊은이들의 영적, 정신적, 신체적 향상과 사회적 유혹으로부터 거듭남을 소망으로 1844년 영국의 젊은 청년 12명에 의해 기독교청년회(Young Men's Christian Association, YMCA)가 창립되었다. 그 후 1855년 세계기독교청년회연맹이 파리에서 다음과 같은 공동 이념으로 설립 목적을 채택하였다.

1850년 이후 미국에서 크게 발전하여 세계적으로 더욱 활발히 활동하였으며 우리나라는 1903년 YMCA 전신(前身)인 황성기독교청년회가 창립되었으나 1913년 4월 일제의 탄압으로 황성기독교청년회는 활동을 중지하고 일제의 산하기관인 조선중앙기독교청년회로 명칭이 바뀌었다(한국민족문화대백과사전, 2024). 선교사들에 의해 설립된 한국 YMCA는 신앙생활과 교육활동, 사회계몽의 목적으로 창립 초기부터 강연회와 토론회를 운영하였다. 사상적 배경의 중책을 맡은 중국 YMCA의 선구자였던 라이언(D. W. Lyon)은 "YMCA가 결코 정치적 활동의 중심지가 되어서는 안 되며, 그 안에서 그런 행동은 절대적으로 금지되어야 한다"라는 설립에 대한 의견을 말하였다. 이는 비정치적인 조직이어야 한다는 게일(J. S. Gale)의 의도라 할 수 있다. 국가는 교회의 영적인 일에 간섭하지 않으며 단지 보호한다는 것이다. 또한, 교회는 국가의 일에 간섭하지 않는다는 것으로 교회와 국가가 어느 정도의 긴장 관계를 의미하는 형태이다. 미국 근본주의의 신앙적 유산을 지니고 있던 선교사들은 한국교회에 수용되었고, 대부분의 보수주의자는 교회의 사회참여를 금하고 있다. 이러한 사상적 성격에 의해 한국의 YMCA는 시작되었다.

1919년에 3·1독립만세운동의 실패로 큰 좌절을 느낀 젊은이들에게 예수 그리스도에게 이끌어야 할 필요성을 느끼게 되었고 민족을 위한 기독교 사회개혁 운동이 절실히 필요로 하였다. 또한, 일제 강점기에 조선총독부의 교육에 맞서기 위해 자강(自强)의 노력으로 국권 회복과 민족의 독립을 위한 교육적인 맥락에서 실시하였다.

기독교적 신앙과 사회개혁의 변화에 끊임없는 교육과 성찰을 통하여 프락시스(praxis)적인 실천으로 예수 그리스도의 가르침에 따라 젊은이들을 바른길로 지도하며 사랑, 정의, 평화 그리고 생명 존중을 실현함으로써 기독교 사회교육 운동을 전개하여 왔다.

② 시민참여교육

현대적 교수방법과 과학적 접근 방식에 의해 자유롭고, 자발적이며, 능동적인 개방형 토론과 변론을 통하여 학생들에게 머리가 아닌 마음으로 배우는 교육을 실천함으로써 시민과 소통을 위한 인식교육을 했다. 또한, 민족의식 함양을 높이기 위하여 순회강연회 및 웅변대회 등 민중을 위한 교육을 하였고 사회계몽 운동으로는 물산장려회, 마약퇴치운동 등의 시민교육을 하였다. 그 외에 전인적인 인간 형성을 목표로 야구, 축구, 권투, 유도, 체조, 역도, 레슬링, 정구, 히키, 스케이트, 육상 등의 체육활동을 중요시하었으며, 동시앙 음악과 문화공연 등을 갖기도 하였다.

③ 생활문해교육 및 지역사회교육

일제 강점기 한국인의 약 80%는 농업을 생업으로 하였다. 당시 한국의 농촌은 제국주의 수탈정책으로 인해 말할 수 없을 정도로 쇠퇴하고 몰락했다. 농민 대부분은 소작농이었으며 3·1운동 이후 더욱 생활이 불안정해졌다. 특히 호남지방은 농산물과 농토가 풍부했다. 그래서 일찍부터 일본인들의 이주가 시작되었고 동양척식회사가 착취를 시작하였다. 이러한 소작농을 위해 농민강습소라는 농촌센터를 설치하여 농민을 위한 교육에도 힘을 썼다. 농업경영과 농민들의 지위 향상을 위해 협동조합을 만들고 야학반을 개설하여 글을 모르는 이에게 한글을 가르치며 숫자와 가감법을 가르쳐 셈을 할 수 있게 교육하였다. 농한기에는 부업을 장려하여 농촌 재정에 힘썼으며, 그 외에 원예와 위생, 질병의 예방교육과 투전, 음주, 미신 등 농촌사회의 병폐와 생활을 개선하는 운동도 하였다. 어비슨(G. W. Avison, 1933)은 수피아여학교 앞 자신의 집에 2년제인 농업실업학교를 세워 농촌지도원을 양성하였다. 입학 자격은 소속 교회 목사 추천서를 받고 신체 건강한 농촌 출신자 중에 초등학교 졸업자로서 경작할 만한 땅이 있고 필기와 구두시험 합격자이어야 한다. 교육내용은 채소, 완두, 소시지 등의 농산가공, 수도(手稻) 그리고 성경과 부기와 한국사를 가르쳤다. 이러한 농촌계몽을 위한 교육과 문맹퇴치운동을 그치지 않고 계속했으며 그리스도의 사랑으로 봉사자들을 통하여 사업들이 운영되었다.

그 외에도 아동·청소년 및 여성교육을 위한 사회교육사업으로는 여성들의 문맹퇴치를 위해 야학을 개설하여 성경을 쓰고 읽게 하였다. 교육내용은 성경, 수신, 지리, 역사, 일어, 산술, 조선어, 한문 등을 배웠다. 소년 사업으로는 유능한 청년일꾼, 지도자 양성을 목적으로 보이스카우트의 모태인 소년척후단 총연맹을 조직하여 민족정신 고취 등 다양한 교육과 훈련을 전개하여 왔다. 그밖에도 성서반, 주일학교, 하계수양회, 강연회를 개최하여 끊임없이 사회교육에 전념하였다. 또한 YWCA는 이 지역의 여성에게 금주운동, 금연운동, 생활개선운동, 농촌계몽운동, 타지에서 온 여성을 위한 생활관 등 다양한 사회개혁운동과 시민교육을 펼쳐 나갔다. 초기에 과목은 성경을 비롯하여 한글, 산수, 음악을 주로 가르쳤으며 1930년대에는 요리법, 염색법, 재봉 등을 소개하여 생활에 필요한 신문명을 교육하였다. 또한, 성경 시간에는 미신타파를 강조하기도 하였다.

해방 후 1950년대의 평생교육은 국민강습소 등을 통한 문해교육, 대학생들의 농촌계몽 및 교육활동, 그리고 기독교여자청년회와 같은 다양한 자원단체 활동 등이 중점적으로 실시되었다(홍기형 외, 2006). 1960년대에는 재건국민운동이나 농촌 청소년단체 등의 활동을 통해 지역사회개발을 위한 교육을 하고, 고등기술학교를 통해 초등학교나 중등학교를 졸업하지 못한 미취학자를 대상으로 산업기술 인력을 양성하였으며, 기독교여자청년회(YWCA)와 기독교청년회(YMCA)를 중심으로 여가교육 및 시민의식 고양을 위한 평생교육을 실시하였다(홍기형 외, 2006).

1970년대에는 국민정신 개조 및 소득 증대를 목표로 한 새마을 교육, 각종 직업훈련소의 직업기술교육, 그리고 청소년단체와 계명대학교에서 여성을 위한 시민강좌를 개설하면서 대학에서의 평생교육이 시작되었다. 1980년대에는 헌법에 평생교육 진흥에 대한 국가의 의무조항이 삽입되었고, 1981년 방송통신대학이 4년제로 승격, 1982년 사회교육법 제정, 개방대학의 설치 등 제도가 시행되었다. 특히 대학마다 사회교육원 또는 평생교육원을 개설하여 다양한 평생교육의 기회가 제공되었다. 1990년대 문민정부의 교육개혁위원회는 신교육체제의 비전과 목표를 언제, 어디서나 모든 이가 교육을 받을 수 있는 '열린교육사회, 평생학습사회'를 제시하였다. 2000년대에는 평생교육법의 본격적인 시행으로 평생학습의 즐거움과 의미를 담은 평생학습축제를 최초로 2002년 광명시에서 개최하였고, 이러한 축제는 평생학습도시를 중심으로 평생학습 문화의 확산을 이루고자 한다. 2000년 3월 중앙단위의 평생교육 전담기구인 한국교육개발원 평생교육센터가 출범하였고, 2008년 2월에 평생교육진흥원으로 통합되있다. 2013년에는 평생교육진흥원이 국가평생교육진흥원으로 명칭이 변경되어 국가평생교육 진흥 관련 업무를 지원하고 있다.

Chapter

02

경영의 이해

1. 경영의 개념

경영(經營, management)이란 인간의 삶에 필요한 재화나 서비스를 생산하여 공급하는 활동을 일컬으며, 개별경제 주체들(국가, 가계, 기업)의 경제적 활동을 뜻한다. 경영의 한자어는 다스릴 경(經)과 다스릴 영(營)으로 구성되어 있는데, 고대 동양의 문헌에서 등장하여 "나라를 다스리는" 의미로 쓰이고 있었다. 과거 유럽 문화권에서 쓰였던 '메나제(menage)'라는 말은 원래 말을 훈련한다는 뜻이었는데, 이 단어가 널리 통용되어 '매니지먼트(management)', 즉 '관리' 또는 '경영'의 의미로 굳어졌다. 즉, 경영은 조직의 목적을 달성하기 위해 인적·물적·금전적 자원을 효율적으로 배분하여 산출물을 효과적으로 만들어 내는 순환과정이라 할 수 있다(이향란, 2015). 다른 정의로 경영이란 특정 조직의 목표를 체계적이고 효율적으로 모색하는 과정이며 이윤추구 극대화를 목표로 하는 경제활동으로 정의할 수 있다. 그리고 개인적인 삶이나 경영의 모든 분야에서 현재 상황과 앞으로 미래를 관리하고 운영하는 총체적 활동을 의미하기도 한다. 조직이 경영을 추구하는 것은 조직의 효과성(effectiveness)과 효율성(efficiency)이라고 할 수 있다. 효과성이란 조직이 목표하는 바를 얼마나 실제로 달성했는가를 의미하며, 효율성이란 어느 정도의 비용으로 그 목표를 달성하였는가를 의미한다. 또한 "조직의 목표를 설정, 고도의 업무수행을 위한 조직의 제 자원의 효율적이고 효과적인 사용에 관한 의사결정을 행하는 행동", "규모(規模)를 정하고 기초를 세워 일을 해나감", "계획을 세워 사업을 해나감", "계속적 사업을 경제적으로 해나가기 위한 작업상의 조직"이라는 의미를 지니고 있다(위키백과사전, 2025).

경영이라는 용어를 명사적 의미로 사용하였을 때에는 기업과 동의어로 사용하며, 동사적인 의미를 사용하여 '경영한다'라는 말을 쓸 때는 기업 또는 모든 종류의 조직을 경영한다는 의미로 쓰고 있다. 때로는 관리(管理, administration)라는 용어와 경영이라는 용어를 구분하여 어떤 학자는 관리를 상위의 개념으로, 또

어떤 학자는 경영을 상위의 개념으로 사용하기도 한다(김병태 외, 2014).

통상적으로 경영이라고 하면 어떤 기업체나 사업가의 영리추구를 위한 활동으로 이해된다. 경영에 관해 가장 포괄적이고 체계적인 표현은 '조직의 목적을 달성하기 위한 경영자의 전략, 관리, 운영 활동'이라고 할 수 있다(조동성, 2010). 경영의 개념에 대해서 좀 더 구체적으로 살펴보면 다음과 같다(서성무 외, 2005; 유재욱 외, 2014; 이향란, 2015).

첫째, 인간의 삶에 필요한 재화나 서비스를 생산하여 공급하는 활동이다.

둘째, 개체로서의 사회적 존재가 특정한 목적을 달성하기 위한 최적의 환경을 설계하고 유지해 가는 과정이다.

셋째, 주어진 경영자원을 활용하여 조직(organization)의 목적을 달성하기에 필요한 여러 가지 활동을 계획(plan), 실행(do), 평가(see)하는 일련의 과정이다.

넷째, 어떤 일을 도모할 때 계획을 수립하고 조직을 만들어 지휘와 통제를 반복해 나가는 과정이다. 그리고 다른 사람을 통해서 성과를 내려는 과정이다.

경영과 관련된 유사 개념 중에 '행정'과 '관리'라는 용어가 있다. 행정과 관리 그리고 경영이라는 개념에서, 관리는 조직을 보다 효과적으로 관리하고 운영하여 현 체제를 유지해 나가는 활동에 근접하며, 행정은 경영과 달리 더 공적이고 자율을 우선하는 행위이다. 경영은 그 의미의 이면에 '이윤'이라는 개념을 포함한다는 점에서 차이가 있다(이향란, 2015).

| 표 2-1 | 교육행정과 교육경영의 구분

교육행정	교육경영
•고도의 확실성과 구조화되고 기획된 결정을 달성하기 위한 하나의 경영관리의 과정 •비교적 객관적이고 강제성을 띰	•고도로 불확실하고, 구조화되어 있지 않으며 기획되어 있지 않은 하나의 결론을 매듭지어 나가는 경영관리의 과정 •비교적 주관적이고 융통성을 내포함

출처: 곽내영(2007). 곽내영 교육학(하). 서울: 도서출판 들풀.

행정학이 태동하던 초창기부터 행정은 경영과 밀접한 관련성을 맺고 있는데, 정부 활동의 논리적 기반과 활동 수단에 대한 체계적인 지식을 제공하는 행정학이 독립분과 학문으로 성장할 때 행정학은 경영학의 논리를 많이 도입했다.

행정은 성격상 추구하는 목표의 중요성이 강조된다. 행정의 목표란 행정이 구현하려는 바람직한 상태(desired state)를 의미한다. 목표가 행정에 대하여 어떠한 기능을 하는 가를 보면 다음과 같다(Etzioni, 1965; Jones, 1968).

첫째, 행정에 대한 지침(guideline, framework)을 제공한다. 행정이란 언제나 그 자체가 목적이 아니고 수단적인 성격을 갖는 것이며, 이러한 행정은 언제나 현실적으로 하나의 조직 또는 여러 조직 간의 협동으로 이루어지는 것이므로 이러한 조직은 수단적인 성격을 가지게 된다.

둘째, 행정활동이나 존립에 대한 정당성(legitimacy)의 근거를 제공하는 것이다.

셋째, 행정의 성과(performance) · 효과(effectiveness)를 측정하는 기준을 제공한다. 행정의 궁극적인 목표는 행정의 성과 또는 그가 의도하는 것을 얼마나 능률적으로 달성하였는가 하는 의미의 효율성을 파악하고 측정하려는 데 있다.

박동서(2001)는 행정이란 정치 권력을 배경으로 공공정책형성 및 구체화를 이룩하는 행정조직의 집단행동이라고 할 수 있다. 자세히 설명하자면, 행정이란 언제나 강제성을 지닌 정치 권력을 내포하는 것이며, 이는 소극적인 갈등의 조정과 적극적인 발전정책의 결정을 내포한다. 또한 공공정책이란 규범적으로는 공익을 구현한다는 뜻을 내포하고 있다.

이처럼 행정은 권력성과 관리성을 내포하고 있는 행정조직을 중심으로 해서 야기되고 있어 정치와 경영의 혼혈아라고 할 수 있으며, 현실적으로 얼마나 정책 및 그의 구체화를 통하여 공익이 구현되고 있냐는 것이다. 정책의 합리성이 중요한 이유로는 정책 결정에 있어서 주된 비판으로 거론되는 즉흥성, 권위주의성, 특수이익의 옹호라고 할 수 있기 때문이다.

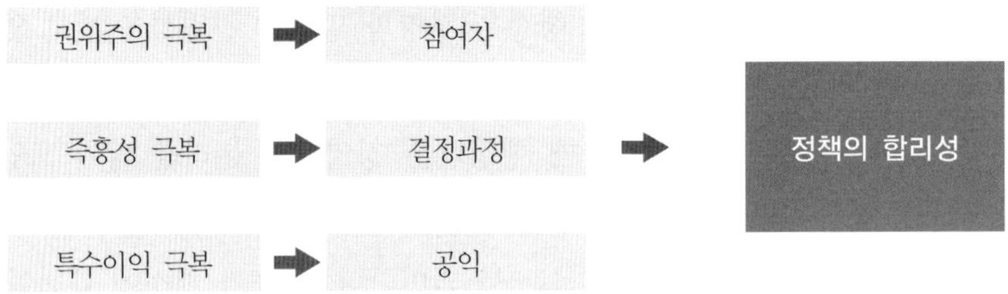

| 그림 2-1 | 정책결정의 합리화 요소

출처: 박동서. (2001). 한국행정론(5전정판). 서울: 법문사.

행정과 경영에 대해 유사성과 차이점을 비교하자면, 먼저 유사성에 대해 이종수 등(2012)은 다음과 같이 설명하고 있다.

첫째, 관리 기술적 측면이다. 목적 달성을 위해 인적·물적 자원을 동원하고 활용하는 방법은 행정과 경영 간에 별 차이가 없다. 기획, 조직화, 통제 방법, 관리기법, 사무자동화 등의 제반 관리기술 차원에서는 행정과 경영이 서로 유사하다. 이는 양자 모두 능률주의를 지향한다.

둘째, 조직의 관료제적 성격은 계층제, 전문화, 분업 등의 순기능적 특징과 형식주의, 획일주의, 할거주의 등의 역기능적 특징이다. 이러한 관료제적 성격을 갖는 정부와 기업 모두 대규모 조직이라는 점에서 서로 유사하다.

셋째, 공동 목표를 달성하기 위한 합리적인 집단적 협동 행위는 행정과 경영에서 공통으로 나타난다. 그렇기에 협동은 인간 조직에서 가장 핵심적인 요소이다.

행정과 경영의 차이점을 이종수 등(2012)은 다음과 같이 제시하였다.

첫째, 행정은 공익적 목적을 추구하지만, 경영은 이윤의 극대화를 목적으로 한다.

둘째, 법적 규제 면에서 행정은 경영보다 엄격한 법적 규제를 받지만, 경영은 법적 테두리 안에서 활동이 이루어지기는 하나 행정과 같이 직접적인 법적 규제는 받지 않는다.

셋째, 행정은 본질적인 정치적 성격을 가지고 있으며 공권력을 배경으로 기능을 수행하는 반면에 경영은 특별한 경우를 제외하고 정치로부터 분리되어 정부가 가지는 강제력과 권력수단을 소유하지 못한다.

넷째, 행정은 모든 국민에 대해 법 앞에 평등하게 규범이 강하게 적용되지만, 경영은 기업의 이윤추구 목적을 실현하는 과정에서 고객들 간 차별대우가 용인된다.

다섯째, 독점성의 측면에서 행정은 공공서비스를 제공하는 과정에서 경쟁자가 없는 독점성을 가지지만, 기업은 자유로운 시장진입이 보장되는 한 경쟁 관계에 있게 되며 그 결과 재화 및 서비스는 질이 높아지게 된다.

여섯째, 담당 및 영향의 범위에서, 행정은 경영에 비해 크지만, 경영은 고객 관계가 형성되어 있는 특정 범위에 한정된다.

| 표 2-2 | 구체적인 행정과 경영의 차이

구분	행정	경영
목적	•공익 추구 •국가의 생존과 경제 · 사회 발전에 책임 •정의와 형평 등의 사회가치 비중 큼	•이윤 극대화
법적 규제	•엄격한 법적 규제(행정의 경직성)	•직접적인 법적 규제 적용 안 됨
성지권력석 성격	•본질적으로 정치저 성격 •공권력을 배경으로 한 행정 기능 수행 •정당, 의회, 이익단체, 국민의 통제	•정치로부터 분리 •강제력과 권력수단 없음
평등성	•모든 국민은 법 앞에 평등	•고객 간 차별대우 용인
독점성	•경쟁자 없는 독점성 •행정서비스의 질 저하 우려	•자유로운 시장진입→경쟁관계 •고객지향적 제품서비스
관할 및 영향 범위	•모든 국민이 대상	•고객 관계 범위 내에 한정

출처: 이종수 외. (2012). 새 행정학. 서울: 대영문화사.

이처럼 경영이란 학자에 따라 다양하게 정의될 수 있으나 '특정 목적 달성을 위해 계획을 수립하고 최적의 환경을 설계하여 그러한 활동들에 대해 지휘하고 통제하는 과정'이라고 정의할 수 있다.

현대 경영학의 창시자 피터 드러커(Drucker, 1995)는 다음과 같이 경영의 원칙들을 규정하고 있다(이재규, 1996).

첫째, 경영이란 인간 생활에 관한 것으로 자신과 공동체의 목표를 달성할 수 있도록 각자의 강점과 약점을 잘 관리·통제하는 것이다.

둘째, 경영은 공동의 목표를 위해 인적자원을 통합하는 것이다. 즉, 인간관계의 차원으로 문화와 매우 밀접한 관련이 있다.

셋째, 모든 기관이나 조직은 공동의 목표와 가치관을 가지라고 요구한다. 이러한 가치관이나 공동목표가 없는 기관은 단지 사람들의 집합에 지나지 않는다. 그러므로 경영의 첫 번째 과제는 공동의 비전과 목표, 가치관에 대해 생각하고 결정하며, 구성원들에게 제시하는 조직활동이라 할 수 있다.

넷째, 경영은 조직과 그 구성원들이 새로운 요구와 기회, 그리고 변화에 맞추어 성장·발전할 수 있도록 해주어야 한다. 이러한 측면에서 모든 기관은 "배우는 기관"이며, "가르치는 기관"이다.

다섯째, 모든 기관은 서로 다른 다양한 기술과 지식을 가진 사람들로 구성되어 있다. 이에 모든 이념 체계는 커뮤니케이션과 개개인의 책임 및 성실을 바탕으로 조직되며, 모든 구성은 자신이 달성하고자 하는 목표가 무엇인지 깊이 인지해야 한다.

여섯째, 기관에 대한 적절한 성과측정지표인 시장점유율, 혁신, 생산성, 인적자원 개발, 서비스의 품질, 재무관리 등은 기관의 성과와 생존에 결정적인 영향을 미친다. 기관은 성과를 평가하기 위한 다양한 측정방법을 끊임없이 모색하고 개선해 나가야 한다.

일곱째, 가장 중요시해야 할 것은 경영의 결과가 항상 기관의 외부에 드러난다는 사실이다. 여기에서 결과란 고객, 즉 학습자의 만족도로 나타나며 때로는 프로그램 등록률이나 탈락률로 나타나기도 한다(신동기, 2008).

경영의 목적은 사회적 목적과 경제적 목적으로 볼 수 있다. 사회적 목적은 사회적 책임(social responsibility) 완수를 목적으로 사회가 기업에 요구 또는 기대하는 책임을 완수하는 것을 말한다. 대표적인 기업의 사회적 목적으로는 경제적 책임, 법적 책임, 윤리적 책임, 자선적 책임이 있다(노영순, 2014). 기업의 경제적 목적은 이윤추구, 주주 부의 극대화 등의 목적을 가진다. 이윤추구란 기업이 재활 또는 서비스를 공급함으로써 얻은 이익에서 비용을 차감한 금액인 이익을 창출하려는 목적이다. 이윤추구의 목적은 기업의 지속적인 존립을 위해 필요하다. 주주 부의 극대화(maximization of shareholder wealth)는 주식회사의 주인인 주주의 부를 극대화하려는 목적이다. 기업의 이윤추구와 일맥상통하며, 해당 기업의 시장 가격을 극대화함으로써 달성할 수 있다(서보준 외, 2018).

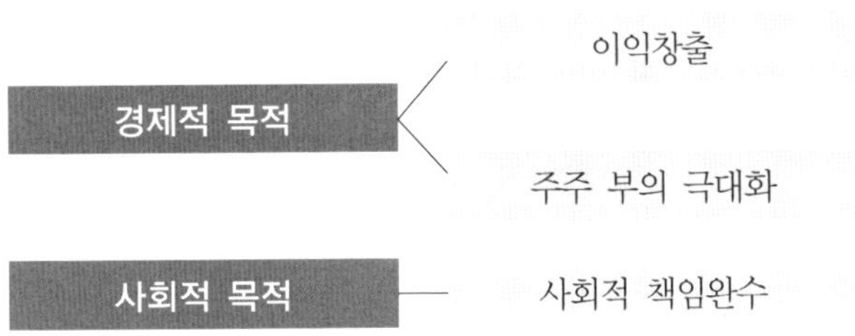

| 그림 2-2 | **경영의 목적**

2. 경영의 목표

경영의 목표 중 생산성이 향상되면 경제성과 수익성은 영향을 받아 오르게 된다. 따라서 경영의 특성 중 생산성은 경제성과 수익성에 영향을 미치게 되므로 상위개념으로 경제성과 수익성은 하위개념으로 설명될 수 있다(육윤복, 2005; 이원우 외, 2002).

| 표 2-3 | 경영의 목표

구분	경영의 목표
상위개념	생산성
하위개념	경제성, 수익성

출처: 이원우 외(2002). 경영학원론. 서울: 박영사. 재구성.

1) 수익성

수익성(Profitability)이란 투자된 자본 가치를 증식시키기 위해 더욱 많은 화폐 이윤을 창출하는 행위이다. 다시 말해 투입자본에 대한 이익의 정도를 말한다. 자본주의 사회에서 기업은 이윤의 추구를 목적으로 하고 있으며, 그에 따라 경영의 목표도 수익성을 크게 함으로써 달성되는 이윤 극대화에 있다고 할 수 있다. 기업은 이윤을 얻고 계속해서 존속하며 성장해 나가야만 고용창출, 소득분배, 환경보전 등의 사회적 역할을 다할 수 있다.

2) 경제성

경제성(Economical Efficiency)이란 기업의 사회적 책임을 생각하여 기업 활동을 적정수익을 중심으로 전개하며 기업 자체의 목표가 되도록 하는 것이다. 즉, 도달해야 할 어떤 성과나 수익을 최소의 비용이나 희생으로 달성하는 것에서 경제적 합리주의를 의미한다. 경제성은 기업경영뿐 아니라 경영이라는 어휘의 모든 형태의 개별경제에 공통으로 적용되는 선택원리이기도 하다. 따라서 경제성이란 일정한 투입가치에 대한 산출가치의 관계로 표현될 수 있다. 이때 투입가치는 투자와 관련된 비용이며, 산출가치는 목적이나 성과와 관련되는 수익이다. 이는 최소한의 투자로 최대의 성과를 얻으려는 경제적 원칙이 통일적으로 표현된 것이라 할 수 있다.

3) 생산성

생산성(Productivity)이란 생산을 위하여 투입된 여러 생산요소의 양에 대한 생산물의 산출량의 비율을 말하는 것으로 투입된 생산요소와 산출의 종류에 따라 노동생산성, 자본생산성 등으로 구분할 수 있다. 즉 노동, 자재, 시설 등 경영자원의 합리적 이용을 통하여 동일한 투입량으로 최대의 성과를 올려 생산비용의 절감과 생산 수준의 향상을 꾀하는 것이다. 이는 경영활동의 목표인 동시에 그 성과를 측정하는 기준이 된다. 그러므로 생산성은 경영합리화의 척도이자 생산성 향상으로 얻은 성과를 이해관계가 있는 집단에 적절하게 배분하는 기준이 된다. 또한 경영은 최소의 투입으로 최대의 산출을 생산하여 생산성을 극대화함으로써 자원의 최적 활용을 이룰 수 있는 것이며 기업은 경영활동을 통해 생산성을 추구함으로써 자원의 낭비를 방지하고 기업의 이윤추구 동기를 만족시킬 수 있다.

3. 경영의 구성요소와 기능 및 과정

1) 경영의 구성요소

지난 산업사회에서의 경영의 구성요소는 토지, 노동, 자본이었으나, 지식정보사회에서는 전략과 정보 등으로 대표될 수 있다. 오늘날 경영의 구성요소는 인적자원과 물적자원, 재무자원과 정보자원 등으로 구분되는데, 보는 관점과 견해에 따라 다소 차이가 있다. 조동성(2010)은 경영의 구성요소를 경영대상으로서의 조직, 경영내용으로서의 전략·관리·운영, 그리고 경영 주체로서의 경영자를 제시하였으며, 유필화 등(2008)은 경영을 구성하는 요소로 인적자원, 물적자원, 자본, 전략과 정보를 들고 있다. 임창희(2003)는 인적자원, 재무자원, 물적자원, 정보자원을 경영활동의 대상으로 본다. 기업경영은 기업이 보유하고 있는 여러 가지 자원이나 요소들인 경영자원을 활용하여 이루어진다. 경영자원은 기업의 목적을 위한 수단인 동시에 관리의 대상이 된다. 따라서 각 학자들의 의견을 정리하면 경영의 구성요소는 사람, 자본, 자원, 정보, 전략이다. 즉 인적자원, 물적자원, 재무자원, 정보자원, 기술자원의 다섯 가지로 귀결된다. 경영의 구성요소 설명은 다음과 같다(유재욱 외, 2014).

첫째, 인적자원은 경영자의 능력과 종업원들의 노동력을 말한다.

둘째, 물적자원은 기업이 제품과 서비스의 생산을 위해 직접 사용하는 유형의 자원들로서 원재료, 토지, 설비 등이 해당한다.

셋째, 재무자원은 기업을 창업하고 운영하는데 필요한 자본 또는 자금을 의미한다.

넷째, 정보자원은 기업에서 보유하고 있는 지식, 정보 등을 말한다.

다섯째, 기술자원은 기업이 보유하고 있는 기술, 특허권 등을 말한다.

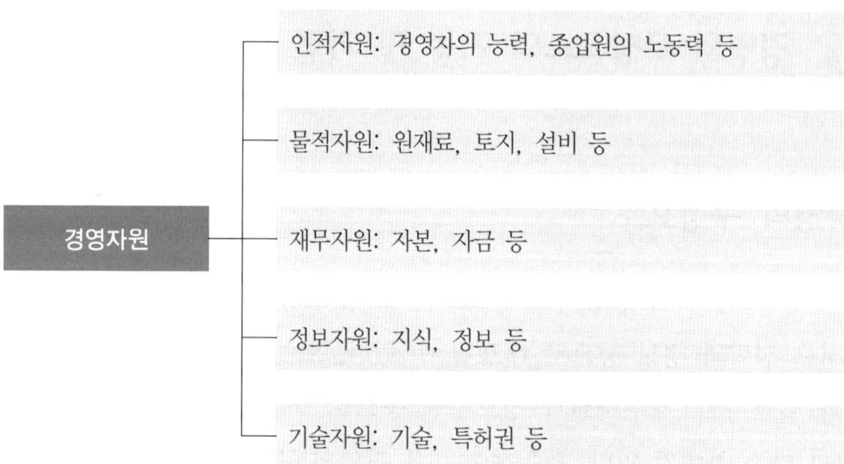

| 그림 2-3 | 경영의 구성요소

출처: 유재욱 외(2014). 현대사회와 지속가능경영. 서울: 박영사.

경영의 구성요소 확보는 기업경영의 영속성을 보장받기 위해서 매우 중요한 과제이다. 이를 위해서는 한정된 경영자원을 어떤 사업에 투입하는 것이 가장 유리한가를 분석하고, 그 결과에 따라 각 사회기회에 우선순위를 정하여 경영자원을 배분해야 한다.

2) 경영의 기능

경영 활동은 조직 내부의 자원을 어떻게 잘 활용하느냐에 관심을 두어야 한다. 이를 위해 조직이 동원할 수 있는 모든 자원을 사용하여 구성원들의 노력을 계획(Planning), 조직화(Organizing), 지휘(Leading), 통제(Controlling)하는 과정을 거친다. 즉, 경영자가 조직의 목표를 달성하기 위하여 여러 가지 기능을 수행하는 과정이며, 모든 경영에는 계획 수립, 조직화, 지휘 및 통제의 네 가지 기능이 공통으로 나타난다. 경영의 기능은 다음과 같다(김병태 외, 2014; 육윤복, 2005; 이필상 외, 2002).

(1) 계획

계획(Planning)이란 누구에게도 희망과 비전이 있듯이 기업에도 희망과 비전이 있어야 하며 이를 시간에 따라 순서로 표시하고, 예산을 수립하며 프로그램을 만드는 것이다. 따라서 경영자는 미래를 예측하여 조직의 비전과 목표를 제시하고 활동계획을 작성하여야 한다. 또한, 조직의 궁극적인 목표를 달성하기 위해 해야 할 일을 단계적으로 명시하여야 한다. 즉, 조직이 나아갈 방향과 수행해야 할 과업들의 우선순위를 결정하여 제시하여야 한다.

(2) 조직

조직(Organizing)이란 해야 할 일을 부문으로 나누고 권한을 나누어 다른 사람에게 넘겨 맡기며 기업 고유의 문화를 만들어 가는 과정이다. 즉, 일을 체계적으로 하기 위하여 인적·물적 요소를 조직하며 누가 어떤 일을 해야 할지를 결정하는 것이다. 이는 계획을 달성하기 위한 조직화가 적절해야 한다는 것을 의미한다. 조직의 형태도 끊임없이 변할 준비가 되어 있어야 한다. 대개 규모가 작은 조직이 환경변화에 따른 조직변화가 더 유리할 것이다.

(3) 지휘

지휘(Leading)란 조직구성원들이 부여받은 과업에 할당된 자원을 활용하여 자발적으로 수행하기 위해 동기를 부여하고 영향력을 행사하는 경영자의 기능을 말한다. 리더란 구성원들에게 목표의식을 강하게 심어주고 행동을 유발하는 동기부여에 대한 능력을 갖추고 있어야 한다. 또한, 의사소통의 시간이 비용이고 가치생산의 과정이기 때문에 조직의 구조와 의사소통이 합리적이어야 한다. 리더로서 경영자가 그 자신에 대하여 알아야 하고 스스로의 능력을 계발시키지 않으면 안 되며, 이러한 관리를 지휘활동이라고 한다.

(4) 통제

통제(Controlling)란 조직구성원들이 할당된 과업이 설계된 대로 수행하고 있는지 또는 조직이 조직목표를 향해 바람직한 방향으로 나아가고 있는지를 확인하기 위하여 정보를 평가하고, 잘못된 사항은 수정 조치하는 과정을 말한다. 즉, 목표와 계획을 점검하는 것으로 목표의 성취 여부를 표준이라는 잣대에 비추어 평가하고 일의 방향을 세우는 것이다.

| 그림 2-4 | 경영의 기능

한편, 오혁진(2021)은 경영의 프로그램, 인사관리, 재무관리, 마케팅 등과 같은 세부적인 과제들이 각각 경영의 과정별 구성요소에 따라 끊임없이 수행되는 순환과정이라고 하였다. 즉 프로그래밍, 인사관리, 재무관리, 마케팅 활동은 각각 기획, 조직화, 충원, 지도, 조정 과정을 거쳐야 한다. 따라서 경영은 전반적으로 경영의 과제요소들과 과정요소들이 조합으로 구성되어 있다고 볼 수 있다. 과제들을 성공적으로 수행하기 위한 일반적인 과정으로 기획(planning), 조직화(organizing), 충원(staffing), 지도(directing), 조정(controlling)의 순환으로 이루어진다.

3) 경영의 과정

경영의 과정(process)은 시장과 고객의 요구에 의해 특정 제품과 서비스를 산출하는 제 활동의 집합체이다(김효석 외, 1993; 이향란, 2015). 경영의 과정은 크게 세 가지로 나누어 볼 수 있다.

첫째, 재화나 용역, 즉 투입물을 조달하는 것이다.

둘째, 조달된 생산요소를 변환하는 과정, 즉 프로세스이다.

셋째, 생산된 산출물을 소비자와 타 기업 또는 정부에 판매하는 것이다. 경영 활동의 과정은 다음과 같다.

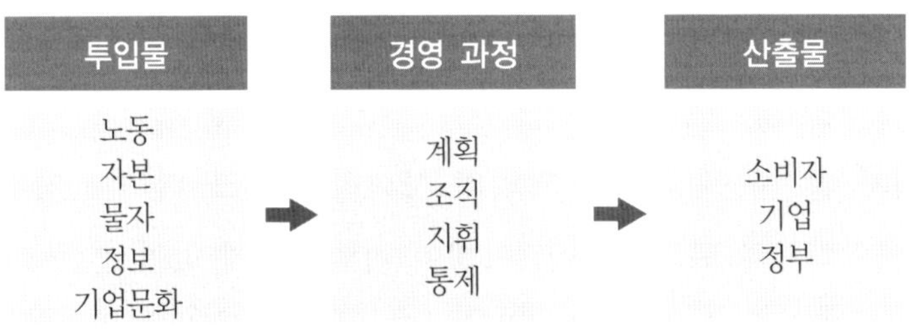

| 그림 2-5 | 경영활동의 과정

출처: 최은수 외. (2017). 평생교육경영론. 파주: 양서원.

4. 사회적 책임

1) 발생배경

1900년대 초반부터 미국을 중심으로 기업의 사회적 책임이 대두되었다. 이때 미국기업은 급속히 성장하는 과정에 있었는데, 트러스트(trust, 독점적 대기업을 형성하는 기업활동)나 카르텔(cartel, 동일 업종의 기업들이 이윤의 증대를 노리고 자유 경쟁을 피하기 위한 협정을 맺는 것으로 형성되는 시장 독점의 연합 형태)을 통해 기업이 거대화되면서 영향력이 증대되었고, 또한 자유로운 경쟁을 부당하게 제한하고 거대기업의 자율적 의사결정이 일반 시민에게 중대한 피해와 손실을 초래하여 사회적 비난의 대상이 되었다. 여기서 복지국가 자본주의의 개념이 등장함으로써 정부 역할이 확대되어 반독점법과 다른 정부규제들을 통해서 기업의 힘을 억제하기 위한 노력이 기울여졌다.

1960년대 이후 사회환경 및 사회가치의 변화로 인해 기업의 힘과 영향력을 최대이윤을 추구하는 데만 사용하지 말고 더 넓은 사회적 목적을 위해 활용해야 한다는 여론이 확대되면서 기업의 사회적 책임이 커지게 되었다. 이것은 기업의 근시안적이고 반사회적인 이윤추구의 정당성을 부정하고 경영자의 공익기여가 필요한 것으로 인정하게 된 사회·경제·사상적 배경을 인식하게 된 것이다.

산업사회가 발전하면 할수록 기업의 사회적 책임도 더욱더 커지며, 현대 산업사회에서는 기업의 사회적 책임 이행이 기업윤리에 있어서 큰 비중을 차지한다. 왜냐하면 기업은 이익목표는 강조하지 않아도 노력을 경주하지만, 사회적 책임은 소홀하게 취급하고 그 결과 사회에 지대한 악영향을 끼칠 수 있기 때문이다. 사회 속의 사회적 존재로서 기업의 역할변화를 시대적 변화와 함께 고찰해보면 다음과 같다.

| 표 2-4 | 사회 속의 변화는 기업의 역할변화

이익극대화 경영체제	수탁 경영체제	생활의 질 경영체제
순수한 사적 이익	사적 이익, 공헌자의 이익	계몽된 사적 이익, 공헌자의 이익, 사회의 이익
나에게 좋은 것은 국가에도 좋음	내 회사에 좋은 것은 우리 국가에도 좋음	사회에 좋은 것은 우리 회사에도 좋음
이익극대화 추구	이익만족 추구	이익이 필요하지만 그러나
돈이 가장 중요함	돈이 중요하지만 인간도 중요함	인간이 돈보다 중요함
경영자의 책임이 소유자에게만 있음	경영자의 책임이 소유자, 고객, 종업원, 공급자 및 기타의 공헌자에게 있음	경영자의 책임이 소유자, 공헌자들 및 사회에 있음

출처: 이재규. (2005). 최신 경영학원론: 혁신론적 접근(2판). 서울: 박영사.

우리나라는 1980년대 중반 이후 학술적으로나 사회적으로 사회적 책임론에 대한 관심이 높아지기 시작했다. 즉, 주로 재벌기업의 부정적인 사회적 영향력에 대한 학계, 언론계, 관련 이해관계자들의 관심이 높아지면서 재벌기업들이 더욱 책임 있고 성숙한 기업행동을 보여주어야 한다는 사회적 기대가 확산되고 있다.

2) 사회적 책임의 개념

기업의 사회적 책임(Corporate Social Responsibility, CSR)이란 기업의 경제적 역할을 넘어선 보다 폭넓은 일련의 기업활동을 의미하고 있다. 즉, 기업은 사회적 기관으로서 많은 권리를 갖고 있으며 또한 책임을 져야 한다. 사회적 책임(CSR)은 기업윤리경영, 사회공헌, 상생경영, 지속가능경영 등의 개념을 모두 포괄하고 있다. 유럽 쪽에서는 기업의 사회적 책임, 미국 쪽에서는 윤리적 경영이라는 용어를 주로 사용하지만 거의 유사한 개념이다. OECD에서는 사회적 측면뿐만 아니라 환경과 경제 측면도 중요하다는 관점에서 '사회적'이라는 단어를 제외하고 기업책임(Corporate Responsibility)이라는 용어를 사용하기도 한다.

이와 같은 사회적 책임에 대한 개념 정의는 다양하게 제시하고 있으며 몇 가지를 정리해 보면 다음과 같다.

| 표 2-5 | **사회적 책임에 대한 정의**

학자	정의
Bowen (1953)	우리 사회의 목표나 가치적 관점에서 바람직한 정책을 추구하고, 그러한 의사결정을 하거나 그러한 행동을 따라야 하는 기업인의 의무
Eeils & Walton (1961)	기업의 활동으로 인해 발생하는 문제의 관점 및 기업과 사회의 관계를 지배하는 윤리원칙의 관점에서 생각될 수 있으며, 이러한 문제의 해결과 윤리의 준수가 곧 기업의 사회적 책임
McGuire (1963)	기업의 사회에 대한 경제적 및 법률적 의무뿐만 아니라, 이러한 의무를 넘어서서 전체 사회에 대한 책임까지를 의미
Carroll (1982)	주어진 특정 시점에서 사회가 기업에 대하여 가지고 있는 경제적 · 법률적 · 윤리적 및 재량적 기대를 모두 포함
McFarland (1982)	개인 · 조직 · 사회제도들 간의 상호의존성(interdependence)의 인식과 그러한 인식을 도덕적 · 윤리적 · 경제적 가치의 틀 내에서 행동으로 옮기는 것
Murray & Montanari (1986)	경제적 · 법률적인 필요요건을 넘어서 사회로부터 정당성을 인정받을 수 있는 기업활동을 의미

이상에서 살펴본 정의를 종합해 볼 때 기업의 사회적 책임이란 “기업활동으로 인해 발생하는 사회 · 경제적 문제를 해결함으로써 기업의 이해관계자와 사회 일반의 요구나 기대를 충족시켜 주어야 하는 기업행동의 규범적 체계”라고 정의할 수 있을 것이다.

최근 국제사회에서는 기업의 사회적 책임(CSR) 차원에서 민간부문의 자본 · 기술 · 지식을 국제개발협력에 연계시키려는 노력이 활발해지고 있다.

정부가 개도국의 경제성장을 위한 법적 · 제도적 토대를 제공한다면, 기업은 투자 · 무역 등의 활동을 통해 시장을 형성하고 고용을 창출하는 역할을 하는 것이다. 과거 CSR은 주로 아동고용, 인권침해, 환경파괴와 같이 ‘하지 말아야 할 것'에 초점이 맞추어져 왔으나 요즘은 많은 기업이 CSR활동을 통해 핵심영역에 대한 전문성과 기술을 바탕으로 개도국의 빈곤 퇴치에 기여하는 사례가 늘어나고 있다. 이들의 사회적 책임활동은 새로운 시장의 잠재고객에게 긍정적인 기업이미지를 심어주어 잠재적인 미래고객을 창출하는 수단으로도 활용되고 있다. 국제사회의 책임 있는 일원이 되는 데 이제 기업도 참여해야 하고 이를 독려하기 위한 정부의 제도적 지원도 물론 강화되어야 할 것이다.

3) 사회적 책임의 기본원리

(1) 자선의 원리(Charity principle)

"Noblesse oblige(높은 신분에는 도의상의 의무가 따른다)"라는 격언에서 보듯이 부유한 사회구성원은 불우한 사람들에게 자선을 베풀어야 한다는 생각은 매우 오래된 것이다. 즉, 고대시대부터 현대에 이르기까지 많은 재산을 가진 사람들은 베풀 것으로 기대하였다.

카네기(Carnegie)와 같은 기업가들이 공공도서관을 기증하고 가난한 사람들을 위한 주택건설을 지원하고 교육기관에 돈을 기부하고 또한 많은 사회조직에 기금을 기부할 때에도 그들은 내 이웃을 보살핀다는 오랜 전통을 계승하고 있는 것이었다. 20세기 초까지 국가가 추진하는 사회보험이나 사회보장제도가 없었으므로 기업가들의 자선활동은 중요한 역할을 담당해 왔다. 그러나 물론 자선 차원에서의 기부활동이 기업의 사회적 책임의 유일한 형태는 아니다.

(2) 수탁의 원리(Stewardship principle)

오늘날 많은 기업경영자들은 자신을 공공의 이익을 위해 일하는 관리자 혹은 수탁자(stewards or trustees)로 간주한다. 즉, 기업경영자들은 주주의 이익을 위해 노력하지만 또한 공공의 위탁을 받은 지위(수탁)에 있는 것이다. 기업경영자들은 공중에게 영향을 미칠 수 있는 방대한 자원의 사용을 통제하면서 중요한 영향력을 행사하기 때문에 단지 주주뿐 아니라 전체 사회에 대해 좋은 방향으로 자원을 사용할 책임을 갖는다. 이런 경우 그들은 사회를 위한 관리자 혹은 수탁자가 되는 것이다. 이와 같이 주주에 대한 수탁책임의 개념으로부터 출발한 수탁의 원리를 사회적 책임의 관점에서 확대하여 해석할 경우, 이것을 공공책임의 원리(public responsibility principle)라 할 수 있을 것이다.

이러한 생각이 현대 기업경영의 관점에서, 이해관계자 관리이론(stakeholder management theory)을 낳게 한다. 이론에 의하면 기업경영자는 기업이 행하는 바에 대해 이해관계(stake)를 지닌 모든 집단들과 원활하게 상호작용할 필요가 있다는 것이다. 만약 그렇게 하지 않는다면 기업은 경제적으로 충분히 효율적이지 못하거나 아니면 공중으로부터 사회적 책임을 다한다고 인정받지 못할 것이다.

4) 사회적 책임의 유형

일반적으로 사회적 책임의 유형은 대외적 윤리와 대내적 윤리로 나누어 볼 수 있다. 대외적인 윤리의 문제는 다음과 같은 유형의 문제가 있다.

첫째, 주주와 경영자 간의 대리인 문제이다. 대규모 기업에서 주주들은 그들의 대리인으로서 기업을 경영할 수 있는 경영자를 고용한다. 즉, 경영자가 일상적으로 기업을 통제하게 되는데, 이때 경영자는 주주의 부가 아닌 자신의 이익에 더 관심을 가질 수 있다. 다시 말하면 소유와 경영의 분리에 의해서 주주와 경영자의 목표가 서로 달라질 수 있다. 경영의 주체(principals)인 주주로부터 대리인(agents)인 경영자로서의 의사결정 권한의 위임으로 인하여 발생하는 주체와 대리인의 갈등을 대리인 문제(agency problems)라 한다.

둘째, 소비자에 대한 윤리문제이다. 기업은 소비자에게 안전한 제품을 제공할 의무가 있으며, 제품의 하자에 대해서는 A/S나 교환 등 사후적인 책임도 져야 한다. 한편 자사제품에 대해 허위광고나 과대광고 등도 삼가야 한다. 이를 위해 정부에서는 소비자보호법, 제조물책임법(PL법), 공정거래법 등을 제정하여 기업의 윤리행위에 영향을 주고 있다.

셋째, 정부와 사회에 대한 책임이다. 기업은 경영활동과정에서 대기오염이나 소음공해, 수질오염 등이 발생하지 않도록 주의해야 한다. 또한 세금포탈을 하거나 뇌물을 통해 부당이익을 취하려는 행위는 그 기업뿐만이 아니라 사회 전체의 경제질서를 무너뜨리게 한다.

한편 기업의 대내적 책임으로는 종업원을 공정하게 대우해야 할 책임, 부당노동행위를 하지 않는 등의 노조에 대한 책임 등이 있다.

| 표 2-6 | **사회적 책임의 유형**

구분	소극적 윤리	적극적 윤리
대내적 윤리	•불공정 인사 · 임금체불 · 부당 노동행위 여부 •부실경영 · 허위보고서 작성 · 기업재산 유용 여부	•산업재해예방 · 복리후생 향상 여부 •인간중심 경영 · 품질 향상 · 생산성 향상 여부
대외적 윤리	•공해유발 · 유해식품 제조 여부 •가격조작, 매점매석, 허위 · 과대광고 여부 •세금포탈, 불성실한 회계보고(공시) 여부 •상표도용 여부 •정경유착 여부	•환경보호 · 자원보전 여부 •소비자 만족경영 · 교육학술 지원 여부 •생활의 질 향상, 사회복지 향상 여부

5. 인권경영

21세기는 인권의 시대라고 일컬어지며, 인권 주류화(human right mainstreaming)나 인권 지배체제(human right regime)로 규정되는 시대적 요구와 국제사회의 추세에 비추어 인권 실행 체제를 구축하는 것이 중요하다. 평생교육 기관이 인권을 보호하고 향상하기 위해서는 다음과 같은 점들이 먼저 요구된다(이준일 외, 2015).

첫째, 인권의식과 인권감수성을 높여야 한다. 우리가 가져야 할 기본 인식은 모든 사람의 존엄성을 누리며 평등하게 살아가야 한다고 믿는 것이다. 인권의식이 투철해지면, 사람 사이의 관계를 다르게 보게 된다. 인권에 대해 느끼는 감수성이 높아지게 되면, 사회 전반에 인권 실행에 대한 기대와 인권의 실천 여부를 판가름하는 기준도 높아지기 마련이다.

둘째, 평생교육경영은 인권중심의 사고방식이다. 평생교육 기관의 경영은 인권 중심의 사고방식(human right oriented thinking)이 요망되는 것이다. 기관 경영자는 인권 중심에 놓고 생각하고 판단할 때 가장 인권 친화적인 행정과 집행이 가능해질 것이다.

셋째, 사회 전반의 인권문화 확산에 기여해야 한다. 인권의 보호와 증진을 위한 실질적인 토대는 '사회'의 인권의식이나 인권 중심의 행위, 그리고 인권문화에 있다. 인권문화의 확산은 개인이 갖는 인권의식이나, 인권에 대한 감수성이 사회적으로 널리 퍼져 있음을 의미한다. 사회 전체가 인권을 중요하게 여기는 문화 풍토가 조성되었을 때 진정으로 인권이 존중되는 사회가 될 것이다.

이처럼 평생교육 기관의 경영자는 인권의식, 인권 중심의 사고방식이나 태도, 인권문화 확산에 참여하는 것이 중요함을 확인할 수 있다. 평생교육 기관의 경영자는 이러한 의식이나 태도를 갖추기 위해 끊임없이 노력해야 한다.

1) 인권(人權)의 이해

왜 인권을 알아야 하는가? 인권은 인간의 '권리'이다. 인권은 사람이라면 누구나 당연히 누리는 기본적인 권리로서 보편적 권리이고 모든 사람을 향해 누구나 주장할 수 있는 일반적인 권리이다. 따라서 인권교육은 인간 존엄성을 실현하기 위한 인간의 삶의 모습을 있는 그대로 드러내는 교육이다. 인권교육은 기본적 자유를 증진·보호하기 위하여 시민들의 지식, 기량, 이해력을 갖추고 사고방식과 행동방식을 발전시켜 나갈 수 있도록 지원함으로써 사회적으로 보편적인 인권문화를 구축하고 방어하는 데 기여할 힘을 기를 수 있도록 실시하는 교육, 훈련, 의식 함양, 정보 제공 등 다양한 활동을 말한다(국가인권위원회, 2018).

| 표 2-7 | 권리로서의 구성요소와 인권

구성요소	내용	인권	인권의 권리적 성격
권리의 주체	누가 권리를 보유하는가	인간이라면 누구나 누림	보편적 권리
의무의 주체	권리 주체에 대해 의무를 부담하는 상대방은 누구인가	모든 사람	일반적 권리
권리 내용	무엇에 대한 권리인가	인간으로서의 삶에 매우 중요한 근본적인 가치	근본적 권리
권리의 근거	권리 인정의 근거가 되는 것은 무엇인가	법체계의 승인과 상관없이 오로지 인간이기 때문에 가질 수 있음	도덕적 권리

출처: 배화옥 외. (2015). 인권과 사회복지. 파주: 나남.

(1) 인권의 개념

역사적인 측면에서 인권의 개념은 봉건사회의 몰락과 근대 자본주의 사회의 형성으로 되었으며, 17~18세기 유럽의 자유주의 정치사상에 입각한 자연법사상에서 비롯되었다(권중돈 외, 2016). 인권은 인간이기에 갖는 천부적인 권리라는 선험적이고 절대적인 최고선으로만 기술되는 정태적 개념이 아니며 시대 상황과 사람들 사이의 의사소통과 상호작용을 통해 구성되고 진화하는 역동적 개념이다(Ife, 2000). 인권의 관점은 매우 다양하고 기술하는 방법에 따라 인권 의미에 차이가 있다.

인권을 인간이기 때문에 당연히 갖는 천부적인 권리로서 인간의 존엄성을 보장받을 권리로 보는 관점이 있는가 하면, 평등한 권리 또는 차별받지 않을 권리로 보고 시대와 국가의 상황에 따라 천부적인 권리의 인권 개념이 지니는 모호함을 비판하면서, 인권 관련 헌장, 선언, 국제규약, 헌법 등에 의해 구체적으로 규정된 권리로만 보아야 한다는 관점도 있다(Sweet, 2003). 이처럼 인권 개념은 학자마다, 사회적, 문화적 맥락에 따라 다르기도 하여 그 개념을 정확하게 규정한다는 것은 쉬운 일은 아니다.

'사람이라면 누구나 태어나면서부터 당연히 가지는 기본적인 권리'를 의미한다. 그러나 세계인권선언에서는 인권의 개념을 보다 적극적으로 해석해 '인간이 지닌 권리'라는 의미를 넘어 '인간이 존엄한 존재가 되기 위해 가져야 할 당연한 권리'로 보고 있다(국가인권위원회, 2004). 세계인권선언에서는 인권을 '인간이 누구이고 무엇을 하든지 간에 하나의 존엄한 존재로서 존중받을 권리'를 규정하고 있으며, 유엔 인권센터에서는 '인간의 타고난 천성에 내재하여 있는 것으로서 이것 없이는 인간으로 살 수 없는 권리'라 정의하고 있다. 우리나라의 「국가인권위원회법」 제2조(정의)에서는 '「대한민국헌법」 및 법률에서 보장하거나 대한민국이 가입·비준한 국제인권조약 및 국제관습법에서 인정하는 인간으로서의 존엄과 가치 및 자유와 권리'라고 규정하고 있다.

인권에 대한 개념 정의를 종합하면, '인간이기에 갖는 본질적이고 선천적인 권리로서, 인간이 그 자체로서 존엄성을 인정받고, 인간답게 살아가는 데 필요한 모든 권리'라고 정의할 수 있다(권중돈 외, 2016).

1948년 「세계인권선언」에 제시된 인권은 단순히 인간의 권리를 넘어 인간이 되기 위한 권리, 인간이 가져야 하는 당연한 권리를 표현한다. 이에 인권은 다음과 같이 일곱 가지의 성격을 갖는다(이인규 외, 2016).

첫째, 인권은 인간이 갖는 기본적인 권리이다. 「세계인권선언문」 전문에 "인류 사회의 모든 구성원은 타고난 존엄성과 남에게는 넘겨줄 수 없는 권리를 가지고 있다"라고 되어 있다. 내용의 '타고난 존엄성'이란 인간의 생존을 위해 최소한 필요한 것이기보다는 존엄한 인간으로서의 기본적으로 요구되는 삶이다. 즉 존엄한 삶을 위한 기본적인 필요로서 사회에서 인간의 삶이 어떤 수준 이하로 내려가는 것을 막아 주는 것이 인권이다. 사람의 권리(rights of man)가 아니라 사람답게 살 권리(human right)이다. 사람다움을 표현하는 권리이며, 인간으로서 존엄성과 가치를 귀중하게 해 주는 것이 바로 인권이다.

둘째, 인권은 인간이 갖는 보편적인 권리이다. 인권은 조건 없이 오직 인간이라면 모두에게 적용할 수 있어야 한다. '~ 때문에'라는 어떤 조건으로도 제한할 수 없다. 따라서 인권은 인간이 가지는 권리의 최고 가치이며, 보편적인 권리로 보아야 한다.

셋째, 인권은 약자를 위한 권리이다. 약자를 위한 권리는 보편적인 권리와 대립하는 의미는 아니다. 단, 약자들은 사회적 강자에 의해 유린당하기 쉬우므로 인간으로서 마땅히 받아야 할 최소한의 기본적인 혜택이나 조건을 지킬 수 있도록 하는 권리로서 더 강조한다.

넷째, 인권은 책임을 동반한 권리이다. 인간의 삶은 타인과 관계를 맺고 있다. 그러므로 인권적인 환경은 타인과의 상호관계 속에서 나타난다. 이러한 점에서 나의 인권뿐만 아니라 타인의 인권도 사회 제도적으로 보장되어야 한다. 그래서 한 개인이 인권과 관련하여 갖는 책임은 자신의 인권을 알고 누려야 하는 책임뿐만 아니라 타인의 권리도 존중하면서 지켜주어야 하므로 인권은 상호 의존적이며, 사회적 연대를 필요로 한다.

다섯째, 인권은 개인뿐만 아니라 집단을 포괄한 권리이다. 인권 침해 현상은 사회적 구조와 관련되거나 국가 간의 힘의 관계에서 발생하는 경우에 개별적으로 인권을 주장하기에는 한계가 있다. 오늘날 세계화 시대에 지구에 불평등으로 억압받는 제3세대나, 자신의 국가에서도 고통받는 소수집단을 고려한다면 단순히 개인의 권리로만 인권을 규정해서는 어려움이 있다. 이 점에서 개인뿐만 아니라 사회, 공동체, 국가 모두 인권의 주체가 될 수 있어야 한다.

여섯째, 인권은 정당성의 기준으로서 국가의 물리적인 힘을 제한한다. 인간은 그 국가에서 실정법으로 정해놓은 제도적 장치에 의해 제한받고 살아간다. 이러한 제도적 제한이 구체적으로 드러나는 한 국가의 제도, 법률, 관습이 정당한지를 판단할 수 있는 기준이 된다. 반면 정당성이 없다고 판단될 때 인권은 제도적 제한과 권력을 통제하는 역할을 한다. 현실적으로 인권이 보장되기 위해서는 정치적 민주주의와 기본적인 자유가 지켜져야 한다.

일곱째, 인권은 사회변화를 요구한다. 인간의 존엄한 삶이 없다면 최소의 조건을 제시하고 그 조건에 맞도록 사회가 변화할 것을 요구한다. 이러한 인권의 사회변화 요구에 기반하여 끊임없는 투쟁이 현재의 인권 상태를 가능하게 한 것이며 인권을 점점 더 풍부하게 만들어 주는 근원이 된다.

(2) 인권의 변천 과정

고대 그리스 사회에서 정치적 자유권을 가진 일부 시민이 있었고, 중세를 지나 근대에 이르면 경제권을 행사할 수 있었던 시민권자들이 있었으며, 1차 · 2차 세계대전을 거치면서 세계 여러 나라 사람이 자유와 평등에 기초한 다양한 인간의 권리를 가지게 되었다(이인규 외, 2016). 이처럼 인류의 역사는 인권의 내용과 인권을 누리는 사람들의 양적인 면에서의 확대되고 성장하는 과정이라고 할 수 있다.

영어에서의 'right'는 원래 도덕적으로 올바른 것, 합리적인 것, 합법적인 것, 정당한 것이라는 의미도 포함한다. 19세 초반 일본에서는 'right'를 번역할 때 '권리'라는 말 대신에 '정직(正直)'이나 '염직(廉直, 청렴하고 곧음)'이라는 용어로 번역하였으며, 19세기 후반이 되어서야 일본뿐만 아니라 중국에서도 '권(權)', '권리(權利)'로 번역했다(최현, 2008). 'right'가 원래 '올바름, 정당함'이라는 의미를 지닌다는 점은 인권을 이해하고자 할 때 매우 중요하다. 이는 인권이 지향해야 할 방향 혹은 가치를 내포하기 때문이다. 즉 인권은 권리임과 동시에 정의로움을 추구하는 것이어야 한다(배화옥 외, 2015).

인권이라는 말은 영어와 불어의 인권과 관련된 용어를 번역한 것이다. 중국과 일본은 인권보다는 민권(民權)으로 번역하여 사용되었으며(차명직, 2006), 한문의 '권(權)'자는 '저울추 권'으로 저울추가 무게의 경중을 결정하는 속성을 지닌다는 뜻을 차용해 권력 또는 권세의 의미를 지니게 되었다. 따라서 한문의 인권은 '사람이 갖는 권력'이라는 의미를 갖는다.

독일에서는 인권(Menschenrechte)이라는 용어가 사용되기 이전에 인간의 권리

(Rechte der Menschheit)라는 용어가 주로 사용되었으며, 영어권 국가에서는 인권이라는 용어를 사용하기 이전에는 자연법상에 근거한 자연권(natural right)이라는 용어가 주로 사용되었다. 영어권 국가에서 인권이란 용어는 프랑스혁명과 함께 공포된 '인간과 시민의 권리선언(Déclaration des droits de l'Homme et du citoyen)'에 사용된 'droits de l'Homme'라는 용어를 토머스 페인(Thomas Paine)이 1791년 '인간의 권리(Rights of Man)'라는 제목의 번역서로 출간하여 사용한 데서 유래한 것으로 알려져 있다(안치민, 2003; Paine, 1987).

하지만 여기에 사용된 'man'이라는 단어가 마치 여성을 제외하거나 차별한다는 오해를 불러일으킬 수 있다는 반대 의견 때문에 'human right'로 바뀌게 되었으며, 이때 권리(right)라는 용어는 '옳다(rectitude)'는 뜻과 '어떤 것을 요구할 수 있는 자격(entitlement)'이라는 뜻을 동시에 가지고 있다. 그러므로 인권이란 용어는 '옳고 정당한 어떤 것을 요구할 수 있는 자격'이라는 의미를 내포하고 있다(류은숙, 2009).

2) 인권교육 목적

(1) 목적

인권교육의 근본적인 목적은 인권을 실현하는 데 있다. 인권교육은 모든 이들이 각 공동체와 사회에서 인권을 실현하는 데 공동의 책임이 있음을 이해하도록 하는 데 목적이 있다. 이 점에서 장기적으로 인권 침해와 폭력적인 갈등을 방지하고, 평등성과 지속가능한 개발을 증진하며, 사람들이 민주적 제도 안에서 의사결정 과정에 참여하도록 돕는 데에 기여한다. 인권의 목표는 「세계인권선언문」 제1조에서 "모든 사람은 태어날 때부터 자유롭고 그 존엄하며 동등하다. 인간은 이성과 양심이 있으므로 서로에게 형제애의 정신으로 대해야 한다."에 명시하듯이 다음과 같다(전영주 외, 2014).

첫째, 기본적 자유에 대한 존중을 강화하는 데 있다. 모든 사람은 태어날 때부터 자유롭고 동등한 존엄과 권리를 가지므로 인권교육은 인간으로서 자신의 존엄성을 파악하고 자존감을 갖도록 하는 것이다.

둘째, 인간의 존엄성에 대한 이해와 감수성이 최대한 발달하도록 해야 한다. 이는 자신의 권리뿐만 아니라 타인의 인권에 대해서도 책임감을 느끼도록 한다.

셋째, 다양한 인간과 집단의 이해와 관용, 평등과 우정이 증진되도록 해야 한다. 오늘날 글로벌한 사회에서 다양성은 갈등의 원인이 될 수도 있으나, 다름과 차이를 인정하고 평등과 우정이 이루어질 때 인류의 진정한 성숙이 이루어질 수 있다.

넷째, 모든 사람이 자유로운 사회에서 사회적 참여를 행할 수 있도록 해야 한다. 즉 인권을 누리지 못하는 사람들의 인권을 찾아주기 위한 사회적 연대가 이루어져 인권이 완성되면 인권교육은 불필요해질 것이다.

인권과 가치교육, 세계화교육, 다문화교육, 평화교육, 지속가능한 개발을 위한 교육을 학교 제도 내에 인권교육의 교육적 요소들을 내용과 방법론에 포함해야 한다. 그리고 인권에 관한 지식과 기술을 제공하고 인권에 대한 가치관과 태도를 이해하여 인권 친화적인 행동의 발달을 통하여 인권침해와 학대를 예방하고 보편적인 인권문화를 구축하고 증진할 수 있도록 역량 강화에 공헌해야 한다. 「유엔인권교육훈련선언」 제2조에 의하면 인권교육 훈련의 3대 구성요소를 다음과 같이 제시하였다(도회근, 2015).

첫째, 인권에 대한 교육(Education about Human Right)이다. 인권에 대한 지식 제공, 인권의 기준 및 원칙의 이해, 인권 보호의 기반이 되는 가치관과 인권 보호 체계에 관한 사항을 의미한다.

둘째, 인권을 통한 교육(Education through Human Right)이다. 상호 존중의 교육과 학습에 관한 사항으로 교수방법 자체에서 교육자와 학습자 양자 모두의 권리를 존중해야 한다는 것이다.

셋째, 인권을 위한 교육(Education for Human Right)이다. 모든 인권교육 훈련의 궁극적 목적은 인권을 위한 것으로 인권 지향적이어야 한다. 다시 말해 인권교육은 자신의 권리를 실천하고 향유하며 타인의 권리를 존중하고 보호할 수 있고 이를 위한 역량 강화를 지향해야 한다.

(2) 인권감수성 향상

홍봉선 등(2012)은 청소년을 대상으로 인권교육의 중요한 목적의 하나로 학습자의 인권감수성 향상이라고 하였다. '감수성'이란 사전적 의미로 자극을 받아들여 느끼는 성질이나 성향, '민감성(sensitivity)'이라는 표현과 유사한 의미가 있다. 여기에 인간이 인간답게 살기 위해서 반드시 보장받아야 할 권리인 '인권'을 덧붙인 단어가 '인권감수성'이라고 할 때, 인권감수성은 일상생활에서 만나는 다양한 자극이나 사건에 대하여 매우 작은 요소에서도 인권적인 요소를 발견하고 적용하면서 인권을 고려하는 것이라고 할 수 있다(강석권, 2012). 나아가, 우리의 일상 현실을 인권의 관점에서 바라볼 수 있는 능력, 인권 문제에 민감하게 반응하는 능력, 그리고 인권 침해를 받은 사람들에 대해 마음 아파하고, 문제를 함께 해결해 나가려고 하는 마음 등을 포함하는 것이다(이인규 외, 2016).

인권감수성이란 개념은 일반적으로 상황 지각 능력, 결과 지각 능력, 책임 지각 능력 등으로 구분된다. 상황지각능력이란 어떤 상황을 인권의 문제로 인식하고 받아들이는가에 대한 해석능력이며, 결과 지각 능력은 타인에게 미칠 행동의 가능한 결과를 상상하고 이해할 수 있는 능력이다. 책임 지각 능력이란 인권과 관련된 행동에 대한 책임을 지각하고 이를 실제 행동으로 실천하고자 하는 의지를 의미한다(전영주 외, 2014).

3) 인권경영 개념

(1) 인권경영의 의미

인권경영이란 평생교육기관을 경영하는 모든 과정에서 사람을 중시하는 경영이다. 즉, 기관의 모든 활동에서 인간의 존엄과 가치를 중시하고, 인권을 존중하는 경영을 의미한다. 인권경영의 실행방식은 평생교육기관 활동으로 발생할 수 있는 인권에 미치는 부정적 영향을 기관이 사전에 평가하여 방지하거나 최소화하는 것으로부터 시작한다(제철웅 외, 2014). 또한 평생교육 활동과정에서 학습자를 포함한 기관의 모든 구성원의 인권을 존중하고, 나아가 지역주민, 학습자의 인권 등 궁극적으로 평생교육기관 경영 관련 이해관계자 모두의 인권을 존중해야 한다. 즉, 평생교육기관과 관련된 모든 이해관계자가 인간으로서의 존엄과 가치를 실현하기 위해 기관이 필요한 활동을 다 하는 인간존중의 경영방식을 의미한다. 평생교육기관은 인간존중의 정신에 입각한 인권경영을 실행해야 한다. 비록 법적인 의무는 아니지만, 사회적 또는 도덕적 책임이라고 할 수 있다. 인권침해를 하지 않는다는 소극적인 입장에 머무는 것이 아니라, 평생교육 활동과 연관된 활동 전 분야에서 인권 존중을 평생교육기관 목표의 하나로 설정하고, 이를 실천해야 한다. 모든 평생교육기관은 자신의 사업경영, 즉 기관의 영향력(Sphere of Influence)이 미치는 범위 내에서 인권을 존중해야 하는 책임이 있다(제철웅 외, 2014).

(2) 인권경영과 기업경영의 차이

21세기는 더불어 공동체를 지향하며 다양한 문제해결을 위해 기업과 손잡고 하나의 공동체를 이루어 나아가 공유, 공생, 공존, 공감을 가지고 책임 있는 인권경영을 하여야 한다. 우리 사회에서는 기업의 경제적 책임 이외에 윤리적, 사회적, 환경적 책임을 요구하는 기업경영 방식들을 많이 접하게 된다(제철웅 외, 2014). 인권경영은 평생교육기관의 대표, 교육기관 종사자, 학습자, 관련 유관기관, 지역사회의 관계에서 여러 이해관계자의 인권을 침해하지 않는 범위에서, 그들의 인권을 증진하는 조건으로 평생교육기관의 이익을 실현해야 한다는 이해관계에 기반하고 있다. 사회책임경영, 기업의 사회적 책임, 준법경영, 윤리경영, 지속가능경영, 기업시민인식 등 인권경영과 기업경영 간의 차이를 비교하면 다음과 같다(제철웅 외, 2014).

첫째, 사회적 책임경영(Corporate Social Responsibility, CSR) 혹은 기업의 사회적 책임은 자기 회사의 이익을 창출하는 데에 사명감을 가지고 있던 범위를 넘어 이해관계자를 포함한 사회 전체와 협력해 지속가능한 발전에 기여하고 이들의 삶의 질을 향상시키고자 하는 기업의 활동을 말한다. 우리나라에서는 기업의 자선사업이나 기업의 사회공헌 프로그램 같은 협의의 개념으로 정의되기도 한다. 반면에 오히려 기업의 윤리적, 경제적, 사회적, 환경적 책임을 광범위하게 포괄하는 광의의 개념으로 이해되기도 한다.

둘째, 준법경영은 기업활동에서 구속력 있는 각종 국제 규범 및 국내법을 준수(Compliance)하여야 한다는 의미로 사용된다.

셋째, 윤리경영이란 기업경영 및 활동에 있어 기업윤리를 최우선 가치로 생각하고, 투명하고 공정하며 합리적 업무 수행을 추구하는 경영정신이다.

넷째, 지속가능경영은 영국 서스테이너빌리티(Sustainability)의 설립자인 존 엘킹턴(John Elkington)이 주창한 개념으로 수익(Profit), 인간(People), 환경(Planet)으로 대표되는 경제적, 사회적, 환경적 책임을 강조하는 TBL(Triple-Bottom-Line)의 개념으로 잘 알려져 있다. 기업이 경제적 수익 외에 사회적, 환경적 책임을 고려하여 사회 구성원들의 삶의 질 개선을 위해 노력하는 것이다. 윤리경영보다 한층 더 포괄적인 개념으로 기업이 자신과 사회의 지속가능한 발전을 위해 노력하는 것을 말한다.

다섯째, 기업시민의식은 사회구성원으로서 기업의 위치를 더욱더 강조하여 기업이 한 영토, 관할권 안에서 시민으로서 인식하는 것을 말한다. 즉 사업활동에 있어서 권리와 특혜를 인정받음에 따라 그에 상응하는 시민으로서의 사회적 책임을 져야 한다는 것이다.

| 표 2-8 | 인권경영과 다른 기업경영 방식의 공통점과 차이점

경영 방식	공통점	차이점
사회책임경영 (광의의 개념)	•윤리적, 경제적, 사회적, 환경적 책임을 포괄하기 때문에 인권경영의 광범위한 포괄성의 유사하다. •기업의 사회적 책임은 핵심적인 사회적 가치인 인권보호와 존중에서 시작한다.	•인권이나 권리에 기반하여 출발한 개념이 아니기 때문에 인간가치 실현이나 권리 증대에 초점을 두는 인권경영에 비해서는 범위가 좁다가 볼 수 있다. •기업이 경제적 책임 이외에 사회적 책임, 더 나아가서 인권 분야까지 고려할 수 있도록 하는 데 지대한 역할을 했다고 볼 수 있다.
기업의 사회적 책임 (협의의 개념)	•지혁사회와의 상생을 추구하는 면은 어느 정도 유사하지만, 기업의 자선사업 혹은 사회공헌 프로그램에 집중된 개념으로서 책임을 중요시하는 인권경영 개념과는 아주 많은 차이가 있다.	•인권경영 분야에 있어서 이상적으로(Desirable) 준수하도록 요구되는 인권 주제 관련 사회공헌, 임직원 복지, 사회 취약 계층 역량 강화 등의 분야와 비슷한 범위에 해당하기 때문에 인권 경영의 부분적인 분야에 해당한다. •필수적(Essential)이나 기대되는(Expected) 활동이 없이 실행되면 어불성설로 간주할 수 있다.
준법경영	•인권경영 분야에 있어서 필수적(Essential)으로 지켜야 하는 자국법, 규제, 국제적으로 통용되는 인권 규범 분야에 해당한다.	•인권경영의 부분적인 분야에 해당되지만, 실질적으로 인권경영의 근본적인 토대 혹은 출발점으로 이해될 수 있다.
윤리경영	•인권경영 분야에 있어서 사회로부터 지켜지도록 기대되는(Expected) 분야나 이상적으로(Desirable) 준수하도록 요구되는 분야는 윤리경영으로 지칭될 수도 있다.	•기업 윤리(Business Ethics)나 청렴성(Integrity)을 최우선 가치로 두기 때문에 사회에 대한 기업의 신뢰적인 측면에 가치를 둔다. 따라서 보편적인 인간 가치나 권리를 중심으로 하는 인권경영보다 좁은 개념으로 이해될 수 있다.
지속가능 경영	•인권경영 분야에 있어서 사회로부터 지켜지도록 기대되는(Expected) 공급망 관리, 본국 및 진출국의 행동강령 등의 분야에 해당된다고 볼 수 있다.	•인권경영의 근본적인 토대 혹은 출발점 이후에 확장하여 실행할 수 있는 인권경영의 부분적인 분야로 이해될 수 있다.
기업시민 의식	•기업을 사인(私人)으로 보고 다루려는, 혹은 私人으로서 역할을 기대하는 시각은 동일하다고 이해될 수 있다.	•사인(私人)에 의한 인권침해를 막는 것이 인권경영에서의 중요한 목표이므로 인권경영을 위한 필수적 가치로서 이해될 수 있다.

출처: 제철웅 외. (2014). 인권경영 길라잡이: 기업 인권교육 교재. 서울: 국가인권위원회.

주주 중심 경영에서 이해관계자 중심 경영으로 변화하는 과정에서 인권경영을 비롯하여 기업의 경제적, 사회적, 환경적 가치 간의 상관관계에 따른 다양한 기업경영 방식들은 계속 발전하고 있는 단계이다. 인권경영과 다른 기업경영 방식들과의 공통점과 차이점에 대한 비교는 많은 한계성을 가진다(제철웅 외, 2014). 그럼에도 제철웅 등(2014)은 공통점과 차이점을 생각해 보면 아래와 같은 인권경영의 특수성과 포괄성을 알 수 있다.

첫째, 책임성이다. 기업의 영향력에 있는 모든 인간의 존엄과 가치 및 인권을 존중해야 하는 책임을 중요시한다.

둘째, 보편성이다. 사업지역, 규모, 업종에 상관없이 국제적으로 인정된 인권을 존중할 보편성이 담보되어야 한다.

셋째, 당위성이다. 국제사회의 요구로서 인권 관련 국제규범을 지켜야 한다는 당위성이 강조된다.

넷째, 능동성이다. 인권에 대한 부정적인 영향이 있는 경우 문제해결을 위해서는 노력하고, 일상적인 기업활동에서 인권을 존중하는 것을 대내외적으로 알리고 실천할 수 있는 정책과 절차를 갖추는 것이 중요하다.

Chapter

03

평생교육경영의 기초

1. 평생교육경영의 개념 및 필요성

1) 평생교육경영의 개념

평생교육과 평생학습사회는 국민 각자의 자아실현, 생활 향상 혹은 직업적 지식과 기술의 획득 등을 목적으로 생애에 걸쳐 자율적·주체적으로 학습을 계속할 수 있는 사회를 말한다(성낙돈 외, 2015). 평생학습사회의 출현은 기존의 형식 교육, 지도 교육만으로는 급변하는 사회변화에 적응하고 개인의 자아실현을 이루기 어렵다는 인식과 추세에 따른 결과였다. 이에 기존의 교육을 보완하면서 실생활과 직접 관련된 실천적이고 다양한 프로그램들이 개발·보급되고 있다. 그런데 평생학습사회에서 핵심 기술과 능력을 발휘하려면 평생교육 프로그램 개발에 대한 전문인력과 시설, 그리고 기관 경영의 도입이 전반적으로 이루어져야 할 것이다. 이처럼 평생교육은 평생학습사회의 출현으로 인한 경영의 도입이 절실해지기 시작한 시대적 책무와 함께 급변하는 학습사회의 절대적 요소로서 자리하고 있다.

평생교육경영의 개념은 거시적 관점과 미시적 관점 모두에게 중요하다. 거시적 관점에서는 사회 전반적으로 평생교육의 기회와 활용이 확대될 수 있도록 국가나 지방자치단체를 비롯한 여러 공적 영역에서 제도적, 정책적, 행·재정적 지원을 강화하는 것이 필요하며 이는 사회적 수준에서의 평생교육경영이 담당해야 할 중요한 요소이다. 미시적 관점에서는 지역사회 내 다양한 유형의 평생교육기관이 평생교육의 기회와 활동을 효과적·효율적으로 제공·전달하여 궁극적으로 사회구성원들의 평생학습적 요구를 충족시킬 수 있도록 해야 하며 이는 단위기관 수준에서 평생교육경영의 주요 과제이다(김용현 외, 2018).

평생교육경영에 대한 정의를 구체적으로 살펴보면 다음과 같다. 서보준 등(2018)은 평생교육기관의 고유한 사명과 기능을 보다 생산적이고 가능한 방향으로 운영하는 것을 말한다. 그리고 이향란(2015)은 사회의 모든 구성원이 생애의 어느 단계, 혹은 어떤 상황에서나 자신이 추구하는 학습을 지원·촉진할 수 있도록 교육활동을 체계적으로 운영함으로써 궁극적으로 개인과 공동체의 삶의 질을 향상하는 데 기여하고자 하는 조직화된 노력이라고 할 수 있다. 또한, 최은수 등(2017)은 평생교육 조직이 교육목표를 설정하고 평생교육 환경으로부터 평생교육 활동에 필요한 자원을 확보하고 여건을 조성하여 기관이 추구하는 교육목표를 효과적으로 달성할 수 있도록 운영하는 일련의 과정을 의미한다. 즉, 평생교육조직을 이끌어 가는 기관장은 평생교육기관이 추구할 고유의 교육목표를 설정하고 주위 환경을 충분히 파악하여 효과적이고 효율적인 교육활동을 펼치기 위한 일련의 활동이다.

따라서 평생교육경영이란 경영자가 평생교육기관 조직의 목적을 설정하고 그 목적을 달성하기 위하여 전략을 결정하며 그 전략을 효율적으로 집행하기 위하여 관리 운영하는 동태적 과정이라고 정리할 수 있다(이길헌, 2016).

오늘날의 평생교육기관은 교육받는 학습자에 따라서 유아교육기관, 청소년교육기관, 성인교육기관, 노인교육기관 등으로 분류되기도 하고, 운영 주체에 따라서 공공 주도형, 민간 비영리 주도형, 종교단체 주도형, 그리고 기업 주도형 평생교육조직 등으로 나누어진다. 평생교육기관이 어떻게 분류되든 간에 이러한 조직들은 한정된 자원을 적절히 활용하여 조직의 목표를 효과적으로 달성하는 데 가장 중요하게 여기고 있다(권두승 외, 2016).

'평생교육경영'은 결국 '평생교육'과 '경영' 개념의 조합이다. 그런데 이 두 가지의 용어가 조합된 '평생교육경영'은 다소 애매한 의미를 갖게 된다. 두 용어 중 어느 것이 더 강조되느냐에 관계가 있다. 우선 '평생교육경영'은 평생교육기관을 효율적으로 운영해야 한다는 관점에서 '평생교육기관의 경영'으로 인식되는 것이 일반적이다. 그러나 다른 한편으로는 평생교육 고유의 가치와 원리를 강조할 때, '평생교육경영'은 '평생교육의 원리에 입각한 경영'이라고 이해될 수도 있다.

첫째, 평생교육경영을 '평생교육기관의 경영'으로 보는 관점이다. 이는 기존의 평생교육기관이나 평생교육 관련 조직의 목표를 효율적으로 달성하기 위해 경영학적인 원리를 도입하는 것을 의미한다. 기존에 많이 언급되었던 사회교육행정은 사회교육 관련 법과 제도에 따라 사회교육의 목표를 효율적으로 달성하기 위해 필요한 제반 조건을 정리하고 지원·관리하는 행위를 말한다(남정걸, 1993). 경영보다는 행정의 차원에서 운영된 것이 사실이며, 이는 평생교육법과 제도의 범위를 벗어나지 않는 차원에서 다소 수동적, 기계적으로 운영되었음을 의미한다. 그러나 최근에는 평생교육기관도 규모가 커지고 경쟁이 치열해짐에 따라 체계적인 경영이 더욱 중요하게 되었다. 이러한 관점에 의하면 평생교육 경영의 개념은 단위 평생교육기관이나 조직이 그들의 교육목적을 이루기 위해 인적, 물적, 재정적 자원을 효율적으로 활용하는 과정이라고 볼 수 있다. 평생교육기관은 환경의 변화에 따라 능동적인 적용, 독자성, 자립성, 책무성을 보다 강조한다. 따라서 평생교육기관의 경영은 기존의 기업체 경영분야에서 많은 도움을 얻는다고 볼 수 있다.

둘째, '평생교육의 원리에 의한 경영'의 관점에서 이해될 수 있다. 이는 '평생교육기관'보다는 '평생교육의 원리'가 더 강조되는 관점이라고 볼 수 있다. 일반적으로 평생교육은 목적측면에서 학습자의 자아실현을, 내용측면에서는 일상생활과 밀접한 관련성을, 방법측면에서는 참여자의 주체적인 참여와 교수자와 학습자 사이의 상호작용을 중시한다. 이러한 평생교육의 원리는 삶의 전 영역에서 중요성이 확대되고 있다. 현대사회에서는 어떠한 조직이든 그 조직의 발전을 위해 구성원들이 평생교육 차원에서 끊임없이 학습해야 할 필요성이 더욱 커지고 있다. 요즘 기업경영에서 중시하는 '학습조직(learning organization)'에 관한 활발한 논의는 상호존중과 교류, 지속적인 학습 등과 같은 평생교육의 원리가 조직에 반영한다. 기업뿐 아니라 사람이 참여하는 모든 조직체가 평생교육적 안목을 절실히 필요로 하는 시대에 접어들었다. 이러한 맥락에서 볼 때 평생교육경영이란 모든 조직에서 평생에 걸친 학습, 자아실현, 상호학습 등 평생교육의 원리에 입각하여 이루어지는 경영이라고 할 수 있다.

위와 같이 평생교육경영의 개념은 '평생교육기관의 경영'과 '평생교육 원리에 의한 조직 경영'이라는 두 차원으로 생각해 볼 수 있다. 평생교육경영을 평생교육기관의 경영으로 보는 관점이 기존의 경영학 분야의 기법을 평생교육분야에 도입하려는 시도와 관련된다면, 평생교육경영을 평생교육 원리에 입각한 조직의 경영으로 보는 관점은 반대로 평생교육의 이론을 일반 조직에 적용하는 시도라고 볼 수 있다. 이 두 가지 차원을 정리하면 다음과 같다(오혁진, 2021).

| 표 3-1 | 평생교육경영 개념

구분	평생교육기관의 경영	평생교육 원리에 의한 경영
대상기관	•평생교육기관 및 조직	•일반조직(평생교육기관 포함)
추구하는 가치	•평생교육기관 안의 인적·물적자원의 효율적 활용을 통한 기관 목표 달성	•조직구성원의 학습과 참여를 통한 개인 및 조직의 발견
중요성 부각 이유	•평생교육기관의 규모 확대, 평생교육기관 간의 경쟁과 책무성 증가로 인한 체계적 경영의 필요성 인식	•조직 내 인간적 가치와 조직의 발전을 위한 평생학습의 중요성 인식
주요 참조 분야	•일반 경영학	•평생교육학

출처: 오혁진. (2021). 평생교육경영론(2판). 서울: 학지사.

이처럼 평생교육기관의 경영은 앞서 두 가지 차원을 동시에 추구하여야 한다. 다시 말해, 조직의 효과성과 효율성을 중시하는 경영기법과 평생에 걸친 인간의 성장을 중시하는 평생교육의 원리가 만남으로써 이제 개인과 조직이 대립적인 관계에서 한쪽이 다른 쪽의 수단이 되는 것이 아니라 서로 조화로운 발전을 이루게 된다(오혁진, 2021).

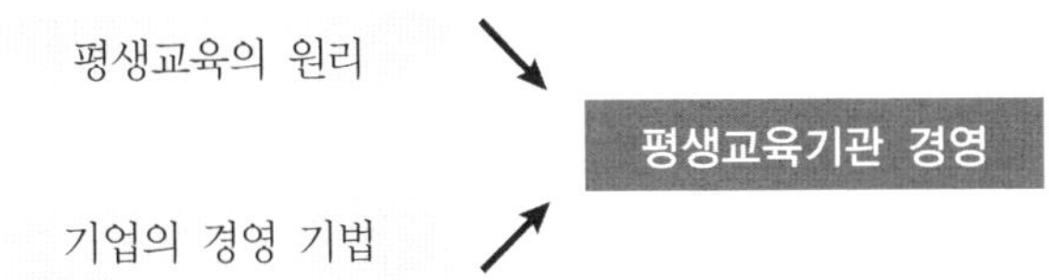

| 그림 3-1 | 평생교육기관 경영의 토대

출처: 오혁진. (2021). 평생교육경영론(2판). 서울: 학지사.

2) 평생교육경영의 필요성

평생교육에 대한 관심이 높아지면서 평생교육기관이 질적·양적으로 확장되고 치열한 경쟁을 하게 됨에 따라 평생교육기관에 투입되는 경영자원, 즉 물적·재무적·인적·기술적·정보 자원을 적재적소에 배분하여 체계적이고 효과적·효율적 관리방안과 그리고 평생교육기관을 둘러싼 환경변화에 대처하여 기관의 성과 극대화를 이룩하기 위한 경영의 필요성이 중요하게 대두되고 있다. 우리나라에서는 평생교육기관 경영의 필요성이 제기된 것은 1999년 평생교육법이 개정되면서 평생교육사 양성과정에 평생교육경영학이라는 과목이 포함되었기 때문이다(김용현 외, 2018). 이에 따라 평생교육기관에 경영의 기법을 도입해야 할 필요성을 살펴보면 다음과 같다(안병환 외, 2018; 이길헌, 2010; 최은수 외, 2017).

첫째, 평생교육기관의 규모 확장이다. 소규모로 운영하던 평생교육기관들이 수요가 급증에 따라 규모를 확장하게 되었다. 즉, 기관 내의 부서가 늘어나게 되고, 관리해야 할 영역이 넓어지며, 종사하는 구성원들의 수가 증가함에 따라 체계적인 경영관리가 필요하게 되었다. 평생교육기관의 규모는 지역사회 마을 단위의 소규모 기관에서부터 국가평생교육진흥원, 지역사회 행정기관부터 대규모 아트센터, 대형 쇼핑몰 부설 문화센터 등 그 규모가 점차 확대·증가되고 있다. 이에 평생교육기관들은 전문 평생교육사 등 인적자원들을 확충하거나 관련 설비를 구비하는 데 힘을 쏟고 있다.

둘째, 평생교육기관 간의 경쟁 가속화에 따른 차별화 전략 강구이다. 평생교육기관들의 과다경쟁으로 전문적인 경영전략 강구책이 필요하게 됨에 따라 고유한 차별화 전략이 필요하게 되었다. 이러한 수요가 급증하게 됨에 따라 치열한 경쟁이 벌어지게 되었고, 그 가운데 존립하기 위해서는 수익성을 추구하는 경영기법이 필요하다. 여러 평생교육기관은 이러한 경쟁력을 높이기 위해 양적으로 학습자를 유치하는 데 힘을 쓰면서 질적으로 교육과정과 설비 등 여러 여건을 확충하는 일에 고민하게 되었다.

셋째, 책무성에 대한 사회적 요구이다. 평생교육기관 운영 성과와 효율성에 대한 엄정한 평가를 통해 행정적·재정적 지원을 차등화하는 경향이 강화하게 되어 평생교육기관의 책무성 강화를 위해 경영의 중요성을 느끼고 있다.

넷째, 민간 평생교육기관에 대한 정부재정지원의 한계이다. 평생교육에 대한 욕구와 요구가 점차 증가하고 있지만 평생교육의 상당부분을 차지하고 있는 민간 평생교육기관은 정부지원의 한계성 때문에 재정적 자립을 위한 경영기법이 요구되고 있다.

다섯째, 다양한 교육대상자의 다원화이다. 평생교육의 관심도가 지속해서 향상되었고 그 수요층이 광범위하게 넓어지면서 요구도 다양해졌기 때문이다. 또한, 새롭게 등장한 교육 소외계층, 즉 다문화 사회의 이주민 가족과 새터민 가족 등에게 교육기회제공 및 확대를 위한 복지적 방안으로 맞춤형 교육 프로그램개발도 절실한 추세이다. 평생교육에 대한 관심이 높아지고, 수요층이 넓어지게 되면서 수요자들의 요구가 다양화되었다. 따라서 이러한 요구를 반영하기 위해서는 체계적이고, 합리적이며, 효과적인 관리의 필요성을 인식하게 되었다.

여섯째, 관리 차원의 유지보다는 발전을 위한 경영의 필요성이다. 기관이 발전되고, 지역주민에게 더 폭넓은 교육의 혜택을 주기 위해 발전적인 경영이 필요하게 되었다. 즉, 평생교육 영역의 다양화에 따라 학력보완교육, 성인 문해교육, 직업능력 향상교육, 성인 진로개발역량 향상교육, 인문교양교육, 문화예술교육, 시민참여교육 등의 전 국가적 차원에서의 발전적인 경영혁신이 필요하게 되었다.

일곱째, 학습자의 다양한 학습요구이다. 학습자는 본인의 개성과 다양성을 추구하게 되었고, 평생교육기관에서는 학습자의 다양성에 대한 욕구를 충족시켜 줄 수 있는 교육 프로그램 등의 개발을 요구받고 있다. 따라서 학습자의 다양한 욕구를 충족시켜 주기 위해 필요성이 대두되고 있다.

여덟째, 정보통신 기술의 발달이다. 21세기는 급변하는 사회 속에서 정보의 습득이 빠르게 이루어지고 있는 가운데 교육적 변화에 대한 요구 또한 더욱 많아지고 있다. 개인적으로 정보를 통해 학습능력을 높이고 자아실현을 이룰 수 있으며, 국가 차원에서는 인적자원화가 가능하다는 것이다. 스마트 사회에서의 학습은 진화된 정보기기를 활용하여 효율성을 도모하는 새로운 학습체제의 도래를 예고함으로 경영시스템의 확충이 필요할 것이다. 정보통신 기술의 발달로 기존의 오프라인 교육뿐 아니라 온라인 교육 시장이 증대되었다. 이처럼 급속한 경영환경 변화에 대처하고 경쟁우위 확보를 위해 필요성을 인식하게 되었다.

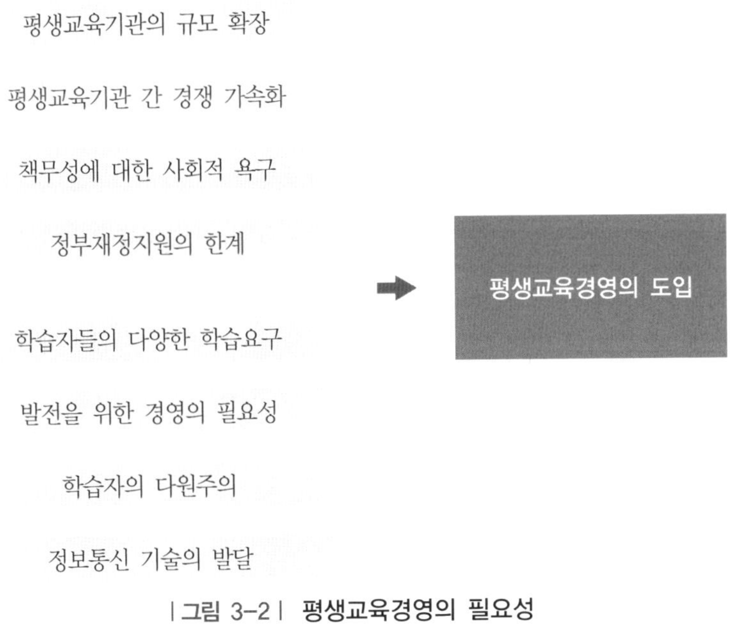

| 그림 3-2 | 평생교육경영의 필요성

2. 평생교육경영의 구성요소

평생교육경영은 평생교육시설이나 단체의 교육목표를 설정하고, 평생교육 환경으로부터 평생교육 활동에 필요한 자원을 확보하고 여건을 조성하며, 교육목표를 효율적이고도 효과적으로 달성할 수 있도록 하는 평생교육 활동 과정이다.

피터 드러커(Drucker, 1995)는 "미래의 사회는 조직들의 사회이며, 공동체, 즉 지역사회와 가족은 존속 그 자체가 목적이지만 각종 조직은 더 넓은 의미의 사회를 구성하는 요소로서 사회적 필요에 따라 존재의 의미를 부여받는다"고 했다(이재규, 1996). 따라서 평생교육경영은 지역사회의 교육 발전을 위해 다음과 같은 과업을 수행해야 한다(이향란, 2015).

첫째, 경영은 조직의 특수한 목적과 사명을 달성한다.

둘째, 경영은 조직이 수행하는 작업과 인적자원의 생산성을 높인다.

셋째, 조직이 사회에 미치는 영향과 책임을 파악하고 관리한다.

| 표 3-2 | 평생교육경영의 구성요소 및 과업 관계

구분	구성요소	과업
경영대상	조직	조직의 특수와 목적과 사명 달성
경영내용	전략, 관리, 운영	조직이 수행하는 작업과 인적자원의 생산성 제고
경영주체	경영자	조직이 사회에 미치는 영향과 책임 파악 및 관리

출처: 권두승 외. (2016). 평생교육경영론(2판). 파주: 교육과학사.

3. 평생교육경영의 원리

평생교육경영의 원리란 평생교육을 위한 행정이나 운영 면에서 실제로 나타나는 문제를 해결하거나 전문적인 리더십을 발휘할 때 나름의 원칙이나 지침 또는 준거를 말한다. 이는 경영의 실제 경험과 상식, 그리고 평생교육 관계 법규에서 추출한 규범적 원리인 것이다. 평생교육경영은 이론의 탐구와 학문 연구와는 달리 당위성과 규범성 또는 가치지향적 측면을 도외시할 수 없기 때문에 비록 과학적인 것은 아니지만 실무자에게 의사결정과 문제해결의 길잡이 노릇을 할 지침과 준거로서 원리는 필요하다(남정걸, 2008). 다시 말하면, 평생교육경영이 마땅히 지향해야 할 기본 이념을 말한다. 시대와 상황의 변화에 따라 평생교육경영이 추구하는 이상과 방향도 달라지기 마련인데, 평생교육경영의 원리는 이러한 변화의 지침이 되며 평생교육경영을 수행하는데 방향을 제시해 준다.

1) 경영과정론의 원리

공공기관 · 기업체 · 학교 · 군대 · 병원 · 호텔의 경영 등은 각기 독자적인 고유의 목적을 가지고 설립 및 운영되고 있다. 이러한 다양한 기관들의 설립목적이 다르다는 점에서 기관이나 조직과 구분되는 각기의 특수성이 있다. 그렇지만 각 기관의 목적이 있고 목적을 달성하기 위한 조직이 있으며, 인적 · 물적 자원을 동원하여 구성원들이 공동으로 노력하여 목적 달성도를 극대화하기 위해 합리적인 행위를 계속하고 있다는 공통점을 가지고 있다. 따라서 평생교육경영도 경영의 대상이 평생교육이라는 고유의 특수성과 독자성을 가지고 있지만 다른 조직이나 기관과 같은 보편성과 공통성도 가지고 있다. 오늘날 사회과학이나 행동과학은 이런 여러 기관의 특수성보다는 공통성을 강조하고 있다(남정걸, 2008).

이러한 입장에서 평생교육경영도 일반적인 경영이론의 발달을 이해하지 않으면 안 된다.

이론이란 현상 · 사실 · 실제 · 실무의 세계를 있는 그대로, 거짓 없이, 관찰한 대로, 객관적으로 기술하고(describe), 그런 현상이 왜 일어났는지, 그 원인이나 이유를 설명한다(explain). 그뿐만 아니라 어떤 현상이 일어나기 전에 미리 그 현상이 일어나리라는 것을 예언한다(predict). 이론은 이처럼 실제, 현상을 기술 · 설명 · 예언하는 세 가지 기능을 한다(남정걸, 1997). 이처럼 이론이 경영의 실제 측면에서 새로이 대두되는 평생교육경영의 연구에 많은 도움이 되고 있다.

평생교육경영의 과정은 평생교육 행정업무를 수행하기 위한 일련의 행정작용(administrative action)이라고 할 수 있다. 더욱 효과적인 평생교육 행정업무의 성취를 위해서는 평생교육경영의 과정에 대한 이해와 적절한 접근이 필요하다(신철순, 1995).

경영과정론은 경영을 '사업 운영의 전체적 과정'이라는 관점에서 파악하고 경영행위가 어떠한 활동 및 과정으로 이루어져 있는가를 규명하고자 하는 것이다. 어떤 사업의 경영에서 요구되는 주요한 활동의 단계(PDS), 즉 계획(plan), 실행(do), 평가(see)는 무엇이고, 각 활동단계에서 이루어지는 기능과 업무가 무엇인가를 밝히는 것이다.

기업의 경영과정에 대한 연구는 프랑스 학자 페이욜(Fayol)에 의하여 비롯되었다. 그는 경영의 과정을 구성하는 '보편적인 요소'를 강조하고, 경영을 계획(planning), 조직(organizing), 명령(commanding), 조정(coordinating), 통제(controlling)의 연속적이고 순환적인 과정으로 정의하였다(Fayol, 1949).

첫째, '계획하기'는 앞으로 전망을 연구하여 운영계획을 마련하는 것이다.

둘째, '조직하기'는 인적 · 물적 업무 조직을 수립하는 것이다.

셋째, '명령하기'는 직원으로 하여금 각자의 일을 시키는 것이다.

넷째, '조정하기'는 모든 활동을 통합하고 상호 관련짓는 것이다.

다섯째, '통제하기'는 제정된 규칙과 주어진 지시대로 모든 일이 이루어지도록 하는 것을 의미한다.

이상과 같은 경영관리과정의 다섯 요소 외에도 페이욜(Fayol)은 열네 개의 조직 운영의 원리를 추구하였는데 특히 명령 일원화, 권한 배분, 질서, 능률성, 공정성, 인사의 안정성 원리를 강조하였다. 이와 같은 원리를 특정 상황에 적용할 때에는 독단적이고 엄격한 적용을 피하기 위해 관리자의 융통성과 균형 감각이 필수적이라고 강조하였다.

후에 귤릭(Gulick)은 페이욜(Fayol)의 다섯 요소를 발전시켜 최고경영자의 보편적 직무를 기능적으로 분석하여 포스드코르브(POSDCoRB)이라는 용어를 창안하였다.

귤릭(Gulick)은 최고경영자의 직무를 분석하여 경영과정 요소를 계획(Planning), 조직(Organizing), 인사(Staffing), 지시(Directing), 조정(Coordinating), 보고(Reporting), 예산(Budgeting)의 과정과 과업이 이루어지고 있음을 제시하였다(Gulick, 1937).

경영과정론에 관점을 교육행정에 적용한 대표적인 학자는 캠벨 등(Campbell et al., 1966)을 들 수 있다. 이들은 교육행정의 과정요소를 조직목표 달성을 위해 취하는 구체적인 방법을 중심으로 의사결정(decision making), 프로그래밍(programming), 자극(stimulating), 조정(coordinating), 평가(appraising)를 제시하였다(Campbell et al., 1966).

경영과정론의 관점을 평생교육경영에 보다 밀착시켜 활용한 학자는 고트니(Courtenay)이다. 그는 경영과정에 관한 연구를 종합적으로 검토한 후 평생교육기관에 적용할 수 있는 철학과 사명, 목적과 목표, 기획, 조직과 구조, 리더십, 인사, 예산, 마케팅과 홍보, 평가의 아홉 가지 경영 과정을 제시하였다(Courtenay, 1990).

| 표 3-3 | 평생교육경영의 과정

구분	학자	행정 과정 요소
일반행정	Fayol(1949)	계획, 조직, 명령, 조정, 통제
	Gulick(1937)	계획, 조직, 인사, 지시, 조정, 보고, 예산
교육행정	Campbell et al.(1966)	의사결정, 프로그래밍, 자극, 조정, 평가
평생교육경영	Courtenay(1990)	철학 · 사명, 목적 · 목표, 기획, 조직 · 구조, 리더십, 인사, 예산, 마케팅 · 홍보, 평가

출처: 권인탁 외. (2017). 평생교육경영론(2판). 서울: 학지사.

각 과정에서 분석 · 종합하여 코트니(Courtenay)의 평생교육경영의 과정을 제시한 것을 구체적으로 설명하면 다음과 같다(권인탁 외, 2017; 김신일 외, 2002; 김용현 외, 2018).

첫째, 기관의 철학과 사명(philosophy and mission) 공유이다. 평생교육기관의 철학은 기관이 추구하는 기본적인 가치, 개념, 신념 등을 말하며, 해당 기관 스스로가 운영하는 교육 프로그램의 목적과 과업으로 구체화하여 나타난다. 평생교육기관의 철학과 임무를 설정함에서는 이윤추구보다 평생교육의 공익성과 평등성을 강조하는 비영리 기관이므로 평생교육 행정가 및 경영자는 이와 같은 기관의 철학과 사명을 분명히 하고 그것을 기관의 구성원과 함께 공유해야 한다.

둘째, 기관의 목적과 목표(goals and objectives) 설정이다. 이는 기관의 목적을 설정하고 그 목적을 달성하기 위한 목표를 구체화하는 것을 말한다. 목적은 기관의 포괄적인 과업을 가리키며, 목표는 목적을 실현하기 위한 세부적인 과업이다. 기관의 목적과 목표를 설정할 때 유의할 것은 목적과 목표가 기관이 처해 있는 구체적인 환경 속에서 실현 가능한 것인지를 면밀하게 검토하는 일이다. 평생교육기관의 목적과 목표는 기관의 사명을 진술한 문장 또는 문서(Mission Statement)의 형태로 명시되고, 그 의미와 함의가 조직구성원들에게 분명하게 전달 · 공유될 수 있어야 한다.

셋째, 기획(planning)이다. 기획은 해당 교육기관의 목적과 목표를 달성하는데 부합하는 평생교육 프로그램을 계획하고 이를 학습자에게 전달할 수 있도록 준비하는 과정을 말한다. 기존에 설정된 기관의 목적과 목표를 달성하기 위한 합리적이고 구체적인 방법과 절차인 일련의 과정이라 할 수 있다. 평생교육 기획은 대내외 상황분석, 기관 및 교육의 목표설정, 기관 및 교육의 목표달성 전략탐색, 실행계획 수립, 평가 및 피드백 등에 관한 합리적인 과정이다. 아울러 학습자의 요구가 해당 평생교육기관의 목적과 목표에 배치되거나 상치되지 않게 교육 프로그램을 기획해야 한다는 점도 중요하다.

넷째, 조직화 및 구조화(organizing)이다. 기관의 목적과 목표를 달성하기 위하여 과업들을 분석하여 체계화하고, 각 과업별로 담당자를 정하는 일을 말한다. 조직화 및 구조화에서 중심적인 것은 평생교육 프로그램의 개발과 운영(프로그램의 기획, 홍보, 상담, 실행, 평가, 환류 등)에 필요한 인력과 업무를 분업화하여 효율적으로 체계화하는 일이다. 다시 말해, 인력과 업무를 주요 세부 영역별에 따라 프로그램 개발팀, 프로그램 홍보팀, 프로그램 실행팀 등으로 구분하여 조직하고 각 팀의 역량과 효율이 극대화될 수 있도록 충원하고 관리하는 것이다.

다섯째, 리더십(leadership)이다. 페이욜(Fayol)은 지휘(commanding)라는 용어를 사용하여 설명하고 있으며, 다른 많은 학자는 그 후 지시(directing)라는 용어를 사용하고 있다. 오늘날에는 지휘나 지시, 명령과 같은 권위적인 용어보다는 오히려 지도(leading)나 자극(stimulating) 그리고 영향(influencing) 등의 용어를 더 선호하는 경향이 있다(Knezevich, 1984). 효과적인 지도자는 리더십 유형을 상황과 추종자의 요구에 적응시킬 수 있어야 한다. 이는 지도성의 효과가 기계적, 단회적으로 이루어지는 것이라기보다는 조직적 유형과 상황에 따라 유동적, 복합적으로 발휘되는 점을 지적하고 있다(남정걸, 1993). 이러한 점을 고려한다면 지도는 민주적 리더십을 기본으로 하면서 평생교육기관의 조직적 특성을 고려한 리더십 요소도 활용하는 것이 바람직하다.

여섯째, 인사(staffing)이다. 모든 과업을 정확하게 구분하고 과업별로 갖추어야 할 자격과 능력 기준을 상세화하고 그에 따라 인력을 활용하는 것을 말한다. 이는 평생교육 과업을 수행하기 위하여 능력 있고 적격한 평생교육 담당자를 선발하여 조직구성원을 훈련시켜야 하며, 일하기에 좋은 근무조건을 조성할 수 있어야 한다. 인사는 공정하게 이루어져야 하며 과업을 정확하게 구분하고 구체화하여 구성원의 능력에 따라 적재적소에 배치해야 한다.

일곱째, 예산(budgeting)이다. 기관의 과업수행에 필요한 인적, 물적 자원을 조달하는 데 필요한 재정을 의미하며, 평생교육 업무를 추진하는 데 있어서 어떤 형태로든 예산 및 회계 관리와 관련된다. 내·외부로부터 다양한 형태의 재원이 확보되고 관리될 수 있기에 효율적인 평생교육의 운영과 경영을 위하여 평생교육 예산 및 회계 등의 제반 재무관리 절차에 관한 전문적인 지식과 기술을 갖추어야 한다. 평생교육기관의 수입은 대부분 학습자의 학습비에 의존하고 있다. 그러나 수강료 수입에 의존하는 정도가 높을수록 기관의 경쟁력은 감소 될 수밖에 없기 때문에 다양한 방법으로 별도의 수입원을 개발하여야 한다. 상위기관으로부터의 보조금, 타 기관으로부터의 후원금, 정부 재정 지원금 등을 활용하는 방법, 그리고 기관 스스로 발전 기금을 조성하는 방법도 고려하여야 한다.

여덟째, 마케팅과 홍보(marketing, and public relations)이다. 기관이 공급하고자 하는 평생교육 프로그램에 대하여 잠재적 수요자에게 알리는 것을 의미한다. 평생교육기관이 아무리 좋은 평생교육 프로그램이 있다고 하더라도 잠재적 수요자에게 그러한 사실을 알리지 않으면 소용이 없다. 따라서 다양한 정보 전달의 매체와 경로를 활용하여 해당 프로그램에 대한 잠재적 학습자들의 인식과 참여동기를 제고하는 것은 평생교육기관 경영에 필수 요소가 되었다. 평생교육기관 경영자는 평생교육기관에 대한 경영적 진단을 하고, 프로그램 및 기관의 우수성과 장점을 알리도록 마케팅과 홍보 전략을 강구할 수 있어야 한다.

아홉째, 평가(evaluation)이다. 평가는 교육목표 달성 여부를 검토하고 결정하는 과정으로 기관이 공급한 평생교육 프로그램의 효과가 충분히 달성되었는가를 검토하고 그 결과를 프로그램 개선에 반영하는 것을 의미한다. 이에 대해 페이욜(Fayol)은 통제(controlling)라는 용어를 사용하였으며, 귤릭(Gulick)은 보고(reporting)

와 예산편성(budgeting), 그레그(Gregg)는 평가(evaluating), 그리고 캠벨(Campbell) 등도 평가(appraising)라는 용어를 사용하고 있다. 피드백 과정을 통해 모든 행정 활동의 과정에 평가 활동이 영향을 미치고 있어서 평생교육기관에서 평가 및 통제는 중요하다. 그리고 평가의 결과는 바람직한 결과를 낳을 가능성이 더 큰 새로운 전략의 시행이나 기존 전략의 변화에 활용될 수 있으며 역량 강화의 초석이 된다.

| 표 3-4 | 코트니(Courtenay)의 평생교육경영의 과정

과정	내용
철학 · 사명	평생교육기관의 철학은 기관이 추구하는 기본적인 가치, 개념, 신념 등을 가리킨다.
목적 · 목표	평생교육 행정가 및 경영자는 기관의 철학과 사명을 개발하고 공유한 다음, 기관의 목적(goals)을 설정하고 그것을 달성하기 위한 구체적인 목표(objectives)를 세워야 한다.
기획	평생교육경영에 있어서 기획은 평생교육기관의 목표를 설정하고 이를 달성하기 위한 합리적인 수단과 방법을 마련하는 일련의 과정이라 할 수 있다.
조직 · 구조	평생교육경영자는 평생교육기관의 목적 달성을 위하여 기관을 조직화하고 구조화해야 한다. 조직과정을 통하여 과업이 분담, 배분되면 통합된 운영체계를 위하여 조절된다.
리더십	조직의 목표를 달성하기 위해서는 다른 사람의 행동을 유발하는 것이 필요한데, 리더십은 이와 관련이 있다.
인사	평생교육 과업을 수행하기 위하여 능력 있고 적격한 평생교육 담당자를 선발하고 훈련하여 발전시키고, 평생교육 담당자가 조직구성원으로서 일하기에 좋은 근무조건을 조성하는 것을 가르친다.
예산	평생교육 담당자는 평생교육 프로그램 개발과 운영을 포함한 평생교육 업무를 추진하는 데 있어서 어떤 행태로든 직간접적으로 예산(budgeting) 및 회계 관리에 관련될 수밖에 없다.
마케팅 · 홍보	평생교육경영자는 평생교육기관을 효과적이고 효율적으로 운영하기 위하여 평생교육기관에 대한 경영적 진단을 실시하고, 프로그램 및 기관의 우수성과 장점을 알리도록 마케팅과 홍보전략을 강구할 수 있어야 한다.
평가	평가(evaluation)는 교육목표 달성 여부를 결정하고 감시하는 과정을 말한다. 평가의 결과는 바람직한 결과를 낳을 가능성이 더 큰 새로운 전략의 시행이나 기존 전략의 변화에 활용될 수 있다.

출처: 권인탁 외. (2017). 평생교육경영론(2판). 서울: 학지사.

2) 평생교육경영 고유의 원리

평생교육기관의 프로그램은 매우 다양하고 복잡하여 실제 경영에 적용될 수 있는 보편적인 원리를 도출한다는 것이 쉽지 않다. 평생교육은 공교육과 사교육을 공유하고 있지만, 공교육보다 시장지형적인 면이 많고 경영마인드가 더욱 강조되는 편이다. 그러나 경영과정 측면에서는 거의 유사하므로 학교경영의 원리를 원용(援用)할 수 있을 것이다. 평생교육경영의 원리는 크게 두 가지로 분류할 수 있다(이향란, 2015).

첫째, 목표지향적 측면의 원리로, 합리적인 절차와 민주적 과정을 존중하는 민주성의 원리이다.

둘째, 경영과정과 경영계획, 실행과 평가에서 일관성과 타당성을 중시하는 원리이다.

한편, 평생교육경영의 원리란 평생교육기관을 경영하는 데 있어서 지침이 되는 이념적 준거를 말하며, 이러한 원리는 대체로 법제 면과 운영 면의 두 가지로 구분하여 고찰할 수 있다. 법제 면(法制面)에서 본 평생교육경영의 원리는 법치경영의 원리, 기회균등의 원리, 학습권 보장의 원리, 자주성 존중의 원리, 적도집권(適度集權)의 원리를 들 수 있고(남정걸, 2008; 서보준 외, 2018; 이향란, 2015), 운영 면에서 본 평생교육경영의 원리는 타당성의 원리, 민주성의 원리, 능률성의 원리, 적응성의 원리, 안정성의 원리, 균형성의 원리, 지역성의 원리 등을 들 수 있다(권인탁 외, 2017; 서보준 외, 2018; 이향란, 2015).

(1) 법제 면(法制面)에서 본 원리

① 법치경영의 원리

법치경영이란 평생교육시설을 경영하면서 교육 관련 법규 내에서 모든 법규를 근거로 운영되어야 함을 말한다. 즉, 헌법, 교육기본법, 평생교육법, 평생교육법 시행령, 평생교육법 시행규칙 등을 근거로 하여 경영이 이루어져야 함을 의미한다.

오늘날 현대국가의 특징 하나로 행정권의 확대·강화에 따라 행정이 정책의 수립이나 입법과정에 참여하는 등 삼권분립의 원칙이 제대로 지켜지는 것은 아니다. 그러나 이와 같은 현상도 어디까지나 법의 테두리 안에서 행해질 때 타당성이 인정되는 것이며, 행정의 능률을 향상하여 목표 달성도를 높이려는 방법적 문제일 뿐 법치경영의 원리를 깨뜨리는 것이어서는 안 된다. 따라서 평생교육기관 경영자는 물론 내부종사자들도 이와 관련 법령에서 규정하고 있는 것이 무엇인지를 체계적으로 이해하고, 법이 규정하는 범위 내에서 평생교육기관 경영을 해야 한다는 것이다. 피터 드러커(Peter Drucker)는 "경영은 법률적 실체(legal entity)이며, 경영의 범위는 법률적으로 규정된다"고 하면서, 평생교육기관의 경영 또는 법적 제도와 행정을 통해 운영과 관리가 이루어진다고 하였다.

② 기회균등의 원리

기회균등의 원리는 모든 사람에게 학습기회가 균등하게 보장되고 어떠한 이유에서라도 차별되어서는 안 된다는 것을 의미한다. 교육 기회균등의 원리는 헌법 제31조 제1항에 모든 국민은 능력에 따라 균등하게 교육을 받을 권리를 가진다고 규정하고 있고, 교육기본법 제3조는 모든 국민은 평생에 걸쳐 학습하고 능력과 적성에 따라 교육받을 권리를 가진다고 하여 평생학습권을 보장하고 있을 뿐 아니라, 동법 제4조에 모든 국민은 성별, 종교, 신념, 사회적 신분, 경제적 지위 또는 신체적 조건 등을 이유로 교육에 있어서 차별을 받지 아니한다는 것이다. 여기에서 차별금지의 영역은 모든 영역에서의 무차별적인 행동을 의미하는 것이 아니라 개인의 교육기회를 차별해서는 안 된다는 것을 의미한다. 교육기회와 균등은 민주사회에서는 사회적 정의를 실현하는데 필수적인 것으로 인식되고 있다.

③ 학습권 보장의 원리

교육기본법 제3조에는 '모든 국민은 평생에 걸쳐 학습하고, 능력과 적성에 따라 교육받을 권리를 가진다.'라고 규정함으로써 국민의 학습권 보장을 명문화하고 있다. 평생교육은 무엇보다도 교육의 기회를 수평적 및 수직적으로 확대 연장하여 모든 국민의 교육적 기본욕구를 충족시키기 위한 정책적 대안으로 중요시된다. 교육은 학교교육으로 완성되는 것이 아니며 전 생애에 걸치는 계속적 과정이므로 학교교육을 마쳤거나 학교교육의 기회를 누리지 못한 사람들에게 계속적인 자기 성장과 사회활동에 적응을 돕기 위해 원하는 모든 사람에게 언제, 어디서나 교육을 받을 기회를 제공하는 교육체제가 평생교육인 것이다. 학습권은 자유권적 기본권으로서 국가 및 타인으로부터 방해받지 아니할 뿐만 아니라, 자신들이 원하는 교육을 국가가 적극적으로 장려하여 주도록 요구하는 권리, 즉 사회적 기본권을 내포하고 있다. 그러므로 평생교육기관 경영자는 먼저 학습자의 학습권을 보장해야 한다.

④ 자주성 존중의 원리

평생교육법 제4조에서는 '평생교육은 학습자의 자유로운 참여와 자발적인 학습을 기초로 이루어져야 한다', '평생교육은 정치적 · 개인적 편견의 선전을 위한 방편으로 이용되어서는 아니 된다'라고 명시되어 있다.

평생교육을 흔히 자기교육이라고도 한다. 평생교육은 개인 스스로가 교양과 인격을 높이고 직업생활에 필요한 새로운 정보와 기술을 획득하여 삶의 질을 향상하기 위해서 자기의 필요에 따라 스스로 원하는 기관과 시설이나 프로그램을 자유로이 선택하여 참여하는 자기 주도적 학습과 자율성을 기초로 이루어지는 데 특징이 있다. 또한, 평생교육은 정치적 · 개인적 편견의 선전을 위한 방편으로 이용되어서는 안 된다(최기철, 2019). 어떤 파당 · 정치적 또는 개인적 편견을 위한 교육은 교육이라기보다는 교화(indoctrination)나 선전(propaganda) 또는 세뇌(brainwashing)라는 용어로 표현되어야 한다. 평생교육경영은 평생교육의 자주성을 지킬 수 있도록 평생교육기관이나 시설에 대한 여건을 정비하여야 한다.

교육에 있어서 이와 같은 자주성 또는 정치적 중립성은 국민 전체의 복지와 사회정의 실현을 위한 정치교육 또는 시민교육 그 자체를 부정하거나 그것과 상충하는 것은 아니다. 시민의 자질을 향상함으로 궁극적으로는 국가와 사회의 발전에 기여하는 것을 목적으로 하는 것이 평생교육이기 때문에 이 분야의 교육이야말로 평생교육의 가장 중요한 부문을 형성하는 요소가 된다. 중요한 것은 특정 정파나 개인에 의해 평생교육이 사적 목적을 위한 방편으로 이용당해서는 안 된다는 것이다.

⑤ 적도집권(適度集權)의 원리

중앙집권제는 중앙부서에 권한을 집중시켜 능률화를 가져오는 데 유리하지만, 획일주의와 전제주의를 초래할 위험성이 있다. 분권제는 지방부서나 하부기관에 권한을 위임하고 힘을 분산시킴으로써 지방의 특수성과 자율성을 촉진할 수 있지만 비능률을 초래할 가능성이 있다. 그래서 이러한 각 두 제도의 허점을 피하고 적정한 균형(optimum balance)을 도모하기 위해 적도집권 또는 적도분권이라고 한다. 즉, 적도집권의 원리란 집권과 분권 사이에 적절한 권한의 균형을 유지하고자 하는 원리이다.

평생교육경영에서도 경영자와 학습자 사이에 경영자는 민주적이고 합리적인 경영을 하고 학습자는 경영방침에 근거하여 창의적이고 효율적인 역할을 수행함으로 권한의 균형을 적절히 유지할 수 있게 된다.

(2) 운영 면에서 본 원리

평생교육기관의 운영원리는 합리적이고 보편적이며 경험적 근거에 입학해야 하며, 다양한 차원에서 거론될 수 있다(권두승 외, 2016; 주삼환 외, 2008).

① 타당성의 원리

타당성(validity)의 원리는 명확하고 구체적인 목적을 제시하거나 또는 설정된 목적을 달성할 수 있는 수단으로서 타당하며, 목적달성에 공헌할 수 있어야 한다는 것이다. 합목적성의 원리라고도 하며 평생교육경영의 활동이 목표달성에 타당한 보조활동이 되어야 한다.

평생교육경영은 항상 올바른 평생교육 목표를 세우고 그 달성에 필요하고 충분한 조건을 정비·확립해야 한다는 것이 곧 타당성의 원리이다. 평생교육 목표달성에 기여하고 또 평생교육 목표에 비추어 타당한 경영활동이 되어야만 수단이 목표 자체가 되어 버리는 목표 전도(goal displacement) 현상이나 평생교육경영의 관료화 현상도 예방할 수 있다.

② 민주성의 원리

민주성(democracy)의 원리는 평생교육시설의 목표설정과 경영계획의 수립, 경영전략의 개발, 경영활동의 실천 및 평가 등 기관경영의 제반 과정과 영역에 구성원과 학습자, 그리고 이해관계자의 광범위한 참여를 통하여 공정한 의사를 반영하게 한다. 이러한 민주성의 원리를 위하여 평생학습의 기회균등과 평생교육의 자주성을 법적으로 보장하고 있다.

평생학습의 기회균등은 교육의 형평성이라고도 할 수 있는데 학습의 기회나 학습의 내용, 학습의 과정에서 배려가 사회·경제적인 조건에 의해 영향을 받지 않고 공평하게 배분되는 정도를 말한다(한국교육개발원, 2001). 자주성은 평생교육이 지방자치단체의 책임에 맡겨지는 것을 의미한다.

③ 능률성의 원리

능률성(efficiency)의 원리란 경제적 원리로서 최소의 인적·물적 자원과 시간을 투입하여 최대의 산출을 얻으려는 원리이다. 최소한의 시간과 경비를 투입하고 낭비를 최소화하여 최대의 효과를 올리려는 것으로 경제성의 원리이다.

합리적인 활동을 통하여 교육목표 달성의 극대화를 꾀하는 것은 평생교육경영의 주된 과업이라고도 할 수 있다.

능률성의 원리는 민주성의 원리와 상충할 수도 있는 개념이다. 따라서 민주성의 원리를 희생함이 없이 능률성이 중시되는 두 원리 간에 적절한 조화나 균형을 추구하는 기술이 평생교육경영에 요구된다.

④ 적응성의 원리

적응성(adaptability)의 원리란 평생교육경영이 새로운 사태의 사회변화에 따라 신축성 있게 대처해 나감으로써 조화로운 관계와 능률적 성과를 계속 확보할 수 있어야 한다는 원리이다. 많은 변화가 동시다발적으로 일어나는 현대와 같은 정보사회에서 평생교육경영은 변화에 순응하는 소극적인 적응보다는 능동적인 대처로 변화를 주도하고 조절하는 능력이 요구된다. 변화에 신축성 있게 적응해 가면서도 평생교육 내부의 본질적인 어떤 측면은 안정성 있게 유지하는 기술이 요청되는 것이다.

⑤ 안정성의 원리

안정성(stability)의 원리는 적응성의 원리와 상충하는 개념으로 평생교육 활동의 지나친 수정을 피하고 정책의 일관성과 지속성을 유지함으로써 안정성에 기여할 수 있어야 한다는 것이다. 평생교육 성과의 장기적 안목에서 사태 변화에 조화 있는 적응을 꾀함으로써 전통성을 유지하고 강화 내지는 발전시킬 수 있다는 면에서 안정성의 원리가 중요시되는 것이다.

⑥ 균형성의 원리

균형성(equity)의 원리란 능률성과 민주성, 안정성과 적응성 간에 균형을 이루는 조화된 원리이다. 평생교육경영에서 정책 수립과 집행과정에서 경중을 분별하여 우선순위를 정하여 노력과 경비의 공정한 분배가 이루어져야 한다.

⑦ 지역성의 원리

지역성(regional characteristics)의 원리는 평생교육기관이 위치하고 있는 지역사회의 특성에 맞추어서 기관을 경영하는 것을 의미한다. 평생교육기관이 지역사회와 밀접한 관계를 유지함으로써 학습자 유치는 물론 지역사회와의 상생을 도모할 수 있게 된다. 또한, 지역성의 원리는 평생교육기관의 특성화 및 네트워크와도 밀접하게 관련되는 것으로 지역사회와의 유대 강화, 교육자원의 획득, 지역의 지속적인 발전 및 사회통합 등을 기하는 데 제반 역할을 담당해야 한다는 것을 의미한다.

이러한 운영원리를 기반으로 평생교육기관은 다양한 복합적인 가치를 추구해야 할 것이다. 아울러 오혁진은 평생교육경영의 실행 원리를 다음과 같이 제시하였다(오혁진, 2021).

| 표 3-5 | 평생교육경영의 실행 원리 내용

측면	가치	구체적인 내용
공공성	공익성	평생교육기관의 사회적 유익성, 건전성
	형평성	평생교육기관의 공정성, 소외집단에 대한 배려
학습자 인격 존중	참여성	학습자의 주체적인 개입
	긴밀성	학습자 사이의 사회적 관계, 학습자와 기관 사이의 친밀도
서비스 지향성	편의성	평생교육기관 자원의 접근 가능성, 활용성
	신뢰성	약속된 서비스를 정확하게 수행하는 능력
	외형성	외적으로 세련된 이미지를 제공하는 능력

출처: 오혁진. (2021). 평생교육경영론(2판). 서울: 학지사.

Chapter

04

평생교육법과 평생교육경영

1. 법과 행정의 이해

1) 법의 개념

인간은 사회적 동물로서 일정한 집단을 이루고 사회생활을 영위하고 있으며, 그 안에 필요한 것이 질서이다. 그리고 이러한 질서를 유지하기 위한 수단을 규범이라고 하며 사람이 사회생활을 영위하는 데 있어서 필요한 생활의 준칙을 사회규범이라고 한다. 사회규범은 사람이 집단생활을 시작한 원시사회로부터 현대사회에 이르기까지 그 규범 형식은 다를지라도 유지의 수단으로 존재하고 있다. 예를 들면 법, 도덕, 종교, 관습 등이 그 사회의 질서를 유지하는 역할을 하였다. 다만 국가의 형태를 갖추지 못했던 이후에는 도덕, 종교, 관습이 사회규범이었으나 국가의 형태를 갖춘 이후에는 국가권력에 의하여 강제성을 가진 법이 사회규범으로서 역할을 하였다.

법(法)은 질서를 유지하고 사회가 유지되기 위해 정의를 실현함을 직접 목적으로 하는 국가의 강제력을 수반하는 사회적 규범 또는 관습을 말한다. 넓은 뜻으로는 자연법(自然法), 헌법(憲法), 관습법(慣習法), 명령, 규칙, 판례까지를 포함하지만 좁은 뜻에서는 일정한 조직과 절차 밑에서 제정된 법률을 말한다. 법의 본질이 규범이냐 사실이냐, 또는 정의냐, 강제냐에 대해서는 여러 가지 견해가 있으나 이념과 실재, 규범과 사실과의 쌍방에 걸치는 법의 특색이 있다. 법의 이념면에서는 종교·도덕·정의·자연법과 내용으로 관련되고, 다른 한편 실재 면에서 정치·경제·역사·사회적 세력과 관련된다. 따라서 법을 고찰할 때는 이러한 것 중의 일면이나 하나의 요소에만 편중해서는 안 되며 모든 것을 고려한 종합 판단이 필요하다(조만형, 2022).

법의 목적은 법 개념의 출발점이며 법질서를 위한 목표이다. 법의 목적 또는 이념이 무엇인가를 고찰하여야 법의 본질을 명확히 이해할 수 있다. 법의 이념에 대해 총체적으로 설명하는 독일의 라드브루흐(Radbruch)의 견해를 중심으로 파악하고 있다. 그는 법의 목적을 정의, 법적 안정성, 합목적성 등 세 개의 기본 가치를 설명하고 있다(조만형, 2022).

첫째, 법의 정의의 근원은 정의를 실현하려는 목적이 있다. 정의는 실정법의 가치 기준이 되며 입법자의 의도이면서 목적이다. 정의는 진·선·미와 같이 절대적 가치이므로 다른 어떠한 가치에서도 도출될 수 없는 가치이다.

둘째, 법의 안정성은 법의 기본적인 가치이며 목적이다. 법은 행위규범인 동시에 재판규범이므로 법이 자주 변경되면 국민이 행동지침을 잃게 되고 사회도 안정될 수 없다. 법적 안정성을 유지하기 위해서는 법은 명확해야 하고, 실제로 집행되어야 하며, 함부로 변경되어서는 안 된다. 그리고 국민의 정서에 합당한 것이어야 한다.

셋째, 합목적성은 국가의 목적을 정하는 원리이다. 이 원리는 국가의 법질서를 어떠한 표준과 가치관에 의하여 구체적으로 제정, 시행할 것인가를 정하는 것이다. 법의 합목적성의 이념은 국가와 사회가 처해 있는 상황 속에서 지향해야 할 문제이다.

법의 목적인 정의, 법적 안정성, 합목적성은 독자적 이념이 아니라 본질적으로 상호 모순되는 대립적 관계를 맺으면서도 상호 보완 조정을 원칙으로 하고 있다. 정의는 사람을 평등하게 대우할 것을 요구하는 일반적인 윤리를 가치관념으로 하고 있고, 합목적성은 공공복리라는 가치관념을 바탕으로 하고 있으므로 상호 모순되는 대립 관계를 맺는다. 또한 정의와 합목적성은 주로 법의 내용에 관한 이념이고, 법적 안정성은 주로 법의 기능에 관한 이념이다. 그러나 정의와 법적 안정성과 합목적성은 집중관계로서 법의 개념을 창출하고 법으로서의 가치를 갖게 한다. 이러한 관계는 각 목적의 작용영역에 공정한 분배, 상호관계를 보완·조정하게 된다. 정의에 의하여 어떤 명령이 법의 개념으로 인정되고 합목적성을 척도로 하여 그 명령이 내용으로 정당성 여부가 결정되며 법적 안정성의 정도에 따라 그 명령에 효력을 인정하여 평가받는 것이다. 법체계면에서 보면 형법은 정의의 이념이, 행정법에서는 합목적성의 이념이, 민법이나 소송법에서는 법적 안정성의 이념이 강하게 작용하고 있다.

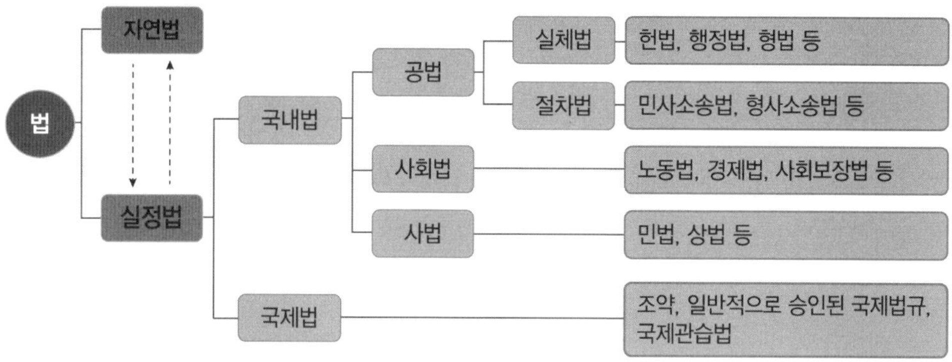

| 그림 4-1 | **법의 분류**

출처: 조만형. (2022). 현대인에게 꼭 필요한 생활 속의 법(개정판). 서울: 박영사.

2) 법의 위계와 적용원칙

일반적으로 법규는 제정권자의 상하관계에 따라 「헌법」을 정점으로 단계적 구조를 가지고 하나의 법질서를 형성한다. 법규는 국가 수준과 지방자치단체 수준으로 구분하여 설명될 수 있다. 국가 수준의 법규는 헌법, 법률, 대통령령(시행령), 국무총리령, 부령(장관이 제정하는 시행규칙) 등의 순이고, 지방자치단체 수준의 법규는 조례(지방의회), 규칙(시·도지사, 시·구청장), 교육규칙(교육감) 등의 순으로 위계가 성립되어 적용된다(권인탁 외, 2017).

한편, 동일한 사안에 대하여 여러 관련 법규를 적용할 때는 다음과 같은 원칙에 의한다(남정걸, 2008).

첫째, 상위법 우선의 원칙이다. 예를 들면, 「교육기본법」과 「평생교육법」의 관계는 상위법과 하위법의 관계에 있다. 하위법이 상위법에 위배되는 경우 동 규정은 무효이며, 상위법이 적용된다. 예컨대, 상위법이 바뀌었는데도 관련 하위법이 그것에 맞게 변경되지 않은 경우에 흔히 볼 수 있다.

둘째, 신법 우선의 원칙이다. 신·구법이 상충하는 경우 신법이 우선 적용된다. 실제에는 신법의 부칙에 구법과의 관계를 규정하는 규정을 두어 상충하지 않도록 하고 있다.

셋째, 특별법 우선의 원칙이다. 「국가공무원법」과 「교육공무원법」, 「초·중등교육법」과 「특수교육진흥법」, 「지방자치법」과 「지방교육자치에 관한 법률」에서 적용범위가 보다 큰 전자를 일반법이라고 하고 적용범위가 보다 한정된 후자를 특별법이라 하는데, 양자 간에 다른 규정이 있는 경우, 특별법이 우선 적용되고, 그 외의 경우는 일반법이 적용된다.

2. 교육기본법과 평생교육 관련 법

교육에 관한 법규는 「교육기본법」을 상위법으로 하고 그 아래 「유아교육법」, 「초·중등교육법」, 「고등교육법」, 그리고 「평생교육법」을 두는 4법 체제를 이루고 있다. 이러한 구조는 학교교육과 학교 외 교육을 대등한 위치에 둔다는 것을 의미한다. 교육 및 평생교육에 관한 사항은 헌법을 토대로 모두 「교육기본법」을 비롯한 교육관계 법령에 규정되어 있다. 교육 및 평생교육에 관한 행정도 모두 법령에 정해져 있는 원칙과 방법에 따른다.

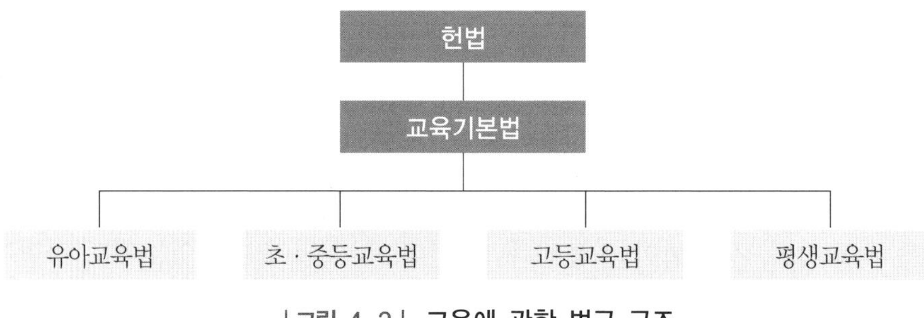

| 그림 4-2 | 교육에 관한 법규 구조

1) 헌법

「헌법」은 대한민국 최고의 기본법으로, 국가의 기본적 원칙을 규정한 근본법이다. 개인의 자유, 권리 및 모든 국민에게 인간다운 생활을 보장하는 생존권적 기본권이며, 국민의 복지향상과 실질적 법치주의에 이념을 두고 있다. 우리나라 「헌법」에 명시된 교육 관련 내용으로는 「헌법」 제31조 제1항에 '국민의 교육받을 권리'를 규정하고, 제5항에서는 '국가는 평생교육을 진흥하여야 한다'를 명시하였다. 또한, 제6항에는 '학교교육과 평생교육을 포함한 교육제도 등 기본적인 사항은 법률로 정한다'고 하였다. 이에 근거하여 우리나라 평생교육의 체제기반을 마련하게 되었다.

| 표 4-1 | 헌법 제31조

제1항 모든 국민은 능력에 따라 균등하게 교육을 받을 권리를 가진다.
제2항 모든 국민은 그 보호하는 자녀에게 적어도 초등교육과 법률이 정하는 교육을 받게 할 의무를 진다.
제3항 의무교육은 무상으로 한다.
제4항 교육의 자주성, 전문성, 정치적 중립성 및 대학의 자율성은 법률이 정하는 바에 의하여 보장된다.
제5항 국가는 평생교육을 진흥하여야 한다.
제6항 학교교육 및 평생교육을 포함한 교육제도와 그 운영, 교육재정 및 교원의 지위에 관한 기본적인 사항은 법률로 정한다.

2) 교육기본법

「교육기본법」에서의 평생교육에 관한 내용은 제3조, 제9조 제2항, 제10조 제1항, 제2항, 제3항, 제11조 제1항, 제2항 등에 규정하고 있으며 구체적인 내용은 다음과 같다.

| 표 4-2 | 교육기본법 제3조, 제9조, 제10조, 제11조

제3조(학습권)
모든 국민은 평생에 걸쳐 학습하고, 능력과 적성에 따라 교육 받을 권리를 가진다.
제9조(학교교육)
① 유아교육 · 초등교육 · 중등교육 및 고등교육을 하기 위하여 학교를 둔다.
② 학교는 공공성을 가지며, 학생의 교육 외에 학술 및 문화적 전통의 유지 · 발전과 주민의 평생교육을 위하여 노력하여야 한다.
③ 학교교육은 학생의 창의력 계발 및 인성(人性) 함양을 포함한 전인적(全人的) 교육을 중시하여 이루어져야 한다.
④ 학교의 종류와 학교의 설립 · 경영 등 학교교육에 관한 기본적인 사항은 따로 법률로 정한다.
제10조(평생교육)
① 전 국민을 대상으로 하는 모든 형태의 평생교육은 장려되어야 한다.
② 평생교육의 이수(履修)는 법령으로 정하는 바에 따라 그에 상응하는 학교교육의 이수로 인정될 수 있다.
③ 평생교육시설의 종류와 설립 · 경영 등 평생교육에 관한 기본적인 사항은 따로 법률로 정한다.
제11조(학교 등의 설립)
① 국가와 지방자치단체는 학교와 평생교육시설을 설립 · 경영한다.
② 법인이나 사인(私人)은 법률로 정하는 바에 따라 학교와 평생교육시설을 설립 · 경영할 수 있다.

3) 평생교육 관련 법규와 행정체제

법은 행정을 통해 집행되어야 하므로 법의 제정에는 행정이 함의되어 있다. 행정이란 국가의 목적과 공익실현을 달성하기 위하여 행하는 여러 가지 활동 및 내부적 관리를 말한다. 법은 인간의 행동을 규율하는 최고의 위상을 갖는다. 법은 인간 행동을 규율하는 강력한 지침이 되며, 법의 지침으로써의 성격을 가장 대변하는 것이 바로 행정이다. 따라서 행정은 일차적으로 법의 구속을 받는다. 법에서 규정한 사항을 위반하는 행정은 원칙적으로 성립할 수 없다. 그러나 법을 집행하는 행정을 하는 주체는 사람이다. 여기서 법에 대한 해석에 따라 행정의 편차가 생기게 된다. 그럼에도 불구하고 법과 관련된 행정의 편차는 최소화될 것이 요구된다. 평생교육기관의 경영은 일차적으로 기관의 존립 근거인 설립취지에 따른다. 그렇다고 기관의 설립에서 어떤 취지도 허용되는 것은 아니다. 법의 테두리를 벗어나는 취지를 갖고 기관을 설립하라는 것은 위법적인 상황이 되며, 실제로 설립 자체가 불가능하다. 따라서 법은 명백히 기관설립의 근거이자 기관 존립의 근거다(김용현 외, 2018).

평생교육기관의 경영은 불가피하게 국가적 차원의 공권력을 배경으로 한 평생교육의 행정과 관리의 대상이 된다. 그러므로 평생교육경영의 실제는 어디까지나 평생교육의 관련 법규의 테두리 안에서 존재하며, 이에 관한 이해를 전제로 해야 한다. 좀 더 포괄적으로 평생교육의 교육 관련 법규에 대한 이해와 필요성을 구체적으로 살펴보면 다음과 같다(남정걸, 2008).

첫째, 교육의 이념과 목적, 정책 및 행정의 기본 방침이나 원리, 교육기관의 종류와 그 설치 및 운영, 교직원·평생교육사의 자격과 신분, 관련 단체나 시설 등에 관한 기본적인 사항을 알 수 있다.

둘째, 국가와 지방자치단체 및 교육 당사자의 책임과 관리, 의무 등을 알 수 있다.

셋째, 교육 관련 기본 개념이나 용어의 정의를 알 수 있다.

넷째, 교육제도와 그 운영은 법률이 정하는 바에 따라 운영되기 때문에 교육관계 법규는 교육활동과 교육행정 및 경영관리 활동의 정당성을 부여하고, 문제가 제기될 때 최종적 판단의 준거나 기준이 된다.

다섯째, 관련 법규를 모르거나 무시한다면, 그리고 준수해야 할 사항을 위반한다면, 불이익을 당하거나 그 결과에 대한 법적 제재나 책임을 면할 수가 없게 된다.

(1) 평생교육법 제정의 배경 및 흐름

교육 관련 법으로는 1948년 7월 대한민국 「헌법」이 공포되고 8월 15일 대한민국 정부가 수립되었다. 이에 1949년 12월 31일 「교육법」이 제정되면서 교육체제 정비가 본격화되었다. 1960년대부터 1970년대까지는 국가 산업화와 경제성장 측면의 교육정책이 강조되었으며, 1980년대에는 다양한 교육적 요구가 분출되었으나, 수직적 개혁 및 교육제도와 정책이 학교교육 중심에서 벗어나지 못하는 구조적 한계가 있다. 해방 직후 최초의 평생교육법이라고 할 수 있는 사회교육법안은 국회에 제안되었지만 통과되지 못하였다. 비로소 1982년에 「사회교육법」이 제정되며, 한국 평생교육의 진전을 보여주었다.

「사회교육법」은 한국 평생교육을 체계화한 최초의 법률이다. 이 법에 따라 '사회교육전문요원제도'라는 평생교육 자격전문가 인정제도가 처음으로 마련되었다. 「사회교육법」 체제하에 한국 사회의 평생교육은 몇 가지 이유로 활성화되었다(변종임 외, 2014).

첫째, 평생교육에 대한 국민의 관심이 증가하였다. 1980년대 사회발전 및 여가 활동, 1990년대 대학의 평생교육원 급증 등에 따른 사회화 현상이다.

둘째, 한국교육제도의 본질적인 방향전환을 위한 개혁이 추진되었다. 1993년에 설치된 '대통령자문 교육개혁위원회'는 교육개혁안을 발표하였다. 주요 내용은 '누구나, 언제, 어디서나 배울 수 있는 열린교육사회, 평생교육사회'를 제시하였고, 「평생교육법」 시안도 함께 제시하였다. 이후 1995년 5·31 교육개혁안에 '신교육체제' 구상에서 비롯하여 '모든 국민이 자아실현을 극대화할 수 있는 교육복지 국가'를 지향한다고 밝혔다.

셋째, 1990년대 중반부터 사회적·경제적 환경의 급격한 변화가 나타났다. 사회적으로는 사회민주화와 지방자치제도가 시작됨에 따라 지역주민에 의한 지역사회 형성이 시작되었고, 평생교육은 이를 위한 중요한 전략으로 이해되기 시작하였다.

하지만 「사회교육법」은 동등한 법체제임에도 불구하고 학교 중심 교육법의 하위법과 같은 위치에 있었고 법의 범위가 극도로 한정되는 문제점을 가지고 있었다. 이러한 문제점은 다음과 같다.

첫째, 법 체계상 관련된 타 법안과 동등한 지위의 법률에 머물러 사회교육을 조정하는 상위법의 위상을 갖지 못하고 있다.

둘째, 법 내용상 적용 범위가 불명확하고 지원 조항 결여, 전문요원 양성배치, 사업장에서 사회교육활동 미비, 국가와 지방자치단체의 제도적 미비 등이다.

| 표 4-3 | 평생교육법제의 변화과정상 특성과 한계

구분	특징	한계
「사회교육법」(1982)	•사회교육의 개념을 제도적으로 처음 규정 •국가의 평생교육진흥 의무 제시 •평생교육 전문가 자격인정을 위한 국가제도 신설	•국가 및 지방자치단체의 사회교육진흥 임무에 대한 선언적인 규정 •평생교육 추진체제 규정 미 제시
「평생교육법」(1999)	•「교육기본법」하에 「초·중등교육법」, 「고등교육법」, 「평생교육법」 체제 정비 •학습휴가 및 학습비 지원 규정 신설 •평생교육 전담조직 체제 구축 •평생교육시설의 세분화	•평생교육에 대한 정의와 국가와 지방자치단체의 책무 등 개념에 관한 사항은 구 「사회교육법」 내용을 존치시킴 •선언적 의미의 평생교육 진흥 조항 유지
「평생교육법」(2007)	•평생교육 기회보장을 위한 다양한 수단 및 제도의 체계화 •평생교육의 총괄적인 추진기구인 '평생교육진흥원'의 설립·운영 •국가와 광역기초자치단체 단위의 평생교육 추진 체제 정비 •문해교육 및 성인문해 학력인정제도와 평생학습계좌제 신설	•일반자치행정과 교육자치행정 간 평생교육추진 체제의 이원화 체제 유지 •평생교육사 자격제도, 평생교육시설 관리 등 시행상의 문제점 발생 •평생교육 개념 정의에 대한 모호함과 영역 제한에 대한 문제 제기

출처: 변종임 외. (2014). 100세 시대 평생교육체제 구축을 위한 평생교육법 정비방안 연구.

1990년대에는 교육에 대한 자주성·전문성·정치적 중립성 및 대학의 자율성이 완화되어, 교육제도의 전면적인 개편을 추진하였다. 1995년 교육개혁위원회는 5·31 교육개혁안에서 문제가 많은 「사회교육법」을 폐지하고 「평생교육법」을 새로 입법할 것을 제안하였다(교육개혁위원회, 1996). 그렇게 하여 「평생교육법」이 1999년 8월 제정되고 다음 해 2000년 3월에 공포·시행되었다. 이후 2007년 12월 평생교육 활성화를 위해 전부(전면) 개정·공포하고 2008년 2월 시행되었다.

| 표 4-4 | 평생교육법의 변천 과정

제5공화국 헌법 (1980. 10. 27)	•제31조 제5항 국가의 평생교육진흥 조항 명시 •제31조 제6항 학교교육 및 평생교육을 포함한 교육제도 법률주의 규정
사회교육법 (1982. 12. 31)	•1981. 11. 26. 국회 문교공보위원회 통과 •1981. 12. 12. 구용현 의원 외 56인 발의로 법안 제출
사회교육법 전부개정 평생교육법 (1999. 8. 31)	•1998. 11. 26. 정부안 확정, 국회에 법안 제출 •1999. 8. 10. 국회 교육위원회 통과 •1999. 8. 12. 제206회 국회 본회의 통과 •1999. 8. 31. 법률 제6003호로 공포(2000. 3. 1. 시행) 법명 변경(사회교육법→평생교육법)
평생교육법 전부개정 (2007. 12. 14)	•2006. 2. 21. 전부개정 법률안 •2007. 4. 9. 전부개정 법률안 •2007. 4. 18. 전부개정 법률안 2건에 관한 국회 교육위원회 공청회 •2007. 11. 16. 국회 교육위원회 확정 의결 통과 •2007. 11. 21. 국회 법사위원회 의결 통과 •2007. 11. 22. 국회 본회의 의결 통과 •2007. 12. 14. 법률 제8676호로 공포

개정 취지가 평생교육의 활성화를 위하여 국가와 광역 · 기초 자치단체 단위의 추진체제를 정비하고, 평생교육의 총괄적인 집행기구로서 한국교육개발원의 평생교육센터, 학점은행센터, 한국방송통신대학교의 독학학위검정원 3개의 기관을 통합하여 평생교육진흥원을 설립하려는 것이다.

| 표 4-5 | 평생교육법 주요내용

가. 평생교육의 개념(제2조 제1호) 정의의 명확화[3)]

평생교육의 개념을 "학교의 정규교육과정을 제외한 학력보완교육, 성인기초 문해교육, 직업능력 향상교육, 인문교양교육, 문화예술교육, 시민참여교육 등을 포함하는 모든 형태의 조직적인 교육활동"으로 정의하여 평생교육의 활동내용을 구체적으로 파악할 수 있도록 한다.

나. 평생교육진흥 기본계획 등(제9조 및 제11조)

교육부장관은 5년마다 평생교육진흥 기본계획을 수립하고, 시 · 도지사는 평생교육진흥 기본계획에 따라 연도별 평생교육진흥 시행계획을 시 · 도 교육감과 협의하여 수립 · 시행하여야 한다.

다. 평생교육진흥원 등(제19조부터 제21조까지)

국가는 평생교육진흥 관련 업무를 지원하기 위하여 평생교육진흥원을 설립하고, 시·도지사는 대통령령이 정하는 바에 따라 시·도 평생교육진흥원을 설치 또는 지정·운영할 수 있도록 하며, 시·도 교육감은 관할구역 내의 주민을 대상으로 평생교육 프로그램 운영과 평생교육 기회를 제공하기 위하여 시·군·구에 평생학습관을 지정 또는 설치·운영하도록 하고, 기초자치단체의 장은 평생학습관의 설치 또는 재정적 지원 등 지역 평생교육 진흥 사업을 실시할 수 있도록 한다.

(2) 평생교육법 제정의 취지

누구나, 언제, 어디서나, 원하는 교육을 받을 수 있는 열린교육사회·평생학습사회를 구축하고 교육복지국가(edutopia)를 건설함으로써 국민의 삶의 질 향상과 사회발전에 기여 하는 것에 있다. 이러한 기본 목표를 달성하기 위한 평생교육법 제정의 취지는 다음과 같다(배장오, 2013; 조재준, 2012).

첫째, 현행 「헌법」의 평생교육진흥 조항을 근본이념으로 하여 교육기본법을 상위법으로 하고 사법의 기본 체계를 구축하는 데 있다. 교육개혁 방안으로 현

---

3) 제2조(정의) 이 법에서 사용하는 용어의 정의는 다음과 같다.

1. "평생교육"이란 학교의 정규교육과정을 제외한 학력보완교육, 성인 문해교육, 직업능력 향상교육, 성인 진로개발역량 향상교육, 인문교양교육, 문화예술교육, 시민참여교육 등을 포함하는 모든 형태의 조직적인 교육활동을 말한다.
2. "평생교육기관"이란 다음 각 목의 어느 하나에 해당하는 시설·법인 또는 단체를 말한다.
   가. 이 법에 따라 인가·등록·신고된 시설·법인 또는 단체
   나. 「학원의 설립·운영 및 과외교습에 관한 법률」에 따른 학원 중 학교교과교습학원을 제외한 평생직업교육을 실시하는 학원
   다. 그 밖에 다른 법령에 따라 평생교육을 주된 목적으로 하는 시설·법인 또는 단체
3. "문해교육"이란 일상생활을 영위하는데 필요한 문자해득(文字解得)능력을 포함한 사회적·문화적으로 요청되는 기초생활능력 등을 갖출 수 있도록 하는 조직화된 교육프로그램을 말한다.
4. "평생교육사업"이란 국가 및 지방자치단체가 국민과 주민의 평생교육을 위하여 예산 또는 기금으로 조직적인 교육활동을 직·간접적으로 지원하는 사업을 말한다.
5. "평생교육이용권"이란 평생교육프로그램을 이용할 수 있도록 금액이 기재(전자적 또는 자기적 방법에 따른 기록을 포함한다)된 증표를 말한다.
6. "성인 진로개발역량 향상교육"(이하 "성인 진로교육"이라 한다)이란 성인이 자신에게 적합한 직업을 찾고 진로를 인식·탐색·준비·결정 및 관리할 수 있도록 진로수업·진로심리검사·진로상담·진로정보·진로체험 및 취업지원 등을 제공하는 활동을 말한다[시행일: 2024. 4. 19.].

행 「교육법」과 「사회교육법」 체제를 「교육기본법」 아래 「유아교육법」, 「초·중등교육법」, 「고등교육법」, 「평생교육법」으로 체제를 개편한다.

둘째, 교수자 중심의 사회교육보다는 넓은 개념으로 학습자 중심의 평생학습으로 범위를 확대한다. 누구나, 언제, 어디서나 배울 수 있는 '열린교육사회, 평생학습사회'를 건설하여 국민의 삶의 질 향상과 사회발전에 기여하는 데 있다.

셋째, 국민의 학습권과 학습자의 선택권을 최대한 보장하여 평생학습 분위기를 조성한다. 평생교육기관의 상호 유기적인 수평적 통합과 다양한 평생교육제도 마련과 폭넓은 교육과정 운영으로 학습자 중심의 학습기회 확대와 평생학습 분위기를 조성하는 데 있다.

넷째, 평생교육과정 이수자의 사회적 대우 확대와 평생학습 의욕을 고취하는 데 있다. 과거 초·중등학력 인정 중심이었던 학력인정 평생교육기관을 전문대학 학력인정 수준으로 확대함과 동시에 초·중등 학력인정 문자해득 교육프로그램의 지정과 운영을 통한 성인기초교육 대상자의 평생학습 의욕을 고취한다. 나아가 더 다양한 제도로 평생학습 기회를 촉진하는 데 있다.

다섯째, 형식적 학력 위주 사회를 실질적 능력 위주 사회로 변화를 유도하는 데 있다. 성인의 경험학습 인정, 사내 대학 검정 인정, 문하생 학력 인정, 기술자격 학점 인정 등을 통해 우리 사회의 형식적 학력 위주에서 실질적 능력 위주 사회로 변화시키기 위한 새로운 제도를 마련하는 데 있다.

여섯째, 성인교육 기회 확대와 고등교육 수준으로 국민의 능력 향상에 중점을 두고 있다. 다양한 평생교육기관을 통해 성인교육 기회를 확대하고 다양한 학력인정제도를 통해 고등교육 수준으로 국민의 능력을 향상하는 데 중점을 두고 있다.

일곱째, 국가 및 지방자치단체의 평생교육 정책지원을 강화하는 데 있다. 국가 및 지방자치단체는 지역주민을 위한 평생교육 관련 사업조정 및 협력증진을 도모해야 한다. 또한 평생교육의 활성화를 위한 책무성과 효율성을 강화할 수 있는 제도를 마련하기 위함이다.

여덟째, 지식 · 인력개발사업과 교육훈련 산업을 육성하는 데 있다. 민간자본을 통해 교육훈련, 연구용역, 프로그램 개발, 평생교육기관의 경영진단 및 평가, 교육서비스 사업 등 지식 · 인력개발사업을 육성하는 데 있다.

4) 평생교육법 추진체계

평생교육은 일차적으로 학력이 인정되는 학교 밖에서 진행되는 교육을 진흥하기 위한 점은 분명하다. 그리고 개인적으로는 자아실현 및 고용 가능성을 제고하고, 국가적으로는 우수 인적자원 개발을 통한 경쟁력 확보에 중요한 의의가 있기 때문에 평생교육 추진체계 구축은 중요하다. 이에 평생교육법은 이 모든 교육의 진흥을 위한 추진체계를 명시하였다. 이러한 체계는 평생학습 기회제공체계, 평생학습 지원체계, 평생학습 평가인정체계의 세 부분으로 구분할 수 있다(권두승 외, 2016).

첫째, 평생학습 기회제공체계는 평생교육 활동의 기본적인 이념인 '언제나, 누구나, 어디서나, 학습이 가능'한 이상적인 사회를 건설하는 데 있어 핵심적인 요소이다. 이를 위해서 평생학습 기회를 체계적으로 제공할 수 있는 체계가 구축되어야 한다.

둘째, 평생학습 지원체계는 학습상담 및 학습정보 제공체계와 관련된 것으로, 학습자가 학습을 용이하고 효율적으로 하기 위해 학습기회뿐만 아니라 학습내용, 시설, 지도자, 교재, 각종 자격 등에 관한 종합적인 학습정보를 체계적이고 정기적으로 제공받는 것이 요구된다.

셋째, 평생학습 평가인정체계로 모든 국민의 평생학습 참여를 촉진하고, 평생교육을 총체적으로 활성화하기 위해서는 학교교육과 대등한 또 하나의 교육부문으로 평생교육 부문의 평가인정 체계구축이 필요하다.

| 표 4-6 | 평생교육 추진체계의 영역 및 역할

체계영역	추진영역	하위영역
평생교육 제공 지원제도	평생교육 지원전담기구의 설치 · 운영	국가평생교육진흥원, 시 · 도 평생교육진흥원, 평생학습관
	평생교육기관의 설치 · 운영 지원	학교형태, 사내대학형태, 원격대학형태, 사업장 부설, 시민사회단체 부설, 학교부설, 언론기관 부설, 지식인력개발 관련 평생교육시설
	학원 형태의 평생교육 지원	각종 학원(기술 · 어학 등)
	소외계층 학습활동 지원	소외계층 프로그램 지원
	평생학습도시 건설, 동아리 활성화 등	평생학습도시 선정사업
	지역단위 평생교육 운영체제 구축	지역 평생교육 운영지원
평생교육 선택지원제도	학습 · 진로 · 고용정보시스템 연계 구축 및 활용	학습정보 제공, 학습상담정보 제공, 진로 및 고용정보 제공
평생교육 평가인정제도	학력인정제도	초중고 학력인정시설, 학점은행제(대학차원), 문하생 학력인정제도
	자격인정제도	국가기술자격제도, 민간자격제도

출처: 권두승 외. (2016). 평생교육경영론(2판). 파주: 교육과학사.

5) 평생교육법 주요 내용

「평생교육법」은 제1장 총칙(목적, 정의, 다른 법률과의 관계, 평생교육의 이념, 국가 및 지방자치단체의 임무, 교육과정 등, 공공시설의 이용, 학습휴가 및 학습비 지원), 제2장 평생교육진흥기본계획 등(평생교육진흥기본계획의 수립, 평생교육사업에 대한 조사·분석 등, 평생교육진흥위원회의 설치, 연도별 평생교육진흥시행계획의 수립·시행, 시·도평생교육협의회, 관계 행정기관의 장 등의 협조, 시·군·자치구평생교육협의회, 평생학습도시, 장애인 평생학습도시, 경비보조 및 지원, 평생교육이용권의 발급 등, 평생교육이용권의 사용 등, 지도 및 지원, 평생교육 통계조사 등, 평생교육 종합정보시스템의 구축·운영 등), 제3장 국가평생교육진흥원 등(국가평생교육진흥원, 국가장애인평생교육진흥센터, 장애인 평생교육 종사자에 대한 인권교육, 시·도평생교육진흥원의 운영, 장애인평생교육시설 등의 설치, 시·군·구 평생학습관 등의 설치·운영 등, 장애인 평생교육과정, 읍·면·동 평생학습센터의 운영, 정보화 관련 평생교육의 진흥, 학습계좌), 제4장 평생교육사(평생교육사, 평생교육사의 자격취소, 평생교육사 양성기관, 평생교육사의 배치 및 채용, 평생교육사 채용에 대한 경비보조), 제5장 평생교육기관(평생교육기관의 설치자, 학교의 평생교육, 학점은행기관의 평생교육, 학교 부설 평생교육시설, 학교형태의 평생교육시설, 사내대학형태의 평생교육시설, 원격대학형태의 평생교육시설, 준용 규정, 사업장 부설 평생교육시설, 시민사회단체 부설 평생교육시설, 언론기관 부설 평생교육시설, 지식·인력개발 관련 평생교육시설, 평생교육시설의 변경인가·변경등록 등, 신고 등의 처리절차), 제6장 문해교육(문해교육의 실시 등, 문해교육센터 설치 등, 문해교육 프로그램의 교육과정 등, 문해교육종합정보시스템 구축·운영 등), 제7장 성인진로교육(성인 진로교육의 실시), 제8장 평생학습 결과의 관리·인정(학점, 학력 등의 인정), 제9장 보칙(행정처분, 지도·감독, 청문, 권한의 위임 및 위탁, 유사 명칭의 사용 금지, 벌칙, 과태료)으로 총 9장 46조, 그리고 부칙으로 규정하고 있다.

| 표 4-7 | 평생교육법 주요 내용

구분	내용
제1장 총칙	•목적, 정의, 다른 법률과의 관계, 평생교육의 이념, 국가 및 지방자치단체의 임무 •교육과정 등, 공공시설의 이용, 학습휴가 및 학습비 지원
제2장 평생교육진흥 기본계획	•평생교육진흥기본계획의 수립, 평생교육진흥위원회의 설치, 연도별 평생교육진흥시행계획의 수립·시행 •관계 행정기관의 장 등의 협조, 평생학습도시, 경비보조 및 지원, 지도 및 지원 등
제3장 국가평생교육 진흥원	•국가평생교육진흥원, 국가장애인평생교육진흥센터, 시·도평생교육진흥원의 운영 •장애인평생교육시설 등의 설치, 시·군·구평생학습관 등의 설치·운영, 읍·면·동 평생학습센터의 운영, 학습계좌
제4장 평생교육사	•평생교육사 양성기관, 배치 및 채용, 채용에 대한 경비보조
제5장 평생교육기관	•평생교육기관의 설치자, 학교의 평생교육, 학점은행기관의 평생교육, 학교 부설 시설, 학교형태시설, 사내대학형태시설, 원격대학형태시설, 사업장 부설 시설, 시민사회단체 부설 시설, 언론기관 부설 시설, 지식·인력개발 관련 시설 •평생교육시설의 변경인가·변경등록 등, 신고 등의 처리절차
제6장 문해교육	•실시, 설치, 교육과정, 종합정보시스템 구축·운영 등
제7장 성인 진로교육	•성인 진로교육의 실시

구분	내용
제8장 평생학습 결과의 관리· 인정	•학점, 학력 등의 인정
제9장 보칙	•행정처분, 지도·감독, 청문, 권한의 위임 및 위탁, 유사 명칭의 사용 금지 •벌칙, 과태료

「평생교육법 시행령」은 6장 78조, 부칙, 「평생교육법 시행규칙」은 25조, 부칙으로 내용이 구성되어 있다.

| 표 4-8 | 평생교육법, 시행령, 시행규칙 구성 및 주요 내용

구분	평생교육법	평생교육법 시행령	평생교육법 시행규칙
기본 체계	9장 46조, 부칙	6장 78조, 부칙	25조, 부칙
구성	총칙, 평생교육진흥기본계획, 국가평생교육진흥원, 평생교육사, 평생교육기관, 문해교육, 성인 진로교육, 평생학습 결과의 관리·인정, 보칙	총칙, 평생교육진흥기본계획, 국가평생교육진흥원, 평생교육사, 평생교육기관, 문자해득교육	평생교육실무조정위원회, 평생교육사 자격증 교부, 평생교육시설 등록(변경), 문해교육이수자 학력 인정
주요 내용	평생교육전담·지원기구 운영 •국가평생교육진흥원 •시·도평생교육진흥원 •시·군·구 평생학습관 •읍·면·동 평생학습센터	–출연금 요구, 지급, 관리 –결산서 제출 등 –전담기구 및 평생학습 지원제도의 운영방법 등	–평생교육실무조정위원회
	학력·학위취득 기회확대 •초·중·고학력인정시설 •전문대학 학력인정시설 •사내대학 및 원격대학형태	–시설의 지정 또는 인가기준 및 절차 –폐쇄인가 또는 신고절차	–문해교육이수자 학력 인정 절차
	다양한 평생교육기관 운영 •학교(학교부설)의 평생교육 •원격형태 평생교육시설 •사업장부설 평생교육시설 •시민단체부설 평생교육시설 •언론기관부설 평생교육시설 •지식·인력개발평생교육시설	–시설의 설치 신고·등록 –시설의 변경신고	–평생교육시설의 등록·변경 신고 절차

구분	평생교육법	평생교육법 시행령	평생교육법 시행규칙
	다양한 평생학습지원제도 •유급 또는 무급학습휴가제 •전문인력정보은행제 •평생학습계좌제 •평생교육사 •문해교육프로그램 지원	–평생교육사 자격요건, 등급, 배치기준 등 –학습계좌제운영, 평가인정 –문해교육 프로그램 설치 운영, 지정 및 지원 기준	–전문인력정보은행 운영 –학습계좌제 운영 –평생교육사자격증 교부 –문해교육이수자의 학력인정 또는 학습과정인정 절차

3. 평생교육기관의 분류

평생교육통계(교육부·한국교육개발원)는 평생교육기관을 비형식 평생교육기관과 준형식 평생교육기관으로 구분하였다. 비형식 평생교육기관은 국가평생교육진흥원을 비롯하여 시·도 평생교육진흥원, 시·군·구 평생학습관, 학교 부설 평생교육시설, 사내대학형태의 평생교육시설, 원격대학형태의 평생교육시설, 사업장 부설 평생교육시설, 시민 사회단체 부설 평생교육시설, 언론기관 부설 평생교육시설, 지식·인력개발 관련 평생교육시설, 학원을 포함한다.

준형식 평생교육기관은 학교, 학교형태의 평생교육시설(공민학교, 고등 공민학교, 고등기술학교, 각종학교, 방송통신중·고등학교, 방송통신대학, 산업대학, 기술대학, 원격대학, 사내대학 등), 평가인정 운영기관을 포함한다.

평생교육기관의 개념은 평생교육 기능을 수행하거나 평생교육을 목적으로 정하고 있는 조직이나 단체를 의미한다. 그리고 「평생교육법」 외에도 다른 법령에 근거하여 평생교육기관의 기능을 수행할 수 있는 경우도 함께 정하고 있다.

평생교육기관이란 「평생교육법」 제2조 제2항에 의하여 크게 세 가지로 분류한다.

첫째, 평생교육법에 따라 인가·등록·신고된 시설·법인 또는 단체이다.

둘째, 「학원의 설립·운영 및 과외교습에 관한 법률」에 따른 학원 중 학교교과교습학원을 제외한 평생직업교육을 실시하는 학원이다.

셋째, 그 밖에 다른 법령에 따라 평생교육을 주된 목적으로 하는 시설·법인 또는 단체를 말한다.

평생교육기관 분류는 「평생교육법」에 의거하여 설립된 다섯 개의 유형과 그 밖의 다른 법령에 근거를 둔 네 개의 유형이 있다.

1) 3대 평생교육 전담기구

평생교육법에서는 평생교육 진흥 관련 업무를 전담하여 추진하는 기구로 중앙에는 국가평생교육진흥원을 두고, 시·도지사는 시·도 평생교육진흥원을, 시·도교육감과 시장·군수·자치구의 구청장은 시·군·자치구 평생학습관을 지정 또는 설치·운영하도록 하였다. 이것은 교육부와 시·도와 시·군·자치구에서 평생교육 진흥을 위한 업무를 수행하지만, 해당 업무를 좀 더 특화하여 추진하는 별도의 기구를 두는 것이다. 이것은 또한 평생교육 진흥 업무는 교육부나 시·도나 시·군·자치구의 한 부서에서 감당할 수 없을 정도로 복합적이고 범위가 큰 업무라는 것을 함의한다(김용현 외, 2018).

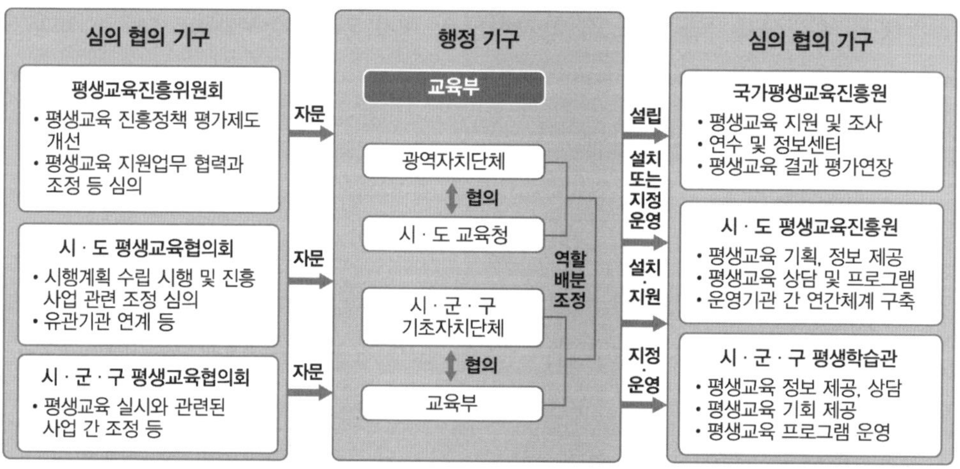

| 그림 4-3 | 평생교육법상의 추진기구

출처: 서보준 외. (2018). 평생교육경영론. 고양: 공동체.

한편, 「평생교육법」에 따른 3대 평생교육 전담기구는 국가평생교육진흥원과 시 · 도 평생교육진흥원, 그리고 시 · 군 · 구 평생학습관이다.

(1) 국가평생교육진흥원

「평생교육법」 제19조에 근거하여 국가평생교육진흥원의 역할은 다음과 같다.

① 평생교육진흥을 위한 지원 및 조사 업무

② 진흥위원회가 심의하는 기본계획 수립의 지원

③ 평생교육진흥정책의 개발 · 발전을 위하여 필요한 연구

④ 평생교육프로그램 개발(온라인 기반의 평생교육프로그램 개발을 포함한다)의 지원

⑤ 평생교육사를 포함한 평생교육 종사자의 양성 · 연수

⑥ 국내외 평생교육기관 · 단체 간 연계 및 협력체제의 구축

⑦ 시 · 도평생교육진흥원에 대한 지원 및 시 · 도평생교육진흥원과의 협력

⑧ 「학점인정 등에 관한 법률」 및 「독학에 의한 학위취득에 관한 법률」에 따른 학점 또는 학력인정에 관한 사항

⑨ 학습계좌의 통합 관리 · 운영

⑩ 문해교육의 관리 · 운영에 관한 사항

⑪ 정보화 및 온라인 기반 관련 평생교육의 관리 · 운영에 관한 사항

⑫ 이 법 또는 다른 법령에 따라 위탁받은 업무

⑬ 그 밖에 진흥원의 목적수행을 위하여 필요한 사업

(2) 시 · 도 평생교육진흥원

「평생교육법」 제20조에 근거하여 시 · 도 평생교육진흥원의 역할은 다음과 같다.

① 해당 지역의 평생교육기회 및 정보의 제공

② 평생교육 상담 및 컨설팅 지원

③ 평생교육프로그램 운영 및 지원

④ 장애인 대상 평생교육프로그램 운영 및 지원
⑤ 해당 지역의 평생교육기관 간 연계체제 구축
⑥ 국가 및 시·군·구 간 협력·연계
⑦ 해당 지역의 평생교육 진흥을 위한 조사·연구
⑧ 시행계획 수립의 지원
⑨ 평생교육 관계자의 역량강화 지원
⑩ 그 밖에 평생교육진흥을 위하여 시·도지사가 필요하다고 인정하는 사항

(3) 시·군·구 평생학습관

「평생교육법」 제21조에 근거하여 시·군·구 평생학습관의 역할은 다음과 같다.

① 평생교육프로그램의 개발·운영
② 장애인 대상 평생교육프로그램의 개발·운영
③ 평생교육 상담
④ 평생교육 종사자에 대한 교육·훈련
⑤ 평생교육 관련 정보의 수집·제공
⑥ 읍·면·동 평생학습센터에 대한 운영 지원 및 관리
⑦ 그 밖에 평생교육 진흥을 위하여 필요하다고 인정되는 사업

2) 평생교육기관

평생교육기관의 설치자는「평생교육법」제28조에 의거하여 다양한 평생교육프로그램을 실시하여 지역사회 주민을 위한 평생교육에 기여하여야 한다. 기관 유형의 해당 기관은 동「평생교육법」제30조 학교 부설 평생교육시설, 제31조 학교형태의 평생교육시설, 제32조 사내대학형태의 평생교육시설, 제33조 원격대학형태의 평생교육시설, 제35조 사업장 부설 평생교육시설, 제36조 시민사

회단체 부설 평생교육시설, 제37조 언론기관 부설 평생교육시설, 제38조 지식·인력개발 관련 평생교육시설 등으로 나누어 살펴보면 다음과 같다.

(1) 학교 부설 평생교육시설

학교 부설 평생교육시설이란 초·중등·고등 및 대학의 장은 해당 학교의 교육여건을 고려하여 그 특성에 맞게 학생·학부모와 지역주민을 대상으로 교양의 증진 또는 직업교육을 위한 평생교육시설을 설치·운영할 수 있다. 따라서 평생교육시설을 설치하고자 하는 각급학교의 장은 다양한 평생교육을 실시하기에 편리한 형태의 구조와 설비를 갖추어 관할청에 보고하여야 한다. 또한, 대학의 장은 「평생교육법」 제30조 제2항에 의거 대학생 또는 대학생 외의 자를 대상으로 자격취득을 위한 직업교육과정 등 다양한 평생교육과정을 운영할 수 있다.

(2) 학교형태의 평생교육시설

학교형태의 평생교육시설은 정규교육을 받지 못한 청소년과 성인들을 위해 각급학교에 준하는 교육을 제공하고 이에 상응하는 학력을 부여하는 교육시설로 학교교육의 보완과 평생교육 기능을 수행하는 시설이다. 교육감은 등록한 학교형태의 평생교육시설 중 일정 기준 이상의 요건을 갖춘 평생교육시설에 대해서는 이를 중·고등학교 졸업 이하의 학력이 인정되는 시설로 지정할 수 있다. 이러한 시설은 초등학교 단계의 공민학교, 중등단체의 고등공민학교, 고등기술학교, 방송통신고등학교, 산업체 부설 학교, 학력인정 평생교육시설, 방송통신대학교, 산업대학 및 기술대학, 각종 대학과정 등이 있다. 또한 기타 특수학교, 소년원 학교 등도 평생교육시설에 포함된다고 볼 수 있다.

학력 인정 평생교육시설은 학령기를 상실한 근로 청소년, 성인 등에게 단기간 중·고등 교육과정을 이수 기회를 부여하고, 인적·물적 자원의 활용을 극대화하려는 것이다. 따라서 학교형태의 평생교육시설은 교사의 가르칠 의무와 학생의 교육받을 권리가 지속적으로 보장되어야 한다. 그러므로 학력인정 평생교육시설은 최소한의 교육환경 확보 및 교육과정 운영과 학사관리에 필요한 사항에 대한 기준을 충족하여야 하는데, 수업연한·학기·수업일수 및 수업시간, 교육과정, 학생정원·학급수 및 학급편성, 입학자격, 교원자격·정원, 수료 및 졸업, 시설 및 설비, 교과서·교재에 대해서는 중학교 및 고등학교에 준하는 각종 학교의 설립·운영기준과 동등한 이상의 것이 되어야 한다(권인탁 외, 2017).

(3) 사내대학형태의 평생교육시설

사내대학형태의 평생교육시설은 시간적·경제적 여유가 없어 대학에 가지 못한 근로자들을 위해 학교법인을 설립하지 않고 일정 기간 동안 사내교육을 이수하면 학력·학위가 인정되는 평생교육 차원의 고등교육기관이다. 사내대학은 산업체 현장 근로자의 면학 욕구 충족과 직무교육 및 특화교육을 통한 생산성 향상에 기여할 수 있도록 학교법인 설립 없이 사업장 내에 전문학사나 학사학위과정을 운영할 수 있는 평생교육시설로, 평생교육법 제32조에 따라 교육부장관의 인가를 받게 되어 있는데, 관계 전문가로 구성된 '사내대학설치심사위원회'의 서면심사와 현장심사를 거쳐 사내대학의 설치·운영의 타당성 검토를 거치도록 하고 있다(교육부, 2014). 동 과정을 이수하면 전문대학 또는 대학졸업자와 동등한 학력·학위를 취득한 것으로 인정받을 수 있다. 최근 선취업 후진학 생태계 조성 분위기 확산으로 금융권, 공공 및 민간부문 고졸 일자리 확대에 따라 마이스터고 및 특성화고 취업률이 증가하고 있는 추세이고 사내대학 설립에 대한 관심도 증가하고 있다. 국내의 사내대학은 삼성전자, 포스코, 현대중공업, 대우조선 해양, STX조선, 현대오일뱅크 등의 기업에서 운용되고 있으며, 고유의 기업문화와 첨단기술인력을 양성하고 있다.

한편, 「평생교육법」에 근거한 사내대학 이외에도 기업의 요구에 부합되는 인력을 더욱 체계적이고 효율적으로 확보하기 위해 기업체 내에서는 제도화된 형태의 평생교육시설로서 기능대학, 사내기술대학(원)을 운영하고 있다. 사내대학을 포함하여 기술대학, 그리고 사내기술대학(원)은 기업체가 주도적으로 직원의 능력개발을 위해서 고등교육 기회를 제공한다는 점에서 공통성을 가지고 있다. 그러나 설립의 법적 근거는 다르기 때문에 여러 면에서 다소 차이가 있다(권인탁 외, 2017).

(4) 원격대학형태의 평생교육시설

원격대학형태의 평생교육시설은 누구든지 정보통신매체를 이용하여 특정 또는 불특정 다수인에게 원격교육을 실시하거나 다양한 정보를 제공하는 평생교육시설이다. 즉 원격교육은 교수자와 학습자가 분리된 상태의 교육을 효과적으로 지원하기 위해 제도적 기반을 바탕으로 상호작용적 원격통신을 활용함과 동시에 다양한 형태의 학습자료를 공유하도록 하는 교육형태이다.

불특정 다수인을 대상으로 학습비를 받고 교육을 실시하고자 하는 경우(「학원의 설립·운영 및 과외교습에 관한 법률」 제2조의2제1항제1호의 학교교과교습학원에 해당하는 경우는 제외한다)에는 대통령령으로 정하는 바에 따라 교육감에게 신고하여야 한다. 또한, 전문대학 또는 대학졸업자와 동등한 학력 · 학위가 인정되는 원격대학형태의 평생교육시설을 설치하고자 하는 경우에는 대통령령으로 정하는 바에 따라 교육부장관의 인가를 받아야 한다. 이러한 경우에는 교육을 통해 전문대학 또는 대학졸업자와 동등한 학력을 인정하고 학위를 주는 고등교육기관이다.

(5) 사업장 부설 평생교육시설

사업장 부설 평생교육시설은 사업장을 이용하는 고객이나 지역주민들의 여가선용, 개인의 능력개발, 생활문화 향상 등 시민들의 문화생활에 기여하는 평생교육시설이다. 대표적인 사업장 부설 평생교육시설로는 백화점 문화센터를 들 수 있다. 평생교육시설을 설치하고자 하는 자는 대통령령으로 정하는 바에 따라 교육감에게 신고하여야 한다. 이를 폐쇄하고자 하는 경우에는 교육감에게 통보하여야 한다.

(6) 시민사회단체 부설 평생교육시설

시민사회단체는 비정부 조직이면서 시민사회의 의견과 주장을 상시 대변하는 시민사회조직이다. 공공의 선과 시민의 의견을 대변하고 봉사하는 비정부기구라고 한다. 이 시설은 상호 유기적인 협조체제를 구축하고 공공시설 및 민간시설 등 유휴시설을 활용하여 해당 시민사회단체의 목적에 부합하는 시설이다.

(7) 언론기관 부설 평생교육시설

대통령이 정하는 신문·방송 등 언론기관을 경영하는 자는 해당 언론매체를 통하여 다양한 평생교육 프로그램을 방영하는 등 국민의 평생교육진흥에 기여하여야 한다. 이러한 시설은 일반 국민을 대상으로 교양의 증진과 능력향상을 위한 평생교육시설을 설치·운영할 수 있다. 시설을 설치하고자 하는 자는 대통령령으로 정하는 바에 따라 교육감에게 신고하여야 하며, 이를 폐쇄하고자 하는 경우에는 그 사실을 교육감에게 통보하여야 한다.

(8) 지식 · 인력개발 관련 평생교육시설

지식·인력개발사업 관련 평생교육시설이란 평생교육법 제38조 제1항에 의거 '국가 및 지방자치단체는 지식정보의 제공과 교육훈련을 통한 인력개발을 주된 내용으로 하는 지식·인력개발사업을 적극 진흥·육성'함을 목적으로 하는 시설을 뜻한다. 지식정보의 제공사업, 교육훈련 및 연구용역사업, 교육위탁사업, 교육훈련기관의 경영진단 및 평가사업, 교육자문 및 상담사업, 교수·학습 프로그램의 개발 및 공급사업 등을 1년 이상 경영한 실적이 있는 자로서 자본금 또는 자산이 3억 원 이상이고 전문인력(평생교육프로그램 운영을 전담하는 인력을 말한다)을 5명 이상 확보한 법인으로 규정하고 있다.

4. 평생교육기관 유형별 현황

우리나라 전체 국민 중에서 평생교육에 참여한 경험이 있는 학습자를 조사한 결과에 의하면 2019년 만 25세~79세의 성인들의 참여율은 41.7%였으며, 이 중에 학습자들은 평균적으로 1.27개의 평생교육 프로그램에 참여하였다(국가평생교육진흥원, 2019). 또한, 우리나라에서 평생교육 프로그램을 개설한 기관 중 가장 큰 비중을 차지하는 것은 '원격형태'이다. 2019년을 기준으로 전체 약 44.5%에 해당하는 81,878개의 프로그램이 원격형태의 평생교육기관에 의해 개설·운영되었으며, 이 프로그램에 참여한 학습자 수도 12,111,454명으로 전체 학습자 수의 74% 이상을 차지하고 있다. 이는 우리나라 평생학습 프로그램 수와 학습자 수에서 원격형태의 기관이 차지하는 비중이 대단히 높다는 것을 알 수 있다(국가평생교육진흥원, 2020).

평생교육기관 수와 프로그램 수의 증가는 원격형태 평생교육시설, 사업장 부설 평생교육시설, 평생학습관의 변화와 연동되었다. 반면에 시민사회단체 부설 평생교육시설, 언론기관 부설 평생교육시설 등은 규모가 축소되는 경향이 현저하게 나타났다. 이런 경향은 2018년뿐만 아니라 5~6년 전부터 지속된 현상이다. 다만 평생학습관과 같이 아직 규모 자체는 작지만 빠르게 성장하는 기관도 존재하여서 이색적이었다. 평생학습관의 성장은 지방정부의 평생교육 기능이 확대되는 측면을 보여주는 동시에 비수도권에서 민간평생교육 기능 부족을 보여주는 현상이기도 하다.

주제 영역에 따라 편차가 있기는 하지만 전반적으로 평생교육 프로그램과 학습자 규모는 꾸준히 증가하고 있음을 확인할 수 있었다. 하지만 우리나라 평생교육 프로그램과 학습자의 특성 및 그들의 변화 추이를 보다 명확하게 이해하기 위해서는 다음 몇 가지에 대한 개선이 필요하다(국가평생교육진흥원, 2020).

첫째, 평생교육의 중요성이 강조되면서 평생교육의 대상이나 범위 역시 점점 확대되는 경향을 보인다. 그러나 이번 조사에는 읍면동 단위 평생학습센터와 장애인 평생교육시설, 학교의 평생교육은 확대되어 포함되지 못했다. 최소한 우리 지역사회에 깊숙이 침투해 있는 읍면동 단위의 평생학습센터라도 먼저 조사 대상에 포함할 필요가 있다.

둘째, 평생교육 프로그램의 더 적극적인 연구와 활용을 위해서는 프로그램 분류체계에 대한 정비가 필요하다. 「평생교육법」상의 평생교육에 대한 정의에서 언급된 일곱 가지 주제영역(학력보완, 성인 문해교육, 직업능력 향상교육, 성인 진로개발역량 향상교육, 인문교양교육, 문화예술교육, 시민참여교육) 분류 이외에도, 한국교육개발원의 평생교육 프로그램 대・중・소 분류 영역을 함께 조사한다. 또한, 기존 대학의 학과 분류체계를 기반으로 인문, 사회, 자연, 교육, 공학, 의학, 예체능의 일곱 가지 계열을 대분류로 설정하고 있으며, 이는 2019년을 기준으로 26개 중분류 및 100여 개의 소분류 영역으로 나뉜다. 하지만 이와 같은 분류 방식은 2018년부터 시행된 통계청의 「한국표준교육분류」의 분류체계와 상당한 차이가 있어 평생교육과 다른 교육체계 사이의 연계성을 떨어뜨린다는 지적이 있었다. 이에 두 분류체계의 매칭 방안에 관한 연구를 진행하여 생애주기 단계별 교육체계의 연결성을 강화할 필요성이 있다.

Chapter

05

평생교육기관 체제 이해

1. 평생교육기관의 개념과 성격

1) 평생교육기관의 개념

평생교육기관이라는 용어가 처음 등장한 시기는 2008년 평생교육법이 개정된 이후부터이며 개정 이전의 평생교육법에서는 '기관'이라는 용어 대신 '시설'이라는 용어를 사용하였다(교육과학기술부, 2008). 이러한 관점에서 평생교육기관은 '학교교육 이외에서 교육을 실시하는 장소' 또는 평생교육이 실시되는 장소로 정의할 수 있다(Kolb, 2004). 평생교육기관이란 평생교육법에 따라 인가·등록·신고된 시설·법인 또는 단체, 「학원의 설립·운영 및 과외교습에 관한 법률」에 따른 학원 중 학교교과교습 학원을 제외한 평생직업교육을 실시한 학원, 그 밖에 다른 법령에 따라 평생교육을 주된 목적으로 하는 시설·법인 또는 단체 등을 말한다(평생교육 제2조 제2호). 즉, 양병찬(2002)은 평생교육기관에 대해, 도서관은 정보와 도서의 제공기능을 중점으로 하여 당연히 보관과 놀이 기능을 조합한 시설이며, 평생교육기관은 교류, 연락, 상담의 기능을 전제로 하여 집회, 실습, 운동, 열람의 기능에 중점을 둔 시설이라고 하였다.

남정걸(2008)은 평생교육기관을 좁은 의미로 평생교육법과 다른 법령에 의해 평생교육을 주된 목적으로 설립된 단체와 시설로 보았으며, 넓은 의미로는 평생교육을 조직적, 계속적으로 실시하는 단체와 시설 및 기관으로 정의하였다(남정걸, 2008). 또한, 평생교육기관은 개인이나 집단으로 주민의 학습욕구를 충족시키기 위하여 설치된 장소 혹은 공간에 평생교육사 자격을 갖춘 전문가들을 배치하여 전문적인 지도 및 상담과 함께 평생교육 프로그램을 운영하는 시설이나 시스템을 말한다(권인탁 외, 2017). 권두승 등(2016)은 평생교육을 실시하는 장소 또는 일정한 평생교육 목표를 달성하기 위하여 구성된 사람들의 집단이라 정의하였다.

이처럼 평생교육기관의 개념을 정리하면 '평생교육을 목적으로 설립된 법인 또는 기타 단체로서 그를 실현하기 위한 행동을 수행하는 시설이나 단체'를 말한다.

| 그림 5-1 | 평생교육기관의 유형 구분

2) 평생교육기관의 성격

평생교육기관은 모든 국민이 언제나, 어디서나, 전 연령층을 대상으로 한다는 특징을 가지고 있다. 따라서 평생교육기관이 가진 성격을 설명하면 다음과 같다(최은수 외, 2017).

첫째, 교육이 모든 연령층에 개방되어 있다(개방성). 평생교육기관은 전 생애에 걸친 교육기관이므로 그 대상을 어느 한 연령층에 국한하지 않는다. 따라서 모든 국민을 교육의 대상으로 개방되어 있다.

둘째, 교육과정이나 교육기관이 학교교육에 비해 비교적 탄력적이다(탄력성). 평생교육기관은 교육과정과 교육시간 및 기간에 있어서 국가의 철저한 통제로부터 자유롭다. 즉, 평생교육기관의 평생교육 프로그램(교육과정, 교육내용, 교육방법, 교육일정)은 평생교육사의 재량에 달려 있다.

셋째, 교육내용이 국민 개개인의 실생활과 밀접하다(근접성). 학교교육은 학습자들의 인성, 특기, 적성, 원리, 개념 등을 가르치는 것에 비해 평생교육은 학습자들의 실생활에서 즉시 활용할 수 있는 내용이 주류를 이루고 있다. 즉, 평생교육 학습자들은 자기 삶의 질 향상을 위해 필요한 부분들을 체득하고 보충하기 위하여 자기 주도적으로 학습에 참여하는 경우가 대부분이다.

넷째, 교육기간은 학교교육에 비해 단기이다(단기성). 학교교육은 정해진 과정을 장기간 동안 거쳐야 하는 것이 현실이다. 하지만 평생교육은 실생활에 바로 적용할 수 있는 시급한 것이 대부분을 이루고 있기 때문에 교육기관은 1개월에서 길게는 비교적 짧게 설정되어 있다.

다섯째, 평생교육기관의 경영은 탄력적이고 융통성이 많은 것이 특징이다(융통성). 평생교육 프로그램은 다양하고 융통성이 있을 뿐 아니라 입학과 퇴학이 매우 자유롭고 탄력적이어서 학습자의 필요에 따라 교육을 받을 수 있기도 하고, 받지 않을 수도 있는 열린 교육형태를 갖고 있다.

여섯째, 평생교육은 전 국민, 전 연령층을 대상으로 하다 보니, 결국 프로그램의 교육내용은 광범위하고 다양하다(광범위성). 평생교육기관이 다루는 프로그램은 실제 생활에 바탕을 두고 개설되기 때문에 교육내용의 범위는 매우 광범위하고 다양하게 구성되어 있나.

일곱째, 대부분의 평생교육기관은 비영리를 추구하고 공공성을 우선하기 때문에 재정적으로 매우 열악한 환경에 놓여 있는 것이 현실이다(재정 취약성). 공공성을 추구하다 보니 수강료를 높게 책정할 수 없어 기관의 수익을 올릴 수 있는 현실적 대안이 전혀 없는 상태이다. 따라서 재정적으로 국가의 보조를 받거나 후원단체의 기금에 의존하는 상황에 놓여 있다.

2. 평생교육기관의 체제이론

1) 일반체제이론

체제, 즉 시스템(system)이란 그리스어인 시스테마(systema)에서 유래된 것으로 '공통의 목적에 기여하고 있는 서로 상이한 부분으로 구성된 복합적 내지 단일의 통일체'로 정의된다.

체제이론은 체제분석(systems analysis), 체제관리(systems management), 과학적 조사연구(OR: Operation Research) 등 다양한 명칭으로 불리며, 1940년대부터 사회과학과 자연과학의 연구방법으로 광범위하게 도입되었다. 교육행정의 영역에서는 1950년대 이후에 학교조직을 이해하기 위한 방법으로 활용되기 시작했으며, 이후 계량적·분석적 도구와 기법들의 활용을 통해 학교교육의 혁신을 모색했던 1960년대와 1970년대에 통합적 접근방법으로 크게 주목을 받았다(윤정일 외, 2021). 현재는 교육의 관리와 운영을 계획하고 이해하는 접근방법으로 학교교육뿐만 아니라 평생교육에도 활용되고 있다.

하나의 시스템이 일정한 목적을 달성하기 위하여 각각의 부분(요소)으로 구성된 복합체로서 존재하는 것과 마찬가지로 교육시스템도 투입-과정-산출을 통하여 하나의 체제로서 구성되어 있다는 것이다. 일찍이 교육에 대한 시스템적 접근을 시도하였던 쿰즈(Coombs)는 "하나의 조직으로서의 교육시스템도 다른 생산적 산업시스템과 마찬가지로 투입과 산출을 가진 과정으로 이러한 여러 요소들이 하나의 역동적인 유기적 전체를 구성하고 있다"고 교육시스템을 정의하였다(이희수 외, 2001; Coombs, 1968).

(1) 체제의 개념

그리피스(Griffiths, 1972)는 체제란 "상호반응하는 요소들의 복합체"라고 간단히 정의하였고, 터너(Turner, 1972)는 체제를 "경계선(boundary)에 의해 둘러싸인 상호 관련된 부분들의 복합체로서 어떤 환경 속에 존재"하는 것으로 정의하였으며, 루탄스(Luthans, 2008)는 "상호 관련되고 의존적인 요소로 구성되어 상호작용 시에는 통일된 전체를 이룬다"고 체제를 정의하였다(남정걸, 2008).

베리엔(Berrien, 1968)은 체제란 "상호작용하는 요소와 체제로 들어오는 투입과 체제에서 내보내는 산출 흐름의 종류와 비율을 여과하는 경계의 집합체"로 정의하였다. 버틀란피(Bertalanffy, 1968)는 일반 시스템 이론(general system theory)을 자연과학 및 사회과학 두 분야의 학술 영역에 도입했다. "모든 사회체제의 조직에도 생물체계에서 볼 수 있는 바와 같이 투입-전환-산출의 과정이 있으며, 이 과정은 평가의 반송과 순환과정을 이루는 개방체제로서 역동적인 구조를 가지고 있다"고 보았다. 그리고 카우프만(Kaufmann, 1972)은 체제란 "정해진 목표를 달성하기 위하여 개별적으로 상호 관련적으로 작용하는 개개의 요소(부분)들의 결합체"라고 하였다. 크네제비치(Knezevich, 1984)는 체제를 "모든 조직된 실체를 위한 일단의 목표를 달성하기 위하여 상호작용을 하면서도 상호독립적인 구성요소들이 집합체"라고 정의하였다. 카스트 등(Kast & Rosenweig, 1985)은 "두 개 이상의 상호의존적 부분이나 하위체제로 구성된 하나의 조직화되고 종합된 전체인데 확인이 가능한 경계선에 의하여 상위세제인 환경과 구별된다"고 정의하였다.

김창걸은 체제란 각 부분이 공동의 노력을 통하여 합리적인 전체성을 형성하여 기능적이고 조직적인 형태를 유지하고 있는 각 부분의 질서 정연한 결합체라고 정의하면서, 다음과 같이 설명하였다(김창걸, 2003)

첫째, 체제란 구체적인 목적을 달성하기 위하여 설계되고 구안된 수많은 하위체제로 구성되어 있으며, 이들은 상호의존적·상호작용적·상호보완적인 관계에 있다.

둘째, 체제는 하위체제들의 개별성과 상호관련성을 인정하면서도 체제가 지향하는 목적을 위하여 질서정연한 결합체로서 총화적인 전체성을 지니고 있다.

셋째, 체제는 하위체제들이 발휘하는 기능들이 전체로서 결합되는 과정에서 독특한 외적 혹은 내적 형태를 갖게 되며, 그 형태는 전체로서 환경과 상호작용하며 때로는 변화한다.

넷째, 체제는 환경으로부터의 일정한 투입을 필요로 하며, 이것을 전환과정을 통하여 산출로 변화시켜 다시 환경에 내보내면 일부는 환류의 과정을 통해 다시 체제 속으로 흘러 들어간다.

원론적인 차원에서 보면 체제는 체제 외부로부터의 투입, 체제 내부에서의 각종 변환과정, 체제 밖으로의 산출이라는 끊임없이 반복되면서 존속한다. 또한 환류(feedback) 과정을 통하여 산출의 질 여하에 따라 앞 단계의 투입이나 변환과정에 수정을 가하여 다음 단계에서 더욱 나은 산출을 가져올 수 있도록 한다(정민승 외, 2017). 즉, 환경으로부터 일정한 투입이 필요할 뿐만 아니라 변환과 산출 과정을 통하여 다시 환경으로 내보내게 되면 그중 일부는 또다시 환류의 과정을 거쳐 체제 속으로 유입되게 된다(서보준 외, 2018).

이와 같은 학자들의 정의를 종합하여 체제의 개념을 정리하자면 다음과 같다(곽내영, 2007).

첫째, 여러 하위 체제들로 구성되며, 이것들은 상호 의존관계에 있다.

둘째, 환경으로부터의 일정한 투입을 필요로 하며, 이러한 산출의 일부는 평가의 반송과정을 통해 다시 체제 속으로 흘러 들어가게 되고, 다른 일부는 체제의 환경으로 흘러 나간다.

셋째, 하나의 체제는 경계라는 개념에 의해서 다른 체제들과 구별되며, 한 체제의 경계밖에 속하는 상호작용은 바로 그 체제의 환경이 된다.

체제는 투입, 변화, 산출, 환류, 환경 등의 기본 도식으로 살펴보면 다음과 같은 의미이다(정민승 외, 2017).

첫째, 투입은 외부환경으로부터 에너지를 받아들이는 것으로, 정치 행정체제에서는 요구와 지지, 무관심, 인적·물적자원 등으로 나타난다.

둘째, 변환은 투입된 에너지를 처리·가공하여 새로운 산물을 만드는 과정으로, 여기에는 행정기관의 공식적인 구조, 규칙, 표준운영절차, 기술과 행정인의 개인적인 경험 및 성향이 영향을 미친다.

셋째, 산출은 체제가 환경에 배출시키는 것으로, 정책, 법령, 정부의 재화와 서비스 등으로 나타난다.

넷째, 환류는 산출의 결과를 차기의 새로운 투입으로 반영시키는 과정으로, 피드백이라고도 한다. 체제의 유지와 성장을 위해 외부환경으로부터 필요한 정보를 반영하는 과정이기도 하다.

다섯째, 환경은 체제의 외부에 존재하는 일종의 배경으로서, 모든 외부의 요소들은 체계의 일부분 혹은 전부에 영향을 미칠 수 있는 잠재력을 가지고 있다.

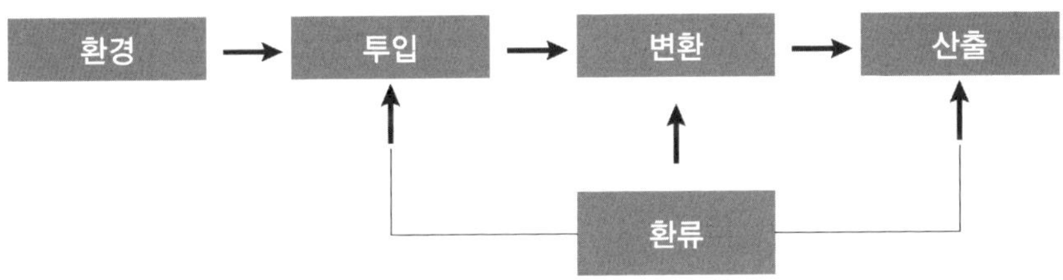

| 그림 5-2 | 체제의 기본 모형

출처: Hoy et al. (2001). Educational Administration: Theory, Research, and Practice(6th Ed.). New York: MaGraw Hill.

(2) 체제의 주요 구성 개념

실버(Silver, 1983)는 체제의 주요속성에 대해 구성요소, 경계, 개방체제, 폐쇄체제, 투입, 산출, 목적, 하위체제, 상위체제, 평형, 비평성 등을 제시하고 있다(서보준 외, 2018; 조남두 외, 2006).

첫째, 한 체계의 구성요소(component)는 체제가 추구하는 목적을 달성하기 위하여 상호작용하는 요소들을 의미한다. 체제의 목적을 성취하기 위하여 서로 작용하는 의미 있는 최소의 단위이다. 학교체제의 구성요소는 교사, 행정가, 상담교사 등과 같은 개개의 사람들 그리고 교과서, 프로젝트 빔, 칠판 등과 같은 수업 기자재 등이다.

둘째, 체제의 경계(boundary)는 체제를 환경과 구별해 주고 체제로 투입과 산출을 여과하는 구성요소이다. 유기체의 피부, 국가 간의 경계 혹은 기계의 포장과 같은 물리적인 구성요소일 수도 있고, 혹은 사회집단의 외곽한계처럼 무형적일 수도 있다.

셋째, 개방체제(open system)는 상대적으로 투과성이 아주 높은 상태이다. 환경으로부터 빠른 속도로 많고 다양한 요소들을 들려오고 다양한 산출을 생산하기 위해서 이들 투입요소를 사용한다.

넷째, 폐쇄체제(closed system)란 상대적으로 외부로부터 투과성이 낮은 상태이다. 환경으로부터 받아들이는 요소가 거의 없으며, 투입은 그 유형에 있어서 상대적으로 획일적이다.

다섯째, 투입(inputs)은 경계로부터 체제로 유입되어 구성요소가 상호작용하게 하거나 구성요소들이 체제의 목적을 달성하기 위하여 상호작용하는 방식에 영향을 주는 모든 요소다. 에너지(energy)와 정보(information)의 두 가지 유형으로 나눌 수 있다. 체제를 유지하기 위해서는 최소량의 투입이 적어도 필요하며(유지투입), 체제가 그 목적을 달성하고 성장하기 위해서는 최소량을 넘어가는 투입(생산투입)이 요구된다.

| 표 5-1 | **에너지(energy)와 정보(information)의 두 가지 유형**

구분	내용
에너지 투입	•체제의 경계 밖에서 유입되어 구성요소들이 물리적으로 움직여서 상호작용할 수 있도록 하는 물리적 재료 혹은 힘을 의미 •전기, 휘발유, 물, 음식 등
정보 투입	•체제로 유입된 구성요소들이 상호작용하는 방법과 시기를 지시하는 신호 •학교체제에 유입되는 정보투입으로는 학생의 행위와 진술, 지역사회 주민의 의견, 입법규정, 그리고 중앙기관의 지시 등

출처: 곽내영. (2007). 곽내영 교육학(하). 서울: 도서출판 들풀.

여섯째, 산출(outputs)은 체제가 환경이나 인접체제로 내보내는 모든 에너지와 정보이다. 하나의 체제가 내보내는 산출은 언제나 투입의 변화를 가져온다. 체제를 통과하면서 체제에 의해서 어떤 방식으로 변화되는 것을 흔히 전환(throughput)이라고 하는데, 이 변화가 체제의 산출이다.

일곱째, 체제의 목적(purpose)이란 그 체제가 인접체제 또는 그 체제가 한 부분으로 되어 있는 보다 큰 체제와 관련하여 수행하는 기능이다. 체제들은 오직 하나 혹은 두서 내 개의 목표를 가질 수 있고, 다수의 목표를 가질 수도 있다.

여덟째, 하위체제(subsystem)는 더 큰 체제 안에서 존재하는 체제이다. 더 큰 체제의 목적들과 관련되어 있으면서 특정의 목적을 달성하기 위하여 상호관계하는 일단의 구성요소들을 말한다. 학교체제는 수업체제, 행정체제, 그리고 자원봉사체제 등의 하위체제들이 있는 바 이러한 하위체제들은 모두 학교체제를 구성하는 사람들과 사물들로 이루어져 있다.

아홉째, 상위체제(suprasystem)는 어떤 특정체제가 한 부분이 되는 것 보다 큰 체제이다. 특정체제의 목적을 포함하는 광범위한 목적을 성취하기 위하여 경계 내에서 상호작용하는 일단의 체제이다.

열째, 평형은 투입이 체제에 들어올 때 처리되고, 구성요소들이 받아들인 투입을 처리할 수 있는 속노로 투입을 세공하는 안징 혹은 균형상대를 의미한다. 평형이 기계에 관계될 때 항상성(homeostasis)이라고 하며, 개방체제에 관계될 때 안정상태(steadystate)라고 한다. 유기체가 성장과 생산을 계속해 나갈 수 있는 속도로 투입이 유입되는 상태를 말한다.

열한째, 비평형(disequilibrium)이란 투입이 체제에 의해 처리되기에는 너무 빠르게 또는 너무 느리게 유입되거나, 너무 많거나 다양성이 없이 수용되는 불안정한 상태이다. 즉, 불균형의 상태를 의미한다. 체제가 비평형의 상태에 있을 때는 일부 구성요소들이 다른 요소에게 과도한 부담을 주게 된다.

2) 사회체제이론

(1) 개요

사회체제는 주로 조직 속 인간의 행위를 이해하려는 것이며, 그 규모나 수준과는 관계없이 적용이 가능한 일종의 명제들로 구성된 논리적 전개로서 변수와 변수 간의 상호관계 혹은 인간관계를 이루는 이론체제(theoretical system)이다(조남두 외, 2006). 일반체제이론을 사회체제, 즉 조직에 적용한 것이다. 사회체제이론에 대한 기본가정은 다음과 같다(곽내영, 2007; Hoy et al., 2001).

첫째, 상호의존적인 부분, 특성 및 활동으로 구성되어 있으며, 이들은 전체에 기여하기도 하고 전체로부터 받기도 한다.

둘째, 목적 지향적이며 다중의 목적을 가지고 있다.

셋째, 사람들로 구성되어 있다. 행정가, 교사, 학습자, 자원봉사자 등의 사람들이 그 예이다.

넷째, 구조적이다. 구체적인 기능을 수행하고 자원을 할당하기 위해서는 상이한 구성요소가 필요하다. 학교체제는 어느 정도 관료제적이라고 할 수 있다.

다섯째, 규범적이다. 사회체제 내에 존재하는 모든 사람은 특정한 방식으로 행동할 것이 기대된다. 또한, 공식적인 규정과 규칙 그리고 비공식적인 지침을 통하여 어떤 것이 적절한 행동인지를 제시한다.

여섯째, 제재 기능을 갖는다. 보상과 처벌을 통하여 행위에 대한 규범이 강제된다. 공식적인 상벌체제는 제적, 정학, 해고, 승진 등이 포함되고, 비공식적인 제재에는 야유, 비방, 배척 등이 포함된다.

일곱째, 개방체제이다. 환경은 체제에 투입을 제공한다. 그리고 환경과 체제 사이에는 교환관계가 성립한다.

여덟째, 개념적이고 상대적이다. 개념은 그 규모나 목적과 관계없이 사회조직에 적용할 수 있는 일반적인 것이다. 모든 공식조직은 사회체제이지만 모든 사회체제가 공식조직은 아니다.

(2) 사회체제모형

겟젤과 규바(Getzels & Guba)의 사회체제모형과 호이와 미스켈(Hoy & Miskel)의 사회체제모형에 대해 살펴보면 다음과 같다(곽내영, 2007; 김창걸, 2003).

① 겟젤과 규바(Getzels & Guba)의 사회체제모형

겟젤과 규바는 인간이 심리학적 · 사회학적 존재라는 논리적 가정하에서 무엇이 인간의 행위를 조형화하며, 그 행위들은 체제 내의 구성요소로서 어느 정도 예측할 수 있는 방식으로 가능 하는가에 대한 해답을 찾으려고 했다. 이들은 사회체제 내에서 인간의 행위는 심리학적인 고유함과 사회적 정체성에 의해서 형성된다고 보았다. 사회학적 차원은 규범적 차원이라고 하며 심리학적 차원은 개인적 차원이라고도 한다(김창걸, 2003).

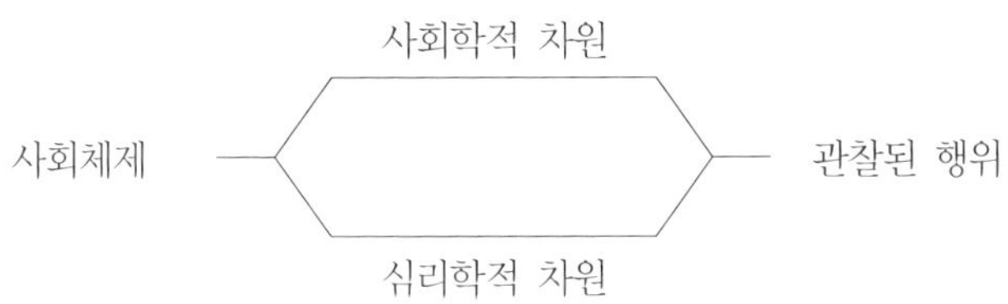

| 그림 5-3 | 사회체제에서의 인간행위

출처: 곽내영. (2007). 곽내영 교육학(하). 서울: 도서출판 들풀.

이와 같이 겟젤과 규바는 사회적 체제를 조직적 또는 규범적 차원과 개인적 또는 인성적 차원으로 이루어져 있는 것으로 보고 있으며, 이 둘은 서로 독립적인 요소이면서 한 사회체제 내부의 실제 상황에서는 서로 밀접한 유대를 가지고 상호작용 관계에서 사회적 행위가 이루어진다고 보고 있다. 구성요소 간의 관계 규범적 차원과 개인적 차원은 역동적인 상호교류를 통하여 개인의 행위를 형성하거나 그 행위에 영향을 준다. 따라서 규범적 차원과 개인적 차원을 비롯하여 구성요소 간의 관계를 살펴보면 다음과 같다.

㉠ 규범적 차원

체제 내의 인간의 행위는 법칙이 있고, 질서가 있으며, 예측 가능한 것으로 만든다. 그리고 기관, 역할 및 행위에 대한 기대 등 상호 관련된 요소로 구성된다.

- 기관(제도): 사회적 목적을 달성하기 위해 세워진 기관
- 역할: 제도 속에서 직무, 업무, 지위를 나타내는 것
- 기대: 역할 기대로서 제도적으로 정해진 것

㉡ 개인적 차원

체제 내 구성원들의 독특한 개인적 특성에 관계되며, 행위의 예측 불가성, 다양성, 독특성을 드러내는 차원이다. 그리고 개인, 인성, 욕구성향의 세 가지 요소로 구성된다.

- 개인: 역할을 수행하는 행위자
- 인성: 개인의 인습적 행위, 외적 자극가치, 내적 동기체제 등의 총체
- 욕구성향: 목적 지향적인 것으로 선호(preference), 관심, 태도, 충동, 욕구 등

㉢ 구성요소 간의 관계

함수(f)관계로 나타내면 B=f(R×P)의 행동공식으로 표시할 수 있다. 이때 B는 행동(behavior), R은 규범(role), 그리고 P는 개인(personality)를 의미한다(김창걸, 2003).

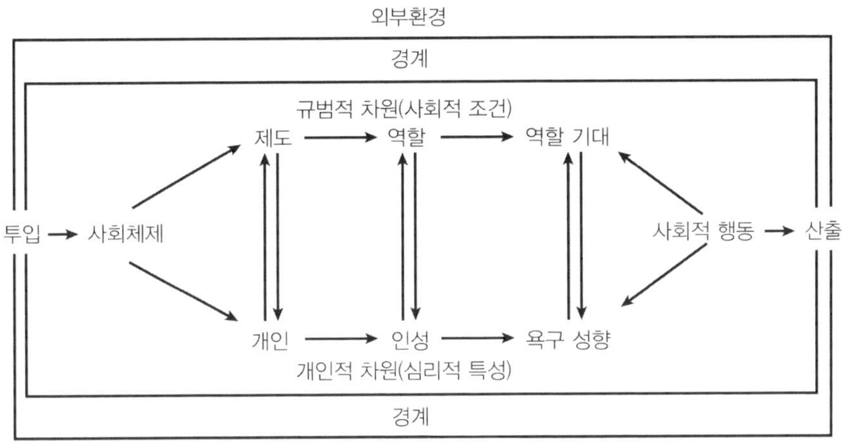

| 그림 5-4 | 투입-산출 체제로서의 평생교육기관 운영

출처: 서보준 외. (2018). 평생교육경영론. 고양: 공동체.

한편, 외부환경은 정치적 환경, 법제적 환경, 경제적 환경, 사회·문화적 환경, 기술적 환경을 이야기할 수 있다. 정치적 환경은 평생교육기관의 입장에서 보면 어떠한 정치 집단이 권력을 잡고 있느냐에 따라 투입요인이 달라진다. 법제적 환경은 제반 법률과 관련 정책을 말한다. 경제적 환경은 공공기관의 위탁경영, 학습자의 수강료 등을 의미하며, 사회·문화적 환경은 평생교육을 얼마나 중요하게 인식하고 있는지는 매우 중요한 환경이라 할 수 있다. 기술적 환경은 급변하는 패러다임의 변화이다.

② **호이와 미스켈**(Hoy & Miskel)**의 사회체제모형**

공식조직에 초점을 맞춘 수정된 확대모형이다. 사회체제적 측면에서 교육성과에 영향을 주는 조직변수들을 체제접근모형으로 설명한다. 투입과 산출은 평생교육기관 조직의 경계를 넘어 환경과 연결되어 있으며, 전환과정에서 교육기관 조직을 관료적 구조, 집단풍토, 개인적 인성으로 나누어 설명하고 있고, 이때 성과는 사회적 행위로 나타나고 있다. 그러나 이 사회적 행위는 조직목표와 개인목표의 달성 정도로서 표시되며 이것들은 평가되어 필요에 따라 내·외적 환류 과정을 거쳐 수정 및 보완된다.

공식조직에서의 행위는 기관이나 개인적 요소들에 의해서 뿐만 아니라 작업집단의 가치, 상호작용의 유형 그리고 환경으로부터 오는 중요한 힘에 의해서도 제한을 받는다고 본다. 사회체제로서의 공식조직은 그것들이 생존하고 번성하기 위해서는 적응, 목적달성, 통합 그리고 유형 유지와 같은 기본적인 문제를 해결해야 한다.

구성요소로는 기관, 개인, 작업집단, 환경, 조직성과, 내·외적 피드백이다. 구성요소에 대한 설명은 다음과 같다(곽내영, 2007).

첫째, 기관은 일차적으로 조직 내 지위에 대한 관료적 기대에 관련된다. 주어진 지위에 대한 관료적 기대는 역할 점유자가 받게 되는 잠재적 갈등과 압력을 감소시키며, 또한 관료적 기대는 역할기대의 개념보다 좀 더 구체적이고 더 나은 설명적 개념이라고 할 수 있다. 기관적 요소들은 기관 → 관료제 → 기대 → 행위와 같이 개념화할 수 있다.

둘째, 개인은 한 개인의 인성을 구성하는 욕구성향들은 조직 과업 수행에 관련된다. 공식조직에서의 모든 종업원에 관련된 단 하나의 가장 보편적 욕구는 작업동기이다. 개인적 요소는 개인 → 인성 → 작업욕구 → 행위와 같이 개념화할 수 있다.

셋째, 작업집단은 관료적 기대와 개인적 욕구가 상호작용하고 서로를 교정해주는 기제이다. 비공식조직이 조직행위에 영향을 미치는 것을 말하며, 작업집단 → 비공직조직 → 규범 → 행위로 개념화한다.

넷째, 환경은 조직의 외부에 존재하는 모든 것으로 정의된다. 환경은 조직행위에 제한을 가하고 기회를 제공하는 자원, 가치, 기술, 요구 그리고 전통을 주는 체제의 에너지원이다.

다섯째, 조직성과는 조직이 생존하고 성장하기 위해서는 적응, 목표성취, 통합, 유형 유지와 같은 문제를 해결해야 한다. 평생교육기관은 충분한 자원을 획득하고 환경의 요구에 부응해야 한다(적응). 또한 그들의 목적을 정의하고 그 달성을 위해 실천해야 하며(목표성취), 구성원 간에 단결과 통일성을 유지해야 한다(통합). 그리고 평생교육기관의 동기적, 문화적 유형을 유지하고 새롭게 해야 한다(유형 유지).

여섯째, 사회체제는 내·외적 피드백 기제를 갖는다. 평생교육기관의 구조와 비공식 집단은 개인의 행위에 영향을 미치는데, 피드백은 개인에게 관료적 구조와 비공식조직이 그들의 행위를 어떻게 보고 있는지를 알려준다. 또한 지역사회의 문화는 관료적 기대, 집단규범, 조직의 목표에 직접적으로 영향을 주고 개인의 욕구에 간접적으로 영향을 준다. 이러한 영향으로 기관에서의 행위는 외적인 피드백에 의해서도 조정된다.

3. 평생교육경영의 시스템 접근법과 문제해결

평생교육기관을 포함한 모든 기업에서는 항상 문제가 지속적으로 발생하고 있다. 이 때문에 문제해결의 책임자는 바로 경영자이다. 각 기관의 경영자가 시스템적 개념과 사고를 바탕으로 문제를 해결하고자 하면 그 효과는 매우 높아지게 된다. 그 이유는 시스템이 가지고 있는 본질적 속성과 구조, 즉 전체적인 개념, 유기적 구조, 목표의 인식, 변환상자, 피드백 등이 평생교육기관도 기업이 가지는 속성과 같기 때문이라고 할 수 있다.

시스템적 접근법(systems approach)이란 어떤 문제해결을 시도하는 과정에서 시스템 개념에 근거하여 접근하는 것을 말한다. 즉, 어떤 현상 또는 문제는 다른 요소들이 갖는 상호작용의 중요성을 고려하면서 전체적인 관점에서 다루어져야 하는 것을 강조하는 것이 시스템적 접근법의 중요한 핵심이다. 시스템적 접근법이 필요하게 된 이유는 다음과 같다(최은수, 2017).

첫째, 복잡하고 유동적인 경영의 내·외 환경에 대하여 탄력적으로 적응하고 능동적으로 발전하기 위해서이다.

둘째, 점점 특수화되고 있는 많은 이해집단 및 전문직능 간에 상호관계를 위하여 종합적이며 과학적인 경영을 하기 위해서이다.

셋째, 기술혁신의 급속한 진전에 현명하게 대응하고 위의 두 가지의 필요성을 성공적으로 충족시키기 위하여 경영의 한 도구로서 경영정보시스템을 개발·이용하지 않으면 안 되었기 때문이다. 시스템 접근법을 인용하여 문제해결을 시도할 때 흔히 이용되는 방법은 계량적 기법이다. 그런데 계량적 기법은 수리모형의 채택, 컴퓨터에서의 의존, 경제적 기준에 의한 대안 선택, 그리고 의사결정이 주목적이라는 특성을 갖는다.

한편, 시스템적 접근법을 평생교육경영의 각종 문제해결에 적용함으로써 얻을 수 있는 이점을 요약하면 다음과 같다(최은수, 2017).

첫째, 기관 전체와 각 부서의 활동에 대한 총체적인 흐름을 명확하게 파악할 수 있다. 즉, 복잡한 구조로 서로 얽혀 있는 각 부서의 일과 그 일의 복합적인 인과관계를 이해할 수 있게 된다.

둘째, 주어진 문제를 전체적 입장에서 통합·조정할 수 있다. 여러 상충적 목표 간의 우선순위를 파악하고 관련 요인 간의 원인·결과(수단과 목표)의 관계를 밝힐 수 있다.

셋째, 각 하위시스템 차원에서도 자신의 목표와 활동을 단위로 분석할 수 있는 개념적 틀을 제공해 주고 있다.

넷째, 기관 전체 또는 각 부서가 맺고 있는 환경과의 관련성이 파악되므로 환경변화에 탄력적으로 적용할 수 있다.

4. 평생교육기관의 체제모형

1) 개방체제의 기본모형과 평생교육기관 체제

평생교육기관의 조직은 사회체제의 하위체제이며, 사회체제와 끊임없는 상호작용을 하는 하나의 개방체제이다.

개방체제의 기본모형은 환경으로부터의 일정한 투입(input)을 필요로 하며 조직의 전환과정을 통해 산출(output)로 처리하는 데 초점을 둔다. 투입은 외부환경에서 오는 자극과 지원, 영향을 말한다. 과정(process, transformational process, throughput)은 투입을 산출로 전환하기 위한 구조와 인간 및 과업을 다루는 활동을 말한다. 산출은 과정에서 나타난 새로운 제품이나 교육적 결과를 환경으로 전하는 것이다. 산출은 다시 체제에서 피드백되는 순환을 되풀이한다. 이러한 관점에서 개방체제적 접근은 한 체제의 광범위한 영역과 속성을 검토할 수 있을 뿐 아니라 투입-과정-산출 간의 연계성과 관련성을 검토할 수 있다. 개방체제의 기본모형은 다음과 같다(남정걸, 2008).

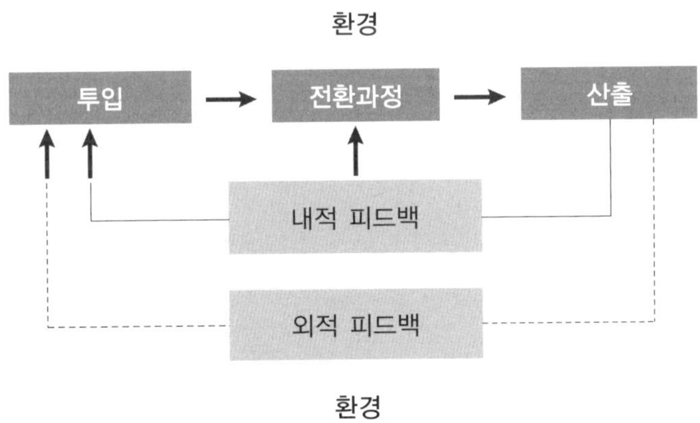

| 그림 5-5 | **개방체제의 기본모형**

출처: 남정걸. (2008). 평생교육경영학(개정판). 파주: 교육과학사.

큰 사회적 환경으로부터의 투입은 그 사회의 지식, 주장되는 가치, 의도하는 목적 및 금전이고, 전환과정은 학교라는 사회체제 내에서 일어난다(Owens, 2004). 여기에는 조직의 구조, 사람들, 기술 및 과업을 포함한다. 사회에 대한 산출은 개인의 변화로 나타난다. 오웬즈(Owens)는 학교를 투입-과정-산출 체제로 모형을 다음과 같이 제시하였다.

사회로부터의 투입	→	교육의 과정	→	사회로의 산출
•지식 •가치 •목적 •재정		•구조(예: 학년, 학급, 각급학교, 학과 조직의 계층) •사람(예: 교사, 버스 운전사, 상담교사, 코치, 수위, 장학사, 행정가, 양호교사) •기술(예: 건물, 수업계획표, 교육과정, 실험실, 도서관, 칠판, 책, 시청각 기재, 버스) •과업(예: 수업, 급식, 버스 운행, 시험관리, 회계, 인사관리, 과외활동 지도)		•지적 및 신체적 기능 •추리력과 분석력 •가치 · 태도 · 동기 •창의력 •의사소통기능 •문화의 감상력 •사회적 책임감 등의 증진 때문에 자신과 사회에 더 공헌할 수 있게 된 개인들

| 그림 5-6 | 투입-과정-산출 체제로서의 학교

출처: 남정걸. (2008). 평생교육경영학(개정판). 파주: 교육과학사.

남정걸(1996)은 교육활동에 대한 투입을 행정으로, 과정을 학교교육으로, 산출을 학생의 학습성과로 보는 개방체제모형을 그림과 같이 제시하였다. 이 모형에서 '행정'을 '경영'으로, '학교'를 '평생교육기관'으로, '학생'을 '학습자'로 대치해도 무방하다.

투입	→	과정	→	산출
경영		평생교육기관		학습자의 학습성과
•교육목표 •프로그램 •인적자원 •물적자원 •재정 •장학		•교육계획 •조직 · 구조 (행정조직, 운영조직, 학습조직) •과업(교수–학습) •평가		•지식 · 기능 · 태도 · 지적 · 정의적 · 신체적 · 도덕적 •기여도 증진 (가정, 사회, 국가)

| 그림 5-7 | **평생교육 체제모형**

출처: 남정걸. (2008). 평생교육경영학(개정판). 파주: 교육과학사. 재구성.

평생교육 체제모형은 하위체제에 우리 사회의 환경적 요소(경제, 정치, 사회, 문화 등)를 두고 그 위에 학습주체(유아, 아동, 청소년, 성인, 노인), 학습방법(강의, 토의, 심포지엄 등), 학습장소(학교, 기업체, 지역사회 등), 교육체계(학교교육, 사회교육)를 두고 이를 하나로 통합하는 것이다. 더불어 이를 지원하는 두 분야(공공지원, 민간지원)가 있다. 이와 같은 체제를 통해 평생교육이 추구하는 것은 모든 사람의 가치 있는 인생(자아실현, 삶의 질 향상)을 추구하는 것이다(최은수 외, 2017). 평생교육 체제모형을 이해하기 위해서는 전통적 학교모형과 비교하는 것이 필요하다(김신일 외, 2003).

| 표 5-2 | **전통적 학교와 평생교육의 교육체제 모형 비교**

구분	전통적 시스템	평생교육 시스템
범위	•형식적 학교교육인 초등교육부터 고등교육까지 관할	•생활에 모든 영역에서 걸친 학습, 학교, 직장, 지역 등
내용	•지식 내용의 습득과 반복 •교육과정 주도형	•지식의 창조, 습득, 적용 •학습자 자기주도성 강화 •능력 주도형
전달	•제한된 학습방식 옵션 •형식적 교육기관에 한함 •획일적인 중앙통제형 관리 •교육공급자 주도형	•학습방식 옵션의 다양성 •테크놀로지가 지원하는 교육 •다양하고 유연한 분권적 관리 •학습자 주도형

출처: 김신일 외. (2003). 평생학습지원체제 구축방안 연구. 수탁연구 CR2003-43. 서울: 한국교육개발원.

평생교육기관의 투입으로서 평생교육 행정주체는 중앙의 교육부와 국가평생교육진흥원, 지방의 자치단체와 교육청, 그리고 각 지역의 평생학습관 및 지역교육청이다. 그리고 평생교육 행정의 하위변인은 교육목표, 프로그램, 교재, 인적자원, 물적자원, 재정 및 장학으로 규정하였다. 이와 같은 투입으로서의 행정적 지원이 없다면 교육과정인 평생교육이 유지 운영될 수 없다. 따라서 행정이란 평생교육의 전제 조건이지만 독립변인으로 파악할 수 있다.

과정으로서의 평생교육은 흔히 평생교육 경영이나 평생교육 행정에 속한다. 그 하위 변위는 교육계획, 그 계획을 실천하기 위한 조직이나 구조, 평생교육기관의 중핵적인 활동으로서의 교수-학습이라는 과업수행, 그리고 그 결과의 평가라는 과정으로 구성된다.

이와 같은 평생교육의 과정은 학습자의 학습성과라는 산출로 나타난다. 그 하위변인은 지식 · 기능 · 태도의 변화이거나, 지적 · 정의적 · 신체적 · 도덕적 변화이거나 또는 가정 · 사회 · 국가에의 기여도 증진이라 할 수 있다(남정걸, 2008).

2) 사회체제이론이 평생교육경영자에게 주는 시사점

곽내영은 사회체제이론이 개방체제인 평생교육기관도 동일하게 적용되므로 평생교육기관의 경영자에게 주는 시사점을 다음과 같이 제시하였다(곽내영, 2007).

첫째, 평생교육경영자는 개방체제인 평생교육기관의 역동성을 유지하기 위하여 끊임없이 변화하는 환경과의 조화를 유지할 책임이 있으며, 또 교육의 목적을 효과적으로 달성하기 위하여 체제의 구성원들을 자극하고, 동기를 유발하며, 평생교육기관의 목표와 그 목표를 달성하기 위한 평생교육 프로그램을 항상 검토하고 수정할 의무가 있다.

둘째, 평생교육경영자는 체제의 과거나 현재에 대한 평가를 통해 체제활동을 조정하면서도 항상 미래에 대한 체제의 적응에 관심의 초점을 두어야 한다.

셋째, 체제의 경계영역이 명확하지 못한 평생교육기관을 다루는 평생교육경영자는 체제의 구성원들에게 평생교육기관 체제의 경계영역을 명확히 인식시킴으로써 체제구성원들이 체제의 목표달성을 위해 협동할 수 있도록 유도해야 한다.

넷째, 평생교육경영자는 평생교육기관 체제의 환경에 대해 깊고도 포괄적인 지식을 가지고 있어야 한다.

다섯째, 개방체제로서의 평생교육기관을 다루는 평생교육경영자는 체제활동을 기획하고 적용하는 데 있어서 부딪칠 수 있는 가능성과 잠재성을 충분히 인식하고 이들을 유용하게 활용할 줄 알아야 한다.

여섯째, 평생교육경영자는 평생교육기관 체제를 역동적이고 생동적인 조직으로 발전시키기 위해서 가용할 수 있는 인적·물적 자원을 의식적으로 잘 활용하여야 한다.

일곱째, 개방체제인 평생교육기관은 이인동과성(異因同果性)을 가졌으므로, 평생교육경영자는 학교체제가 어떤 목표를 달성하는 데는 여러 가지 수단이 있을 수 있다는 것을 알아야 한다.

여덟째, 평생교육경영자는 평생교육기관 체제의 하위체제 간의 기능적 통합을 유지하고, 하위체제의 활동을 적절하게 조정함으로써 평생교육기관 체제를 역동적 상태로 유지하고 체제활동의 효과를 극대화하여야 한다.

아홉째, 평생교육경영자는 평생교육기관 체제활동의 지속적인 평가를 통해 체제의 적절성을 유지하고, 미래의 더 나은 체제활동을 위해 체제의 구조나 과정을 개선하여야 한다.

열째, 평생교육 기관장은 근본적으로 평생교육기관 체제의 유지, 발전, 성장에 책임이 있기 때문에 기관체제를 개방적으로 유지할 책임을 진다.

열한째, 평생교육경영자는 개인적으로 자기 자신을 하나의 개방체제로 보아야 하며, 이 체제가 무질서, 무력화해지려는 경향에 대처하고, 그의 직무를 최대로 수행하기 위해서 자아인식, 개인적 성장 및 발전에 관심을 기울여야 한다.

Chapter

06

평생교육경영의 조직

1. 조직의 정의 및 목표

1) 조직화의 정의

조직의 개념에 앞서 조직화에 대한 이해가 필요하다. 조직의 규모가 확대되고 조직이 복잡해지면 체계적으로 운영하기 위해 조직화가 이루어져야 한다. 조직화에 의하여 조직의 업무분장 체제를 유지함으로써 구성원의 책임과 권한의 한계를 명확히 해 주고, 구성원 스스로가 조직을 위하여 자발적인 협동을 하도록 동기를 부여할 때, 조직관리의 성과는 향상될 수 있다. 평생교육기관의 조직화란 조직의 목표를 달성하기 위해 인적자원, 물적자원, 자본, 정보 지식 등 모든 경영자원을 단위별로 나누어 배분하고 조정하는 활동을 조직화(organizing)라 한다. 기관의 목표를 최상의 방법으로 실현할 수 있도록 어떠한 형태로 조직을 구성할 것인가를 결정하고 각종 경영자원을 배분하고 조정하는 활동을 말한다. 이러한 조직화 활동은 경영활동의 한 부문으로서 목표달성을 위한 업무 세분화 과정의 성격을 갖고 있다. 따라서 어떤 업무가 이루어져야 하며, 누가 그것을 수행할 것인지, 업무분류는 어떤 방법으로 이루어지며, 업무보고는 누가 하고, 의사결정이 어디에서 이루어지는가에 관한 문제를 다루는 활동이다(지호준, 2000).

경영자는 기관의 목적을 효과적으로 달성하기 위하여 조직을 합리적으로 편성하고 운영할 수 있는 능력을 갖추어야 한다. 따라서 경영자는 조직을 체계적으로 구성하여 기관의 목적에 도달할 수 있도록 이끌어 갈 책무가 있는 것이다. 경영자가 조직화를 이루려는 목적은 다음과 같다(최은수 외, 2017).

첫째, 책임과 권한의 관계를 명확하게 하여 조직 내의 질서를 유지하고 확립하려는 데 있다. 조직 내 책임과 권한 관계가 불명확하면 조직의 위계질서가 서 있지 않아 혼란을 초래하게 된다. 따라서 권한계통을 명확하게 확립하기 위하여 조직화를 한다.

둘째, 직무의 분업을 통하여 각 구성원 간의 협력관계를 확립하고 일의 효율성을 추구하는 데 있다.

셋째, 책임과 권한의 관계를 명확하게 하여 의사소통이 원활하게 이루어질 수 있도록 하는 데 있다.

넷째, 효과적인 조직편성을 통하여 보다 높은 조직의 효율성을 기대할 수 있다.

이러한 조직화 과정에 따라 특정 부서들과 직무 간의 분업 관계, 공식적 권한의 흐름, 과업 조정의 수단들을 규정하는 조직구조가 만들어진다. 조직구조는 조직도표로 표현된다. 조직도표는 조직이 어떤 직위들로 구성되는지, 직위들이 어떻게 집합되는지, 그리고 누가 누구에게 보고하는지를 보여주는 것으로 조직활동을 요약하는 유용한 방법이다. 조직구조는 세 가지로 정의할 수 있다(이종수 외, 2012).

첫째, 조직구조는 개인 및 부서에 부과된 공식적 과업의 집합으로, 개인을 부서로, 부서를 전체 조직으로 집단화하는 것이다.

둘째, 조직구조는 권한의 흐름, 의사결정 책임성, 계층의 수, 통솔의 범위 등 공식적 보고 관계를 지정한다.

셋째, 조직구조는 부서 간 의사소통, 조정, 통합을 확보할 수 있는 체계를 포함한다.

2) 조직의 개념

경영에서 '사람'은 핵심요소이다. 사람은 조직 내 주체이며 작업담당자의 태도는 기술력보다 더 중요하다. 또한, 작업담당자의 자질이 향상됨에 따라 사전에 결함을 예방할 수 있고, 자발적으로 결함을 해결할 수도 있다(이지은 외, 2014). 다시 말해, 우리 주변에는 수많은 조직이 존재하고 있으므로 인간은 조직을 떠

나서는 살 수 없다. 인간을 위한 최초의 조직은 가정으로부터 시작하여 학교조직, 기업조직, 정치조직, 정부조직, 그리고 국제조직 등의 사회조직이 구성되어 있다. 이러한 이유로 우리가 생활하고 누리는 사회는 조직사회이다(안병환 외, 2018).

조직(organization)이란 조직화의 과정을 거쳐 조직구조가 형성되어 체계를 갖춘 완성된 결과물을 의미한다. 즉, 인간이 서로 모여 힘을 합쳐서 공동의 목표를 달성하기 위해 필요한 여러 가지 활동을 분담하고 상호 간에 협조하여 수행하는 인간집단이다. 인간은 사회적 동물이다. 그리고 조직인(organization man)이다(남정걸, 2008). 따라서 생존을 위해 집단을 형성하여 생활하게 되었고, 훗날 이러한 집단은 국가로 발전하게 되었다. 현대사회는 단순히 생존을 위해 모인 집단을 형성하기보다는 뚜렷한 목적을 설정한 조직을 형성하게 되었다. 이러한 조직이 존재하게 된 이유를 살펴보면 다음과 같다(윤종훈 외, 2015).

첫째, 사회적 이유 때문이다. 사람은 사회적 동물이고 따라서 어떤 집단에 소속되어 그 집단에 소속된 타인들과 다양한 목적을 위해 인간관계를 유지하고 타인과 만남을 통해 자신의 실체를 확인하려 한다.

둘째, 학습적 이유 때문이다. 사람은 조직을 통해 그들의 제한적인 지식이나 정보, 기술을 충족시킴으로써 자신의 목표를 달성하려 한다.

셋째, 경제적 이유 때문이다. 조직은 개인의 생계유지를 위한 주요 수입원이다.

넷째, 심리적 이유 때문이다. 안정의 욕구를 추구하기 위해 소속감과 성취감을 느끼게 된다. 인간은 사회적 동물이기 때문에 조직 속에서 활동할 때 안정감을 느끼게 된다. 이를 통해 소속감을 느끼고, 성취감을 얻게 된다.

사이먼(Simon)에 의하면 조직은 인간들의 습관을 형성하고 생활의 질을 발전시키는 힘을 제공할 수 있는 환경 자체를 갖고 있기 때문에 인간에게 중요하다(Simon, 1976). 따라서 조직이란 용어는 경영학을 비롯하여 행정학, 경제학, 정치학, 사회학, 교육학, 심리학 등 사회과학 분야의 학문분야에서 중요한 연구대상되어 왔다. 그러나 각 학문분야에 따라 조직의 개념 정의를 내리는 것이 다양할 수 있으며 학자마다 다소 차이가 있을 수 있다. 학자들의 조직에 대한 정의를 살펴보면 다음과 같다(김명한 외, 2002).

| 표 6-1 | 조직의 정의

학자	정의
가우스 (Gaus)	•여러 가지 기능과 책임의 분배를 통하여 합의된 목적의 수행을 촉진하기 위한 인원의 배정(arrangement of personnel) •어떠한 공동의 과업에 종사하고 있는 개인이나 집단으로 하여금 최소한의 갈등과 최대한의 만족도를 보장하게 하며 소기의 목적을 달성할 수 있도록 그들의 노력과 능력을 연결하는 것
에치오니 (Etzioni)	•일정한 환경하에서 특정한 목적을 추구하고 이를 위한 일정한 구조를 지닌 사회적 단위
바나드 (Banard)	•일정한 목적을 실현하기 위하여 두 사람 이상의 협동자가 일정한 방법으로 업무를 분담하고, 일정한 권위하에서 권한의 위양과 의사소통에 의하여 연락 · 조정 · 통제를 기도하는 의식적으로 조정된 활동 또는 힘의 체제
스캇 (Scott)	•다소 계속적으로 비교적 특정한 목적을 추구하기 위해 설립된 집합체
웨버 (Weber)	•목적을 추구하고 활동에 참여하는 조직구성원 사이의 정당한 상호작용
파슨스 (Parsons)	•그 조직이 속해 있는 더 큰 사회의 기능에 공헌하는 특정한 목적을 달성하기 위한 사회단위
홀 (Hall)	•하나의 조직은 상당히 구별 가능한 경계선, 규범적 질서, 권위계층, 의사소통 체계, 구성원의 협동체계 등을 지닌 하나의 집합체 •이 집합체는 환경 속에서 상대적으로 계속적인 토대 위에서 존재하며 하나의 목적 또는 일단의 목적에 관련된 활동에 종사

출처: 권두승 외. (2016). 평생교육경영론(2판). 파주: 교육과학사. 재구성.

이처럼 조직에 대한 개념들을 종합해 보면 조직이란 '모든 인간은 특정한 목적을 추구하고 목표를 합리적으로 달성하기 위해 두 사람 이상이 모여 분업과 통합의 활동체제를 갖춘 사회단위'라 할 수 있다. 다시 말해 '어떤 공동의 목적을 달성하기 위해 두 사람 이상의 과업을 분담하여 책임의 분배를 지속적으로 일정한 협동하는 사회체제(social system)' 또는 '공동목적을 효율적으로 달성하기 위하여 의도적으로 구성된 협동의 체제'라고 할 수 있다(안병환 외, 2008).

3) 조직의 특성과 중요성

(1) 조직의 특성

사람이 단순히 모여 있는 것을 가리켜 조직이라 하지 않는다. 조직이 다음과 같은 특성을 갖고 있을 때 비로소 조직이라 할 수 있다(권두승 외, 2016; 남정걸, 2008; 윤종훈 외, 2015; 최은수 외, 2017 재구성).

첫째, 공동의 목적과 목표 또는 사명감을 갖고 있다. 이때 조직의 목표는 추상적이고 일반적이기보다 조직의 내외 환경에 적응하여 구체화되고 특수화된 것으로서 특정의 사업목적이나 생산목적, 판매목적 등이 여기에 해당한다. 평생교육 조직의 공동의 목표란 평생교육을 받고자 하는 사람들의 교육적 욕구를 충족시키고, 나아가 전 국민의 자질 향상을 통하여 국가 발전을 꾀하는 것이라고 볼 수 있다. 그러나 이러한 목표는 평생교육 조직의 운영주체(영리 또는 비영리기관) 또는 교육내용 등에 따라 주안점이 달라질 수 있으며, 특히 교육 수요자의 입장에 따라 조직의 목표가 상당 부분 좌우될 소지가 있는 특성을 갖는다. 그러므로 목표 관리(MBO, Management by Objectives)가 강조되고 있는 것도 경영에 있어서 조직의 목표가 얼마나 중요시되어야 하는가를 강조하고 있다.

둘째, 조직은 사람을 필요한 구성요건으로 보고 있다. 즉, 조직 내 인간관계를 중시한다. 2인 이상의 인적자원이라고 하면 평생교육에 참여하는 교육수요자, 교육을 제공하는 교수(강사), 교육 관련 행정업무를 담당하는 직원으로 구성된다고 볼 수 있으며, 조직구성원의 특징을 들자면 조직구성원의 유동성, 이질성 등이 있다. 학교조직과 마찬가지로 평생교육 조직에서도 교육수요자는 유동성을 가지나 그 정도는 매우 심하다. 즉, 학교조직의 경우 3년에서 6년의 기간 동안 학생들이 한 조직의 구성원으로 존재한다면 평생교육 조직의 경우는 조직

구성원이 개별 프로그램에 따라 구성원이 되기도 하고 그렇지 않을 수도 있는 극심한 유동성을 갖는다. 그리고 평생교육 조직에서는 교육을 제공하는 자, 즉 교수(강사)의 유동성 역시 학교에 근무하는 교사보다 심하다. 또한 교육수요자와 교수의 연령, 학력 등의 개인적 배경의 심한 이질성을 특징으로 들 수 있다. 학교조직과 같이 학생들을 특정 연령층으로 학년을 구분한다거나 교사의 자질을 교사자격증 소지자로 제한하지 않는 평생교육 조직은 매우 다양한 배경을 지닌 인적자원으로 구성된 조직이라고 볼 수 있겠다.

셋째, 조직은 사람들로 구성되지만 개별적인 구성원의 존재와는 별개의 실체를 형성한다.

넷째, 조직은 분업을 통하여 협력한다. 업무를 그 특성에 따라 세분화한 다음 구성원의 능력에 따라 분담해서 추진하면 전문성이 높아져 효율적으로 높은 성과를 거둘 수 있기 때문이다. 조직의 구조는 기능적인 분업화의 원리에 따라 횡적·수평적인 것과 종적·수직적인 계층구조로 역할과 과업이 분화된다.

다섯째, 조직은 권한체계를 갖고 있다. 조직은 여러 사람이 모여 이룬 공동체이므로 일반적으로 분명한 권한체계, 즉 계층구조를 갖고 있다. 따라서 조직원이 원활하게 움직이기 위해서는 조직의 구성원에게 각자의 역할에 따라 서로 다른 지위와 권한을 부여한다. 조직 목표를 달성하기 위한 지속적인 분업 및 협동체계는 학교조직과 마찬가지로 교육 수요자, 교수자, 행정업무 담당자의 각기 역할이 분담되어 체계적으로 이루어진다. 그러나 교수자의 업무는 교수(teaching) 그 자체에 관련된 업무만을 담당하고, 교육내용이나 방식에 있어서 고도의 전문성을 보장받는다. 또한 교수자들은 소속 평생교육 조직 내에서 어떠한 서열도 존재하지 않는 동일한 지위를 가지며, 동일한 양의 권한과 책임을 갖는다.

여섯째, 조직은 목표달성을 위해 각자의 욕구를 가지고 있는 성원들의 행동을 조직의 요구에 따라 행동하도록 조정·통제하기 위한 규정이나 규칙 등 규범을 가지고 있다. 현대인은 조직의 규범에 따라 상호작용이라는 역동적 과정을 통해 가치관과 태도를 형성하며 행동양식을 배우고 생활을 영위해 가며 안정성과 계속성·통합성을 유지할 수 있다.

일곱째, 조직은 하나의 사회체제이므로 조직 내의 요소 상호 간은 물론 조직 외부의 환경과 서로 영향을 주고받는 역동적인 상호작용 관계 속에서 유지되고 발전하는 개방적 체제이다.

평생교육 조직은 학교조직과는 달리 자발적으로 참여한 성인들의 강한 교육적 동기를 바탕으로 이루어진다. 평생교육 조직 내에서 프로그램별로 학생과 교수 간의 교류(또는 연계성)는 거의 없으며 소집단 별로 강한 응집력을 갖는다. 이러한 프로그램별로 소집단들로 구성되는 평생교육 조직은 그러한 소집단들이 별개의 조직들로 분산되지 않도록 전체적인 구심점을 설정하여 운영하는 것이 필요하다.

여덟째, 조직은 경계가 있어 조직과 환경을 구분한다. 조직은 하나의 사회체제이기 때문에 조직 내의 요소 상호 간은 말할 필요도 없거니와 조직 외부의 환경과 서로 영향을 주고 받는 상호작용으로 역동적 관계 속에서 유지·발전하는 개방체제인 것이다.

어느 조직이나 마찬가지로 평생교육의 경영조직 역시 교육목적을 합리적으로 달성하는데 공헌하는 수단에 불과하다. 경영의 편의를 위해 존재하는 것은 아니다. 어디까지나 학습자의 성장과 발달을 촉진한다는 교육목적을 달성을 위해 존재한다. 교직원이나 기관의 시설, 경영자의 과업은 학습이 효과적으로 이루어질 수 있는 환경을 조성하기 위한 것이다.

평생교육 조직의 유형별 특성을 알아보면, 준거를 어떻게 설정하는가에 따라 평생교육 조직은 매우 다양하게 유형화된다. 어떤 준거가 가장 적절하다고 단언하기는 어려우나 편의상 평생교육 조직의 설립 및 운영주체에 따라 분류하고 이에 따른 특성을 살펴보고자 한다. 평생교육 조직 가운데 정부 주도적으로 운영되는 조직은 대체로 국민의 세금에 의해 운영되는 것으로서 직업교육 지향적인 성격을 강하게 띠고 있는 반면에 민간비영리 차원에서 운영되는 것은 대부분이 여가 지향적이고, 개인적이고 전문적인 프로그램 중심으로 운영되는 것으로 나타나고 있다. 그러나 매우 다양한 차원에서 이루어지는 평생교육의 본질적인 특성을 일반화하기란 매우 어렵다. 왜냐하면, 평생교육의 기회를 제공하는 기관들은 각각의 생존 전략에 의하여 정부나 기타 여러 곳으로부터 재원을 지원받기도 하고, 학습자들로부터 학습비를 징수하는 것을 통해 운영되는 것이 보통이기 때문에 동일한 기관이라고 하더라도 제공되는 프로그램에 따라 서로 다른 특성을 드러내기 때문이다. 설립 및 운영주체에 따른 평생교육 조직의 특성은 다음과 같다(권두승 외, 2016).

| 표 6-2 | 설립 및 운영주체에 따른 평생교육 조직의 특성

조직	특성	대표적 사례
행정부 주도형	•과업 중심적, 기계적 분위기 •안전과 합리적인 지침준수 위주 •국민의 세금에 의한 운영 •국민 정신교육의 조직적 제공(안보, 경제, 환경 등) •집중식 교육 •교육과정 운영에 있어서 학습자의 요구보다는 국가적, 기관적 차원의 요구 우선	•공무원연수원 •행정부연수원
비영리 민간 주도형	•최신 학습기자재의 다양한 활용 •인간 본위적 비형식적 분위기 •변화 지향적 •최소경비의 수익자 부담 •사회발전 및 사회봉사를 위한 민주시민교육의 강조	•YMCA •홍사단 •청소년단체, 여성단체, 종교단체 주도
기업식 민간 주도형	•묵시적 형태의 영리 추구성 •학습자의 개인적 욕구충족을 위한 다양한 프로그램 제공(직업교육, 여가 및 취미교육, 건강교육 등) •도시 중심적, 소비 지향적 교과목 편성 및 운영 •특정 연령층의 특정 신분 소유자를 위한 특정 교과목 운영	•백화점 문화센터 •언론사 문화센터 •학원
산업 인력 개발형	•직무능력개발, 조직개발 중심의 교육 •종업원 차원에서는 고용 관계유지 및 발전을 위해 참여 •기업체 차원에서는 생존 전략의 하나로 생산성 향상, 기술 혁신, 고객만족 등을 도모하기 위한 종합품질관리(TQM)의 일환으로 실시 •특정 목적 달성을 위한 특정 교육훈련 실시	•기업체연수원 •생산성본부

출처: 권두승 외. (2016). 평생교육경영론(2판). 파주: 교육과학사.

(2) 조직의 중요성

조직은 다음 세 가지 기능을 통해 조직구성원들의 행동 및 사고, 그리고 구성원들 간의 상호작용 방식과 조직의 생산성 및 효율성 등과 같은 경제적 성과와 같은 기능을 통해 지대한 영향을 미친다. 따라서 조직은 다음과 같은 측면에서 매우 중요하다(단국대학교 경영학원론 출판위원회, 2005).

첫째, 조직구성원들로 하여금 공동의 목표(common goal)를 갖도록 해 준다. 조직은 구성원들에게 조직목표 달성을 위해 필요한 업무를 할당하고 업무를 어느 정도 담당자의 재량에 맡길 것인가를 정해 주기 때문에 구성원들이 자연스럽게 공동의 목표를 추구하도록 한다. 따라서 모든 구성원들이 서로 힘을 합쳐 시너지 효과를 얻으려고 노력하게 된다.

둘째, 조직은 구성원들로 하여금 협력 의사를 갖도록 해 준다. 경영원리의 기본은 분업이다. 따라서 조직 내에서 서로 협력하는 가운데 업무를 분장하여 시너지 효과를 얻게 된다.

셋째, 조직은 구성원들의 인간관계 형성 및 개선에 커다란 영향을 미치게 된다. 인간은 사회적 동물로서 조직을 통해 다른 사람과의 만남을 업무적으로 상하 또는 수평적 관계를 맺으면서 사회적 신분 관계를 형성하기도 하고, 갈등을 일으키기도 한다. 이때 중요한 것은 조직구성원 간의 커뮤니케이션의 소통 정도가 어느 정도 수준에 있는가를 조직의 효율성을 가늠하게 만든다.

조직을 구성하는 조직구조는 평생교육기관 안에서 각 구성원과 직무가 연결되고, 상호 협조하는 체제를 말한다. 즉, 조직구조를 기반으로 조직행동이 이루어지며 조직구성 단계는 먼저 업무의 구분을 통해 업무수행 부서를 결정하고 책임과 권한을 부여한 후 전체 조정에 들어가게 된다. 이러한 조직구조의 역할은 분업과 연결 작동을 하며 분화와 통합을 추진, 구성원의 의사결정과 행동통제 등을 하게 된다. 또한 조직설계란 조직구조를 형성하는 것으로 평생교육기관의 여러 직무와 구성원, 부서를 전환시켜 잘 분류하고 전문화된 일들이 서로 협동하도록 잘 통합하는 것을 의미한다. 이러한 조직설계의 목적은 구성원이

열의와 자발성으로 창의적 직무를 수행하는 것을 말하며 이 조직설계에 따라 조직의 효율성과 효과성 그리고 구성원의 사기와 동기부여, 인간관계 형성, 업무성과 등이 결정된다(이향란, 2015).

평생교육기관의 목적을 효과적으로 달성하기 위해 조직구성원들에게 공동의 노력을 할 수 있도록 안정적이고 이해 가능한 여러 가지 자원들의 틀을 제공하는 것과 조직을 합리적으로 편성하고 운영할 수 있는 능력을 경영자는 갖추어야 한다. 그러므로 경영자는 조직을 체계적으로 구성하여 교육기관이 목적에 도달할 수 있도록 이끌어 갈 책무가 있는 것이다.

4) 조직의 목표

조직의 목표(organizational goal)란 조직이 원하는 상태(desired state)를 의미하며, 조직활동의 방향을 제시하고 현재 활동에 실질적 영향을 미치는 사회적 힘을 가지고 있다. 조직목표는 조직의 합법성 및 정당성의 근거를 제공하여 조직구성원의 행동기준에 따라 동기 부여한다. 또한, 의사결정의 지침을 제공하고 나아가 효과성 평가의 기준을 제공하는 기능을 수행한다. 조직이 명백한 목표를 추구한다는 가정하에 합리성이 극대화의 추구가 조직의 구성원리이다. 합리적인 관점에서 보는 조직목표란 무엇보다도 일련의 대안적 행위들이 고려되고 선택되는 기준이다. 즉, 조직목표가 갖는 조직 내 의사결정과 행위를 이끄는 인지적 기능에 주안점을 두는 것이다. 자연적 조직관에서 보는 조직은 분명한 목표로서 항상 합리성의 최우선하에 행동하는 행위자가 아니다. 오히려 조직 내외의 상황에 그때그때 적응하며, 이 과정에서 경우에 따라 목표도 같이 변화하게 된다.

(1) 개인목표와 조직목표

조직의 구성원은 조직목표와는 구분되는 개인적 목표를 갖는다. 개인목표는 조직구성원 개인이 갖는 동기이다. 사람들이 개인적으로 갖는 개인목표와 조직에 참여하여 공적으로 수행하는 조직목표는 일치하지 않는다. 설사 어느 정도 개인목표와 조직목표가 일치되는 경우가 있다 해도 특정 조직에 극히 제안된다. 이에 따라 개인목표와 조직목표의 조화라는 문제가 중요하게 등장하게 되었다.

슐레(Schleh)는 "조직 속의 인간은 개인의 목표와 조직의 목표를 융합시켜 나갈 때 인간으로서 흥미와 욕구의 만족은 물론 조직 목표를 성취하고자 하는 긍정적인 동기가 부여된다."고 말했다(한국교육개발원 미래교육기획위원회, 2011). 21세기는 개성과 창의(創意)를 발휘해야만 개인과 사회가 발전할 수 있는 시대라고 볼 때 한 개인이 자생적으로 무엇을 할 수 있느냐의 자기주도적 사고와 학습태도가 필요하다고 본다. 하라키위츠 등(Harackiewicz et al., 2002)은 개인이 자발적인 목표설정을 통해 달성화에 대한 동기화가 이루어지고 이것이 창의적 사고 및 창의적 문제해결의 기반을 이룬다는 연구를 발표했다. 그는 개인이 스스로 결정하거나 수용한 목표는 잠재의식과 행동에 의미를 부여하고 능동적으로 행동의 조직자 역할을 수행한다고 하였다. 결국 목표는 의식과 무의식의 전 영역에 영향을 발휘하며 수행의 극대화를 통해 창의적 사고가 발현된다고 주장했다.

바나드(Banard, 1938)와 사이먼(Simon, 1976)은 조직구성원 개인의 동기로서의 목표와 조직이 추구하는 목표 간의 조화는 계약에 의해 보상이 이루어진다고 보고 유인-헌신계약을 강조했다. 예를 들면, 구성원에 대한 보상으로 규범적 조직에서는 도덕, 공리적 조직에서는 경제적 보상, 강제적 조직에서는 물리적 강제이다. 유인-헌신계약으로써 개인이 조직에서 행동의 한계가 설정되고, 개인적인 행동은 제한된다.

개인목표와 조직목표의 통합에 대한 모형을 크게 구분하여 보면 교환모형, 교화모형, 수용모형이 있다(안병환 외, 2018).

첫째, 교환모형은 조직과 개인 사이의 거래협상의 관계를 활용하는 방법이다. 즉, 외재적인 보상에 기초한 모형으로 조직의 입장에서 개인의 목표에 도움이 되는 유인을 제공하고, 개인은 대가로서 시간과 노력을 조직의 목표달성에 제공하는 것이다.

둘째, 교화모형은 조직의 목표를 이루기 위해 개인의 목표를 포기할 수 있도록 설득하는 방법이다. 개인으로 하여금 조직의 목표에 도움이 되는 행동을 가치 있는 것으로 받아들이게 하기 위하여 설득, 감화 등 바람직한 것으로 인식시키면서 목표를 통합하는 것이다.

셋째, 수용모형은 조직이 목표를 설정할 때, 개인들의 목표를 충분히 고려하여 수용하는 방법이다. 조직의 구성과 운영 시 조직의 목표를 추구하는 것 자체가 개인에게 가치 있는 것으로 느껴지도록 하는 것으로 개인을 의사결정 과정에 참여시킨다.

이 세 모형은 모두 혼재하며 조직의 목표에 몰입하도록 하지만 개인이 그 조직에서 바라는 바가 없다면 그 조직구성원은 이직하게 된다.

(2) 조직목표의 기능

조직의 목표가 구체화하면 다음과 같은 기능을 가지게 된다(서보준 외, 2018).

첫째, 조직의 지침을 제공한다. 조직의 목표란 조직의 바람직한 미래 상태에 조직운영과 활동을 위한 방향과 지침을 제공한다. 즉, 여러 행동 대안 중 적절한 선택기준을 제시해 주고 의사결정 과정의 불확실성을 감소시켜 준다.

둘째, 정당성에 근거한다. 조직은 처음부터 조직의 정당성을 인정받을 수 있는 목표를 설정해야 한다. 조직의 목표는 특정 조직체제가 그 사회에 적합하다고 하는 신념을 낳게 하며 그 신념을 줄곧 지속하게 하기 때문이다. 즉, 조직은 그 목표를 통해 조직의 존재 그 자체와 조직활동을 사회 내에서 정당화하는 것이다.

셋째, 효과성을 측정하는 기준이다. 조직의 목표는 조직의 성공도와 그에 대한 효과성을 평가하는 기준이 된다.

넷째, 계획의 기능을 한다. 조직의 목표는 조직의 구조와 과정을 설계하는 준거 틀을 제공한다. 즉, 특정 목표의 성취에 필요한 자원이나 기술적 과정, 구성원의 활동 등은 조직의 분업과 권력 구조, 의사전달의 양태 등 조직의 여러 국면의 영향을 미친다.

2. 조직의 구성요인

1) 구성요인

조직을 형성하기 위해서는 여러 가지 변수를 고려해야 하는데, 조직은 조직구조의 구성요소이자 기본적인 변수인 복잡성, 집권화, 공식화 정도에 따라 변화한다. 또한, 여러 가지 상황적인 변수들에 의해 변화하여 형성되기도 한다. 상황적 변수에는 크게 외생적 요인과 내생적 요인으로 나눌 수 있다. 외생적 요인으로는 기술, 조직 규모, 환경 등이 있으며, 내생적 요인으로는 전략 및 권력작용 등을 말할 수 있다(안병환 외, 2018).

이러한 여러 요소는 조직을 형성하고 구조화하는데 매우 중요한 영향력을 가지고 있으며, 이러한 요소들이 얼마나 유기적으로 연결되어 있느냐에 따라 조직의 목표달성 여부를 판단할 수 있을 정도로 중요하다. 윤종훈 등(2015)은 조직의 구성요소로서 인간, 구조, 과업, 기술, 시설과 자금 등을 다음과 같이 제시하였다.

첫째, 인간(人間)은 조직구성의 제일 중요한 요소이며, 계층적으로 구성되어 권한과 책임을 수행하게 된다.

둘째, 구조(構造)는 조직의 목표를 달성하기 위해 인간이 인위적으로 형성해 놓은 조직의 틀이며, 조직이 수행하고 있는 기술이나 과업의 내용에 따라 달라질 수 있다.

셋째, 과업(課業)은 조직구성원들이 조직의 공동목표를 달성하기 위해 해야 할 일들을 규정하는 것이다. 즉, 인간이 조직의 구조 속에서 해야 할 업무를 말하는 것이다.

넷째, 기술(技術)은 과업을 행하는 구체적인 방법으로 다른 구성요소들과 밀접한 관계를 가지고 있다. 새로운 기술도입은 관련 기술에 대한 재료들, 과업의 조정, 조직구조의 변화를 가져오게 된다.

다섯째, 시설(施設)과 자금(資金)은 조직구성원이 목표를 원활하게 달성할 수 있도록 조직은 조직이 지향하는 목표를 달성할 수 있다.

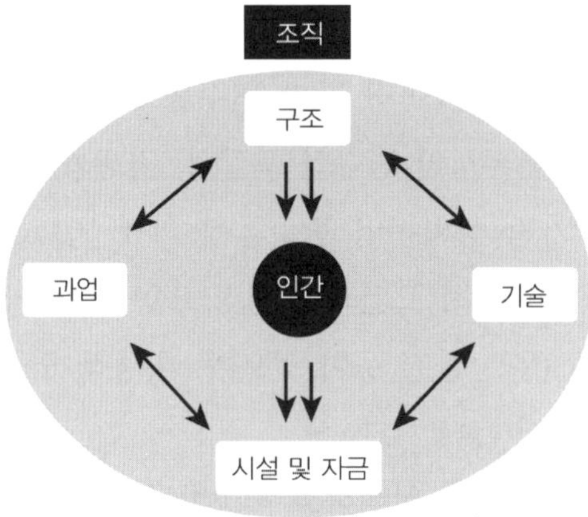

| 그림 6-1 | **조직의 구성요인과 상호관계**

출처: 안병환 외. (2018). 평생교육경영론. 서울: 동문사.

2) 조직목표의 변화

조직의 목표는 한두 명의 조직 구성체를 위하여 설정되는 목표도 있지만 대부분 조직의 목표를 설정할 때 집단의 크기는 중소형이 될 수 있으며 집단의 크기가 클수록 장기적인 목표설정을 하기보다는 집단의 성취욕을 고취한 후 다음 단계의 목표를 설정하기 위해서 단기적이며 실현 가능성이 높은 목표를 세우게 되어 있기 때문에 조직의 목표는 변할 수밖에 없다. 조직목표의 변동은 크게 두 가지로 구분할 수 있다(서보준 외, 2018).

첫째, 조직목표의 변동은 조직의 내적 요인에 있다. 지도자의 태도 변화와 권력구조 변화, 조직구성원들의 성향변화, 집단 간의 권력변화, 조직구성의 연합구조 변화, 목표형성 과정의 결합, 목표의 과잉측정 등이 있다.

둘째, 조직목표의 변동은 환경적 요인에 있다. 어떤 조직과 관련을 맺고 있는 특정한 외부세력이 조직의 목표변동에 직접적으로 작용할 때도 있고 일반적인 환경변화에 조직이 적응함으로써 목표변동이 일어나는 경우도 있다.

조직목표의 변동은 목표의 전환, 계승, 다원화 확대 · 축소, 비중변동의 형태가 있다.

첫째, 목표의 전환이란 수단이 목표시되고 목표가 수단시되는 현상으로 조직목표의 왜곡에 의해 본래 목표는 상실되고 본래 목표달성을 위한 수단이 목표로 대치 · 전환되는 것을 말한다.

둘째, 목표의 계승이란 기존 목표가 달성되었거나 전혀 달성 불가능할 때 새로운 목표를 설정하는 것이다.

셋째, 목표의 다원화 확대 · 축소란 본래 목표에 새로운 목표를 추가하는 것으로 이는 기존 목표를 확장시킨 경우이고 목표달성이 어려우면 축소되기도 한다.

넷째, 목표의 비중변동이란 목표달성의 우선순위가 바뀌는 현상조직은 여러 가지 유형의 목표를 추구하는 사회적 단위로 가변적이고 동태적이다. 따라서 조직 목표도 조직의 변화에 따라 가변적으로 되어 목표변화 현상이 일어난다.

3. 조직의 형태 및 원리

1) 조직의 형태

현대 조직의 형태를 구조 중심으로 구분하면 공식조직과 비공식조직, 계선조직과 막료조직으로 나누어 볼 수 있다. 이에 대하여 구체적으로 살펴보면 다음과 같다(권두승 외, 2016; 서보준 외, 2018).

(1) 공식조직과 비공식조직

공식조직(formal organization)은 일정한 목적을 합리적으로 달성하기 위하여 의식적·인위적으로 명문화되고 전문화된 조직 도표상 형성된 그대로의 조직을 말하며, 권위의 위계, 명료한 책임분담, 표준화된 업무수행, 비정의 인간관계 등을 특징으로 한다. 비공식조직(formal organization)은 현실의 인간관계 및 형태를 중심으로 한 비합리적·감정적·대면적 측면에서 이루어진 자생적 조직이라고도 하며 조직기구표에 표면화되지 않는 자연 발생적인 조직을 말한다. 공식조직과 비공식조직의 차이점은 다음과 같다(김창걸, 1994; 이찬교 외, 2005).

첫째, 공식조직이 인위적인 조직인 데 반하여, 비공식조직은 자연 발생적이다. 공식조직이 조직의 목적 달성을 위하여 또는 인위적으로 편성된 제도적 조직인데 비하여 비공식조직은 혈연·지연 또는 동창 관계 등으로 인하여 자연 발생적인 현실적 인간관계로 이루어진 조직을 의미한다.

둘째, 공식조직이 외면적 혹은 외재적인 조직인 데 반하여 비공식조직은 내면적 혹은 내재적인 조직이다. 전자는 가시적인 조직인 데 반하여 후자는 비가시적인 조직이다. 비공식조직은 조직원들의 행동과 태도를 조직의 내면에서 규정하고 있다. 그러나 현실적이고 생동한다는 측면에서 공식조직과 다를 바 없다.

셋째, 공식조직이 문서화된 조직이라면, 비공식조직은 자라 나온 조직이다.

전자는 조직기구와 직제에 의하여 서면화된 조직이지만, 후자는 성문화되어 있지 않으며 조직원들의 생생한 행동이나 태도 속에서 자라 나온 조직이다. 즉, 공식조직이 논리적 합리성에 의한 대규모 조직이라면 비공식조직은 대면적인 현실적 인간관계에 의한 소집단이다.

넷째, 공식조직이 능률의 논리에 따른 것이라면, 비공식조직은 감정의 논리에 따른 것이다. 공식조직은 통상 능률의 논리에 따라서 구성되지만, 비공식조직은 감정의 논리에 따라서 구성된다. 전자는 기계적 또는 비인정적 관계이며 능률을 중요시하지만, 후자는 공식조직의 능률을 그렇게 중요하지는 않는다.

다섯째, 공식조직이 전체적인 질서인 데 반하여, 비공식조직은 부분적인 질서라고 할 수 있다. 공식조직이 전체를 부여하는 데 비하여 비공식조직은 부분적 질서를 담당할 뿐이다.

여섯째, 공식조직은 지도자의 권위가 상부에 의해서 주어지는 데 반하여 비공식조직은 부하들의 동의에 의해서 존재하는 상향적인 것이다.

일곱째, 공식조직은 방대한 규모로 확대되는 현상이 있다. 그 반면에 비공식조직은 현실적인 친밀한 인간관계를 필수요건으로 하기 때문에 항상 소집단 상태를 유지된다.

| 표 6-3 | 공식조직과 비공식조직의 비교

구분	공식(인위적)조직	비공식(자연적)조직
가입동기	지명, 선발	자연 발생적, 자의적
조직구도	안정적, 불변	가변
지도자	투표, 공식지명	자연적 지도자 탄생
과업	미리 정해져 있음	다양함, 변함
존속기간	미리 정해짐	구성원들의 의도대로
행동기준	능률, 효율	감정, 인간

출처: 임창희. (2010). 신 인적자원관리. 서울: 명경사.

공식조직과 비공식조직은 상호보완적인 관계에서 양립하는 조직의 필수적인 두 측면이 있다. 또한, 자유로운 의사소통과 긴밀한 협조를 가능케 하여 공식조직의 기능을 활성화하는 작용을 수행한다. 그래서 현대 조직이론에서는 비공식조직의 효율적인 활용 여부가 행정의 성과를 좌우한다고 할 정도로 비공식조직의 중요성이 강조되고 있다. 조직의 형태에서 비공식조직의 순기능을 살펴보면 다음과 같다(김창걸, 2003; 이찬교 외, 2005).

첫째, 공식조직의 경직성을 완화에 기여한다. 즉, 법규에 의해 운영되는 공식조직에 융통성을 부여하고 대인관계에서 오는 개방적 풍토가 형성된다.

둘째, 조직원들에게 부과된 업무를 능률적으로 수행하게 한다. 조직구성원들 간에 원활한 협동관계와 지식·경험의 공유, 집단적 결정에의 참여 그리고 유기적인 상호의존관계 등을 가능하게 하여 업무의 능률적 수행을 돕는다.

셋째, 조직구성원들에게 만족감을 주고 직무집단을 안정시켜 준다. 구성원들의 누적된 심리적 욕구불만의 해소처가 됨으로써 귀속감과 안정감을 부여한다.

넷째, 조직구성원들의 좌절감과 심리상의 불평, 욕구불만에 대한 배출구 역할을 한다. 공식적 구조만으로는 불충분한 의사전달을 비공식적 의사전달의 통로를 통하여 보충해 줌으로써, 의사전달의 원활화에 기여한다.

다섯째, 공식조직의 책임자에 대한 능력보완에 기여한다. 공식조직의 책임자에 대한 자문기관이나 협조자의 역할을 한다.

여섯째, 조직구성원 간에 행동기준 확립에 도움을 준다. 구성원 간에 서로 권고하고 조언함으로써 상호 통제기능을 갖고 있으므로 어떤 행동기준을 제공한다.

그러나 비공식조직에 역기능을 잘못하면 파벌을 조성하고 공식조직의 목표달성을 저해하는 역기능을 발휘하기도 한다. 비공식조직의 역기능은 다음과 같다(김창걸, 2003; 이찬교 외, 2005).

첫째, 자칫하면 파벌을 조성할 위험이 있다. 이에 조직의 책임을 무효화 할 우려가 있다.

둘째, 공식조직의 목표에 배치되는 결과를 가져올 수 있다. 비공식조직 간에 적대 감정이 야기될 때는 공식조직의 기능이 마비될 수도 있다. 구성원이 불안감을 가질 때에는 이것이 조직 전체에 확대되어 공식조직을 해체할 수도 있다.

셋째, 비공식적 접촉을 통하여 개인적인 이익을 도모하기 쉽다. 따라서 실제의 사실이 조장될 우려가 있다. 또한 이것은 조직단위 사이의 간격을 확대할 가능성이 있다.

넷째, 비공식적 의사결정에 따른 부작용의 우려가 있으며, 이에 왜곡된 정보 및 뒷공론(gossip) 등에 의해 사기가 저하될 우려가 있다.

(2) 계선조직과 막료조직

모든 행정조직에 있어서 집행을 담당하는 계선조직과 기획 및 기타서비스를 제공하는 막료조직이 있다.

계선조직(line organization)이란 행정의 목적 수행에 직접 참여하는 일차적 조직이다. 계선조직은 명령복종 관계를 가진 행정의 수직적인 조직 형태로서, 행정조직의 장으로부터 국장, 과장, 계장, 계원으로 명령적·집행적 기능을 갖는다. 모든 행정이 직접적인 계통에 따라서 운영됨으로써 단일화되어 있으며 각자의 임무와 책임이 명백하고 강력한 통제력을 발휘할 수 있는 장점이 있다(박동홍, 2011). 그러므로 자기 책임하에 스스로 결정하고 명령하는 집행 실시기관이다. 계선(line)이란 계층제의 구조를 가진 조직의 집행·운영·활동·권한의 면을 말한다. 계선은 행정체계에서 중추적인 위치에 있으며, 법령을 집행하고 정책을 결정하며 국민에게 직접적으로 봉사하는 임무를 맡고 있다(정환진, 1997). 그러나 대규모 조직에서는 소수의 구성원에 과중한 업무를 부과하기 쉽고 계선의 상부에서 문제가 있을 경우 하부 구성원들의 기능이 연쇄적으로 마비될 우려가 있다. 계선조직에는 다음과 같은 장단점이 있다(김창걸, 1994; 이찬교 외, 2005).

① 계선조직의 장점

첫째, 구성된 상호 간의 권한과 책임의 한계가 명백하며, 업무수행이 능률적이다.

둘째, 단일기관으로 구성되어 의사결정이 신속하게 이루어지고 강력한 통솔력을 발휘할 수 있다.

셋째, 업무가 단순하고 비용이 적게 드는 조직, 업무의 분화가 다양하지 않은 소규모 조직에 유리하다.

넷째, 경비의 절약을 기할 수 있다.

② 계선조직의 단점

첫째, 대규모 조직에는 계선만으로는 부족하고, 업무량이 과다해진다. 따라서 계선조직은 조직이 대규모화하는 현대 조직에 있어 최고관리자의 업무량을 과중하게 한다.

둘째, 조직의 장이 주관적·독단적인 조치를 취할 가능성이 있다. 기관장의 독선적인 경향을 방지할 방법이 없다.

셋째, 특수 분야에서 전문가의 지식과 경험을 이용할 수 없다. 이에 따라 고도의 전문화·기술화된 오늘날 합리적 의사결정에 불가결한 전문가들의 활용이 불가능하다.

넷째, 조직이 지나치게 경직성을 띠게 된다. 명령계통을 주축으로 한 수직적 조직이므로 의사전달이 불충분하고 융통성이 없고 통솔범위가 한정된다.

다섯째, 부처 간의 효과적 조정이 곤란하다. 한두 사람의 유능한 인재를 잃으면 전체 조직이 마비된다.

계선조직의 기능을 보조하기 위해 계선조직과는 별개로 외곽 또는 내부에 설치되어 있는 기관이 있는데 이를 보조조직(auxiliary organization), 참모조직(staff organization) 또는 막료조직(staff organization)이라고 한다(권두승 외, 2016).

막료조직이란 조직에 있어서 원활하게 기능을 수행하고 조직의 존립목적을 달성할 수 있도록 자문, 권고, 협의, 정보의 수집과 판단, 기획, 통제, 인사, 회계, 조달, 조사, 연구 등의 기능을 수행하는 기관을 말한다. 막료조직은 조직의 목적을 직접적으로 수행하는 계선의 기능을 원활히 수행하도록 지원 보조하는 부차적 조직이다. 그러므로 명령, 지휘계통에서 벗어난 측면적 조직이다. 목적 달성에 간접적으로 기여하고, 조직의 장의 인격을 확장시켜 주지만 명령·집행·결정을 행할 수 있는 독자적인 권한을 갖고 있지 않다(정환진, 1997). 오늘날 행정이 복잡해짐에 따라 막료의 업무는 더욱더 그 중요성이 인정되고 있다. 막료제도는 원래 군대조직에서 발달하는 것인데, 계선조직의 군 지휘관에 대하여 인사·정보·작전·군수·민사 등 여러 가지 문제에 대한 조언과 자문의 역할을 담당하는 막료(참모)의 기능을 행정조직에 도입한 것이다. 막료조직에는 다음과 같은 유형이 있다(김창걸, 1994).

| 표 6-4 | 막료조직 유형

유형	내용
보좌막료	비서실 등과 같이 관리자의 신변적 업무를 보좌하는 조직
정책막료	조언하는 기관으로 국가안전보장회의나 경제과학심의회처럼 정책형성 및 정책결정에 조언하는 조직
통제·조정막료	예산통제, 인사관리, 원가통계 등 통제하고 조정하는 기관으로 국무총리행정조정실이나 각 부처의 기획관리실처럼 최고관리자들의 통제·조정업무를 원활히 하도록 보조하는 조직
보조막료	서비스기관으로 조사하고 구매하며 수송하는 등을 하는 조달청·총무처처럼 일상적 업무를 지원 보조하는 조직
정보막료	합리적인 의사결정을 위한 최신의 정보를 입수·제공하는 조직

막료조직의 장점과 단점은 다음과 같다(안병환 외, 2018).

① 막료조직의 장점

첫째, 최고관리자의 인격 확장으로 그의 대내적 업무인 조정·통제업무를 감소시켜 줌으로써 기관장의 통솔범위를 확대시킨다.

둘째, 전문적 지식 및 기술, 경험을 활용함으로써 보다 합리적인 지시와 명령을 내릴 수 있다. 즉 다양한 정보를 제공하고 주관적 독선을 배제하며, 집단적 사고를 활용할 수 있다.

셋째, 수평적인 업무의 조정과 협조를 가능하게 한다.

넷째, 조직의 경직성을 완화하고 신축성을 부여한다.

② 막료조직의 단점

첫째, 조직의 복잡성으로 조직 내의 알력과 불화가 생길 수 있다.

둘째, 명령계통, 의사전달의 경로를 혼란에 빠뜨릴 가능성이 많다.

셋째, 막료는 책임을 지지 않으므로 계선의 권한을 침범할 우려가 있고, 양자가 서로 책임을 전가할 우려가 있다.

넷째, 의사결정의 합리화에 힘입어 중앙집권화를 가져온다.

다섯째, 통솔범위의 비대화를 초래하고 경비의 증가를 가져온다.

| 표 6-5 | 계선조직과 막료조직의 비교

구분	계선조직(line organization)	막료조직(staff organization)
개념	•행정의 수직적인 지휘명령계통이 명확히 정립되어 업무를 직접 수행하는 일차적인 조직	•계선조직의 기능을 원활하게 추진하도록 기획 · 자문 · 협의 · 경고 · 정보수집 · 통제 · 인사 · 조사 · 연구 등의 기능 수행 조직
장점	•권한과 책임의 한계가 명확 •업무수행 효율성 제고 •단일기관으로 구성되어 의사결정이 신속하게 결정 •강력한 통솔력을 발휘 •업무처리가 간편 •조직운영비가 절약	•기관장의 통솔범위 확대 •전문적 지식 및 기술, 경험을 활용하므로 합리적인 결정 가능 •다양한 정보를 제공하고 주관적 독선을 배제하며, 집단적 사고 활용 가능 •수평적인 업무의 조정과 협조 가능 •조직의 경직성을 완화, 신축성 부여
단점	•복잡하고 과다한 업무처리에 문제 •지도자의 주관적 · 독단적 결정 방지 없음 •전문가의 지식과 경험을 활용 부족 •조직의 경직성 초래 •의사전달이 불충분하고 융통성 없음 •부처 간의 효과적 조정 곤란 •인재를 잃으면 전체 조직 마비	•조직의 복잡성으로 조직구성원의 부서 간 갈등 · 불화가 생김 •명령계통, 의사전달의 혼란 •계선과 참모 간에 책임 전가 우려 •의사결정 합리화에 힘입어 중앙집권화 •통솔범위의 비대화를 초래 •조직운영비 증가

출처: 안병환 외. (2018). 평생교육경영론. 서울: 동문사.

2) 조직의 원리

조직 활동에 여러 조직의 능률을 향상하는 데 직접 도움이 된다고 평가되고 유형화된 조직 활동을 조직의 원리라고 한다. 행정조직이론에 적용되고 있는 개별적 조직원리는 다양하고 서로 다르다. 모든 조직체에 공통으로 적용되는 조직의 원리로 파욜(Fayol)은 분업의 원리, 권위의 원리, 규율의 원리, 단일지휘계통의 원리, 방향성 통일의 원리, 전체이익 우선의 원리, 정당보수의 원리, 적도집권의 원리, 계층의 원리, 적재적소의 원리, 공정성의 원리, 신분보장의 원리, 창발성 존중의 원리, 단결정신확립의 원리 등 14개의 기본적인 조직원리를 제시하였다. 그리고 무니(Mooney)와 레일리(Reily)는 조정의 원리, 계층의 원리, 기능주의의 원리를 제시하였다. 이 이론에서는 분업의 원리, 계층의 원리, 통솔범위의 원리, 명령통일의 원리, 조정의 원리, 적도집권의 원리 등 여섯 개 조직의 원리를 다음과 설명하고자 한다(권두승 외, 2016; 서보준 외, 2018; 송화섭, 1993; 안병환 외, 2018).

(1) 분업의 원리

테일러(Taylor)에 의하면 분업의 원리(Principle of Division of Work)란 업무를 성질별로 나누어 가능한 사람에게 한 가지의 주된 업무를 분담시키자는 원리로서 '전문화 원리(principle of specialization)'라고도 한다. 무니(Mooney)는 이를 '기능의 원리'라고 하였다. 조직의 구성원은 기능이나 직능에 따라서 각각 다른 업무를 담당하고 있어 조직체에서는 집단적 협동체제로서 분업이 필수적 요건이다. 즉, 조직체의 구성원들이 전문적 지식이나 기술적 성숙도에 따라서 각각 어떠한 특수부문의 업무를 분담시킨 다음에 그 업무를 반복하게 되면 그 업무에 대한 구성원들의 전문성이 더욱 높아지게 될 것이며 결국 조직의 능률을 높일 수 있게 된다.

분업의 형태는 동일 계층 내에서 기능이 성직에 따라 직무를 배분하는 횡적

(수평적) 분업과 계층의 원리와 같이 계층 사이에 업무가 분담되도록 권한과 책임을 위임하는 종적(수직적) 분업으로 나눌 수 있다. 분업의 원리는 능률적인 업무수행을 위한 원리이다.

이 원리의 장점은 첫째, 개인의 작업능률 향상을 기할 수 있다. 둘째, 도구, 기계의 발달을 가져와 기계화를 촉진시킬 수 있다. 셋째, 인간의 능력을 기계적으로 이용할 수 있다. 또한 단점은 첫째, 단순 업무를 계속적으로 반복함으로써, 개인의 일에 대한 흥미와 창의성이 상실된다. 둘째, 시야가 협소화된다. 셋째, 지나친 분업은 각 단위 간 조정과 의사소통이 어렵다. 넷째, 분업이 세분화될수록 많은 자원이 소요된다(이진영, 2004).

| 표 6-6 | 분업의 원리 장점과 단점

장점	단점
•개인의 작업능률 향상 •도구 · 기계의 발달을 가져와 기계화 촉진 •인간의 능력을 기계적으로 이용	•단순 업무 반복으로 흥미와 창의성 상실 •시야가 협소화 •지나친 분업은 조정과 의사소통이 어려움 •분업이 세분화될수록 많은 자원이 소요

출처: 안병환 외. (2018). 평생교육경영론. 서울: 동문사.

(2) 계층의 원리

조직은 보통 피라미드형의 계층을 이루고 있는데, 여기에 계층이란 조직체의 공동목적 달성을 위한 업무수행에 관하여 권한과 책임의 정도에 따라 직무를 등급화(grading)함으로써 상 · 하 조직단위 사이에 직무상 지휘 · 감독 관계에 서게 하는 것을 계층의 원리(Principle of Hierarchy)라고 한다. 이는 조직 내에서의 명령과 의사소통의 통로, 조직 내의 분쟁 해결 및 조정의 수단 등으로 기능하기도 하나, 조직의 경직화를 초래하고 역동적인 인간관계 형성을 저해하며 조직구성원의 귀속감을 감소시킬 우려도 있다(권두승 외, 2016).

계층(hierarchy)은 인간 사회생활의 출발점에서부터 그 모습을 나타내는 것이라고 볼 수 있으나, 계층이라는 용어는 가톨릭의 교권제도에서 유래한 것이며, 오늘날에는 군대·관청·기업조직 등의 특징을 이루고 있다(이찬교 외, 2005).

행정조직을 포함하는 오늘날의 관료제 조직은 수평적으로는 직무의 분업화에 의해 각 부처가 설치되며, 부처조직을 그 자체가 하나의 활동단위로서 기능을 수행하기 위해 수직적 계층제를 확립하고 있다. 수직적으로는 최고관리층(top management), 중간관리층(middle management), 하급관리층(lower management) 및 말단업무층(rank and file)으로 체계화되어 있다(정환진, 1997).

무니(Mooney)에 의하면 계층은 자체의 독자적 원칙과 과정의 효과를 가지고 있으며, 지도력 또는 통솔력, 권한과 책임의 위임, 기능과 직무의 규정 등 세 요소로 구성된다. 지도 혹은 통솔의 권한이 어디에 있느냐를 의미하고, 상급자와 하급자에게 권한을 위임하여 일정한 책임을 감수하도록 하는 것이며, 계층조직이 상하층별로 배열된 직위의 체제이므로 계층의 사슬을 완결하는 하나의 매듭이다(곽내영, 2007).

계층의 순기능으로는 명령의 통로, 의사전달 또는 의사소통의 통로, 권한과 책임 위임의 통로, 행정적 결정의 검토 및 행정 책임의 소재 규명 수단, 행정목표의 설정과 업무 분담, 조직 내의 분쟁의 조정과 해결 및 조정의 수단, 질서와 통일의 확보를 용이하게 하는 조직의 내부통제 통로 역할 등이 있다. 그리고 역기능으로는 보직의 경직화를 초래하고, 동태적인 인간관계를 형성을 저해하며, 의사소통을 왜곡시킨다는 점을 들 수 있다(안병환 외, 2018).

| 표 6-7 | **계층의 원리 장점과 단점**

장점	단점
•명령의 통로 •의사전달, 의사소통의 통로 •권한과 책임 위임의 통로 •행정적 결정의 검토 수단 •행정 책임의 소재 규명 수단 •행정목표의 설정과 업무 분담	•보직의 경직화 초래 •동태적인 인간관계 형성 저해 •의사소통 왜곡

장점	단점
•조직 내의 분쟁의 해결 및 조정의 수단 •질서와 통일의 확보 용이 •조직의 내부통제 통로	

출처: 안병환 외. (2018). 평생교육경영론. 서울: 동문사.

(3) 통솔범위의 원리

통솔범위의 원리(Principle of Span of Control)는 인간의 능력에는 한계가 있어서 한 사람의 상관은 일정 수 이상의 부하는 직접 통솔할 수 없다는 전제에서 출발한 것으로 지도자가 직접 효과적으로 통솔할 수 있는 부하의 수는 한정될 수밖에 없다는 원리를 의미한다. 통솔 인원으로 몇 명이 적절한가에 대해서는 다양한 견해가 있다. 영국의 홀데인(Haldane, 1918) 위원회의 내각의 수가 10명이 이상적이며 12명을 초과해서는 안 된다고 하였다. 파욜(Fayol)은 5~6명이 적당하다고 하였고, 어윅(Urwick)은 상위책임자는 4명, 하위책임자는 8~12명이라고 제시하였다. 그라이쿠너스(Graicunas)는 정신노동을 하는 조직에서는 4~5명, 육체노동을 하는 조직에서는 16~20명이 적당하다고 하였다. 그러나 이와 같은 통솔범위의 수는 획일적으로 적정 수를 정할 수 없으며 여러 가지 상황에 따라 달라질 수 있다. 알렌(Allen)은 통솔의 범위를 결정하는 요인으로서 통솔자가 속해 있는 기관의 조직이나 관리의 형태, 그가 담당할 업무의 성질, 막료의 상황 및 계선부하의 능력 그리고 더 나아가서는 통솔자의 능력과 명확한 정책 등을 들고 있다. 이에 사이먼(Simon)은 통솔범위의 수를 마술적인 수(magic number)라고까지 하였다. 즉, 통솔범위에 영향을 미치는 요인은 직무의 설정, 공간적 요인, 시간적 요인, 감독자의 능력, 피감독자의 자질, 관리기술의 수준과 상태 등에 따라 통솔범위의 수가 달라질 수 있다.

(4) 명령통일의 원리

한 사람의 상관에게만 명령을 받고 그에게만 보고한다는 것을 의미한다(이진영, 2004). 명령통일의 원리(Principle of Unity of Command)는 중복성을 피하게 하고 계층의 질서를 확립시켜 줄 뿐만 아니라 업무처리의 능률을 가져오고 책임소재를 분명히 하는 데 도움을 준다. 일반적으로 여러 상관으로부터 명령을 받는 부하는 혼돈을 겪게 되고 비능률적이며 무책임하게 행동하는데, 반면 한 사람으로부터 명령을 받는 부하는 조직적이며 능률적이고 책임 있게 일할 수 있을 뿐 아니라 보고와 명령의 책임소재를 밝힐 수 있다(이진영, 2004). 그래서 보고의 통로가 명백하므로 지위의 안정을 유지할 수 있고 전체적 조정이 용이하다.

명령통일의 원리는 계층의 원리가 전제조건이다. 즉, 모든 행정조직의 권위가 일인의 수장으로부터만 연원할 수 있도록 정비된 계층의 배열을 갖추어야 한다. 조직에는 한 명의 장(長)만이 있어야 하고, 이 조직의 장에게는 그 조직을 운영할 모든 책임과 권한이 집중되어야 한다는 원칙이다. 이 원칙은 전체 조직에 적용될 수 있을 뿐 아니라, 하부조직에도 똑같이 적용될 수 있다(박동홍, 2011).

귤릭(Gulick)에 의하면, 명령통일의 원리 효과는 조직적이고 능률적으로 책임 있게 일을 할 수 있으며, 보고의 통로가 명백하므로 지위의 안정감을 유지할 수 있고, 보고와 명령의 책임소재를 밝힐 수 있을 뿐 아니라 전체적 조정이 용이하다는 것 등이 있다. 그러나 현대에 와서는 막료기관의 역할증대로 명령통일의 원리가 감축되고 있다. 따라서 사이먼(Simon)은 명령통일의 원리가 현대에는 어떤 조직에도 없는 환상적인 원칙이라고 비판하고 있다.

| 표 6-8 | 명령통일의 원리 장점 및 단점

장점	단점
•명령의 중복성을 피할 수 있음 •계층의 질서를 확립시킴 •업무처리능력을 가져옴 •책임소재를 분명히 하는데 도움됨	•오늘날 전문인으로 구성되는 참모의 기능이 자문 및 보조 기능 이상으로 확대 · 강화되면서 명령 기능도 첨가되고 있어 명령통일의 원리는 많은 한계를 드러냄

출처: 안병환 외. (2018). 평생교육경영론. 서울: 동문사. 재구성.

(5) 조정의 원리

조정의 원리(Principle of Coordination)는 조직체의 각 부분이 공통된 목적을 달성하기 위하여 행동의 통일을 이룩하도록 집단적 노력을 질서 있게 결합하고 배정하고 조화를 이루게 하는 행위이다. 즉, 조직 내의 업무수행을 조절하고 조화하는 인간관계를 유지함으로써 협동의 실효를 거둘 수 있도록 집단적·협동적 노력을 질서 있게 배열하는 것이다. 이는 공동의 목적을 달성하기 위하여 기능 및 업무의 수행을 조화있게 배열하고 직접 시키는 집단적 노력으로 업무 간, 상하 간, 기능 간의 상호관계를 조화있게 유도해 나가는 원리이다(박동흥, 2011). 분업의 원리를 제외하고는 조직의 모든 원리는 조정을 위한 수단이 된다고 할 수 있다(이진영, 2004). 그래서 무니(Mooney)는 이것을 조직의 제1의 원리, 총무관리 책임의 원리라고 하였다. 조정의 원리는 조직구성원의 갈등적 이익추구나 다양한 욕구로부터 파생되는 문제를 해결하는 기능을 갖는다. 이와 같은 조정을 저해하는 요인으로는 구성원들의 정치세력 관계, 조직의 확대 현상 또는 통솔범위의 확대 현상, 기구의 전문화 또는 지나친 분업, 목표와 이해관계의 차이, 불완전 계층제 현상, 할거주의, 조정능력 부족 등이 있다.

조정의 방법으로는 목표와 책임한계의 구체화, 계층제의 권위 확립, 위원회에 의한 조정, 아이디어에 대한 조정, 조정기구의 설치, 계획에 의한 조정 등이 있다. 따라서 조정의 목적을 달성하기 위해서는 다음과 같이 수행해야 한다(곽내영, 2007).

첫째, 조직의 목표를 분명히 한다.

둘째, 업무를 효과적으로 분담한다.

셋째, 권한과 책임의 한계를 명확하게 한다.

넷째, 합리적이고 균형 있는 계획을 수립하여 조직을 운영한다.

다섯째, 구성원 간의 원활한 의사소통을 조장한다.

여섯째, 구성원 상호 간에 인화와 자발적 협동의식을 유도한다.

일곱째, 업무 수행상 준거가 될 수 있는 성문화된 규칙을 제정한다.

여덟째, 엄정한 규율을 확립한다.

아홉째, 효과적인 통제 방법을 강구한다.

(6) 적도집권의 원리

적도집권(適度集權, Principle of Optimum Centralization)의 원리란 중앙집권(centralization)과 지방분권(decentralization) 사이에 적도(適度)의 균형점(均衡點, optimum balance)을 발견하는 조직의 형태를 말한다. 중앙집권제는 중앙부서에 권한을 집중시킴으로써 능률화를 가져오는 데는 유리하나, 획일주의와 전제주의를 초래할 위험성이 있다. 반면에 분권제는 지방부서나 하부기관에 권한을 위임·분산시킴으로써 지방의 특수성과 자율성을 촉진할 수 있으나 비능률을 초래할 가능성이 있다. 중앙집권제와 분권제는 그 어떤 것이 더 효율적이라고 단언할 수 없는 것이 각기 한계를 지니기 때문에 두 제도의 극단을 피하고 적정한 균형을 도모하는 것이 적도집권 혹은 적도분권이다. 그 균형점은 일률적인 것이 아니라 조직의 목적과 기능, 조직구성원의 성격, 사회적·문화적 환경, 역사적 배경에 따라 결정된다. 조직에 대한 집권화와 분권화의 장·단점은 다음과 같다.

| 표 6-9 | 중앙집권화와 지방분권화의 장점 및 단점

구분	중앙집권화	지방분권화
장점	•통일된 정책 수행과 강력한 통솔력 •대량 업무 신속하게 처리 •조직 운영경비 절감 •통합적 조정과 위기에 대처 가능	•각 부서에 맞는 행정 가능 •자발적 참여로 사기와 창의성 발휘 •관리자 훈련
단점	•관료주의화와 형식주의화 가능 •창의성·적극성 결여 •각 부서의 실정에 맞는 행정 어려움	•조직의 운영경비 과다 지출 •행정체계 문란 •업무의 중복

출처: 안병환 외. (2018). 평생교육경영론. 서울: 동문사. 재구성.

평생교육경영에서도 경영자와 학습자 사이에서, 경영자는 민주적이고 합리적인 경영을 하고 학습자는 경영방침에 근거하여 창의적이고 효율적인 역할을 수행함으로써 권한의 균형을 유지할 수 있게 된다. 따라서 집권과 분권 사이에 적도의 균형을 취할 필요가 있다(이진영, 2004).

4. 조직의 유형

조직의 현상을 연구할 때 보통 그것을 어떤 기준 또는 변수나 속성에 따라 분류하게 된다. 따라서 조직분류의 유형도 다양한 방법에 의해 전문화된 유형으로 구분된다. 학자들이 다양한 기준으로 조직의 유형을 구분하였는데 다음과 같다(곽내영, 2007; 권두승 외, 2016; 김윤태, 2006; 김진숙 외, 2018; 서보준 외, 2018; 안병환 외, 2018; 최은수 외, 2017).

1) 파슨스의 사회적 기능 유형

파슨스(Parsons)는 조직이 사회에 대하여 어떠한 기여를 하는지(조직의 목표 및 사회에 대한 기능) 기준으로 조직의 유형을 분류하였다. 그러나 이러한 분류방식은 조직 자체의 내부구조를 설명하지 못하고, 조직의 현실은 그러한 목적과 기능을 동시에 복합적으로 수행한다는 사실을 설명하지 못하는 문제가 있다.

(1) 생산조직

생산조직(production organization)은 사회의 적응기능을 수행하는 조직으로서 사회가 소비하는 재화나 용역을 생산하는 조직이다. 사회유지에 필요한 자원획득을 일차적인 책임으로 하는 기업체 조직이 여기에 속한다.

(2) 정치적 · 목표 지향적 조직

정치적 · 목표 지향적 조직(political goal-oriented organization)은 사회의 공동목표를 설정하고 달성하는 기능을 수행하는 조직이다. 사회로 하여금 가치가 부여된 목표를 획득할 수 있도록 하고, 이것은 사회 내부에 정치 권력을 배분하는 기능을 갖고 있다. 이러한 조직은 목표달성을 위해 권력을 할당하는 정부기관이나 은행과 같은 조직이 여기에 속한다.

(3) 통합적 조직

통합적 조직(integrative organization)은 갈등을 해소하고 제도화된 기대를 실현하는 방향으로 사회 구성원들의 동기를 유발하고 그들의 활동을 전체적으로 통합하는 기능을 갖고 있는 조직이다. 구성원 간에 결속과 통일 유지하는 사회통합의 기능을 수행하는 조직이다. 사회체제의 내적 활동을 조정하고 통합하는 법원, 정당, 사회통제 기관 등이 여기에 속한다.

(4) 유형유지조직

유형유지조직(pattern maintenance organization)은 교육적 · 문화적 · 표현적 행동을 통하여 사회의 계속성을 유지하는 기능을 갖고 있는 조직이다. 체제의 문화유형을 유지하고 새롭게 하는 잠재기능을 수행하는 조직이다. 문화를 창조하고, 보존하며, 전달하는 기능을 수행하는 국공립학교, 대학, 교회, 박물관 등이 여기에 해당된다.

2) 에치오니의 순응조직 유형

에치오니(Amitai Etzioni)는 조직이란 일정한 환경하에서 특정한 목적을 달성하기 위하여 신중하게 구성된 일정한 구조를 지닌 사회단위 또는 인간의 집합체라고 하였다. 에치오니는 조직에서 하위 참여자가 조직의 권위체계의 복종하는 방식인 순응(compliance)의 개념을 사용하여 조직을 분류하였다. 여기에서 순응은 부하직원에게 행사되는 권력과 그 결과 부하직원이 조직에 참여하는 수준 간의 관계를 의미한다. 그는 조직의 질서와 구조의 핵심을 지배-순종관계(governance–compliance)로 보고, 지배·복종의 관계는 권력과 관여(power–involvement)에 의해 형성된다고 보았다. 그리고 권력의 유형에는 강제적(coercive), 보수적(remunerative), 규범적(normative) 권력이 있고, 관여의 유형에는 소외적(alienative), 타산적(계산적, calculative), 도덕적(moral) 관여가 있다(김진숙 외, 2018; 이진영, 2004).

권력의 형태 \ 참여 형태	소외적	타산적	도덕적
규범적	규범적 소외적	규범적 타산적	**규범적 조직** **종교단체, 학교, 법원, 정당**
보상적	보상적 소외적	**공리적 조직** **사기업체, 경제단체**	보상적 도덕적
강제적	**강제적 조직** **교도소, 포로수용소**	강제적 타산적	강제적 도덕적

| 그림 6-2 | 복종에 입각한 조직의 유형

출처: 김진숙 외. (2018). 평생교육경영론. 파주: 양성원. 재구성.

(1) 개인행동 통제 방법

① 강제적 권력(coercive power): 물리적 힘을 가하는 것(위협, 매질, 감금, 체벌, 음식 등)

② 보상적 권력(remunerative power): 봉급이나 상여금, 특별급여 등 물질적·금전적 대가를 늘리거나 줄이는 형식

③ 규범적 권력(normative power): 상징적 보상이나 제재를 통한 통제. 벌로서는 비난·배척·지위의 박탈·낮은 고과 점수 등, 상으로는 칭찬·특권·높

은 평가 등

(2) 구성원 참여 방식

① 소외적 참여(alienative involvement): 자기의 의사에 반대되기 때문에 부정적이고 적대적인 감정이 강해 참여에 소극적임

② 계산적 참여(calculative involvement): 조직에 대한 태도는 중립적이며 때에 따라 적극적이고 소극적일 수 있음

③ 도덕적 참여(moral involvement): 조직의 존립 목적에 강한 신념을 가지고 참여하기 때문에 매우 적극적임

| 표 6-10 | 에치오니의 조직유형 분류

권력사용방식	조직형태	예시
강제적 조직 (Coercive Organization)	강제적 조치(소외적 관여)	교도소, 포로수용소
공리적 조직 (Utilitarian Organization)	보상적 조치(타산적 관여)	사기업체, 경제단체
규범적 조직 (Normative Organization)	규범적 조치(도덕적 관여)	종교단체, 학교, 법원, 정당

출처: 권두승 외. (2016). 평생교육경영론(2판). 파주: 교육과학사. 재구성.

3) 칼슨의 봉사조직 유형

고객선발 방법에 있어서 칼슨(Carlson)은 봉사조직에 대한 새로운 유형을 발표하였다. 칼슨은 조직의 내적 기능에 대하여 중요한 함축적인 의미를 두었으며, 경우에 따라서 고객이 참여할 곳을 선택할 수도 있고 고객이 선택할 수 없는 경우도 있다.

조직의 고객선택권 \ 고객의 참여 결정권	유	무
유	유형I •야생조직 •사립학교, 개인병원, 공공복지기관 등 •고객 선택 및 조직 선발 가능	유형III •이론적으로 가능하나 실제는 없음 •고객 선택 없음 •조직 선발 있음
무	유형II •주립대학 •고객 선택 있음 •조직 선발 없음	유형IV •사육(온상)조직 •공립학교, 교도소, 정신병원 •고객 선택 및 조직 선발 없음

| 그림 6-3 | 참여 결정권에 의한 서비스 조직의 유형

출처: 김진숙 외. (2018). 평생교육경영론. 파주: 양성원. 재구성.

(1) 유형 I

유형 I 은 야생조직이라 하는데 조직이 고객을 선발하고 고객이 조직을 선택하는 데 있어서 독자적으로 긍정적인 결정을 한 형태이다. 이 유형 I 은 사립학교와 대학교, 사립 의료시설, 일반 복지후생기관 등이 있다. 집단 간 경쟁에서 생존하는 야생조직은 충분한 고객을 확보해야 생존할 수가 있는데 지속적으로 고객을 확보할 수 있다는 보장은 없다. 그러므로 업적의 질은 생존을 위하여 절대적인 것이다.

(2) 유형 II

유형 II 는 조직이 고객을 선발할 권리는 없고 고객이 조직을 선택할 권리만 있는 적응조직이다. 미국의 주립대학과 지역사회 대학 등이 있다.

(3) 유형 III

조직은 고객 선택권을 가지고 고객은 조직선택권이 없는 봉사조직은 존재하기 어렵기 때문에, 이 유형은 이론적으로는 가능하나 실제로는 존재하지 않는다. 유형Ⅲ은 강압적 조직으로써 개병제의 군대조직을 들 수 있으나 군대조직은 봉사조직이라고 하기에는 적합하지 않다.

(4) 유형Ⅳ

조직이나 고객이 선발권을 갖지 못하는 조직이다. 법규에 의해 고객을 수용할 수밖에 없는 조직으로 의무 교육기관인 공립학교, 교도소, 국립 정신병원 등이 있다. 고객을 유치하는 데 경쟁 없이 법적으로 존립을 보장하고 있어 사육(온상)조직이라고도 한다.

4) 홀의 학교조직 유형

홀(Hall)은 관료구조에서 권위의 계층, 전문화, 규칙, 절차 명세서, 몰인정성, 기술적 능력 등의 여섯 가지 특성요소를 대상으로 경험적 분석을 통하여, 이들 특성 간의 상호 관련성을 경험적으로 연구한 결과, 합리조직에 내재해 있는 두 부류의 특성을 도출하였다. 한쪽은 권위의 계층, 규칙, 절차 명세서, 몰인정성으로 이루어진 관료적 특성이었고, 다른 한쪽은 전문화, 기술적 능력으로 이루어진 전문적 특성이었다. 이 두 가지의 특성의 결합 양상에 따라 조직은 다양한 유형으로 구분될 수도 있음을 보여 주었다. 즉, 합리조직은 관료적 특성과 전문적 특성의 양이 어느 정도 가지고 있느냐에 따라서 다음 그림과 같이 네 개의 유형으로 나누어진다. 각 유형의 조직적 성격은 다음과 같다.

① 베버적 조직: 전문화와 관료화가 서로 보충적이며 모두 높은 유형Ⅰ이다.
② 권위주의적 조직: 계층 내에서 직위에 부여된 권한이 강조된 유형Ⅱ이다.
③ 전문적 조직: 행정가와 전문가 간에 공유적 의사결정이 강조된 유형Ⅲ이다.
④ 무질서적 조직: 혼란과 갈등, 조직의 운영에 일관성이 없고, 상호모순을 일으키며 비효과적인 유형Ⅳ이다.

	높음 ← **전문적 특성** → 낮음	
높음 ↑ **관료적 특성**	유형I 베버적	유형II 권위주의적
관료적 특성 ↓ 낮음	유형III 전문적	유형IV 무질서적

| 그림 6-4 | 학교조직 구조의 유형

5) 블라우와 스콧의 수혜자 유형

블라우와 스콧(Blau & Scott)은 조직과 관계를 가진 사람들을 조직구성원, 조직의 소유자나 경영자, 조직 이외의 사람이나 고객(clients), 일반 대중(public at large)으로 구분하고 누가 조직의 주된 수혜자(cui bono)이냐에 따라 조직을 다음과 같이 분류하였다(권두승 외, 2016; 안병환 외, 2018).

| 표 6-11 | 블라우와 스콧의 수혜자 유형

조직의 1차 이용자	유형	내용
조직구성원	호혜조직 (mutual benefit association)	•일차 수혜자는 구성원으로, 참여보장에 관심 •노동조합, 정당, 전문단체, 클럽, 재향군인회, 종교단체 등과 같은 조직
소유자	사업조직 (business concerns)	•일차적인 수혜자는 소유자로, 그들의 주된 목표는 이윤획득 •산업체, 무역회사, 제조공장, 도매상, 소매상, 금융기관 등 같은 조직
공공단체 및 사회	공공조직 (commons organization)	•일차 수혜자는 일반 대중 •군대, 경찰, 소방서, 국세청 등의 조직
고객 및 사용자	봉사조직 (service organization)	•일차 수혜자는 조직과 직접적으로 접촉하는 일반대중이며, 이 조직의 기본적인 기능은 고객에게 서비스를 제공 •학교, 병원, 사회사업기관, 교도소, 정신건강 진료소, 법률구조협회 등

출처: 곽내영. (2007). 곽내영 교육학(하). 서울: 도서출판 들풀. 재구성.

6) 카츠와 칸의 유형

카츠와 칸(Katz & Kahn)은 조직의 목표달성을 위한 사회체계로 보고, 조직의 유형을 조직의 본원적인 기능(genotypic functions)에 근거하여 다음과 같이 분류하고 있다(안병환 외, 2018, 서병준 외, 2018, 김지숙 외, 2018, 최은수 외. 2017).

(1) 생산적 또는 경제적 조직

생산적 또는 경제적 조직(productive or economic organization)은 목표달성 기능에 해당하는 조직이다. 사회를 위해 부의 창출, 물품의 제조, 그리고 서비스 제공을 하는 조직으로 광업체, 농장, 공장, 운수업체, 백화점 등을 말한다. 행정분야의 조직으로는 대부분 공기업이 해당된다.

사회 전체에 대해서 수단적 통합(instrumental integration)을 제공할 뿐 아니라 인간의 기본적 욕구를 충족시키기 위한 산출물을 제공한다. 그리고 이 조직은 인간 협동의 유인체로 보수를 제공한다.

(2) 형상유지조직

형상유지조직(maintenance organization)은 사회의 안정성 유지와 인간을 사회화하는 기능을 수행할 수 있도록 역할을 한다. 해당되는 조직은 가정, 학교, 종교단체, 병원, 문화기관, 매스커뮤니케이션 등이다.

조직은 교육, 교화, 훈련을 통하여 직접 형상유지 기능을 수행하거나 복지활동, 정신적 · 육체적 치료활동, 교정활동 등을 통해서 사회적 회복기능을 수행함으로써 사회의 규범적 통합을 책임진다.

(3) 적응적 조직

적응적 조직(adaptive organization)은 새로운 지식을 창출하고 이론을 개발하여 검증하고, 정보를 실제 사회문제에 적용하는 기능과 사회에 존재하는 정보 통합기능의 일부를 담당하고 있는 조직으로 연구기관, 학회 등이 있다.

(4) 관리적 또는 정치적 조직

관리적 또는 정치적 조직(managerial or political organization)은 사회의 인적·물적 자원과 하위체제에 대한 결정, 조정 및 통제의 기능을 하는 조직이다. 예를 들면 행정기관, 정당, 노동조합, 각종 압력단체 등이 있다. 그러나 하나의 조직은 하나의 기능만을 수행하는 것이 아니라 그 이상의 기능을 수행한다.

Chapter

07

평생교육기관 경영기획 및 경영전략

1. 평생교육의 경영기획 개념과 필요성

1) 경영기획의 개념

많은 정보가 넘쳐나고 미래가 불확실한 시대에 기획은 단순히 업(業)을 위한 기술이 아닌, 개인이 살아가는 의사결정을 내리는 데도 꼭 필요한 능력이기 때문에 점점 더 요구되어 진다. 직장이나 사업을 할 경우에도 기획이 밑받침되어야만 성공적인 결과를 도출할 수 있다. 그러므로 기획에 관한 관심이 높아진다.

조직의 기능과 역할이 더 복잡해지고 의사소통의 절차와 방법이 세분화 · 전문화 · 민주화되면서 조직활동에서 혼잡과 혼선의 가능성은 그 어느 때보다 가중되고 있다. 따라서 경영철학이 명확하지 않는다면 조직활동의 효율성과 생산성은 성장을 보장받기 힘들다. 이렇게 기획(planning)은 경영활동의 혼란과 혼선을 최소화함으로써 경영의 효율성과 생산성을 극대화하기 위해 작용된다. 특히 경영기획은 경영전략을 수립하고 실행하는 데에도 결정적이다(김용현 외, 2018).

이종수(2009)의 행정학사전에 의하면 기획이란 어떤 대상에 대해 그 대상의 변화를 가져올 목적을 확인하고, 그 목적을 성취하는 데에 가장 적합한 행동을 설계하는 것을 의미하며, 정책결정과 아주 비슷한 개념의 과정이다. 특히 기획은 정책결정처럼 문제해결 과정에 역점을 둔다는 점에서 동일한 행정 현상이라 볼 수 있다. 그래서 어떤 학자는 행정학에서 기획부문을 정책결정에 포함시켜 생략하기도 한다. 그러나 기획은 정책결정보다 미래 지향성이 더 강하고, 기간이 정해져 있으며, 보다 이념적(理念的) 성격이 내포되어 있다는 점에서 구별된다(이종수, 2009).

기획과 유사하게 사용되는 용어는 계획(plan)이다. 그리고 정책(policy)과 혼용되는 경우가 많은데 이를 구분하여 설명하면, 기획은 계속적인 과정이고, 계획은 기획을 통해 이루어진 결과이며, 정책은 기획에 선행되는 것으로서 기획을 위한 기본적인 틀을 말한다(권인탁 외, 2017).

특히 기획과 계획은 발음도 비슷하고 그 의도도 비슷할 것 같지만 사실 두 단어는 그 의미에서 여러 가지 차이가 있다. 먼저 기획(企劃)은 한자로 꾀하다, 도모하다의 기(企)와 긋다, 나누다의 획(劃)을 의미하고 계획(計劃)은 경영하다, 의논하다, 헤아리다의 계(計)와 긋다, 나누다의 획(劃)으로 구분하고 있다.

이러한 정의에서 볼 때 기획은 과정에 초점이 맞추어지고 계획이란 결과를 강조하는 경향이 있다. 또한 기획은 목표설정의 역할을 하는 것이며, 계획은 목표를 실행하기 위한 구체적인 방안을 모색하는 것이다. 다시 말해 기획은 목적과 방향을 설정하는 것과 관계가 깊고, 계획이란 방법론적인 측면이 강조된다.

기획은 창조성, 현실성, 논리성 모두를 겸비하고 있는 상태를 말한다. 즉, 새롭고 혁신적인 사상을 현실적 여건을 고려하여 체계적으로 만들어가는 행위를 의미한다. 다시 말해 생각하는 바를 그리는 것으로 창조성을 강조하여 새로운 가치를 만드는 것을 말한다. 계획은 현실성과 논리성을 가지고 있지만, 창조성의 요소가 없는 상태를 말한다. 즉, 이미 알고 있는 내용을 실천 가능한 현실 여건을 고려하여 일정한 원칙에 의해 체계적으로 만들어가는 것을 의미한다(김진화, 2008).

| 표 7-1 | 기획과 계획의 비교

기획	계획
•목적설정	•목표실행
•목적과 방향성	•방법과 실행성
•창조성, 현실성, 논리성 겸비	•현실성, 논리성은 있으나 창조성은 없음
•계속적인 과정	•기획의 결과
•거시적	•미시적
•전략	•전술
•무엇을 할 것인가(What to do)	•어떻게 할 것인가(How to do)
•왜 해야 하나(Why to do)	•어떠한 방법이 가능한가(Which to do)
•효과성	•효율성

출처: 김진화. (2008). 평생교육 프로그램개발론. 파주: 교육과학사. 재구성.

기획은 많은 학자가 일반적으로 목적이나 목표를 분명히 설정하는 것으로 설명하고 있으나 어떤 관점에서 보는가에 따라 개념 정의는 약간의 차이를 나타낸다. 한마디로 말하면 기획도 전략적으로 수립되어야 한다는 것이다. 이와 같은 의미로 해석된다면 기획과 전략은 상호 교호적이며 상호 순환적이다. 또한 전략은 기획의 핵심 과제이기도 하다(최기운, 2006).

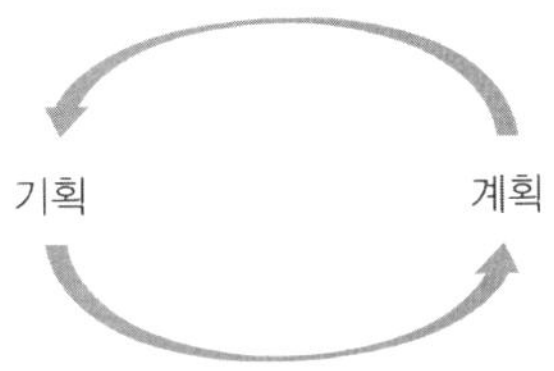

| 그림 7-1 | 기획과 전략의 관계

출처: 서보준 외. (2018). 평생교육경영론. 고양: 공동체.

기획에 대한 해외학자의 정의를 살펴보면, 길버트 등(Gilbert & Specht, 1977)은 기획이란 당면 문제를 해결하기 위한 목표에 따라 예측이 가능한 사건들의 경로와 과정을 통제하려는 의식적 시도로서, 미래전망, 체계적 고찰, 과학적 조사, 가치의 선택 등을 통해서 현실적인 대안을 수립해 나가는 의사결정의 과정이다. 드로어(Dror, 1971)는 기획을 최적의 수단으로 목표를 성취하도록 하는 미래행동에 대한 일련의 결정을 준비하는 과정이다고 정의하였다. 이와 같은 맥락에서 더글라스(Douglass, 1978)는 다섯 가지로 나누어 정의하였다.

첫째, 기획은 활동과정뿐만 아니라 결과에 대한 예측을 가능하게 하여 경영활동의 성공 가능성을 높여준다.

둘째, 기획은 조직의 인적자원 및 물적자원을 효과적으로 예측 통제하게 함으로써 미래 상황에 대한 실질적 대처능력을 제고시켜 준다.

셋째, 기획은 개인과 조직활동의 통제 및 관리 기준을 일목요연하게 제시한다.

넷째, 기획은 모든 조직활동에 투입되는 소요경비의 계산에 구체적으로 기여한다.

다섯째, 기획은 조직경영의 운영 전반에 대한 분석적 사고의 평가능력을 제고하게 함으로써 관리자에게 의사결정의 수준을 높여준다.

2) 평생교육기관 기획의 의의와 유형

(1) 경영과 교육기획

평생교육기관의 운영을 위한 경영계획은 크게 두 가지 측면에서 접근해야 한다. 하나는 평생교육기관의 주요 업무영역인 교육을 위한 교육계획이고, 다른 하나는 합리적이고 합목적적으로 기관을 어떻게 이끌어 갈 것인가에 관한 경영계획이다.

바움 등(Baume et al., 2002)이 제시하는 경영기획을 여섯 가지 속성을 살펴보면 다음과 같다.

첫째, 기획은 미래지향적이다. 미래의 평생교육 활동에 관하여 준비하는 과정에서 기획이 성립된다. 주간계획, 월간계획, 연간계획 또는 더 장기적인 계획이건, 어떠한 일이 실제로 시행되기 이전에 그것을 준비하고 구상하는 가운데 그 과정으로서 기획이 이루어진다.

둘째, 기획은 일 년에 한 번쯤 하는 하나의 행사가 아니라 다양한 대안을 지속적으로 탐색하는 지속적인 과정이다.

셋째, 기획은 결정 수립과 불가분의 관계를 가지고 있다. 즉, 모든 기획의 행동들은 결정 수립과 연관이 있을 뿐만 아니라 결정 과정에서의 모든 요소는 계획을 수립하는 과정과 반드시 연관이 있다고 볼 수 있다.

넷째, 기획은 목적 및 목표 지향적이다. 기획은 최적의 수단을 가지고 목적을 성취하도록 인도한다. 특히 현실성이 수반된 기획을 위해서는 목표를 명확하게 하는 것이 관건이다.

다섯째, 기획은 현장성, 현실성, 실현성을 중심으로 이루어진다.

여섯째, 기획은 목표와 수단을 연결해 주는 개방성을 가진다. 즉, 수시로 발생하는 돌발상황에 대처하기 위한 역동성과 가변성을 갖추기 위해서 기획은 확정적이거나 정형적이지 않다. 따라서 기획의 개방성을 통하여 다양한 아이디어가 창출되고 이를 수용할 수 있는 유연성을 얻게 된다. 뿐만 아니라 그 목적을 성취할 수단을 규정한 것도 중요하다.

위와 같이 교육기획의 특성은 미래지향적인 행동과정이다. 그리고 고도의 전문적 지성을 요구하는 지적인 활동이며, 합리적인 정보수집과 판단, 그리고 문제해결 능력을 필요로 하는 합리적인 활동이다. 또한, 사전 준비과정을 통해 상황의 변화에 따라 언제든지 수정하거나 보완할 수 있다.

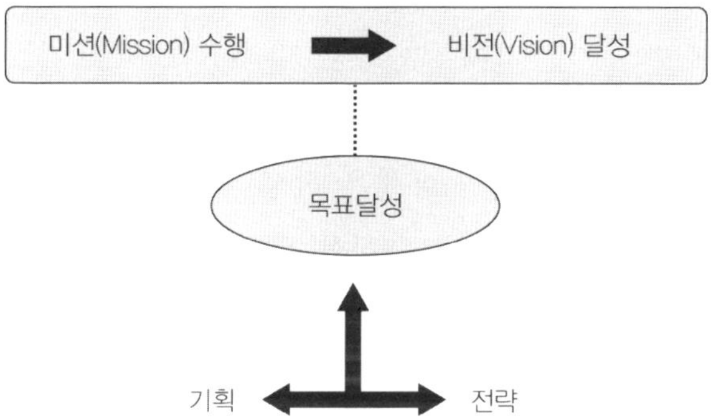

| 그림 7-2 | 기획과 전략의 관계

출처: 김용현 외. (2018). 평생교육경영론(2판). 파주: 양서원.

교육계획은 미래의 교육활동에 대한 사전의 지적·정의적 준비과정이다. 미래의 교육활동에 대비하여 교육목표 달성을 위한 효과적인 수단과 방법을 제시함으로써 교육정책 결정의 효율성과 안정성을 보장해 주는 지적이고 합리적인 과정이다.

(2) 교육계획 유형

교육계획의 유형에는 계획 기간에 따른 유형, 수립 주체에 따른 유형, 계획범위에 따른 유형으로 구분할 수 있으면 그 내용은 다음과 같다(곽내영, 2007; 박인학, 2002).

① 교육 기간에 따른 유형

교육 기간에 따른 교육계획은 기간의 장단에 따라 장기교육계획, 중기교육계획, 단기교육계획으로 구분된다. 장기교육계획은 일반적으로 5년 이상의 계획이고, 중기교육계획은 3년 내지 5년인 계획을 말하며, 단기교육계획은 3년 미만의 계획을 의미하나 일반적으로 1년 이하의 계획을 말한다.

② 수립 주체에 따른 유형

수립 주체에 따른 교육계획의 유형은 작성 주체가 어디인가에 따라 크게 국가교육계획, 지역교육계획, 기관교육계획 등으로 구분된다. 국가교육계획은 국가가 계획수립의 주체가 되는 것이고, 지역교육계획은 우리나라의 경우 서울특별시나 광역시 또는 각 시·도 교육청이 중심이 되어 해당 지역의 교육발전을 위해 수립하는 교육기획이며, 기관교육계획은 평생교육을 가장 일선에서 실천하고 있는 기관의 발전과 평생교육을 실천하기 위하여 수립하는 교육계획을 말한다.

③ 계획범위에 따른 유형

계획범위에 따른 교육계획의 유형은 그 종합성 정도에 따라 부문교육계획과 종합교육계획으로 구분된다. 부문교육계획은 한정된 부문의 계획으로 특정한 대상만을 포함한 교육계획을 말한다. 반면에 종합계획은 교육의 여러 부문과 영역을 종합적으로 다루는 교육계획이다.

| 표 7-2 | 교육계획의 유형

유형		내용
교육 기간에 따른 유형	장기계획	•10년 이상 20년에 이르는 것도 있으나 일반적으로 5년 이상의 기획
	중기계획	•3년 내지 5년인 기획
	단기계획	•3년 미만의 기획을 의미하지만, 대체로 1년이나 그 이내인 기획
수립 주체에 따른 유형	국가계획	•국가가 수립하는 교육기획
	지역계획	•지방자치단체에서 수립하는 교육기획
	학교계획	•단위교육기관이 수립하는 교육기획
계획범위에 따른 유형	부문계획	•한정된 부문의 기획으로 특정한 대상만을 포함하는 교육기획
	종합계획	•교육의 여러 부문과 영역을 종합적으로 다루는 교육기획

출처: 곽내영. (2007). 곽내영 교육학(하). 서울: 도서출판 들풀.

이 외에도 행정조직 계층이나 강제성 정도, 작성방법, 주제 등에 따라서도 다양하게 구분될 수 있다.

3) 교육기획의 원리와 성격

(1) 교육기획의 원리

교육기획의 원리는 타당성(합목적성)의 원리, 효율성의 원리, 민주성(참여)의 원리, 전문성의 원리, 중립성의 원리, 적응성(탄력성)의 원리, 안정성의 원리, 균형성의 원리, 통합성(종합성)의 원리, 계속성의 원리가 있다.

| 표 7-3 | 교육기획의 원리

원리	내용
타당성(합목적성)의 원리	•의도하는 목표를 달성할 수 있는 타당한 수단과 방법을 가지고 이루어져야 한다.
효율성의 원리	•의도하는 교육목표 달성을 위한 능률적이고 효과적인 수단과 방법을 동원할 수 있도록 수립되어야 한다.
민주성(참여)의 원리	•국민이나 이해 관련 집단 등의 광범위한 참여를 통해 민주적인 방식으로 이루어져야 한다.
전문성의 원리	•교육의 각 부문 전문가들을 참여시켜 전문적으로 이루어져야 한다.
중립성의 원리	•교육 자체의 타당성과 효율성에 따라 수립되어야 하며, 어떠한 정치적 · 종교적 · 당파적 압력에 의해 좌우되어서는 안 된다.
적응성(탄력성)의 원리	•상황의 변화에 탄력적으로 대응할 수 있도록 신축성 있게 수립되어야 한다.
안정성의 원리	•정책의 일관성과 안정성을 유지할 수 있도록 수립되어야 하며, 지나치게 가변적인 계획으로 이루어져서는 안 된다.
균형성의 원리	•안정성과 적응성, 민주성과 전문성 등을 적정하게 유지하는 방식으로 이루어져야 한다.
통합성(종합성)의 원리	•국가의 타 부문 기획과 통합되도록 이루어져야 하며, 하위부문들을 종합적으로 고려하여야 한다.
계속성의 원리	•의도한 교육목적을 실현시키기 위해 계속적인 연구와 평가를 통해 수립되어야 한다.

출처: 곽내영. (2007). 곽내영 교육학(하). 서울: 도서출판 들풀.

이외에도 교육기획의 원리에는 미래 지향성, 경제성, 과학성, 단순성의 원리도 있다. 그 원리의 내용은 다음과 같다(곽내영, 2007).

① 미래 지향성: 변화하는 사회에 대응하기 위한 미래 교육의 모습이 제시되어야 한다.

② 경제성: 가용한 인적 · 물적자원의 효과를 극대화시키고 능률성을 확보시킬 수 있는 방향으로 추진되어야 한다.

③ 과학성: 교육기획의 목적은 가능한 한 조작적으로 명확히 제시하여 그 실천과정에 있어서의 비능률적이고 소비적인 요인을 제거하며, 기획을 위한

자료의 수집 · 분석 · 평가 등 일련의 과정은 과학적인 방법론에 기초하고 있어야 한다.

④ 단순성: 관련 집단은 물론 국민 모두의 이해를 쉽게 하기 위하여 가능한 한 단순하게 표현되어야 한다.

(2) 교육계획의 성격

교육계획은 교육의 목적을 달성하기 위한 미래의 활동에 대한 합리적 준비과정으로서 일반적으로 다음과 같은 성격을 갖는다(남정걸, 2008; 신중식 외, 2009; 최은수, 2017).

첫째, 목표 지향적이며 미래 지향적이다. 교육계획은 교육정책의 결정이 아니라 교육정책을 결정하기 위한 대안의 선정을 준비하는 과정이다.

둘째, 조직적인 예견장치이고 합리적인 통제수단이다. 교육계획은 교육 사항이나 교육활동에 관한 단순한 예측이 아니라 합리성을 바탕으로 예견하고 교육활동을 통제한다.

셋째, 교육계획은 교육의 발전과 쇄신을 위한 지원구조의 강화수단인 동시에 교육 경영합리화의 기술적 수단이며 도구이다.

넷째, 교육계획은 가치판단을 위한 자료 기준을 제시하며, 도덕적 · 비정치적 · 전문적 기술의 적용과정이다.

다섯째, 교육계획은 많은 가정을 토대로 작성된 미래에 관한 행동의 설계이며 변화하는 환경에 따라 수정되어야 한다.

여섯째, 교육과 계획은 목적과 수단의 관계에 놓여 있다. 교육이 목적이고 계획이 수단이므로 교육을 저해하는 계획이어서는 안되고 성과를 제고하는데 기여해야 한다.

일곱째, 교육계획은 교육목표에 도달할 수 있도록 합목적성과 접합성이 요구된다.

여덟째, 교육계획은 실현될 것을 전제로 수립되기 때문에 실현 가능성과 현실성에 있어야 한다.

4) 평생교육 프로그램 기획의 필요성과 효과성

프로그램 기획은 프로그램의 전체 설계도이며 실행도이다. 프로그램을 기획하는 과정이 생략된다면, 무엇이 어떻게 진행되고 또한 무엇이 어떻게 진행되어야 하는지를 알아낼 수가 없다. 따라서 프로그램 개발부터 운영까지의 과정을 기획하여 계획을 수립함으로써 교육활동을 원만하게 이끌어 갈 수 있다. 프로그램은 혼자 기획할 수도 있으며 여럿이 기획할 수도 있다. 또한 기관이나 기관장의 지시나 주문에 따라 특별히 기획하는 경우도 있다. 기관 경영상 목표 과제로서 프로그램은 정기적으로 기획되는 것이 원칙이다(김용현 외, 2018). 스키드모어(Skidmore, 1994)는 프로그램 기획의 필요성을 다음과 같이 제시하였다.

첫째, 불확실성을 감소시켜 준다.

둘째, 합리성을 증진시켜 준다.

셋째, 효율성을 증진(비용 측면)시켜 준다.

넷째, 효과성을 증진(서비스가 고객들에게 실질적으로 효과적이었는지의 효과 측면)시켜 준다.

다섯째, 평가와 책임성을 이행시켜 준다.

여섯째, 평생교육기관 조직 성원의 사기진작을 돕고 프로그램 관련자들의 이해와 욕구를 충족시켜 준다.

또한 김신복은 평생교육경영의 목적을 보다 효과적으로 달성하기 위한 기획은 다음과 같은 효과를 발휘한다고 하였다(김종철 외, 1997).

첫째, 평생교육경영 기획은 정책수행과 행정의 업무효율을 통해 장기적으로 기획·수립된다.

둘째, 평생교육경영 기획은 한정된 자원의 합리적 배분을 가능케 함으로써 투자의 효율성을 높일 수 있다.

셋째, 평생교육경영 기획은 행정이나 경영의 효율성과 타당성을 높일 수 있으므로 기관의 경제적 효율성을 높일 수 있다.

넷째, 평생교육경영 기획은 정세의 변화에 능동적으로 대처할 수 있게 한다.

다섯째, 평생교육경영 기획은 합리적인 통제를 가능하게 함으로써 필요한 조치를 취할 수 있다.

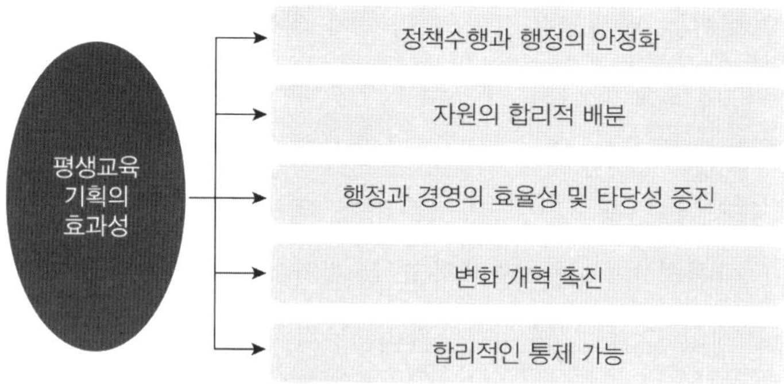

| 그림 7-3 | 평생교육 기획의 효과성

출처: 이향란. (2015). 평생교육경영론. 고양: 공동체.

경영목표 달성을 위한 성공전략의 수립은 성공적인 기획으로부터 시작된다. 기획은 목표달성을 위해 반드시 요청되는 전략적 요인을 중심으로 지속적으로 성취해야 할 것을 선택해 내는 작업이다. 따라서 성공적인 경영기획은 성공적인 경영전략의 수립을 위한 전제조건이 된다. 즉, 기획을 잘하면 경영의 성과도 긍정적으로 나타날 수 있다는 것이다.

이처럼 기획은 경영조직활동의 혼란을 최소화함으로써 경영의 효율성과 생산성을 극대화하기 위해 작용한다고 볼 수 있다. 경영기획은 또한 경영전략을 수립하고 실행하는 데에도 매우 결정적 역할을 한다. 경영기획은 결과에 대한 예측을 가능하게 하여 경영활동의 성공 가능성을 높여주는 촉진역할을 수행(김용현 외, 2018; Douglass, 1978)하기도 한다.

5) 기획 수립 과정

(1) 경영기획의 수립 과정

평생교육경영의 과정은 평생교육행정의 업무를 수행하기 위한 일련의 행정 작용(administrative action)이라고 할 수 있는데, 보다 효과적인 평생교육행정 업무의 성취를 위해서는 평생교육경영의 과정에 대한 이해와 적절한 적용이 필요하다(신철순, 1995). 경영에서 기획 과정은 세 가지로 나누어 설명할 수 있다. 즉, 계획(Plan), 실행(Do), 평가(See)의 과정은 경영기획에 의해 전체적으로 조망된다. 다시 말해, 효율적이고 생산적인 경영관리를 위해서는 경영계획을 수립하고, 이를 실행하고 실천하며, 이를 평가하고 통제하는 일련의 경영과정(process)을 설계한다. 주로 계획 단계에서는 예산관리, 투자사업의 타당성 분석, 재무예측 등에 관한 관리가 이루어지며, 실행단계에서는 관리회계, 사업부제, 구분순익관리, 원가관리, 표준관리 등에 대한 관리가 이루어지며, 끝으로 평가단계에서는 경영성과 분석 및 업적평가가 이루어진다(강인준, 2007).

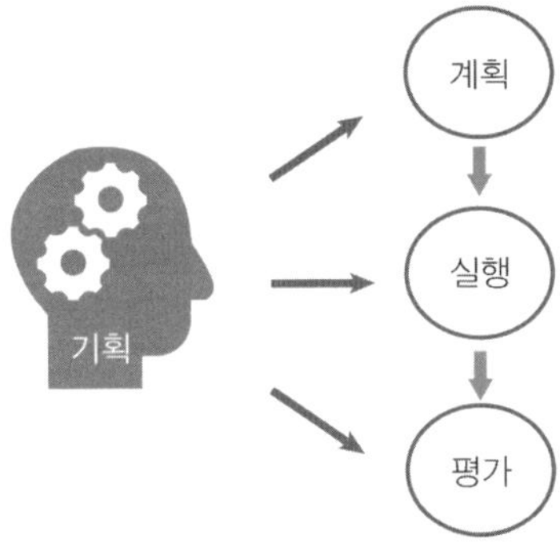

| 그림 7-4 | 기획의 절차와 과정

출처: 김용현 외(2018). 평생교육경영론(2판). 파주: 양서원. 재구성.

또한 최기운(2006)은 분석을 기반(Analysis-based)으로 하는 경영기획 수립 일곱 단계를 제시하였으며, 호시노 다다시(星野前川正, 1990)는 일반적인 기획수립 열두 단계로 제시하여 설명하였다. 자세한 내용을 살펴보면 다음과 같다.

① 경영기획 수립의 7단계

- 1단계: 과제분석의 단계로서 '무엇을 왜 기획해야 하나?'에 대한 연구단계
- 2단계: '시장분석'의 단계로서 관련 자료의 수집 및 분석 단계
- 3단계: '기본 전략 수립'의 단계로서 아이디어 및 전략 도출의 단계
- 4단계: 관련 부문별 세부전력 도출의 단계로서 구체적인 전략 세우기의 단계
- 5단계: 일목요연한 '기획서' 작성의 단계로서 문서로 정리하는 단계
- 6단계: 프레젠테이션 단계로서 관련된 사람들에게 보고하는 단계
- 7단계: 실행 및 보완 작업의 단계로서 기획을 사후 관리하는 단계

② 경영기획의 수립의 12단계

- 1단계: 기획 수립의 과정을 이해한다.
- 2단계: 과제를 발견 및 파악한다.
- 3단계: 연관되는 제 조건을 정리한다.
- 4단계: 작업계획을 세워서 준비한다.
- 5단계: 정보를 모아 읽어본다.
- 6단계: 아이디어를 내고 구상을 정리한다.
- 7단계: 세부사항을 채워나간다.
- 8단계: 기획서를 만든다.
- 9단계: 제안하여 결정하게 한다.
- 10단계: 실행을 예측한다.
- 11단계: 피드백(feedback)한다.
- 12단계: 새로운 전망을 얻는다.

(2) 교육기획의 과정

어떤 정형이 있는 것은 아니며, 기획의 성격과 내용, 필요한 시간과 자원, 환경조건 등에 따라 거치는 과정이나 단계가 다를 수 있다. 대체로 과학적 문제해결의 과정과 유사한 단계를 거쳐 추진된다. 교육기획 과정은 여섯 단계로 기획이전 단계, 기획단계, 계획형성 단계, 계획 정교화 단계, 계획실천 단계, 평가와 수정 및 재계획 단계로 구분한다(곽내영, 2007).

| 표 7-4 | 교육기획의 여섯 단계

구분	단계별 내용
기획이전 단계 (목표형성을 위한 구조화 과정)	•합리적인 기획체제의 구성 •기획의 절차 설정 •계획의 형성과 이행에 참여하는 교육행정 조직의 재구조화 •기획에 요구되는 통계나 자료의 수집 분석을 위한 조직 절차의 설정
기획 단계	•진단 → 정책형성 장래 → 소요비용의 추정 → 우선순위와 목표설정 → 실현 가능성의 검토
계획형성 단계	•어떤 문제나 과제가 왜 제기되었으며, 어떻게 수행될 수 있는가에 관한 명확한 진술의 작성이 계획형성
계획 정교화 단계	•교육계획은 명확하고 구체적으로 진술 •정교화 과정은 다음 두 가지 절차를 거쳐 이루어짐 -사업계획 작성(programming) -프로젝트(project) 확인과 형성
계획실천 단계	•인적 · 물적자원에 대한 관리, 연간 예산, 추진계획을 사용하여 다양한 프로젝트를 수행하기 위한 구조적 설계를 개발 · 실천하는 단계 •각 프로젝트에 요구되는 자원의 할당과 시간계획도 이루어지며, 운영상의 문제인 권한의 위임, 의사소통 체계, 책임분담, 피드백 체제 및 통제 체제의 개발도 이루어짐 •일반적으로 각 교육행정 조직은 이 계획실천 단계에서 참여하게 됨
평가와 수정 및 재계획 단계	

출처: 곽내영. (2007). 곽내영 교육학(하). 서울: 도서출판 들풀.

2. 평생교육기관의 경영전략

1) 경영전략의 개념

전략(Strategy)이란 말은 군사적 용어로서 챈들러(Chandler, 1962)가 최초로 경영학 분야에 도입하게 되었다. 장군(將軍)을 뜻하는 희랍어의 '스트라테고스(Strategos)'라는 단어에서 유래되어 여러 가지의 뜻으로 사용되어 왔다(Weihrich et al., 1993). 즉, 전략이란 본래 군사학의 용어로서 전쟁을 전반적으로 이끌어 가는 방법이나 책략을 말한다. 이는 전술보다 상위의 개념이다. 반면, 전술(tactics)에 대한 사전의 정의를 살펴보면 전투나 작전에 군사적 기술과 방법 장기적이고 광범위한 계획으로서의 전략의 하위개념에 속한다. 일정한 목적을 달성하기 위한 기본적인 수단과 방법을 비유적으로 이르는 말로 되어 있다. 전략은 전술보다 포괄적 개념으로 이해할 수 있다(최은수 외, 2017).

오늘날 군사전략은 국가 정책상의 목표를 이루기 위하여 군사력을 이용하는 기술과 과학의 영역으로 확장되고 있다(김진숙 외, 2018). 이러한 개념은 경영 용어로도 전용된 지 오래다. 경영전략(經營戰略, management strategy)은 환경변화에 대한 기업활동을 전체적·계획적으로 적응시키는 전략으로, 변동하는 기업 환경에 능동적으로 대처하여 기업의 존속과 성장을 꾀하는 것이다(권두승 외, 2016). 특히 기업경영 현장에서는 급격한 주변 산업환경의 변화 속에서 기업경영방침의 유지, 발전, 혁신, 향상 등을 위한 제반 경영활동을 전체적·계획적으로 변화, 발전, 적응 또는 재적응시키기 위한 특별한 조치를 취해야 할 필요성이 높아지고 있다(한국경제신문 기획부, 2001).

전략이란 한 조직이 나아가야 할 장기적인 방향을 제시하고, 지속적 경쟁우위를 유지하면서 그 조직의 사명과 목표를 달성하고자 자원을 활용하도록 하는 종합적인 행동계획이다(유필화 외, 2008). 경영전략에 대한 정의는 연구자의 연구

목적이나 분석수준 또는 전략에 대한 인식방법에 따라 다양하게 제시되고 있다(허태규, 2016). 경영전략이란 기관이 장기적인 목표를 수립하고 이를 달성하기 위해 각종 정책을 만들어 주어진 자원을 효율적으로 배분하고 추진에 나감으로써 경쟁에서 다른 기관에 우위를 확보하려는 경영활동을 의미한다. 이때 전략은 기관의 번영과 생존을 위해 조직, 자원, 관리 등의 모든 경영시스템을 통합하고 조정하는 상위개념이다(임창희, 2003).

챈들러(Chandler, 1962)에 의하면, 기업의 장기 목표와 목적을 결정하고 이 목표들을 수행하기 위해 필요한 행동경로를 채택하고 자원을 할당하는 것이며, 조직 전체의 결속을 위한 조직의 주요 목표, 정책, 그리고 행동양식을 결합하는 계획 또는 실천 양식이라고 하였다. 안소프(Ansoff, 1965)는 제품과 시장의 범위, 성장벡터 경쟁적 우위, 시너지 효과 등에 관한 의사결정을 하는 규칙이다. 앤드류스(Andrews, 1980)는 경영전략을 기업의 목표와 그 목표를 달성하기 위한 여러 가지 계획이나 정책을 전략이라고 정의하고 전략은 그 회사가 사업 참여 분야와 그 회사의 성격을 결정하는 중요한 단서라고 하였다.

니와 데츠오(丹羽哲夫)는 회사가 미래에 나아갈 방향을 그리는 것이라고 말하면서, 경영전략의 구성요소를 크게 경영기본전략, 전체계획 그리고 사업부문별 계획으로 구분하였다(홍성수, 2001). 그는 경영기본전략에 경영이념과 비전, 사업영역과 경영목표, 조직개혁과 그룹기업 총괄방침을 포함시켰으며, 전체계획에는 손익계획, 대차대조표와 현금흐름, 자금의 조달과 운용, 직접금융과 간접금융의 균형, 설비투자계획, 인원 및 인건비계획, 연구개발계획, 마케팅 계획, 생산·물류계획, 매입·외주계획, 정보시스템계획, 신규사업계획을 포함시켰다. 또한, 그는 사업부문별 계획에는 사업비전과 사업구조개혁 시나리오, 사업목표와 시장 포지셔닝(positioning), 사업수지계획, 조직체계와 부문 내 신규사업, 마케팅계획과 업적평가, 연구개발계획과 업적평가, 생산·물류계획과 업적평가, 매입·외주계획과 업적평가, 인사·조직계획과 업적평가, 재무계획과 업적평가, 정보·네트워크계획과 업적평가를 포함시켰다(홍성수, 2001).

전략에 대한 기초적인 이해를 바탕으로 경영전략은 무엇인지 구체적인 의미를 살펴보면 다음과 같다(이승주, 2006).

첫째, 경영전략은 기관의 기본적인 목표를 달성하기 위한 종합적인 활동계획이다. 이는 일상적인 업무나 활동과는 구별된다고 볼 수 있다.

둘째, 경영전략은 해당 기관의 경쟁우위를 구축하고 구체적인 경쟁방식을 선택하는 의사결정이다. 이는 기관의 시장점유율의 경쟁우위에 대한 중요성을 강조하는 개념이다.

셋째, 경영전략의 핵심은 고객을 위한 가치창조에 있다. 이는 경쟁기관보다 고객에 대한 가치가 보다 탁월하게 뛰어날 때 발생하는 것이라는 견해이다.

넷째, 경영전략은 기관의 한정된 경영자원을 효과적으로 배분하는 의사결정의 패턴이다. 즉 한정된 경영자원을 어떤 사업 및 어떤 활동에 집중할 것인가는 경영성과를 결정하는 중요한 전략적 의사결정이다.

이러한 개념들을 종합해 보면 경영전략이란 기관의 비전과 목표달성을 위해 조직이 나아가야 할 방향을 제시하여 불확실한 미래에 대응하고, 타 기관들과의 경쟁에서 우위를 확보하기 위한 장기적인 경영활동이라고 할 수 있다. 경영전략의 개념이해를 좀 더 쉽게 이해하기 위해서는 경영전술의 개념과 비교하면 다음과 같다(김성수, 2000; 이향란, 2015).

전략	전술
조직의 목표를 달성하기 위한 장기적이고 광범위한 행동 형태와 기본적 방법론	전략을 보다 단기적이고 구체적으로 세분화한 분야별 설계와 목표
경영전략	**경영전술**
통합적·체계적·미래지향적 활동계획, 장기적·대단위적 경영 문제 관련 가치창조의 의사결정	경영의 특정 부문(생산, 마케팅, 연구와 개발 등)에 한정적·단기적 행동 결정, 소규모 단위 경영문제

| 그림 7-5 | 전략과 전술, 경영전략과 경영전술의 관계

출처: 이향란. (2015). 평생교육경영론. 고양: 공동체. 재구성.

| 표 7-5 | 경영전략과 경영전술의 차이

항목	경영전략	경영전술
주체자	최고 경영층	중간관리층, 하위관리층
대상관점	전시적	기능적
성격	비구조적	구조적, 반목적
주관적 가치	경영자의 주관적 가치 큼	경영자의 주관적 가치 적음
규칙성	규칙성이 없음	규칙성이 있음
선택범위	큰 범위	작은범위(세분화)
불확실성	큰 불확실성	작은 불확실성
필요정보	매우 많은 정보	비교적 적은 정보
공간적	대국적	국지적
시간적	장기적	단기적
평가	조금 어려운 평가	평가가 쉬움

출처: 김성수. (2000). 경영정책과 전략. 서울: 삼영사. 재구성.

2) 경영전략의 결정원리

경영전략을 결정하는 원리를 특정의 프로그램 시장분야, 성장벡터, 경쟁상의 이점, 시너지 전략 등의 네 가지로 구분할 수 있다. 구체적인 내용을 살펴보면 다음과 같다(최은수 외, 2017).

첫째, 특정의 프로그램 시장을 공략하라. 현재 진행하고 있거나 앞으로 진행하려는 특정의 프로그램 시장 분야를 결정하며, 프로그램 상호 간의 공통 관련성이 있는 사업 활동의 내용을 명확히 해야 한다. 이것이 결정되어야 비로소 프로그램 개발, 교육, 마케팅 및 홍보 활동 등에서 공통 관련성이 있는 분야의 성장기회를 모색하는 행동이 일어나게 된다. 즉, 종사할 교육분야를 결정하는 것이다.

둘째, 성장벡터를 명확하게 하라. 성장벡터란 특정의 프로그램 시장 분야와의 관련해서 기관이 성장하기 위해 선택하는 성장 방향을 의미한다. 앞서 설정된 분야에서 어느 방향으로 성장하도록 행동하는가는 성장벡터의 전략기준에 의해 결정한다. 안소프(Ansoff)가 제시한 시장확장 그리드를 살펴볼 필요가 있다.

① 시장침투전략: 현 프로그램 시장에서 시장점유율을 증대시킴으로써 성장하려는 방향을 의미한다. 예를 들면 수강료 인하, 광고증대, 프로그램 운영 횟수의 증가를 말한다.

② 시장개발전략: 새로운 지역시장을 탐구하거나, 현 프로그램의 운영에서 발생하는 새로운 시장을 개척하는 경우이다. 예를 들면 운영 프로그램과 연관된 프로그램을 운영하는 것이다. 즉 시리즈로 프로그램을 운영하는 것이다.

③ 프로그램 개발전략: 프로그램의 개선이나 프로그램에 새로운 내용을 추가하는 행동으로 리더십 프로그램에 의사결정 프로그램을 추가 운영하는 것을 말한다.

④ 다각화 전략: 다각화는 위험의 분산을 위해 선택하게 되는 전략이다. 즉 새로운 프로그램을 개발하여 새로운 시장을 개척하려 할 때 선택하게 되는 전략이다. 다각화 전략에는 수평적 다각화, 수직적 다각화, 집중적 다각화, 집성적 다각화 등이 있다.

- 수평적 다각화: 같은 유형의 고객, 내용과 관련이 있는 프로그램 개발에 의한 성장 방향을 지칭한 것으로서, 교육·판매 면에서 공통 관련성이 있다.
- 수직적 다각화: 최종적 프로그램 분야는 같지만 상이한 개발단계에 전·후진적으로 다각화하여 성장하는 것을 말한다.
- 집중적 다각화: 프로그램이나 시장에 어떠한 관련이 있는 분야로 다각화하여 성장하는 것을 말한다. 교육과 판매 면에서 또는 쌍방의 관련성에 강한 경우에는 다각화함으로써 중심 프로그램의 판매를 강화하는 방법이다.
- 집성적 다각화: 기존의 프로그램 시장에 거의 관련이 없는 분야로 다각화하는 것을 말한다.

	기존 프로그램	새로운 프로그램
기존시장	시장침투전략	프로그램 개발전략
새로운 시장	시장개발전략	다각화 전략

| 그림 7-6 | 프로그램 시장확장 그리드

출처: 최은수 외. (2017). 평생교육경영론(2판). 파주: 양서원.

셋째, 경쟁상의 이점을 추구하라. 특정 프로그램의 시장분야에서 경쟁상의 우위를 갖고 있는 것을 추구하라는 의미한다. 이는 경쟁상의 우위성을 뜻하는 것으로서 프로그램의 독창성, 희소성이 경쟁상의 이점 전략이 된다.

넷째, 시너지 효과를 고려하라. 구 프로그램 시장과 신 프로그램 시장, 또는 유사 프로그램의 두 결합 효과를 측정하는 척도를 말한다. 예를 들면 양자의 결합이 1+1=3이라는 결과로 나타났다면 이는 시너지 효과가 있다고 이야기할 수 있다. 이러한 전략은 판매 시너지, 투자 시너지, 경영관리 시너지 등의 효과를 얻을 수 있다.

이처럼 경영전략이 조직 운영자에게 중요한 이유는 조직경영에 영향을 미치는 환경의 급속한 변화에 준비하고 대처할 능력을 부여하기 때문이다. 현대와 같이 미래를 예측할 수 없고, 많은 것들이 매우 빠르게 변화하고 있는 상황에서 이에 대비한 전략 수립은 장래에 발생할 수 있는 위험요소를 최소로 줄일 수 있는 방안이다. 변화의 속도가 느리고 완만했던 과거에는 단순히 경험에 입각하여 목적과 계획을 수립하면 되었다. 그러나 불확실성의 미래를 준비하기 위해서는 경험보다는 더 체계적인 준비가 필요하다. 따라서 조직은 막대한 시간과 돈, 그리고 인력의 투자가 소요된다 할지라도 체계적인 전략을 수립하기 위해 많은 노력을 기울여야 할 것이다(서보준 외, 2018).

3. 평생교육기관의 경영전략 유형

경영의 핵심지침을 경영전략 또는 간단하게 전략이라고 부른다. 그중 다른 기관과의 경쟁에서 우위를 점하기 위한 경영전략을 경쟁전략이라고 한다. 평생교육기관의 경영전략 유형을 사업수준전략(원가우위 전략, 차별화 전략, 집중화 전략), 기관 수준 전략(포트폴리오 전략, 포괄전략), 기능별(부문별) 전략으로 구분할 수 있으며, 구체적인 내용은 다음과 같다(권두승 외, 2016; 안병환 외, 2018).

1) 사업수준 전략(Business Strategy)

평생교육기관이 창출할 수 있는 경쟁우위의 종류에는 원가우위(cost advantage)와 차별화우위(differentiation advantage), 집중화 전략(Focusing Strategy)의 세 가지가 있다. 이는 근본적으로 경쟁전략을 비싼 가격으로 차별화를 펼칠 것인가, 또는 저렴한 가격으로 대량판매를 할 것인가와 같으며, 경쟁기관의 수와 특성에 따라 다양한 전략을 구사할 수 있다. 그런데, 여기에서는 경쟁전략을 크게 비용우위전략, 차별화전략, 집중전략의 세 가지로 구분할 수 있다(Kotler, 1999).

(1) 원가우위 전략

원가우위 전략(Cost Leadership Strategy)이란 프로그램 개발이나 마케팅에서 극도의 효율성을 강조함으로써 원가우위를 확보하려는 전략이다. 이 전략은 교육서비스량이 증가할수록, 그리고 국가나 지방자치단체 혹은 기업체로부터 기관 운영에 필요한 보다 많은 지원을 확보한 경우에 교육 프로그램의 비용이 낮아지는 원리를 이용하여 경쟁 교육기관보다 저렴한 교육비로 승부하는 전략이다. 기관의 시설 이용률을 최대화하고, 규모의 경제를 실현하며, 기술혁신 추구, 능력 있는 평생교육사를 고용함으로써 원가를 최소화하는 것이다. 경쟁기관이 새로운 프로그램이나 값싼 노동력을 이용하여 더욱 저렴한 가격으로 경쟁함으로써 경쟁우위를 빼앗길 가능성이 있으며, 경쟁기관이 동일한 프로그램을 모방할 가능성도 배제할 수 없다. 원가우위 전략을 적용하는 데 유리한 상황은 다음과 같다(김종재 외, 2007).

첫째, 교육기관들 간의 경쟁이 수강료(등록비) 경쟁에 바탕을 둔 경우이다.

둘째, 교육 프로그램이 일회적이거나 학습자들이 쉽게 참가할 수 있는 경우이다.

셋째, 교육 프로그램의 차별화를 할 수 없거나 교육 프로그램의 차별화가 학습자(고객)에게 큰 의미가 없을 경우이다.

넷째, 신규 교육 프로그램의 개발비용이 낮은 경우이다.

다섯째, 학습자(고객)의 규모가 크고 교육비 인하에 강한 교섭력을 지니는 경우이다.

반면, 원가우위 전략에 의존하는 평생교육기관들은 다음과 같은 위험요인들에 의하여 원가우위를 지속적으로 유지하기 어려울 수 있다.

첫째, 새로운 기술의 등장에 제대로 적용하지 못하는 경우이다.

둘째, 신규 진입 기관이나 후발 기관들의 모방이 성공한 경우이다.

셋째, 원가절감에만 관심을 집중하다가 학습자의 니즈 변화에 적절히 대응하지 못하는 경우이다.

넷째, 교육원가 상승으로 경쟁기관들이 차별화 효과를 상쇄시킨 만한 비용차이를 유지할 수 없는 경우이다.

(2) 차별화 전략

차별화 전략(Differentiation Strategy)은 가격 이외의 요소에서 다른 경쟁 관계 기관의 교육 프로그램과 차별화된 요소를 제공하는 전략이다. 차별화 전략을 펼치는 기관은 프로그램을 새롭게 개발하거나, 교육서비스를 강화하거나 하는 등 기능을 추가하는데 드는 비용을 고스란히 교육 프로그램 경비에 반영하기 때문에 프로그램 수강료(등록비)가 높아질 수밖에 없다. 하지만 학습자들이 경쟁기관의 프로그램보다 많은 비용을 기꺼이 지불하면서 그 '차이'를 구매하도록 하는 것이 차별화 전략의 핵심이다. 마케팅의 대가인 코틀러(Kotler, 2001)는 차별화 전략으로서 제품 차별화, 서비스 차별화, 직원 차별화, 채널 차별화, 그리고 이미지 차별화 등과 같은 다섯 가지를 지적하고 있다. 이를 평생교육기관에 대입하여 적절하게 변용하여 설명하면 다음과 같다.

① 프로그램의 차별화: 프로그램의 질, 신뢰성, 취업가능성 등
② 서비스의 차별화: 고객에 대한 교육서비스의 내용과 질
③ 직원에 의한 차별화: 전문적이고 친절하며 고객에게 신뢰를 주는 직원
④ 채널에 의한 차별화: 학습자와 기관 간의 의사소통의 통로 및 구조
⑤ 이미지에 의한 차별화: 브랜드, 기관의 아이덴티티 등

(3) 집중화 전략

집중화 전략(Focusing Strategy)은 특정 학습자 집단이나 특정 프로그램 또는 지역적으로 한정된 시장만을 대상으로 집중적인 목표로 삼는 전략이다. 원가전략이나 차별화 전략이 평생교육 산업 전체를 대상으로 함에 반하여 집중화 전략은 세분화된 특정 시장에 대한 원가우위 전략이나 차별화 전략을 사용하는 것으로, 특정 목표만을 집중함으로써 효과적이고 능률적으로 대응하는 전략이다. 따라서 교육산업 전체가 아니라 특정 영역을 대상으로 한다는 점에서 원가우위 전략이나 차별화 전략과는 그 성격이 다르다.

2) 기관수준 전략(Corporate Strategy)

(1) 포트폴리오 전략

포트폴리오 전략이란 여러 분야에 걸쳐 프로그램 영역을 가지고 있는 평생교육기관이 프로그램 구상을 어떻게 할 것이며, 각 프로그램에 자원을 어떻게 할

당할 것 인가를 결정하는 전략이다. 단일 프로그램이나 단일 사업만을 영위하는 평생교육기관에서는 모든 자원을 한 프로그램으로만 투입하기 때문에 자원 배분 문제는 발생하지 않는다. 그러나 프로그램 영역이 두 개 이상이 되면, 각 프로그램 영역의 성공적인 수행을 위하여 제한된 자원을 어떻게 배분할 것인가가 중요한 의사결정 문제가 된다. 이런 상황에서 활용할 수 있는 전략기법이 포트폴리오 방법이다. 포트폴리오(portfolio) 방법은 여러 가지 프로그램의 기회를 대상으로 최적의 투자조합을 구성하려는 방법이다.

(2) 포괄전략

포괄전략이란 평생교육기관이 환경을 평가하고 설립한 목표를 달성하도록 하기 위한 광범위한 계획을 말한다. 즉 비전과 사명, 목표를 정하고 프로그램 수준에서 제시하는 여러 형태의 제안들이나 과제들을 검토하는 것을 의미한다. 포괄전략은 성장전략, 안정전략, 감량전략 등의 세 가지로 구분된다.

| 표 7-6 | 포괄전략 구성요소

구분	성장전략	안정전략	감량전략
의미	미래의 목표를 과거보다 높여 시장점유율과 매출액을 증가시키려는 전략	기업이 과거의 경영성과에 만족하여 과거와 동일한 목표를 추구하고 현재의 성장을 유지하려는 전략	조직의 내적 약점과 외적인 위험에 의해 성과가 감소할 경우 비용절감을 통해 조직활동의 효율성을 제고하려는 전략방법
방법	•집중적 전략 •통합화 전략 •분산화 전략	–	•우회전략(다운사이징, 구조조정) •영업양도 전략 •청산전략

출처: 윤종훈 외. (2015). 경영학원론(2판). 파주: 학현사.

3) 기능별(부문별) 전략(Functional Strategy)

기관 조직의 기능(부문)별로 전략을 수립하는 것을 의미한다. 사업전략의 원활한 수행을 위하여 조직의 자원을 어떻게 사용할 것인지에 대한 지침을 제공하는 것이다. 기관의 프로그램 개발, 마케팅, 인적자원관리, 재무관리, 연구개발 등에 있어서 필요한 기능을 개발하는 전략이다. 일반적으로 평생교육기관의 조직은 크게 경영지원팀, 교육운영팀 또는 교육지원팀으로 구분하고, 교육 관련 업무는 대부분 교육팀에서 담당하고 있다. 세부적으로 살펴보면 마케팅, 프로그램 운영, 프로그램 개발 등이다. 한편, 경영지원팀을 원활한 교육 진행이 이루어질 수 있도록 인사와 재무 관련 업무를 담당하고 있다. 따라서 이들이 맡고 있는 업무영역별로 전략을 수립하게 된다. 예를 들면, 프로그램 운영을 교육팀에서는 홍보를 위한 마케팅전략, 운영을 위한 운영전략, 개발을 위한 개발전략을 수립하게 된다.

4. 평생교육기관의 경영전략 상황분석

1) 경영 환경 분석의 의의

환경 분석은 경쟁자, 고객, 공급자, 정부, 금융기관, 지역사회 등의 과업환경과 기술적, 경제적, 사회문화적, 국제적 등의 일반 환경이 기업에 미치는 변화의 내용을 확인하는 것이다. 아울러 평생교육기관을 둘러싸고 있는 환경적 조건이 제공하는 기회와 위협요인을 분석해야 한다. 이는 조직 내외의 환경과 요인들이 조직의 목표를 달성하는 데 있어 중요한 영향을 지니고 있기 때문이다. 손무가 지은 손자병법(孫子兵法) 모공편(謀攻篇)에 '지피지기 백전불태(知彼知己 白戰不殆)'라는 말이 있다. '적과 나를 알고 싸우면 백번 싸워도 위태롭지 않다'라는 뜻으로 곧 전략수립의 과정에서도 매우 중요한 의미를 제공하고 있다. 이는 급변하는 경쟁사회에서 타 기관을 알고 자기조직이 지니고 있는 강점과 약점을 외부 외부환경이 제공하는 위협 및 기회요인과 더불어 파악하는 것이야말로 경쟁우위에 존립할 수 있다는 것이다. 그래서 평생교육기관의 내부·외부의 환경 분석으로 가장 널리 알려지고 있는 SWOT 분석에 대하여 살펴보고자 한다.

(1) SWOT 분석

조직 내외의 환경 분석과 관련하여 가장 널리 알려지고 일반적으로 제시되고 있는 분석기법으로는 SWOT(Strength, Weakness, Opportunity, Threat) 분석을 들 수 있다. SWOT 분석은 조직의 외부환경이 제공하는 기회와 위협요인과 관련하여 조직 내부의 강점과 약점을 인지할 수 있도록 하는 전략적 계획수립을 위한 경영환경 분석 도구이다. 조직의 강점, 약점, 기회, 위협들을 토대로 특별히 복잡한 작업이나 계량화 작업 없이도 기존에 수행한 상황분석만으로 전략을 수립할 수 있다는 실용성 때문에 널리 사용된다(이정희, 2008).

SWOT 분석은 하버드 경영대학원의 케네스 앤드류(Kennet Andrews) 박사 등에 의해 만들어졌으며, 스탠퍼드대학교에서 1960년대와 1970년대에 포춘 선정 500대 기업들을 연구하면서 얻게 된 결과를 바탕으로 알버트 험프리(Albert Humphrey)가 고안해 낸 경영환경 분석방법이다(김용현 외, 2018).

SWOT 분석에서 S는 'Strength'의 약자로 기관 내부자원의 강점을 뜻하며, W는 'Weakness'의 약자로 기관 내부의 약점을 말한다. 그리고 O는 'Opportunity'의 약자로 기관에 미치는 환경의 기회요인을 의미하며, T는 'Threat'의 약자로 기관에 미칠 수 있는 위협요인을 의미한다(이향란, 2015).

(내적) 강점(Strength)	(내적) 약점(Weakness)
(외적) 기회(Opportunity)	(외적) 위협(Threat)

| 그림 7-7 | SWOT의 범주화

출처: 김용현 외(2018). 평생교육경영론(2판). 파주: 양서원.

SWOT 분석은 경영조직체에서 파악된 기회와 위협요인, 강점과 약점요인을 정리하여 당면하고 있는, 그리고 앞으로 당면하게 될 환경에 대하여 조직체가 확보하고 있는 강점과 약점요인을 중심으로 어떻게 대응할 것인가를 분석하는 도표이다(주정우, 2018). 이를 토대로 전략을 수립할 때 조직이 강점을 가지고 기회를 살리는 전략(강점-기회전략, SO), 강점을 가지고 위협을 회피하거나 최소화하는 전략(강점-위협전략, ST), 약점을 보완하여 기회를 살리는 전략(약점-기회전략, WO), 그리고 약점을 보완하면서 동시에 위협을 회피하거나 최소화하는 전략(약점-위협전략, WT) 등을 도출할 수 있다. 좀 더 구체적으로 살펴보면 다음과 같다(주정우, 2018).

① SO전략(강점-기회전략): 자신이 가지고 있는 강점과 시장의 기회를 적극적으로 활용하여, 전략상 가장 좋은 위치 상태이다.

② ST전략(강점-위협전략): 자신이 가지고 있는 강점을 이용하지만, 시장의 상황은 좋지 않은 상태이다.

③ WO전략(약점-기회전략): 자신이 가지고 있는 것은 불리한 점이 많지만, 전체적인 시장의 환경은 좋은 상태이다.

④ WT전략(약점-위협전략): 자신이 가지고 있는 것도 불리하고, 시장의 기회도 좋지 않은 위의 네 가지 유형 중에서 가장 좋지 않은 상태이다.

| 표 7-7 | SWOT 분석 매트릭스 모형

	강점요인(S)	약점요인(W)
기회 요인 (O)	•강점을 활용하여 기회를 최대 살림 •기회를 살리기 위한 강점 확인 · 발굴 ㉮ 경쟁우위, 독점기술, 충실한 고객, 교육 제도 변화, 지식 기반화	•약점을 보완하여 기회를 활용 •약점을 강점으로 전환하여 기회 강구 •기회를 살릴 수 있는 약점 확인 ㉮ 약한 사장점유율, 마케팅 능력 부족, 낙후된 시설, 공급자 취약성
위협 요인 (T)	•강점을 활용하여 위협을 회피 •위협을 회피하기 위한 강점을 확인 · 발굴 ㉮ 시장에서의 성장, 확장, 새로운 프로그램 개발, 새로운 서비스, 전문 교 · 강사 확보	•약점을 회피하기 위한 전략 강구 •위협과 약점의 접점에서 선택(사업의 포기 혹은 적극적 투자) •위협요인과 약점요인을 확인 ㉮ 새로운 경쟁자 출현, 경기 침체, 불리한 경제적 요인, 고객의 강한 입력

출처: 권두승 외. (2016). 평생교육경영론(2판). 파주: 교육과학사. 재구성.

(2) SWOT 분석 특징

평생교육기관 실천현장의 강점, 약점, 기회, 위협의 네 가지 요소를 SWOT 분석을 통해 살펴보면 다음과 같은 특징이 있다(김창엽, 2014; 서보준 외, 2018).

첫째, 강점요인은 우리 기관 혹은 우리 프로그램을 다른 평생교육기관이나 프로그램보다 경쟁우위에 위치하도록 만드는 요소를 가리킨다.

둘째, 약점요인은 우리 기관 또는 프로그램이 다른 평생교육기관이나 프로그램보다 열세에 위치하도록 만드는 요소를 가리킨다.

셋째, 기회요인은 우리 기관의 프로그램 수요를 확대시키고 조직의 포지션을 제고시키는 우호적인 현재나 미래의 상황을 의미한다.

넷째, 위협요인은 우리 기관의 경쟁력을 침해하거나 위협하는 비우호적인 현재나 미래의 상황이나 동향 또는 임박한 변화를 의미한다.

Chapter

08

평생교육기관의 인사자원 및 재무관리

1. 인적자원관리의 의의와 주체

1) 인적자원관리의 의의

(1) 개념

미래학자 앨빈 토플러(Alvin Toffler)는 다가오는 정보화시대에 사람이야말로 건물과 공장을 대신해서 이윤창조 활동에 있어 가장 중요한 자산이 될 것이라고 하였다. 가치를 창출하기 위한 기업의 모든 활동이 이제는 사람, 즉 인적자원에 달려 있다는 것이다. 평생교육 자체가 인적자원개발의 성격을 지니고 있지만, 평생교육기관 안에도 인적자원이 포함되어 있다. 따라서 평생교육기관도 일반 조직처럼 내적으로 인적자원을 잘 관리해야 한다(오혁진, 2021).

평생교육기관은 사람을 대상으로, 그것도 사람과 사람과의 접점활동에 의하여 사람의 행동변화를 목적으로 하는 조직이다. 이러한 점에서 평생교육기관에 종사하는 구성원들의 자질이라든가 동기 등이 매우 중요하고, 이에 따라 조직관리 차원에서 이들에 대한 체계적인 관리가 필요하다. 이것은 평생교육기관뿐 아니라 대부분의 조직에서도 공통적이다. 왜냐하면 인적자원은 조직이 활용하는 가장 중요한 요소 중의 하나로서 경영활동이 효율적으로 이루어지고 경쟁력이 있기 위해서는 인적자원관리가 필수적이기 때문이다. 여기서 인적자원관리(Human Resource Management, HRM)란 조직경영에 필요한 인적자원의 확보, 개발, 유지, 동기부여를 위한 일련의 관리활동을 말한다(조동성, 2010).

| 표 8-1 | 인적자원관리의 요소 및 주요내용

구분	내용
인적자원 확보	•조직의 충원을 의미하는 것으로 조직구성원의 모집, 면접, 시험, 선발 등의 채용기능
인적자원 개발	•구성원의 잠재능력을 실현할 수 있도록 훈련, 배치, 전직, 승진 등을 통한 인적자원의 능력과 자질을 함양
인적자원 유지	•구성원의 직무, 보상, 복리후생, 안전위생, 의사소통, 제안제도 등을 통해 그들이 할 수 있는 양호한 직무환경이나 작업 분위기를 유지하는 기능
인적자원 보상	•직무에 기분 좋게 몰입할 수 있도록 구성원에게 동기를 부여하는 일련의 과정

출처: 권두승 외. (2016). **평생교육경영론(2판)**. 파주: 교육과학사.

결국 인적자원관리는 구성원의 잠재능력을 최대한으로 살려 구성원 스스로가 최대한의 성과를 이루도록 처우하고 조직하는 방법을 말한다. 여기에는 주로 종업원의 채용, 배치, 교육훈련, 인사고과, 임금, 복리후생 등에 관한 관리가 필요하다는 것을 의미한다. 평생교육기관에서 인적자원 확보는 평생교육의 전문성을 강화한다는 차원에서 평생교육사 자격증 소지자를 중심으로 되어야 하며, 이를 위한 지원체제가 확보되어야 한다. 평생교육기관의 인적자원 개발과 관련하여서는 기관 자체 내의 현직교육(OJT)[4], 직장연수(OFF JT)[5] 등이 있으나, 평생교육센터라든가 기타 관련 단체 차원에서 전개되는 평생교육 담당자 연수 등도 있다(권두승 외, 2016). 이와 같은 인식은 인적자원을 효과적으로 관리하면 조직의 효과성에 절대적으로 이바지함으로써 조직의 경쟁력을 높일 뿐만 아니라, 구성원들의 근로생활의 질(Quality of Working Life, QWL)을 향상시킬 수 있다는 데 그 바탕을 두고 있다(임창희, 2010).

---

4) OJT(On The Job Training)는 조직의 직속 상사가 현장에서 개별적으로 지도하는 교육으로, 작업자가 실질적인 환경에서 작업 지도를 받음으로써 바로 적용 가능한 기술을 익히는 장점이 있다.

5) Off JT(Off The Job Training)는 교육 대상자를 현장 외의 장소에 모아 집체 교육이나 훈련을 실시하는 방식으로 주로 관리감독자의 훈련에 적합하며, 전문 강사를 초빙하여 조직적이고 체계적인 교육을 제공한다. 여러 조직구성원에게 동시에 교육을 제공할 수 있다는 장점이 있지만, 교육내용이 개인에게 맞지 않을 수 있다는 단점도 있다.

인적자원관리의 광의 의미로는 조직에서 사람에 관련된 모든 활동을 말한다. 협의의 의미로는 사람관리, 즉 인사관리를 말한다. 그러나 인사관리와 인적자원관리 간에는 차이점이 있다. 인사관리란 조직에서 종업원에 대한 기본적인 관리기능인 선발 · 훈련 · 보상 등을 의미하는 반면 인적자원관리는 전통적으로 인사관리에 행해 오던 기능에다가 조직구성원들의 역동적인 상호작용 기능과 전략적이고 계획적인 조직의 목표를 제시하는 확장된 개념이다. 따라서 인적자원관리는 종업원들의 개발에 관심이 많지만, 전통적인 인사관리는 통제형의 노무관리 수준에 머물고 있다는 차이가 있다(신유근, 2011).

현대에 와서 우리 사회를 '조직화된 사회'라고 일컫는데, 이는 대부분의 사람이 직업과 관련된 조직에 참여하지 않더라도 각종 조직에 소속되거나 작게는 집단에 소속되어 있음을 의미한다. 즉, 현대인들은 조직을 떠나서 존재할 수 없으며, 조직은 사람의 문제를 소홀히 하고는 생존할 수 없다. 그래서 조직은 조직의 경영전략에서 사람을 가장 중요시하고 있으며, 인적자원관리를 경영전략의 핵심 전략으로 고려하기 시작하였다. 특히 기업경영에서 인적자원관리가 중요한 이유를 다음과 같이 들고 있다(신유근, 2011).

첫째, 조직에서 발생하는 많은 문제가 근본적으로 인간문제이며, 이러한 인간문제를 어떻게 해결하느냐 하는 것이 조직의 유지 발전에 중요한 요소가 된다.

둘째, 인적자원관리는 타 기업이 모방할 수 없고, 고유의 핵심역량을 배양하여 기업경쟁력을 제고하는 활동이다.

셋째, 오늘날 지식정보사회에서 경영의 요체는 역시 사람관리이다. 즉, 지식정보사회의 대명사라 할 수 있는 지식경영은 조직구성원들에게 조직 내외의 지식자산을 개발 · 획득하도록 하고, 이를 효과적으로 공유 · 활용하도록 촉진한다.

넷째, 인적자원관리는 기업이 노동문제 · 인권문제와 관련된 사회적 압력에 대해 효과적으로 대처하도록 하여 사회와의 균형 관계 속에서 경영성과를 달성하도록 하는 활동이다.

다섯째, 인적자원관리는 기업경영의 글로벌화를 달성하는 데 핵심적 관건이

되고 있다.

이뿐만 아니라 미래지향적인 인적자원관리를 강조하면서 조직의 전략과 인적자원관리를 통합적으로 접근하는 것이 전략적 인적자원관리라고 말한다(이진규, 2009). 전략적 인적자원관리는 조직의 전략 수립과 실행 시 조직의 인적자원에 대한 제반 요건과 각 인적자원관리 기능을 고려하여 조직전략을 수립하는 것이다. 조직전략과 인적자원관리를 통합적으로 접근하기 위해서는 먼저 인적자원관리 사명에서 조직의 사명과 더불어 인적자원의 중요성을 확인해야 한다. 조직의 내부·외부 환경 분석과 인적자원 환경 분석을 통하여 조직에서의 약점과 강점 그리고 동시에 인적자원의 약점과 강점을 파악한다. 그리고 인적자원 전략을 조직전략과 동시에 또는 우선적으로 수립한다. 끝으로 조직전략과 동시에 인적자원관리 전략으로 필요한 인력을 파악하고 인력의 모집과 선발을 통해 직무배치, 인력에 대한 성과평가와 보상 그리고 개발과 훈련 등 전반적인 인적자원 관련 활동이 이루어진다. 사회, 조직, 개인 구성원 그리고 인적자원 환경의 새로운 변화로 인적자원관리의 패러다임이 변화하고 있음을 실감할 수 있다. 과거 인사관리가 관료주의 이념에 기초를 두고 조직전략의 보조적 기능만을 강조하였다면, 지금은 인적자원관리와 전략이 조직의 핵심 전략으로 인식되고 있다. 이러한 현상은 평생교육기관을 포함한 교육조직에는 물론 모든 조직에서도 마찬가지이다(이진규, 2009).

이런 맥락에서 볼 때 평생교육기관의 인사관리는 평생교육기관에서 필요로 하는 인적자원을 계획·확보·개발·활용하는 평생교육기관 경영의 중요한 요소라고 이해할 수 있다. 평생교육기관에서 인사관리 대상은 협의의 대상과 광의의 대상으로 나누어 볼 수 있다. 협의의 대상은 프로그램 개발자, 프로그램 운영자, 일반 직원 등이 속한다. 여기에는 전일제 직원과 시간제 직원이 모두 포함된다. 한편 광의의 대상으로는 위의 대상을 포함하여 외부강사, 자원봉사자, 이사회원 등이 포함된다(오혁진, 2021).

(2) 패러다임 변화

인적자원관리는 물적자원과 달라서 새로운 전략과 제도를 수립하는 데 많은 시간이 소요된다. 인적자원관리는 환경에 즉각적으로 대응하여 변화하기 어려운 속성을 갖고 있기 때문이다. 특히 인적자원관리는 경제 동향과 아주 밀접한 관계를 맺고 있기 때문에 경제 환경의 변화에 따라 인적자원관리의 패러다임도 함께 변화해왔다. 기업을 중심으로 그 변화를 살펴보면 다음과 같다(한국노동연구원, 2000).

첫째, 내부노동시장 중심에서 외부노동시장 중심으로 변화하였다.

둘째, 집단·연공 중심에서 개인·성과 중심으로 변화하였다.

셋째, 사람 중심에서 일 중심으로 변화하였다.

넷째, 인사부서 중심에서 현장관리자 중심으로 변화하였다.

다섯째, 국내중심에서 국제중심으로 변화하였다.

여섯째, 수직적 구조에서 수평적 구조로 변화하였다.

일곱째, 표준형 인재 중심에서 전문형 인재 중심으로 변화하였다.

이처럼 평생교육기관의 인적자원관리 역시 이러한 패러다임의 적용으로 패턴을 이끌어 가야 한다.

| 표 8-2 | 기업 중심 인적자원관리의 패러다임 변화

기존		변경
내부노동시장 중심		외부노동시장 중심
집단 · 연공 중심		개인 · 성과 중심
사람 중심		일 중심
인사부서 중심	➡	현장관리자 중심
국내중심		국제중심
수직적 구조		수평적 구조
표준형 인재 중심		전문형 인재 중심

2) 인적자원관리의 주체

일반적으로 인적자원관리에 있어서 대기업의 경우는 인사부서가 크게 두 개의 분야로 구성되어 있다. 하나는 인사조직 및 관리부서이다. 그리고 다른 하나는 교육부서이다. 인사조직 및 관리부서는 조직구성원 채용은 물론 인사고과, 후생 · 복지와 성과급 등 확보관리와 평가관리 그리고 보상관리를 주요 업무로 담당하고 있다. 반면에 교육부서는 조직구성원 개개인의 개인개발, 경력개발, 조직개발을 위한 교육훈련의 계획을 비롯하여 운영 및 평가를 담당하고 있다. 그러나 평생교육기관은 인사담당자가 모든 것을 총괄하고 있기 때문에 거대한 조직과의 경쟁에서 불리한 상황에 놓이고 있다.

2. 인적자원관리의 목표와 원리 및 기능

1) 인적자원관리의 목표

인적자원관리의 궁극적인 목적은 외적으로는 조직의 성과달성을 효과적이고 효율적으로 이끌어 가기 위하여 필요한 인적자원을 발굴하고 교육시켜 필요한 부서에 적시에 배치하는 것이다.

평생교육기관 인사관리의 목적은 평생교육기관을 생산성 높은 학습공동체로 만드는 것이다. 즉, 외적으로는 평생교육기관으로서의 조직 목적을 효과적·효율적으로 달성할 수 있도록 인력을 적절히 활용하는 것이며, 내적으로는 조직의 구성원들이 보람과 만족을 느끼고, 상호 간에 유대감을 형성하면서 성장하도록 돕는 것이다(서보준 외, 2018). 이를 위해 다음의 두 가지 가치가 동시에 추구되어야 한다(오혁진, 2021).

첫째, 합리성이다. 합리성이란 평생교육기관의 업무에 적합한 사람을 확보하며 그들의 전문성을 개발하고 적재적소에 배치하여 활용함으로써 평생교육기관이 지향하는 목표달성을 극대화하는 것이다. 즉, 인사관리의 객관적 측면과 관련되는 가치로서 평생교육기관의 사명과 목적을 효과적·효율적으로 추구하는 것을 의미한다.

둘째, 인간존중이다. 평생교육기관에서 일하는 구성원들이 평생교육에 대한 철학과 사명을 가지고 전문성을 발휘하여 소신껏 일함으로 직무만족도를 충족시키고 동시에 자기성장과 자아실현을 추구하도록 지원하는 것이다. 즉, 인사관리의 주관적 측면과 관련되는 가치로서 평생교육기관 구성원 사이의 갈등을 극복하고 구성원의 자기성장 및 자아실현을 추구하도록 돕는 것을 의미한다.

이 두 가지 가치가 조화롭게 구현될 때 평생교육기관은 교육적 사명의 실천은 물론 구성원 간의 유대감 강화와 자기성장도 더욱 효과적으로 이룩할 수 있다. 이는 평생교육기관 학습공동체의 구현을 의미한다.

2) 인적자원관리의 원리

일반적으로 조직구성원의 인적자원관리에 있어서 원리는 우수한 인력을 확보한 후에 확보된 인력을 적재적소에 배치하여 주어진 임무에 전념할 수 있도록 제반 여건을 마련해 줄 뿐만 아니라 전문성 심화 발전을 유도하는 동시에 근무 의욕을 고취할 수 있도록 필요한 제반 지원을 해주는 것이다. 즉, 직무에 대한 전문성 능력과 일에 대한 성취동기 또는 열정을 고취할 수 있도록 하는 것이다. 조직에서 인적자원관리 기능이나 영역이 넓기 때문에 다양한 원칙이나 원리가 적용될 수 있겠지만 기본적으로 모든 조직의 인적자원관리에서 적용될 수 있는 기본 원리는 다음과 같다(서정화 외, 2010).

첫째, 적재적소 배치의 원리이다. 유능한 인재를 확보하여도 적소에 배치하여 활용하지 못하면 인재가 사장되어 버린다. 따라서 유능한 인재를 확보하는 것도 중요하지만 이들에게 적합한 직무에 배치하여 능력을 최대한 발휘할 수 있도록 해주는 것이 인적자원관리의 시작이다.

둘째, 전문성 확보의 원칙이다. 유능한 인재를 확보하는 것 자체가 조직의 직무분야에 전문성이 있는 사람을 확보한다는 것을 의미한다. 하지만 현대 조직에서는 이보다 구성원의 전문적인 능력과 자질을 지속적으로 계발시켜 주는 것이 전문성의 더 중요한 원리이다. 평생교육기관의 경우도 최근 평생교육사 자격을 가진 전문인력을 대부분 채용하고 있어 전문성 확보의 원칙이 지켜지고 있지만, 이보다 더 중요한 것은 이들에게 전문성을 신장시킬 수 있는 기회를 지속적으로 제공해 주는 것이다. 평생교육기관의 학습조직화가 강조되는 것도 이 때문이다.

셋째, 공정성 유지의 원칙이다. '인사가 만사'라는 말이 의미하는 것이 바로 인사관리에서 공정성 유지의 원칙이다. 인적자원관리에서 공정성 유지의 원리는 모든 영역에 해당되는 것으로 채용에서부터 배치 그리고 평가나 보상 등에서 차별의 금지나 실적주의와 연공서열의 조화 등을 포함하는 원리이다. 공정성 유지의 원리는 구성원의 조직에 대한 불만이나 갈등을 최소화하고, 조직에 대한 충성도와 직무에 대한 동기 등을 유발함으로써 조직의 목표달성을 극대화하는 데 기여하게 된다.

넷째, 조직구성원의 직무의욕 고취이다. 구성원들의 직무의욕을 고취시키기 위해서는 우선 조직의 목표와 개인의 목표를 조화시킴으로써 구성원들이 직무에 만족하도록 해야 한다. 이 외에도 구성원에 대한 적정한 경제적 처우와 쾌적한 근무환경과 여건 제공도 구성원의 근무의욕 고취를 위하여 매우 중요하다. 특히 구성원들의 조직목표 달성을 위하여 성과가 있을 경우에는 이에 필요한 적절한 보상을 통하여 근무 의욕을 고취할 필요가 있다.

3) 인적자원관리의 기능

(1) 직무의 개념

인적자원관리란 조직이 필요로 하는 인력을 확보, 유지, 평가, 개발하는 통해 개인과 조직 또는 사람과 일의 관계가 상호 간에 과부족이 없도록 관리는 것을 말한다. 인적자원관리의 바탕이 되는 것이 바로 직무분석이다. 직무분석에서 인적자원관리의 기본적 문제해결 수단으로서 역할을 하며, 조직에서 일과 사람과의 관계를 명확하게 밝히는 중요한 과업이다. 직무의 직무를 구성하는 일, 즉 직무 내용과 그 직무를 수행하기 위해 요구되는 직무조건을 조직적으로 밝혀 인사관리나 노무관리를 원활하게 수행해 나가기 위해 필요한 정보를 획득하는 데 목적이 있다(나운환 외, 2019).

직무분석의 창시자는 테일러(Taylor)와 길브레스(Gilbreth)로서, 테일러가 1911년에 공장관리에 관한 저서에서 제기한 시간연구(time study)와 길브레스가 소개한 동작연구(motion study)에서 직무분석의 기법이 시작되었다. 이후 1914년에 시작된 제1차 세계대전 때 숙련기능공을 양성하기 위한 훈련 프로그램이 개발된 것을 계기로 직무분석이 획기적으로 발전하게 되었다. 직무분석이란 용어는 제1차 세계대전 중에 미국 육군의 인사분류위원회에서 최초로 사용한 것으로 전해진다. 1923년 미국은 직위 분류법을 제정하여 동일한 직무에는 동일한 급여를 지급해야 하며, 급여의 차이는 직무와 책임의 차이에 기준을 둔다는 직무급제도를 채택하였다. 우리나라는 6·25 한국전쟁 이후 주한미군에서 직무급제도를 인사행정에 도입함으로써 직무분석을 산발적으로 실시하게 되었다. 그러다가 1980년 노동부에서 국제노동기구로부터 직무분석 전문가를 초청하여 중앙직업훈련원, 직업훈련연구소, 한국경영자총협회 등의 직원들을 대상으로 직무분석에 대한 교육을 실시하여 각 분야의 전문가를 양성하였다(나운환 외, 2019).

직무란 광범위한 업무 영역 혹은 책임 영역에서 볼 때 서로 연관성 있는 일의 무리를 말한다. 하나의 직무에서 수행하는 일을 6~12개의 큰 영역으로 나눈 것으로 직업을 수행하는 데 주가 되는 활동이다(Mackay, 1993).

직무분석(job analysis)은 산업 현장에서 필요로 하는 인력을 과학적이고 합리적으로 관리하기 위한 기초 작업으로서 특정 직무의 성질을 파악하고 그 직무를 수행함에 있어서 필요한 지식, 숙련도, 직무역량, 책임 등 해당 직무와 관련된 조건들을 분석하는 과정이다(강위영 외, 2009).

직무분석은 해당 직무에 종사하는 자가 효과적으로 또한 성공적으로 업무를 수행하기 위해 요구되는 직무역량을 도출하는 것이며(한국산업인력공단, 2023), 직무분석 결과로 도출된 역량은 교육 프로그램 개발의 기초자료로 유용하게 활용될 수 있다. 직무분석에서 분석하고자 하는 일반적인 내용으로는 특정 직무에서 수행되는 작업의 분야 생산물, 작업장비, 작업자 기능 등이며, 작업자의 특성으로는 신체조건, 환경조건, 업무 수행에 필요한 기질, 홍미, 적성, 그리고 그 직무를 수행하기 위해 필요한 직업준비훈련, 교육 정도에 대한 정보 등이다.

일반 기업에서는 직무의 내용과 그 직무를 수행하기 위하여 요구되는 직무조건을 체계적으로 분석하여 인사관리나 노무관리를 원활하게 수행해 나가는 데 필요한 정보를 획득하기 위해 직무분석을 활용한다. 또한, 직무분석은 직무평가, 채용·배치·전환·승진 등의 인사관리, 교육훈련, 작업조건 개선 등의 목적과 더불어 작업방법, 작업공정의 개선, 직업상담 등 다양한 목적으로 활용되고 있다(나운환 외, 2019).

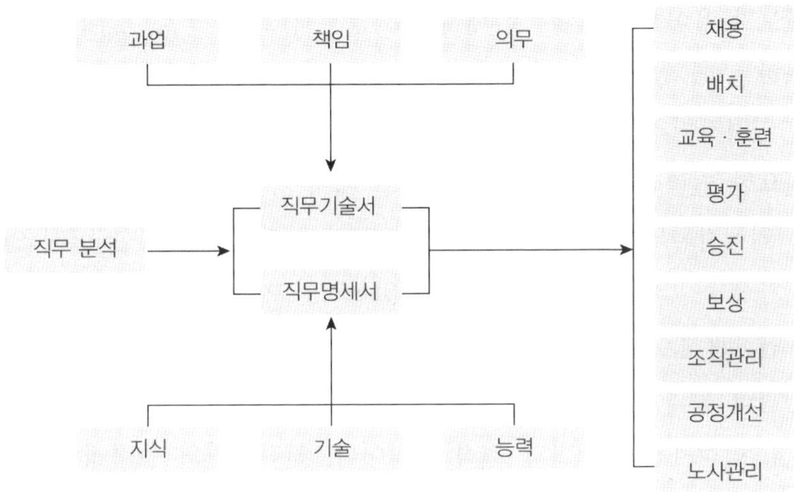

| 그림 8-1 | **직무분석의 영역**

출처: 나운환 외. (2019). 직무개발과 배치. 파주: 정민사.

(2) 인적자원관리의 기능과 영역

인적자원관리의 기능과 영역은 크게 보면 인적자원 확보, 인적자원 활용, 그리고 인적자원개발로 나누어 볼 수 있다. 이를 더 세분화하면 구성원의 신분과 자격, 수요와 공급, 교육 관련 신규채용, 근무평가, 승진, 전보, 보수, 근무 부담, 복지와 후생, 징계, 퇴직 등 인적자원관리의 다양한 기능과 영역이 있다(김용현 외, 2018). 따라서 이를 중심으로 인적자원관리의 기능을 살펴보면 다음과 같다(서보준 외, 2018).

첫째, 조직구조 설계와 인적자원 계획이다. 조직의 목표달성을 위해 수립된 장·단기 전략과 계획을 중심으로 이에 필요한 조직체의 장기적 구성과 구조

설계, 조직에서 요구되는 인력의 구체적인 수급계획 등 비교적 장기적인 인적자원 계획의 기능을 말한다.

둘째, 직무분석과 직무설계이다. 목표달성에 효과적이고 효율적으로 접근하기 위해서는 우선적으로 각 부서의 직무분석과 직무설계가 충실하게 되어 있어야 한다. 정확한 직무분석을 토대로 직무설계가 되어 있다면 직무에 필요한 인력의 확보가 용이하고 활용 및 배치에도 많은 참고가 될 수 있어 필요한 인재를 확보하는 데 있어 목표달성이 한층 수월하게 될 것이다.

셋째, 인적자원의 확보이다. 조직에서 요구되는 인적자원을 확보하는 기능으로써 필요한 인력의 모집과 선발, 그리고 배치 등의 기능을 말한다.

넷째, 인적자원의 활용과 보조이다. 조직의 성과달성을 위한 실제 인적자원관리의 가장 큰 영역을 차지하고 있는 일상적인 기능으로서 일선 관리자의 리더십과 인간관계, 인사고과, 보상관리, 후생복지, 인사이동 그리고 직장의 안전 및 보건관리 등의 기능을 포함한다.

다섯째, 인적자원의 개발과 조직 개발이다. 인적자원의 능력개발을 위한 교육훈련과 경력계획, 부하육성과 인사상담, 그리고 조직의 효율성을 높이기 위한 조직진단과 경영혁신 그리고 조직개발 및 변화관리 등의 기능을 포함한다.

평생교육기관의 경우를 보면 노사관리 부분이 대부분 없다는 점과 기업의 인적관리와 차이점이 있다는 점 그리고 인적자원의 개발과 육성에 초점을 두어야 한다는 관점 등을 고려하여 관리기능을 중심으로 살펴보면 다음과 같다(신유근, 2011).

첫째, 인적자원의 확보관리이다. 주로 직무분석을 통한 인력계획 수립, 유능한 인재를 확보하기 위한 모집, 선발, 배치라는 일련의 의사결정 과정인 채용관리활동을 포함한다.

둘째, 인적자원의 평가관리이다. 확보된 인적자원의 자질, 능력, 업적 등을 평가하는 인사고과 활동과 직무의 중요도, 난이도, 위험도 등 여러 평가요소에 의해 직무의 상대적 가치를 평가하는 직무평가를 포함한다.

셋째, 인적자원의 개발관리이다. 인적자원의 능력을 최대한 발휘할 수 있도록 일의 기회와 교육훈련의 기회를 부여하는 활동이다.

넷째, 인적자원의 보상관리이다. 확보되고 개발된 인적자원이 조직에 공헌한 만큼 금전적, 비금전적 대가를 제공하는 활동이다.

다섯째, 인적자원의 유지관리이다. 인적자원이 자신의 능력을 발휘하면서 조직 내에 남아 있도록 각종 배려를 행사하거나 조직에서 사람들이 직무를 수행하는 과정에서 나타나는 여러 가지 어려운 문제들을 해결하는 과정이다.

4) 인적자원 포트폴리오

인사 관리상의 유의할 점은 조직구성원의 약점에 너무 초점을 맞추어서는 안 된다는 것이다. 오히려 인사관리는 조직구성원의 강한 면을 최대한 활용하는 방향으로 나가야 한다. 또한, 학습공동체를 지향하는 평생교육기관의 인사관리를 위해서는 단기적인 성과를 얻는 데만 급급해서는 안 된다. 구성원의 실수도 존중해 주어야 하며, 동기부여(motivation)를 통해 계속적인 자기계발을 할 수 있도록 기회를 만들어 주어야 한다(오혁진, 2021).

평생교육기관의 인적자원 포트폴리오는 조직구성원이 직무와 관련된 전문적 능력, 즉 지식, 기술, 태도를 평가하고 일을 하고자 하는 성취의욕으로서 자아실현과 조직에 대한 충성심 등을 충분히 고려하여 실시하도록 한다. 조직구성원을 이러한 평가기준을 통해 나누어 보면 다음과 같다(차성호, 2000).

첫째, 발전형(Star Type)이다. 직무와 관련된 전문적 능력은 물론 일을 하고자 하는 성취의욕이 아주 높은 상태로서 생산성이 높은 가장 이상적인 유형의 사람을 말한다.

둘째, 성실형(Work-horse Type)이다. 전문적 능력은 부족하지만, 충성심이 아주 높은 사람으로서 열심히 일하여 조직에 도움을 주는 사람을 말한다.

셋째, 문제형(Problem Type)이다. 전문적 능력은 있으나 여러 가지 주위 환경의 요소에 의해 또는 개인의 특성에 의해 성취의욕이 아주 낮은 사람으로서 조직에 별반 도움을 주지 못하는 사람을 말한다.

넷째, 낙후형(Dead Wood Type)이다. 능력도 없고 의욕도 아주 낮은 사람을 말한다.

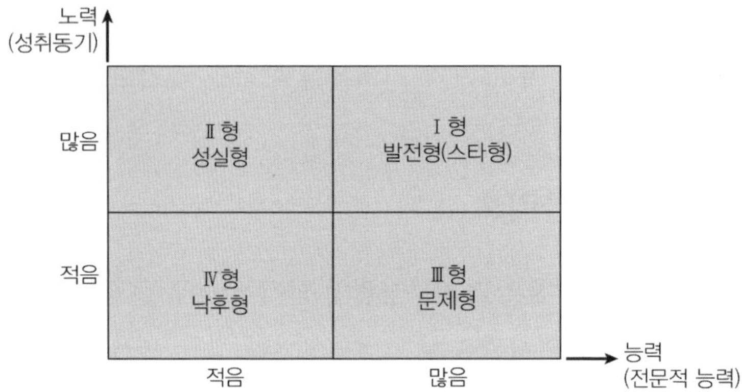

| 그림 8-2 | 인사관리의 전개 방향

출처: 오혁진. (2021). 평생교육경영론(2판). 서울: 학지사. 재구성.

3. 재무관리의 의의 및 중요성

1) 재무관리의 의의

(1) 개념

모든 조직이 운영되기 위해서는 자금이 필요하다. 평생교육기관도 예외는 아니다. 평생교육기관의 경영자는 기관의 운영을 위해 필요한 자금을 확보하고 이를 효율적으로 사용하고 관리해야 할 책임이 있다. 이것이 평생교육기관의 재무관리(Financial Management)이다. 평생교육기관은 평생교육기관 고유의 재무관리 방식을 가지고 있다. 많은 수의 평생교육기관은 스스로 자립해야 할 필요성을 강하게 느끼면서도 교육의 공공적 성격 때문에 전적으로 수강료에만 의존할 수 없는 경우가 많다. 그런 경우 자금을 수강료가 아닌 별도의 경로를 통해 확보해야 하는 이중의 과제를 안게 된다. 따라서 평생교육기관의 재무관리는 복합적인 양상을 띠게 된다(오혁진, 2021).

평생교육기관의 재무관리란 일반적으로 크게 자금조달과 자금운용의 두 가지 차원에서 생각해 볼 수 있다. 자금조달은 평생교육기관 사업 수행을 위해 얼마의 자금이 필요한지를 파악하고 이를 위해 자본과 부채를 조달하는 활동을 의미한다. 자금운용은 평생교육사업에 필요한 비용을 지출하기 위해 확보된 자금을 활용하는 것을 의미한다. 재무관리의 두 기능인 자금조달과 자금운용은 모두 효율성의 원리를 추구해야 한다. 즉, 자금의 조달은 필요로 하는 자금을 조달하는 데 드는 비용이 최소화되도록 해야 하며, 자금운영도 확보된 자금을 가능한 효율적으로 활용할 수 있도록 주의를 기울여야 한다(오혁진, 2021).

국가나 지방자치단체가 운영하는 평생교육기관은 재정이라는 용어를 사용하기도 하지만, 평생교육은 공공기관, 개인, 단체, 사기업체 등에서는 재무관리라는 용어를 사용한다(권인탁 외, 2017). 또한 차병권(1987)은 평생교육을 통해 국민의 삶의 질 향상이 국가와 지방자치단체에 의한 사명이어서 이를 실행하기 위해서는 필요한 수단을 조달하고 관리·사용하는 경제활동 또는 간단히 정부의 경제라고 공적 개념의 재정(public finance)을 정의하였다.

재무관리의 개념을 좀 더 살펴보면 협의의 개념으로 기업재무라고도 하며, 기업의 자금 흐름과 관련된 활동이다(신유근, 2011). 구체적으로는 기업이 필요로 하는 자본의 조달과 이의 운용, 즉 투자에 관련된 기업활동을 계획하고 지휘하며 그 결과를 통제하는 것이다. 재무관리는 기본적으로 조직의 경영을 위하여 자금을 합리적으로 조달하는 조달 의사결정(자본구조 결정), 조달된 자금을 조직 목적달성을 위해 효과적으로 투자하는 활동(투자 의사결정인 자본예산) 그리고 일상적인 조직운용과 관련된 유동자산과 단기부채 등을 관리하는 운전자본관리(유동성관리)의 세 개의 의사결정 영역으로 분류된다(김용현 외, 2018).

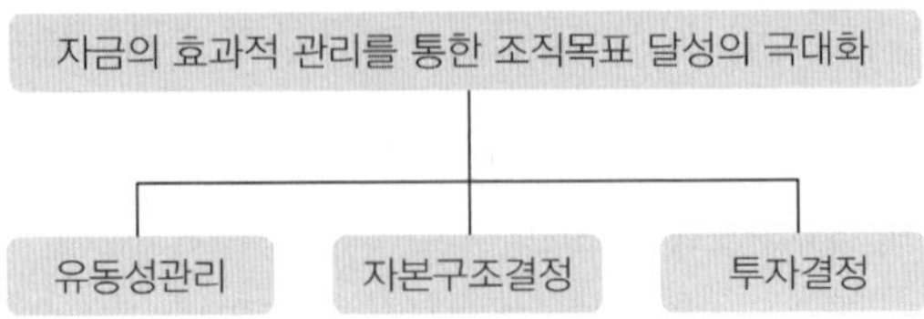

| 그림 8-3 | **재무관리 체계도**

출처: 김용현 외. (2018). 평생교육경영론(2판). 파주: 양서원.

평생교육기관의 재무관리는 학교조직이나 기업조직의 재무관리와는 다소 차이가 있지만, 자금을 조달해서 운용한다는 재무관리의 포괄적인 의미에서는 큰 차이가 없다. 평생교육기관은 재무관리의 측면에서 보면 세 가지로 분류할 수 있고 각 평생교육기관별 재무관리가 갖는 의미는 다음과 같다(김용현 외, 2018).

첫째, 공익성을 우선으로 하는 공공 평생교육기관이나 비영리 평생교육기관이다. 이 경우는 재무관리 기능보다는 회계관리 기능에 가깝다.

둘째, 수익성을 우선으로 하는 학원, 백화점이나 언론기관의 문화센터 등과 같은 평생교육기관이다. 공익성보다는 수익창출이 우선이기 때문에 기업의 재무관리가 그대로 적용된다.

셋째, 수익성과 공익성을 동시에 추구하는 평생교육기관이다. 대표적인 것이 대학에 부설 평생교육기관인데, 이 경우는 회계관리의 기능도 있으면서 기업의 재무관리 기능도 동시에 가지고 있다.

(2) 목표

재무관리란 기업의 자본 조달과 운용, 자본시장, 현금의 흐름, 운전자금의 관리, 배당 결정, 재무분석 등의 이슈에 대하여 어떻게 하면 효율적이고 효과적으로 관리하고 통제할 것인가에 대한 의사결정이라고 할 수 있다. 이러한 재무관리는 다음과 같은 목표를 가지고 있다(최은수 외, 2017).

첫째, 기관 가치의 극대화이다. 기관 가치란 현재의 기관이 미래에 벌어들일 수 있는 현금이나 가능성을 의미하는 것으로서 수익성과 위험의 관리가 필수적이다.

둘째, 안전성의 확보이다. 재무적 안정성을 의미하는 것으로서 총자본 가운데 자기자본의 비율을 말하는 것으로서 그 비율이 높을수록 안전성이 높다.

셋째, 유동성의 확보이다. 유동성이라 함은 기관의 지급능력을 의미하는 것으로서 높을수록 안정적이다.

2) 재무관리의 중요성

평생교육기관의 성격이 공익성을 강조하든 아니면 수익성을 우선시하든 재무관리는 필요하다. 평생교육의 중요성은 누구나 강조하면서 평생교육에 투자되는 공적자금은 아직도 미미하다. 수익성을 우선시하는 평생교육기관은 학습자 중심의 기관운영을 표방하면서도 자금조달을 수강료에만 의존하기 때문에 수강료가 너무 과다하여 많은 학습수요자의 접근을 어렵게 하고 있다. 또한 후원금이나 기부금 또는 지원금에 의존하는 공익성이 강한 평생교육기관은 자금이 부족하거나 자금을 투명하게 집행하지 못하여 학습자의 교육적 수요를 충족시키지 못하거나 부실한 교육 프로그램을 운영하는 사례도 많다. 이러한 측면에서 평생교육기관의 재무관리의 중요성을 살펴보면 다음과 같다(김용현 외, 2018).

첫째, 자금조달과 운영 측면에서 투명성을 확보하기 위해 재무관리가 중요하다. 평생교육기관도 하나의 교육기관이기 때문에 공익성이 더 강조되어야 한다. 그러한 측면에서 지원금이나 후원금 등은 물론이고 학습자의 수강료 등의 조달한 자금을 투명하게 운용하는 것이 매우 중요하고, 자금을 투명하게 운용하기 위해서는 재무관리를 철저히 해야 한다.

둘째, 평생교육기관 경영의 효율화를 통한 경쟁력을 확보하기 위해서 중요하다. 평생교육의 중요성이 강조됨으로써 평생교육에 대한 공적 투자가 확대되고 있고, 다른 한편으로는 학습자들이 부담하는 수강료 부담도 점차 커지고 있다. 이처럼 평생교육기관의 책무성을 강조한다는 것은 평생교육에 투자한 만큼의 학습효과가 있어야 한다는 것이다. 결국 평생교육기관의 자금이 학습자의 교육에 많이 투자되어야 하고 투자된 것만큼의 학습 성과를 내야 한다는 의미에서 재무관리의 중요성이 강조되지 않을 수 없다.

셋째, 평생교육 시장의 불확실성 측면에서 재무관리의 중요성이 강조된다. 경기가 침체되고 가정 경제가 어려워지면 정부나 민간부문 그리고 가정 모두 먼저 긴축하는 부분이 교육부문, 특히 평생교육이나 훈련 등과 같은 부문이다. 따라서 이러한 평생교육 시장의 불확실성을 극복하기 위해서는 평생교육기관이 평소에 재무관리를 철저히 해야 한다.

넷째, 평생교육기관의 경영기획 기능의 활성화를 위해 중요하다. 평생교육기관을 경영한다는 것은 결국 평생교육기관의 문제를 진단하고 환경변화 등을 분석하여 향후 평생교육기관의 비전을 모색하고 또는 경영의 새로운 방향을 설정하는 기획기능을 강조하는 것이다. 따라서 평생교육기관을 경영한다는 것은 기획기능을 강조하는 것이고 기획에는 반드시 재무분석이 포함되어야 한다.

4. 재무관리의 원칙 및 실제

1) 원칙

자금의 조달과 운용의 고유 영역을 갖고 있는 재무관리는 자본유지의 원칙, 자본증식의 원칙, 안전성의 원칙, 유동성의 원칙 등 몇 가지 기본 원칙을 가지고 있다.

| 표 8-3 | 재무관리 기본 원칙

구분	내용
자본유지의 원칙	•소극적 하한선을 제시하는 원칙으로, 자본금이 실제 출자되고 유지하여야 함(자본충실의 원칙)
자본증식의 원칙	•적극적인 면을 나타내는 원칙으로, 자기 자본금의 높은 순수이익성을 의미
안전성의 원칙	•안전성은 차입자본이나 타인자본의 변제에 있어서 문제가 되는 것으로 조달 원천과 운용형태의 상호 관련을 적절히 할 필요가 있음
유동성의 원칙	•유동성은 어떤 자산의 현금화 가능성을 의미하며, 유동성이 높다는 것은 현금화가 쉽다는 것을 의미

2) 기법

(1) 유동성 관리

유동성 관리란 단기간의 영업활동에 필요한 현금의 유입과 유출을 관리하는 것이다. 유동성 관리의 대표적인 기법을 살펴보면 다음과 같다(신유근, 2011).

첫째, 당기에 만든 재무제표와 당기 이전에 만들어진 재무제표를 비교하는 방법이다. 연도별 대차대조표 항목들을 서로 비교하여 자산과 부채, 그리고 자본의 증감에 대한 동향을 지속적으로 추적함으로써 조직의 전반적인 성과에 대한 통찰을 얻을 수 있고, 재무관리자는 어떤 항목들에 대한 관리에 중점을 두어야 하는지를 파악하여 관리할 수 있게 된다.

둘째, 당기의 재무제표상에 나타난 항목 간의 비율을 분석하는 기법이다. 재무제표상에 나타난 여러 계정을 분기별로 비교하거나 계정 그 자체로 평가할 수도 있지만, 계정 간의 비율분석을 통해 조직의 경영성과와 재무성과를 파악하여 그 결과를 바탕으로 재무관리나 통제를 실시할 수 있다.

셋째, 기관의 경영성과분석을 통하여서 하는 손익계산서 작성 기법이다. 경영활동 중에서 어떤 부분이 취약하고 강점이 있는가를 분석함으로써 경영활동의 효율성을 증진시키는 방안을 강구하는 것이다.

(2) 원가계산 방식

원가계산 방식이란 경영활동에 필요한 여러 가지 목적을 위하여 원가에 관한 정보를 집계・분류・요약하고 해석하는 수량적 방법, 즉 새로운 경제가치 또는 기준의 가치를 증대하기 위해 소비되는 경제가치(원가)를 계산하는 것이다. 원가계산은 여러 가지 기준에 따라 다음과 같이 분류된다(김용현 외, 2018).

첫째, 비교측정 목적에 의한 분류이다. 실제원가계산과 표준원가계산으로 나뉜다. 실제원가계산이란 제품의 실제원가를 계산하고 이를 재무회계에 편입하여 유기적으로 결합하는 계산체계이다. 표준원가계산이란 제품의 표준원가를 산정하고 이를 재무회계에 편입하여 유기적으로 결합함으로써 실제원가와 표준원가와의 차이를 분석하고, 그 차이의 원인을 밝혀 보다 효율적으로 경영관리에 기여하고자 하는 계산체계이다.

둘째, 제조형태에 의한 분류이다. 특정 제품을 직접대상으로 하여 원가계산을 하는가, 또는 일정기간 동안 동종제품의 전부를 대상으로 하여 원가계산을 하는가에 따른 분류로 개별원가계산과 종합원가계산으로 나뉜다. 개별원가계산은 특정 제품에 대하여 개별적으로 그 원가를 계산하는 방법이고, 종합원가계산은 일정 기간에 발생된 총원가를 그 기간 동안에 생산된 총수량으로 나누어 제품의 평균원가를 계산하는 방법이다.

셋째, 범위에 의한 분류로 원가를 계산하는 데 모든 원가요소를 계산 대상으로 하느냐 또는 그 일부만을 계산 대상으로 하느냐에 따른 분류이다. 모든 원가요소를 계산 대상으로 하는가 또는 그 일부만을 계산 대상으로 하는가에 따른 분류로 전부원가계산과 부분원가계산으로 구분된다. 전부원가계산은 제품을 완성하기 위해 소요된 모든 원가요소를 계산 대상으로 하는 방법이고, 부분원가계산은 일부의 원가요소만을 계산 대상으로 하는 원가계산으로서 그중 대표적인 것이 직접원가계산이다.

3) 실제

재무관리의 기본적인 구성요소는 자금조달과 자금운용이고 이러한 수입과 지출을 전체 조직단위 또는 사업단위별로 일정 기간의 활동계획에 따라 금전적인 계획을 세우는 예산이다(김용현 외, 2018; 서보준 외, 2018; 최은수 외, 2017).

(1) 예산(budget) 관리

예산관리란 기관의 활동계획에 따라 금전적인 목표를 수립하고 수입과 지출 계획을 수립하며, 프로그램별로 구체적인 수입과 비용 지출계획을 문서화하고, 예산 집행 후 기록을 유지하고 평가하는 일련의 과정이다.

① 예산의 형태

구분	내용
재무예산 (financial budgets)	•미래 일정 기간 동안 현금을 획득할 것으로 기대하는 부서별 현금흐름의 양과 현금의 사용방법을 나타낸 것이다.
운영예산 (operating budgets)	•조직의 계획된 운영을 나타내는 것으로서 조직이 창출하고자 하는 재화와 서비스의 양적·질적 수준과 이를 위해 사용될 자원이 무엇인지를 개괄적으로 나타낸다.

② 예산의 유형

구분	내용
라인 항목 예산관리 (line items budgets)	•개별 프로그램과 상관없이 기관 전체의 수입과 지출을 총괄적으로 기록하는 관리하는 기법이다.
점증주의 예산관리 (incremental budgets)	•이전 연도 예산에서 별문제가 없는 경우 그것을 기초로 조금씩 수정을 해가는 방법이다.
영기준 예산관리 (zero-standard budgets)	•모든 항목의 전년도의 예산액을 영(zero)으로 돌리고 신년도 예산은 새로운 기준에 의해 책정하는 방법이다.
프로그램 예산관리 (program budgets)	•프로그램별로 기획, 시행, 평가에 이르기까지 전 예산을 각각 편성하여 관리하는 방법이다.

(2) 수입(revenue) 관리

평생교육기관의 주요 수입원(revenue)은 수강료, 출판물 및 서비스 판매 수입, 후원금, 용역대금, 상위기관으로부터 장비 구입이나 인건비 등을 위한 보조금, 임대료나 이자 수입 등의 기타 수입을 들 수가 있다. 이러한 수입원은 평생교육기관의 성격을 결정짓는 중요한 척도가 되기도 한다. 즉 학습자가 지출하는 수강료가 전체 수입에서 차지하는 비중이 큰 경우라면 문화센터라든지, 사설학원일 것이고, 수강료 이외에 상위기관의 지원금이나 기금이 포함된다면 기업체 연수원이나 종교기관이 운영하는 교육기관 등일 것이다.

(3) 지출(expenditure) 관리

평생교육기관 경영을 위한 지출(expenditure) 비용은 학습자의 수에 영향을 받는지 여부와 프로그램 운영에 직접 소요되는지 여부에 따라 나누어진다.

① 학습자 수에 따른 지출 비용

- 고정비(fixed costs): 학습자 수의 증감과 상관이 거의 없는 비용
- 변동비(variable costs): 개별 학습자에게 직접 나누어 주는 교재와 참고자료 비용, 학습자를 위한 소모성 물품 구입 비용

② 프로그램 운영에서 직접 소요 여부에 따른 비용

- 직접비(direct costs): 프로그램을 운영하는 데 직접 소요되는 비용
- 간접비(indirect costs): 직접비의 일정 비율을 상위기관에 또는 재정지원기관에 납부하는 경우의 비용

Chapter

09

평생교육기관 경영자의 역할과 리더십

1. 평생교육기관 경영자의 개념과 유형

1) 경영자의 개념

경영자(manager)란 기관의 목적을 달성하기 위해 필요한 경영활동을 수행하는 과정에서 중요한 의사결정을 행하며 기관의 활동이나 기관 구성원의 활동을 지휘·조정하는 권한과 책임을 지닌 사람이라 할 수 있다. 경영자에게는 권한에 상응하는 책임이 부여되는데 경영자의 책임은 기관 목표를 달성하기 위하여 능률적이고 효율적인 방법을 계획하고 결정하는 것이다. 경영자는 구성원들이 상황을 파악하고 문제에 대처할 수 있도록 준비시키는 역할을 수행해야 한다.

권인탁 등(2017)은 경영자란 기관의 목표를 달성하기 위해 프로그램 개발, 마케팅, 인사, 재무 등과 관련된 활동을 기획·조직화·지휘·통제하여 기관을 경영하는 경영주체를 의미한다고 하였다. 즉, 기관이 하나의 조직체로서 유지·발전하기 위해서는 그 기관의 방향을 결정짓고, 경영활동을 직접 수행하는 주체가 있어야 하며, 이러한 역할을 담당하는 인격체가 바로 경영자이다(조동성, 2010). 따라서 경영자는 경영에 대한 책임을 지며 경영을 총괄하게 됨으로써 기관 경영에 있어서 가장 중요한 역할을 담당하고 기관 내 구성원의 역할 및 행동을 규정하는 책임자로서 기관 경영에 있어서 없어서는 안 되는 가장 중요한 요원이라고 할 수 있다(권두승 외, 2016). 특히 지식을 도구로 하는 경영기관에서의 경영자는 물적 상품이 아닌 지식, 기술, 태도, 아이디어, 정보 등을 창출하여 목표를 달성해야 하므로, 그 운영과 관리능력에 대한 실행능력이 남다른 사람을 칭한다고 할 수 있다. 하지만 지능, 근면성, 상상력, 지식 등이 아무리 뛰어나도 이러한 실행능력, 목표달성능력이 따라주지 않으면 그것은 아무것도 하지 않은 것과 마찬가지이다. 특히 피터 드러커(Drucker, 1999)는 "일의 효율을 높이고 목표를 달성하는 데 타고난 사람은 없다. 다시 말해 지능이 높거나 열심히 일한다거나 지식이 많다고 해서 일을 잘할 수 있는 것은 아니다. 오히려 몇 가지 습관이 목표를 달성하는데 더 중요하다"라고 주장하며 경영자의 역할을 강조한다(이재규, 2002). 따라서 경영자는 경영관리 기능을 수행하는 데 있어서 창조적·혁신적 사고로 기관을 성장 발전시켜 나가려는 적극적인 노력이 있어야 한다(이길헌, 2016).

2) 경영자의 유형

조직에서 경영자의 유형을 구분하는 기준에는 수직적 계층(위계) 수준에 의한 구분, 소유와 경영의 지배구조에 따른 경영자 유형, 직무범위에 따른 분류(수평적 차원의 경영자 유형)가 있다(윤종훈 외, 2015; 조동성, 2010).

(1) 계층에 따른 경영자 유형(수직적 위계에 따른 분류)

① 최상층경영자(Top Manager)

CEO는 기업의 중장기 목표 및 전략 수립, 의사결정, 지휘, 통제, 혁신 기능을 주되게 수행하는 경영자이다. CEO 이외에 최고운영책임자(Chief Operating Officer, COO), 최고재무책임자(Chief Financial Officer, CFO), 최고정보책임자(Chief Information Officer, CIO) 등도 최상층경영자에 속한다.

② 중간경영자(Middle Manager)

중간경영자는 주로 구매, 인사, 재무 등 기업의 세부 기능 부문에 대한 관리 책임을 맡는다. 구매, 인사, 재무 등 각 부문의 관리하는 부장, 차장, 과장들이 중간경영자에 속한다.

③ 일선경영자(First-line Manager)

일선경영자는 중간관리자의 명령과 지시에 따라 업무의 현장에서 생산직 또는 사무직 직원을 지휘 감독하는 관리자를 지칭한다. 반장, 대리, 계장 등이 일선경영자에 속한다.

| 그림 9-1 | **경영자 계층의 구조**

출처: 권두승 외. (2016). 평생교육경영론(2판). 파주: 교육과학사. 재구성.

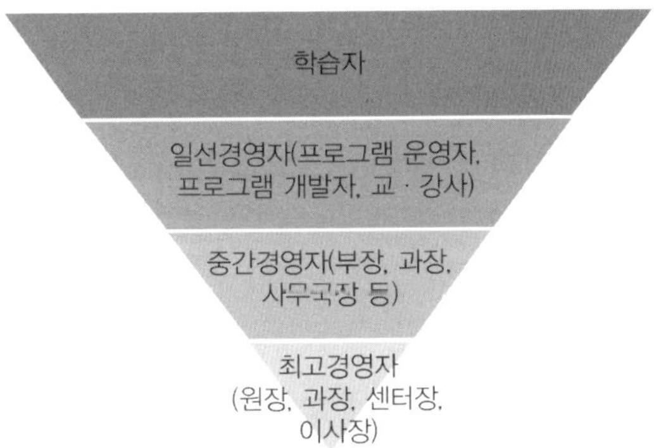

| 그림 9-2 | **위계에 따른 평생교육 경영자 구조**

출처: 권인탁 외(2017). 평생교육경영론(2판). 서울: 학지사. 재구성.

(2) 소유와 경영의 분류과정에 따른 경영자 유형(지배구조에 따른 경영자 유형)

① 소유경영자

기업을 소유하고 운영하는 사람이라는 의미로 소유경영자(owner manager) 또는 기업가(entrepreneur)라고 하며, 자본조달, 위험부담, 의사결정, 지휘, 통제, 혁신 등의 모든 기능을 직접 담당하는 경영자를 지칭한다.

② 고용경영자

기업의 규모가 커지고 경영활동의 폭과 내용이 점점 확대됨에 따라 소유경영자를 보조하며, 특정 분야에 대한 지원역할을 수행하는 경영자를 말한다. 즉, 고용경영자는 소유경영자가 혼자서 수행하기 어려운 일부 기능을 맡기기 위해 고용한 경영자이다.

③ 전문경영자

전문경영자는 전문적인 지식을 가지고 자본조달을 제외한 소유경영자의 기능 대부분을 수행하는 경영자이다. 소유경영자에게 고용되어 있는 것이 아니라 자본과 경영이 분리된 전문 경영체제 하에서 주주들로부터 경영활동에 대한 제약을 많이 받지 않고, 자신의 전문적 지식과 계획하에 경영활동을 수행하는 경영자를 말한다. 전문경영자는 종업원의 속성보다는 경영자의 속성을 더 많이 지녔다고 할 수 있다.

(3) 직무범위에 따른 경영자 유형(수평적 차원의 경영자 유형)

① 기능경영자(Functional Manager)

생산, 마케팅, 재무, 인사 등과 같이 담당기능 부서를 책임지고 직접 관리하는 경영자로, 부문관리자라고 한다. 영업부장, 작업반장 등이 기능경영자이다. 중간경영층과 하위경영층이 부문관리자에 해당되며, 기능경영자는 맡고 있는 임무에 따라 부장, 차장, 과장이나 대리로 나누어진다. 대기업에서는 중간관리자라고 부르기도 한다.

② 전반경영자(General Manager)

기업 전체를 총괄하는 차원에서 하부조직과 구성원들의 전체적인 행위와 결과를 총괄하면서 감독하는 역할을 담당하는 경영자이며, 총괄경영자라고도 한다. 이사급 이상의 경영자를 말한다. 전반경영자는 특정 역할이나 기능에만 국한하지 않고 회사 전체의 전략방향을 결정한다. 다수의 조직과 기능을 총괄하며, 기능경영자로부터 발생하는 각 부문 간의 이해상충을 조정·통합하는 역할을 한다.

2. 평생교육기관 경영자의 역할과 기능 및 능력

1) 경영자의 역할과 기능

미래 경영자의 기능은 앨빈 토플러(Alvin Toffler)가 말했듯이 "미래의 경제적 성공은 세계의 다른 나라들에 값싼 육체 노동력을 판매하는 것이 아니라 두뇌와 혁신의 판매를 늘려가는 것이다. 굴뚝사회가 수백만의 노동자들에게 반복적으로 단순하고 비창조적인 노동을 요구한 반면, 새로운 경제사회는 어떤 계층이거나 모든 노동자가 그들의 육체는 물론 정신을 사용하고 무엇보다도 그들의 혁신적인 능력을 사용하기를 요구한다"라고 하였다(Toffler, 1980). 그러므로 경영자는 새로운 생산체계의 필요성을 반영하고 그 자체를 존립을 위해서는 너 많은 개방적인 변화와 다채로우면서도 혁신적인 능력이 요구되는 기능을 갖추어야 할 것이다.

조직에는 여러 경영자층이 있으며, 각각의 경영자층이 수행하는 역할과 그와 같은 역할을 수행하는 데 필요한 자질과 능력은 서로 다르기 마련이다. 그런데, 경영자의 역할과 관련하여서는 다양한 관점에서 제기되고는 있으나, 대부분의 학자가 민츠버그(Mintzberg, 1975)의 주장을 인용하여 설명하고 있다. 민츠버그는 평생교육기관 경영자의 역할을 대인관계 역할, 정보처리 역할, 의사결정 역할을 설명한다. 이를 간단하게 설명하면 다음과 같다(김종재 외, 2007).

(1) 경영자의 역할

① 대인관계 역할(interpersonal roles)

• 대표자의 역할: 조직의 대표자로서 행사에 참여하고 사회적 의무를 다하는 일이다. 예를 들면, 경영이념 및 비전의 선포식, 창립기념일 행사 등 공식적인 행사에 기업을 대표하는 역할은 대표자로서 역할에 해당된다.

• 리더의 역할: 부하들의 동기부여, 업무지침의 제시, 직원의 격려, 갈등 해소 등을 조정하는 역할이다. 모든 계층의 경영자는 자신의 위치에 맞는 리더로서의 역할을 수행해야 한다.

• 연결자로서의 역할: 경영자는 상하(상사와 부하) 간, 좌우(기관과 기관, 시설과 시설, 부서와 부서, 라인과 스태프), 내외(조직외부 및 조직내부) 간의 관계에 있어서 연결고리 역할을 하게 된다. 최상층경영자는 정부, 경쟁기업, 소비자 등 기업 외부와 기업으로 연결하는 외부 연결자(external liaison)로서의 역할을 주로 수행한다. 반면 중간경영자와 일선경영자는 내부 집단 간을 연결하는 내부 연결자(internal liaison)로서의 역할에 치중한다.

② 정보처리 역할

• 정보수집자인 모니터의 역할: 기관운영에 필요한 정보를 지속적으로, 직·간접적으로 수집하고 이를 관찰하는 일을 포함한다. 이는 의사결정의 신속성과 정확성을 위해 필요하다. 경영자들은 각종 정보원으로부터 끊임없이 유용한 정보를 얻기 위하여 외부환경을 면밀히 탐색하여야 한다. 이러한 목적으로 하는 활동에는 보고서와 정기간행물을 검토하는 일, 회의나 브리핑에 참석하는 일, 그리고 각종 연락망을 점검하고 현장을 시찰하는 일 등이 포함된다. 특히 많은 정보는 비공식적인 경로를 통하여 전달되기 때문에 경영자는 그러한 정보의 신뢰도와 가치를 평가할 수 있어야 한다.

• 정보보급자인 전달자의 역할: 조직 내 부하직원들에게 필요한 정보를 보급하는 일이다. 이는 보통 회합·메모·서신·브리핑 등과 같은 경로를 통하여 전

달된다. 그리고 중요한 것은 경영자는 어떤 정보를 얼마만큼 어느 사람에게 전달해야 할지를 결정해야 한다는 것이다.

- 대변자의 역할: 조직 밖으로 정보를 전달하는 일이다. 경영자는 자신의 하급자들뿐만 아니라 조직의 외부에 있는 사람들에게 조직의 가치를 반영하는 정보(조직의 계획 · 정책 · 활동 등)를 전달하여 그들에게 조직에 대한 좋은 인상과 믿음을 심어주어야 한다. 다시 말하면, 경영자는 조직을 대표하여 주주 · 고객 · 납품업자 · 정부 부처 · 언론 등에 대한 조직정보의 제공을 통하여 자기 조직의 입장을 효과적으로 밝혀 그들로부터 신망을 얻어낼 수 있어야 한다.

③ 의사 결정적 역할

- 기업가적(평생교육 전문가) 역할: 조직을 위해 조직과 환경을 탐색하고 발전과 성장을 창시하는 일이다. 기관의 발전과 성장을 위해 기회를 탐색하고 자원과 프로그램 개발기술의 혁신적 활용방법을 찾아내려는 창의적인 노력을 의미한다.
- 문제처리자의 역할: 조직이 중요하거나 예기치 못했던 문제에 직면할 때 바람직한 해결을 도모하는 일이다. 위기상황으로는 부하직원들 간의 마찰, 화재나 사고, 태업, 주요 하급자의 이직 등을 들 수 있는데, 경영자들은 이러한 상황이 갑작스럽게 발생했을 때 지혜롭게 대처하고 수습할 수 있어야 한다.
- 자원배분자의 역할: 각종의 조직 내 자원들을 적절히 배분하는 일이다. 경영자는 인력 · 용역 · 자재 · 설비 등과 같은 인적 · 물적 자원의 분배에 책임을 지고 조직의 각 부문에서 필요로 하는 자원은 무엇이며, 한정된 자원을 어떻게 균등하게 할당할 것인지를 결정해야 한다. 다시 말하면, 경영자는 예산 및 주요 결정사항들을 검토 · 승인하고 인원의 할당, 목표의 설정, 자본지출의 결정, 그리고 작업계획의 수립 등과 같은 일련의 의사결정을 수행하여야 한다.
- 중재자적 역할: 중요한 협상 시에 조직을 대표해서 중재하는 일이다. 경영자

는 조직을 대표하여 종업원 · 고객 · 공급자들과의 협상에 임하여 이들과 조직 간의 이해관계나 분쟁문제를 조정 · 해결해야 한다. 예를 들면, 최고경영자는 공급자나 고객과의 계약협상 · 주요 임원들과의 고용협상, 그 밖에 타 기업의 인수나 은행융자의 신청 등과 같은 협상에 참여하여 필요한 결정을 내려야 한다.

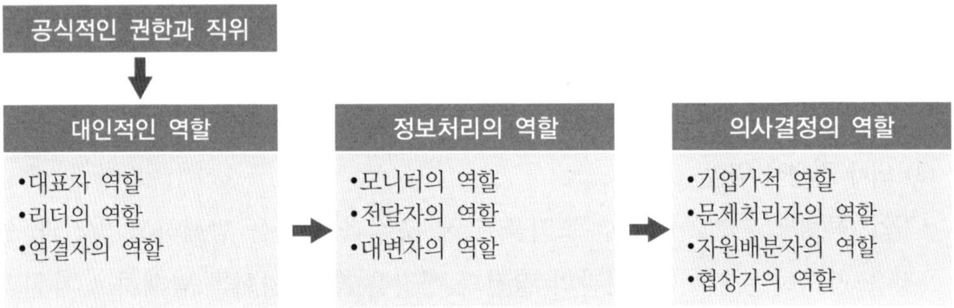

| 그림 9-3 | 경영자의 역할

출처: 권두승 외. (2016). 평생교육경영론(2판). 파주: 교육과학사. 재구성.

(2) 경영자의 기능

경영관리자는 상호위기 관계 속에서 순환구조를 형성하고 있다. 이것을 관리 순환주기(management cycle)라고 한다. 페이욜(Fayol)이 처음으로 계획, 조직, 지휘, 통제의 기능을 구분하였다. 이를 '경영기능의 보편성(universality of management)'이라 한다. 조직 내에서 경영자는 계획화 → 조직화 → 지휘화 → 통제화의 기능을 연속적으로 수행하며, 계획화 과정 속에서 여타의 기능들이 일어나고 조직화 과정이 일어나고 여타의 기능들이 포함되는 등으로 반복적이며, 순환적인 과정을 거치게 된다. 이들 경영자가 수행하는 4가지 기능을 구체적으로 설명하면 다음과 같다(이한검, 1994).

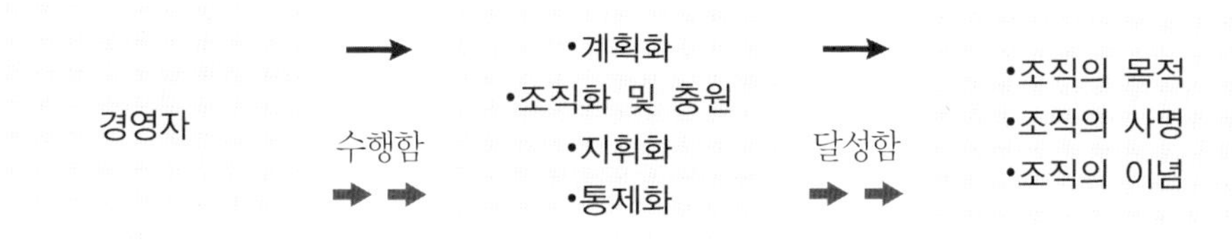

| 그림 9-4 | 경영자의 보편성 기능

출처: 권두승 외. (2016). 평생교육경영론(2판). 파주: 교육과학사. 재구성.

첫째, 계획화(planning) 기능이다. 계획화란 앞으로 시행해야 할 행동에 대해서 분석하고 선택하는 과정을 일컫는다. 경영자의 주된 기능임과 동시에 여타 기능의 기반을 이루는 과정으로 미래 활동에 관하여 현재에 의사결정을 하는 총체적 과정이다. 조직 목적을 명백히 하고 이들 목적을 달성하기 위한 전반적인 전략을 수립하여, 제반활동을 통합하고 조정하기 위해 보다 큰 계획으로 발전시키는 일이다.

둘째, 조직화(organizing) 기능이다. 조직화란 조직의 내부구조를 설정하고 직무·구성원·권한 및 책임 간에 적당한 분업과 협력 관계가 발생하도록 각종 업무와 관리행위가 효과적으로 진행될 수 있도록 하는 과정을 뜻한다. 조직구조를 설계하는 데 중점을 두는 이 기능은 어떤 과업이 수행되어야 하며, 누가 그 과업을 수행하고, 그 과업이 어떻게 집단화되고 누가 누구에게 보고하며 조직의 어디에서 의사결정이 이루어져야 하는가를 결정하는 것을 그 주된 내용으로 한다.

셋째, 지휘화(leading) 기능이다. 지휘화는 경영관리 과정 중에서 일종의 영향력을 발휘하고 운용하는 기능을 말한다. 흔히 지시화, 영향화 또는 동기부여화라고도 불리는 이 기능은 계획을 수립하고 조직 구조를 만들고 구성원을 채용한 다음, 조직을 이끌어 가는 기능을 말한다.

넷째, 통제화(controlling) 기능이다. 통제화는 기본적으로 측정하고 비교하고 수정하는 일련의 과정을 말한다. 경영자의 의지 등을 통하여 조직 내에서 수행되고 있는 제반 경영활동의 결과를 측정하고 그것을 이미 설정한 성과목표와 비교해 보고, 필요하면 수정하는 기능을 말한다. 여기에는 성과 기준을 설정하고, 이 기준에 대한 현재의 성과를 측정하며, 그 목표와 성과 사이에 차이가 있으면 그를 보완하고, 수정하기 위한 기능을 수행한다.

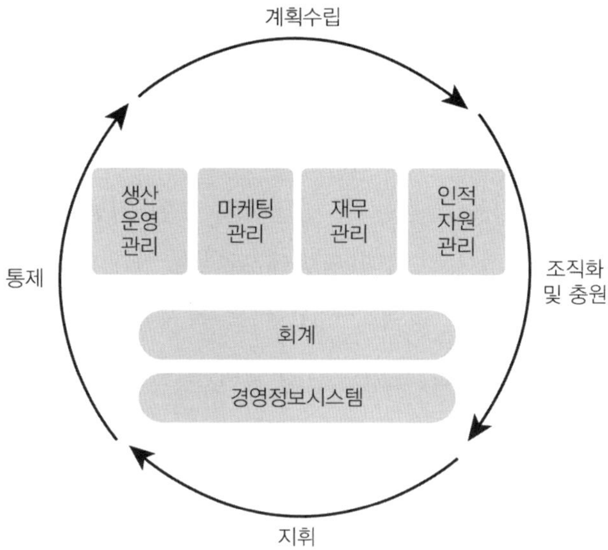

| 그림 9-5 | 경영자의 각 기능분야와 경영관리 순환과정의 관계

출처: 안병환 외. (2018). 평생교육경영론. 서울: 동문사.

2) 경영자의 능력

경영자의 능력을 기술적 능력, 인간관계 능력, 개념화 능력 등의 세 가지로 분류할 수 있으며, 구체적인 내용을 살펴보면 다음과 같다(Karz, 1955).

(1) 기술적 능력(technical skill)

기술적 능력이란 작업이나 업무를 처리하는 데 응용할 수 있는 지식과 경험을 말한다. 기술적 능력은 경영능력과 같은 것이 아니며, 경영자가 반드시 이런 방면의 전문가가 되어야 할 필요는 없다. 꼭 필요한 경우에는 전문기술자의 협조를 이용할 수 있기 때문이다. 그러나 경영자가 만일 이 방면에 전혀 알지 못하고 있다면 그는 조직 내의 기술자들과 의사소통이 불가능하게 되어 필요한 경우에 그들로부터 협조를 구할 수가 없다. 따라서 경영자는 어느 정도의 기술적 능력을 구비해야 할 필요가 있다.

(2) 인간관계 능력(human skill)

사람과의 신뢰와 협조적인 인간관계를 어떻게 조성하느냐 하는 것은 매우 중요하다. 경영자는 반드시 타인의 역량을 효과적으로 활용할 수 있어야만 주어진 과업을 성공적으로 완성할 수 있다. 따라서 그들이 사람과의 신뢰와 협조적인 인간관계를 어떻게 이룩하느냐 하는 것은 매우 중요하다. 인간관계 능력 중에서 일반적으로 가장 중시되는 것이 경영자의 커뮤니케이션 능력과 리더십 능력이라고 할 수 있다. 전자는 경영자가 자기의 의도나 생각을 다른 사람들이 명확히 이해할 수 있도록 하는 능력을 말하며, 후자는 경영자가 그의 부하들에 대하여 발휘하는 영향력을 말한다.

(3) 개념화 능력(conceptual skill)

계층이 높아질수록 당면하는 문제가 더욱 복잡해지고 추상적이며 비일상적인 성질을 나타낸다. 경영자가 속해 있는 계층이 높아질수록 이러한 개념화 능력의 필요성은 더욱 커진다. 따라서 이러한 문제들에 대하여 그 중요성과 시간적 필요성에 따라 해결의 우선순위를 정하고 각종 해결방안의 우열성과 위험도를 평가하기 위해서는 주로 경영자가 지니고 있는 사고능력 또는 개념화 능력에 의존해야 한다. 또한, 개념화 능력은 기술적 능력이나 인간관계 능력과는 달리 타인에게 이양하거나 타인의 협조를 얻을 수 있는 성질의 것이 아니다. 따라서 높은 계층의 경영자를 선발하거나 훈련할 때에는 반드시 특별히 이 능력을 중시하여야 한다.

| 표 9-1 | 경영자에게 필요한 세 가지 자질 비교

개념적 자질	인간적 자질	기술적 자질
•조직을 전체로 보고 보다 큰 사회와의 관계성을 인정하는 능력을 포함함	•지휘하고 동기부여하며 갈등을 관리하고 다른 사람과 함께 일하는 능력을 포함함. 이는 사람들과의 일에 초점을 둠	•전문화된 영역에서 특수한 방법과 절차 및 기술을 적용하는 능력을 포함함. 이는 사물과 관련된 작업(기술)을 강조함
•조직을 전체로 보고 조직의 각 부분이 어떻게 상호작용하고 상호 의존적인가를 다루는 정신적인 능력과 각 부분의 통합과 협조를 계획하는 능력으로 아이디어와 추상적 관계를 다룸	•다른 사람들과의 상호작용을 성공적으로 하는 능력으로서 경영자는 팀워크 환경을 창조하기 위해 개인과 집단의 양자를 이해하고 함께 일하고 관계하여야 함. 이의 적정한 수행을 가끔 인간관계라고 함	•경영자는 감독하는 특수한 영역에서 과정과 실제와 기술과 도구를 사용하는 능력과 지식임
•일반적인 아이디어를 파악하고 이를 특정한 상황에서 적용하는 능력임. 경영자가 일한 일을 추진하기 위해서는 조직의 복잡성을 이해해야 함	•다른 사람을 이해하고, 동기부여하고, 다른 사람들과 함께 지내는 능력으로서 의사소통, 리더십 및 동기부여와 같은 자질을 포함함	•작업을 수행함에 있어서 특수한 지식과 방법과 기술을 활용하는 능력임
•조직을 전체로 보는 인식적인 능력으로 광범위하고 장기적인 관점에서 전략적으로 생각하는 경영자의 능력임	•다른 사람들과 더불어 그리고 그들을 통해서 일하는 능력이고, 집단의 일원으로 효과적으로 일하는 능력임	•특수한 과업을 능숙하게 수행하는 능력임

출처: 이한검. (1994). 경영학 개론. 서울: 형설출판사. 재구성.

3) 평생교육기관 경영자의 능력

평생교육기관 경영자는 기관 내에서 자신의 직무를 수행하는 데 있어서 무엇보다 평생교육기관 경영자로서의 필요한 자질과 능력을 갖추어야 한다. 그런데 평생교육기관은 교육적 가치를 추구하는 동시에 교육적 목적을 달성하기 위하여 존재하는 기관이므로 평생교육기관 경영자는 교육 마인드와 함께 경영 마인드를 동시에 지니고 있어야 한다는 점에서 교육자적인 자질과 경영자적인 자질을 동시에 지니고 있어야 한다. 흔히 '교육의 질은 교사의 질을 능가할 수 없다'고 하는 것과 마찬가지로 '경영의 질도 경영자의 질을 능가할 수 없다'고 본다.

이처럼 평생교육기관 경영자가 효율적으로 경영활동을 전개하기 위해서 필요한 세 가지 능력을 제시하면 교육자 및 경영자로서의 적절한 태도(attitude), 전문적인 지식(knowledge), 그리고 기술(skill)이 있어야 한다.

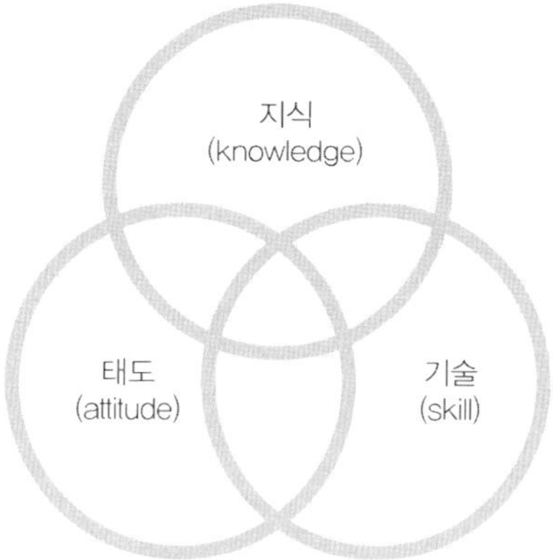

| 그림 9-6 | 평생교육기관 경영자의 세 가지 능력

출처: 권두승 외. (2016). 평생교육경영론(2판). 파주: 교육과학사.

여기에서 지식이란 평생교육이나 경영에 대하여 단순히 많이 아는 것보다는 관련 지식을 질적으로 많이 알고 있다는 것을 의미하며, 특히, 관련 지식이라 함은 평생교육기관 경영과 관련하여 의사결정에 도움을 줄 수 있는 정보라든가 기관 경영에 필요한 전략기법, 경영과 관련한 리더십 행사에 필요한 지식과 같은 것을 의미한다. 그리고 경영기술이란 경영활동에 필요한 계획, 조직화, 실행, 통제, 피드백을 지속적으로 관리, 통제하는 능력을 말한다. 마지막으로 태도란 교육기관 경영자로서 교육기관 경영의 효율성 제고는 물론 높은 성과를 유지함과 동시에 교육기관의 장으로서 필요한 교육적인 태도를 동시에 갖추고 있어야 한다는 것을 의미한다. 따라서 교육적 자질과 지식, 기술, 태도를 완벽히 갖춘 경영자라도 반드시 훌륭한 교육자라고 할 수 없을 것이다. 이에 성공적인 평생교육기관 경영자의 자질은 어떠한 특성과 과업수행 태도가 내재되어 있는지, 혹은 그렇지 못한 경영자는 어떤 특성과 과업수행 태도가 내재되어 있는지를 제시해 보면 다음과 같다.

| 표 9-2 | 성공적인 경영자와 실패하는 경영자

특성	성공적인 경영자		실패적인 경영자
개인특성	•헌신적인 태도 •강한 개성 •독립성 •현실적 목표	•강한 지구력 •높은 경쟁심 •위험 감수 •높은 논리성	•자기중심적 •타인에 대한 무시 •크고 작은 위험부담 •불분명한 목표 •금전을 중시
과업수행 태도	•가치와 표준 •희생정신 •풍부한 관련 지식 •장시간 근무	•일에 열중 •기관 제일주의 •팀 구축자 •혁신과 창의	•거의 없음

출처: 백방선. (2000). 경영학원론. 서울: 무역경영사. 재구성.

한편, 콜린스(Collins, 2010)는 성공하는 기관의 경영자들이 지니고 있는 공통적인 특징을 두 가지 측면으로 직업적 의지와 개인적 겸양으로 설명하고 있다(안병환 외, 2018).

| 표 9-3 | 성공하는 기관의 경영자가 지니고 있는 두 가지 측면

직업적 의지	개인적 겸양
•좋은 기관에서 위대한 조직(good to great)으로 전환되는데 필요한 뚜렷한 계기인 초일류의 성과를 창출한다.	•비길 데 없는 겸손함을 보이며, 대중 앞에 나서서 떠벌리기를 꺼린다. 제 자랑을 늘어놓는 법이 없다.
•오랜 기간 최고의 성과를 내는데 필요한 일이라면 아무리 어렵더라도 해내고야 마는 불굴의 의지를 보인다.	•조용하고 차분하게 결정하여 행동한다. 사람들을 고무하는 카리스마보다는 주로 격상된 기준에 입각하여 동기를 부여한다.
•영속하는 큰 기관을 세우는 기준을 설정한다. 그에 미달하는 것에 만족하지 않는다.	•자기 자신이 아니라 기관에 야망을 돌린다. 차세대의 후계자들이 훨씬 더 큰 성공을 거둘 수 있는 기틀을 갖추어 준다.
•결과가 나쁠 때는 창문 밖이 아니라 거울을 들여다보며 자신에게 책임을 돌리고, 다른 사람들이나 외부요인들, 불운을 원망하지 않는다.	•기관이 성공했을 때에는 거울이 아니라 창문 밖을 내다보며 다른 사람들과 외부요인들, 행운에 찬사를 돌린다.

출처: Collins, J. C. (2001). Good to great: why some companies make the leap and others don't. New York: Harper Business. 이무열 역. (2010). 좋은 기업을 넘어 위대한 기업으로(개정판). 파주: 김영사.

3. 평생교육기관의 리더십 개념 및 기능

1) 리더십의 개념

우리가 흔히 지도자라고 하면 떠올리는 것이 책임감이 강하고, 목표에 대한 추진력이 뛰어나며, 자신감과 인내심이 보통사람과 다르다 등의 상투적인 특성을 말하기도 한다. 리더십은 여러 가지 특성을 가지고 있어 한 가지만을 지정해서 말할 수는 없다. 우리가 사는 이 세상은 어제의 모순이 오늘날 보편화되고 오늘의 정답이 내일엔 재앙을 불러올 수도 있다. 따라서 육감과 직관 그리고 경험을 동원해야 하며 미래의 일에 대해 개방적인 태도를 취해야 한다. 지도자는 기술적인 테크닉보다 자기 확신이 더욱 필요하다. 마케팅, 생산, 인사관리에 대해 아는 지식도 물론 중요하나 이는 숲은 보면서 나무는 볼 수 없는 지도자를 만들어낼 수 있다. 보다 중요한 사실은 전문화된 기술이 아니다. 인간성의 다양한 측면을 수용할 수 있는 넓은 의미의 리더십이다(김민홍, 2005; Clemens et. al., 1987).

21세기 지식정보화시대에서는 지난 세기 강조되던 관리가 점차 퇴색하고 변화 혁신 그리고 창조를 위한 리더십의 새로운 패러다임이 요청되고 있다. 20세기에서 조직에서의 생산성을 높이기 위한 과학적 관리기법이나 관료제와 같은 조직운영의 패러다임과 원리가 강조되었다면, 21세기 지식정보화시대에서는 관리보다도 리더십이 조직운영의 원리로 강조되는 추세라 할 수 있다. 오늘날과 같이 변화와 도전이 굽이치는 경영 환경 속에서는 미래 예측에 기반을 둔 계획과 통제, 조정 요소보다는 조직원들이 지식근로자로서 그들의 자율과 헌신, 창의성이 발휘되도록 하는 권한위임 등이 더욱 요청되고 있기 때문이다. 지난 세기에는 계획, 조직화, 통제, 조정 등 수직적인 위계나 합리적 의사결정 등 하드 측면이 강조되었다면, 오늘날에는 리더와 추종자 간의 동반자적 관계나 소통과

학습이 강조되는 소프트 측면의 리더십이 부상되고 있다(김미자, 2023).

경영활동이나 그 성과를 규정하는 경영자가 갖추어야 할 리더십에 대하여 학자에 따라 여러 가지로 정의되고 있다. 구체적으로 학자들의 정의를 살펴보면, 테리(Terry)는 리더십이란 '모든 사람이 집단목표를 위해 자진해서 노력하도록 사람들에게 영향을 주는 활동'이라고 정의하였으며(한진희, 2012), 플레쉬맨(Fleishman)은 리더십을 '어떤 목표나 목표들의 달성을 향하도록 커뮤니케이션 과정을 통해서 개인 간에 영향력을 행사하려는 시도'로 보고 있다. 또 쿤즈 등(Koontz & O Donnell)은 '사람들로 하여금 집단목표를 위하여 자발적으로 노력하도록 그들에게 영향을 주는 기술, 또는 과정'으로 리더십을 정의하고 있다(한진희, 2012). 또한, 허쉬 등(Hersey & Blanchard)에 의하면 리더십이란 '일정한 상황하에서 목표를 달성하기 위하여 개인이나 집단의 활동에 영향을 미치는 과정'이며, 리더십과정(L)은 리더(leader: l)와 추종자(follower: f) 및 상황적 변수(situational variables: s)의 함수관계인 L=f(l, f, s)로 표시할 수 있다고 정의하고 있다(신응섭 외, 2004).

로스트(Rost)는 21세기형 리더십을 '공유된 목표를 가지고 실질적인 변화를 이루고자 리더와 추종자 간의 영향력을 교환하는 관계'라고 정의하였다. 이러한 정의는 리더가 추종자에게 하향적 · 일방적으로 영향력을 행사하여 조직의 목표를 성취하는 과정으로 보아왔던 종래의 리더십 관점과는 근본적으로 차이가 있다. 로스트의 리더십 정의는 리더십이 리더와 추종자 간 영향력이 교환되므로 추종자도 리더에게 영향력을 행사할 수 있다는 의미이다. 이는 리더십의 패러다임이 수직적 개념에서 수평적 개념으로 전환을 나타낸다. 이러한 개념은 우리 모두가 리더이자 추종자가 되며, 공식적 직위를 불문하고 누구나 리더십을 발휘할 수 있으므로, 리더의 역할이 되었을 때 추종자의 역할도 잘해야 함을 시사한다. 로스트(1993)가 제창한 21세기형 리더십 정의 외에도 다양한 정의나 모델이 존재하지만 리더십의 정의에는 네 가지 공통적인 요소가 존재한다(김미자, 2023).

첫째, 둘 이상 관계에서 이루어지는 형태의 '대인관계적(interpersonal)'이다.

둘째, 성취한 것을 특정 리더에게 돌리는 '귀인(attribution)의 현상'이다.

셋째, 리더십은 '변화'를 가져온다.

넷째, 변화는 목적, 미션, 비전과 같은 구체적인 '방향성'이 있어야 한다.

노스하우스(Northouse, 2022)는 리더십의 정의를 '공동목표를 달성하기 위하여 한 개인이 집단의 성원들에게 영향을 미치는 과정'이라고 하였으며, 유클(Yukl, 2020)은 '무엇을 해야 하고 그것을 어떻게 하는 것이 효과적인가를 다른 사람들이 이해하고 동의하도록 영향력을 행사하는 과정과 이렇게 공유된 목표를 달성할 수 있도록 개인 및 집단의 노력을 촉진하는 과정'이라고 정의하였다. 트렉커(Trecker, 1977)는 리더십을 '공동목표를 달성함에 있어서 사람들이 협동하여 일하도록 영향을 주는 능력'이라고 정의하였고, 로빈스(Robbins, 2005)는 '목표달성을 지향하도록 집단에 대하여 영향을 미칠 수 있는 능력'으로 정의하고 있다. 이와 같은 정의들을 볼 때 리더십의 특징은 다음과 같이 설명할 수 있다(김경희, 2009; 김미자, 2023).

첫째, 리더십은 정적인 것이 아니라 동적인 것으로 하나의 과정이다.

둘째, 리더십의 초점은 개인이나 집단과 같은 추종자들로서 사람에게 영향력을 주기 위한 활동이다.

셋째, 리더십의 가장 중요한 요인은 '영향력'이다. 영향력을 받는 대상은 추종자들이며 그들의 감정 및 행동에 대한 영향력을 만들어 내기 위한 활동이 리더십인 것이다.

넷째, 리더십의 목표는 기관의 목표달성이다.

다섯째, 리더십 행위는 우발적 행위가 아닌 특정한 목적 달성을 위해 개인이 시도하는 의도적인 노력이다.

이상의 여러 학자의 정의를 종합하면, 리더십이란 '일정한 상황에서 목표달성을 위하여 개인이나 집단의 행동에 영향력을 행사하는 과정'이라고 할 수 있다(정철수, 2015).

2) 리더십의 기능

리더십의 기능을 상황판단의 기능, 집단 통일유지의 기능, 집단 목표달성의 기능 등의 세 가지로 분류할 수 있으며, 구체적인 내용을 살펴보면 다음과 같다(권두승 외, 2016).

(1) 상황판단의 기능

집단 내·외의 상황에 대한 정확한 정보를 획득하여 일정한 집단효과를 얻을 수 있는 자료로서 분석·정리하는 것을 의미한다. 동료, 직원을 아는 일, 커뮤니케이션의 통로를 개방해 두는 일, 전체적인 상황에 대해서 고려하는 일, 계속 급변하는 사회적 여건과 복잡한 심리적 활동을 이해하는 일 등이다.

(2) 집단 통일유지의 기능

지도적 지위를 유지하는 데 노력함과 동시에 집단을 구성하는 단위(개인 및 하위 집단)의 이해를 조정함으로써 집단 내부의 분쟁을 방지하고 필요에 따라 상과 벌을 주어 집단 성원의 일체감, 연대감을 촉진하여 최종적으로 집단의 통일을 유지·강화함을 내용으로 한다. 성원을 하나의 팀으로서 훈련하는 일, 개인으로서의 책임을 지고 모범을 보이는 일, 리더로서의 지위를 확보하는 일, 집단규범에 충실히 하는 일, 성원성의 유지, 부하의 통합 등의 행동원칙은 모두 이 기능의 내용을 구성하게 된다.

(3) 집단 목표달성의 기능

집단목표를 결정하고 그를 위한 구체적 계획을 수립하여 보다 생산적인 활동에의 참여를 가능케 하는 집단 성원의 조직화, 사기의 향상 등을 내용으로 하는 행동이 포함된다. 정책결정 및 동기부여의 행동이라고 할 수 있다. 성원의 행동을 유도해서 지시하는 일, 따르지 않을 것 같은 명령은 하지 않는 일, 목적의 달성, 제도의 사명과 역할을 규정하는 일, 대폭적으로 권한을 이양하는 일 등의 행동원칙은 이에 속한다.

4. 평생교육기관 리더십의 권력 유형

일반적으로 권력(power)이란 다른 사람들에게 영향을 미치는 리더의 능력에 기초를 제공하는 직위(job position)에 따른 것으로서 개인적 특질(personal attributes)과 지위적 권력(positional attribution)을 포함한다. 또한, 부하에게 리더가 행사하는 권력의 원천이 어느 정도로 인지되고 있는가에 달려 있다. 한편 권력과 권한은 엄밀하게 구분될 수 있는 개념은 아니지만, 대체로 권한(authority)은 조직의 규범에 의하여 정당성이 인정된 권력이라고 할 수 있다. 베버(Weber)는 권한을 합법적 권력(legitimate power)이라고 정의하고 있는데, 권력이 실제 조직에 의해 묵인이나 공동승인을 받아 제도화될 때 권력은 합법적으로 되는 것이다(권두승 외, 2016).

| 표 9-4 | 권한과 권력의 차이

구분	권한	권력
정의	권리(right)	능력(ability)
근거	직위	개인적 특성
목표	전체의 이익	개인 또는 집단의 이익
집행자	관리자	리더
행동모형	준수	의존

출처: 권두승 외. (2016). 평생교육경영론(2판). 파주: 교육과학사.

여기에서는 권력의 내용을 이해하는 데 도움이 될 수 있는 다섯 가지의 상이한 권력유형을 검토해 보고자 한다(권두승 외, 2016; 서성무 외, 2005).

1) 지위에 부여된 권력

(1) 보상권력(reward power)

조직구성원들이 원하는 보상을 줄 수 있기 때문에 생기는 권력이다. 타인과의 교환과정에서 바람직한 결과를 제시할 수 있는 개인의 능력으로부터 나온다. 따라서 명령이나 요구 등의 응낙은 직접적인 감독이 없어도 나타나게 된다. 예를 들면, 임금인상, 상여금 지급 또는 승진 등에 관한 결정에 경영자가 영향을 미칠 수 있기 때문에 그것을 원하는 구성원들은 경영자에게 복종하게 된다.

(2) 강압적 권력(coercive power)

경영자는 흔히 처벌이라고 말하는 여러 가지를 말한다. 즉, 꾸지람, 감봉, 좌천, 해고 등을 결정할 수 있기 때문에 구성원들에게 권력을 갖게 된다. 이러한 강압적 권력을 행사할 때 개인은 바람직한 과업의 이행보다 오히려 징계나 징벌을 회피하려는 경향을 나타내기 때문에 바람직한 행동보다는 은닉, 허위의 성과보고 등과 같은 행동결과를 초래하게 된다.

(3) 합법적 권력(legitimate power)

권한 배분으로 인해 지위에 부여된 공식적인 권한(formal authority) 때문에 생기는 권력이다. 어떤 부서의 팀장에게 임금인상이나 감봉에 관한 결정권이 주어지지 않았다 하더라도 팀장이라는 직책에 공식적으로 부여된 여러 권한 때문에 업무와 관련하여 하급자에게 지휘·명령할 수 있으며, 이를 합법적 권력이라고 한다. 특히 이 합법적 권력은 문화적 가치(cultural values)와 조직에서 권한의 계층을 수용하는 기본적인 요소를 기초로 하고 있다. 그러므로 영향력의 시도는 직무 역할에 따라 영향력이 행사되는 타당한 영역에서만 가능한 것이다.

2) 개인적 특성 때문에 갖게 되는 권력

(1) 전문적 권력(expert power)

전문적 지식이나 능력을 갖고 있기 때문에 생기는 권력이다. 이 권력은 다른 사람들이 권력행사자가 특정 분야나 상황에 대하여 높은 지식을 가지고 있다고 느낄 때 발생한다. 경영자들은 하급자들보다 많은 직무 경험과 지식을 갖추었다는 점에서 이 전문적 권력을 행사할 수 있다. 그러나 하급자도 전문적 지식과 기술을 갖춘 경우에는 자기 상급자에 대해 전문적 권력을 행사할 수 있다(김기현, 2007).

(2) 준거적 권력(referent power)

구성원들이 리더에게 개인적으로 호감을 느껴 자신을 리더와 동일시(identification)하려는 경향 때문에 생기는 권력이다. 준거적 권력은 어떤 사람이 존경심, 호감 또는 카리스마적인 특별한 자질을 갖고 있고 있거나 해서 다른 사람들이 그를 닮으려고 할 때 생기는 권력을 말한다(김기현, 2007). 이 권력은 충만된 권력의 유인성을 기초로 하고 있기 때문에 여기에서의 응낙은 지시와 명령을 하는 사람을 요구하지 않고 있으며 감독이 필요치 않다.

이러한 다섯 가지의 권력은 독립적인 것이 아니라 상호 관련되어 작용하게 된다. 예컨대 현대와 같이 전문적 지식이 높은 평가를 받는 사회에서 경영자들의 전문적 권력은 하급자들보다 많은 직무지식과 경험을 갖추었다는 점에서 그들의 합법적 권력을 강화시킬 수 있다.

5. 평생교육기관 리더십의 주요 이론과 모델

1) 리더십의 이론적 전개 과정

리더십에 관한 접근방법으로는 그 배경과 흐름에 따라 크게 리더의 특성에 착안한 특성론적 접근방법과 리더의 행동에 착안한 행동론적 접근방법, 상황에 착안한 상황론적 접근방법으로 구분할 수 있다(권두승 외, 2016).

의제	방법론	리더십 이론
리더의 역할	리더와 비리더의 특성 파악	특성이론
리더의 행동양식	리더의 행동양식과 리더십	행동이론
상황에 따른 리더십의 선택	상황과 리더십의 적합성	상황이론

| 그림 9-7 | 리더십의 이론적 전개 과정

출처: 김진철 외. (2015). 경영학의 이해(개정2판). 서울: 형설출판사.

2) 리더십의 주요 이론

(1) 특성이론

특성이론은 우수한 리더들의 자질과 능력 등 특성을 추출하여 규명하고자 하는 연구로서 일명 '자질이론'이나 '위인이론'이라고 한다. 이 이론에 따르면 리더는 고유한 개인적인 특성만 가지고 있으면 그가 처해 있는 상황이나 환경이 바뀌더라도 훌륭한 리더가 될 수 있다는 것이다(정철수, 2015). 스토그딜(Stogdill, 1974)은 1949년부터 1970년 사이의 자료를 바탕으로 163개의 리더십 특성을 발견하여 1974년에 발표하였다. 특성이론의 지지자들에 의하여 제시된 여러 특성은 신체적 특성(physical characteristics), 사회적 배경(social background), 지능(intelligence), 성격(personality), 과업 관련 특성(task-related-characteristics), 사회적 특성(social characteristics) 등의 여섯 가지 범주로 구분할 수 있다. 스토그딜의 연구에 의한 리더의 주요 특성 요인들을 정리하면 다음과 같다.

| 표 9-5 | 리더의 주요 특성 분류

구분	내용
신체적 특성	연령, 체중, 키, 외모
사회적 배경	교육정도, 기동성, 사회적 지위, 가정배경
지적 능력	능력, 판단력, 결단력, 설득력
성격	독립심, 지배력, 자신감, 적극성
과업수행의 특성	성취욕구, 책임욕구, 과업지향성, 내구심
사회적 특성	경영능력(감독능력), 통합력(매력), 협동력, 대인관계

출처: 권두승 외. (2016). 평생교육경영론(2판). 파주: 교육과학사.

특성이론의 연구 관심은 세 가지로 요약할 수 있다.

첫째, 우수한 리더들이 지닌 공통적 특성은 무엇인가?

둘째, 리더와 일반 사람을 구별하는 특성은 무엇인가?

셋째, 리더의 지위에 있으면서 효과적인 리더와 비효과적인 리더의 차이는 무엇인가?

리더의 특성에 관한 연구들은 우수한 리더 특성에 관해 일관성 있는 집약적 결론을 내리지 못하였지만 리더십 연구에 크게 기여하였다. 그래서 특성이론의 한계점과 긍정적인 평가에 대한 구체적인 내용을 살펴보면 다음과 같다(서보준 외, 2018).

① 특성이론의 한계점

• 우수한 리더들의 특성을 명료하게 집약하지 못한다는 점이다. 이는 리더십

의 대상과 상황이 워낙 다양하고 연구 방법의 한계 때문에 간명한 집약이 불가능한 것이 오히려 당연한 것으로 생각된다.

- 리더의 특성과 효과성 간에 상관관계만을 제시하고 있을 뿐 그 과정을 밝히지 못하고 있다. 또한 리더의 특성은 같은데도 리더십 효과성의 상관관계가 다른 경우도 흔히 있다. 이는 한 개인이 어떤 특성들을 소유하였기 때문에 리더가 되는 것이 아니라 그 특성들이 발휘 상황에 적합하여야 한다는 것이다.
- 성격이나 가치관과 같이 리더 특성에 관한 많은 요소들이 내면적인 것이어서 외적인 언행을 통해 추정하지만, 내면의 실체를 정확하게 진단하기 어렵다.
- 리더의 특성들은 유전적 또는 선천적 영향도 있고 후천적으로 획득 및 개발되기도 하는 것이다. 즉 계속 변화하는 것인데 대부분 연구자는 리더의 특성을 고정적인 것으로 간주하고 연구하기 때문에 실제 현상과 다를 수 있다.
- 리더의 자질을 추종자와는 구별되는 선천적이거나 유전적인 것으로 인식하면 후천적 개발의 효율성을 부정하는 것이며, 윤리적인 면에서 정당하지 못하다.

② 특성이론의 공헌

- 리더의 특성은 동서고금의 관심 주제이며, 직관적으로 흥미를 끈다. 그것은 '리더들은 보통 사람과 차별되는 우수한 특성이 있을 것이다'라는 우리들의 일반적인 이미지와 부합하기 때문이다. 이러한 이미지와 부합하면서 특성 연구들은 매우 많고 다양한 특성들을 도출하였다.
- 우수한 리더들의 공통점을 집약적으로 밝히지는 못했지만, 일반적인 우수 자질들의 윤곽을 그려내었다. 연구 결과들은 리더에게 요구되는 특성, 리더의 선발 및 평가기준, 리더개발의 방향과 소요 판단 등을 설정하는 데 기준표 역할을 하고 있다. 기업조직 등 각 조직에서 승진 심사 요소로 활용된다.

• 리더 특성 연구는 리더십의 핵심적 구성요소인 리더에게 초점을 맞추어 리더의 역할과 자질에 대한 중요성을 일깨움으로써 많은 리더에게 리더십 개발의 동기를 부여하였다.
• 특성 연구는 시대적으로 요구되는 리더의 자질에 대해 방향을 제시하고 있다. 가령 산업사회에서 필요한 자질과 정보사회에서 필요한 자질들을 계속 추적함으로써 시대적 변화 속에서 요구되는 리더십을 판단하고 정립하는 데 도움을 준다.

리더 특성 연구는 여러 한계와 문제점에도 불구하고 오늘날에도 리더의 자격을 판단하는 데 평가기준으로 활용하고 있으며 중요하게 인식되고 있다. 조직에서도 계층별 리더십 개발 프로그램을 체계적으로 시행하고 있는 것이다.

(2) 행동이론

생산에 대한 관심(직무 중심, concern for porduction)과 인간에 대한 관계(종업원 중심, concern for people)의 양극적인 리더십 유형을 융통성 있게 조화시키려는 리더십의 유효성 모델로서 텍사스 대학의 블레이크 등(Blake & Mouton, 1964)은 리더십을 각각 아홉 등급으로 나누어 두 차원으로 생각한 매너지리얼 그리드(관리격자, managerial grid)의 개념을 정립하였다. 따라서 이론적으로 81가지의 리더십 유형이 있는 것으로 이해할 수가 있으나 대표적인 것으로는 다음의 다섯 가지의 형태를 들 수 있다(Blake & Mouton, 1964).

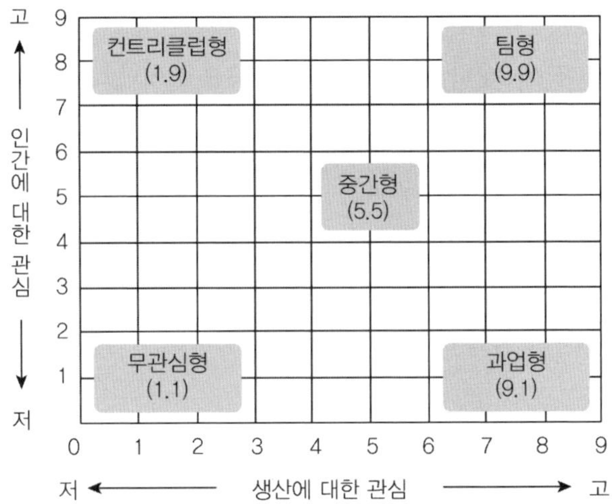

| 그림 9-8 | 매너지리얼 그리드의 리더 행동유형

출처: 서보준 외. (2018). 평생교육경영론. 고양: 공동체.

① (1.1)형: 무관심(impoverished)형으로서, 생산(과업)과 인간관계에 대해 모두 관심을 보이지 않는 유형이다.

② (9.1)형: 과업(task)형으로서, 생산(과업)에 대해서는 지대한 관심을 보이는 반면, 인간관계는 매우 소홀히 하는 유형이다.

③ (1.9)형: 컨트리 클럽(country club)형으로서, 생산(과업)에 대한 관심은 낮으나, 인간관계에 대해서는 지대한 관심을 나타내는 유형이다.

④ (5.5)형: 이는 중간(middle of the road)형으로서, 생산(과업)과 인간관계에 대해 모두 적당한 관심을 보이는 유형이다.

⑤ (9.9)형: 팀(team)형으로서, 생산(과업)과 인간관계에 대해 모두 지대한 관심을 나타내는 유형이다.

블레이크와 모우튼은 이들 다섯 가지 리더십 유형 중에서 (9.9)형이 가장 이상적인 것이라고 주장한다. 즉, 리더가 종업원에 대한 신뢰가 지원을 통하여 보다 협동적인 작업관계를 유지하고 동시에 과업달성을 이루기를 강조할 때 가장 효율적으로 생산성 증대에 기여할 수 있다는 것이다(신유근, 2011).

(3) 상황적합성 이론

피들러(Fiedler)의 상황적합성 이론(contingency model leadership effectiveness)은 상황변수를 리더의 직위권력, 과업구조, 리더-구성원 관계로 구체화하였다. 리더의 직위권력(position power)은 리더의 직위가 구성원으로 하여금 명령을 받아들이도록 할 수 있는 정도를 의미하며, 이를 강·약으로 구분하였다. 피들러는 리더들이 자기가 가장 싫어하는 동료들에 대해 어떻게 평가하느냐에 대한 점수를 측정하는 LPC(the Least Preferred Co-worker) 척도를 개발하였다.

이 이론의 집단의 성과는 '리더십 스타일'과 '상황의 호의성' 간의 상호작용에 의존한다는 가정에 기초하고 있다. 즉 효과적인 리더십 스타일은 상호의존성에 따라 좌우된다는 것이다.

리더가 과업지향적인 스타일을 갖는가 아니면 인간관계 지향성 스타일을 갖는가 하는 리더십 스타일과 상황변수(리더-구성원 간의 관계, 과업구조, 리더의 지위 권한 측면) 등으로 구성되는 상황이 리더에게 얼마나 호의적인가를 놓고 볼 때, 상황이 리더에게 매우 호의적일 때나 매우 비호의적일 때에는 과업지향적인 스타일을 갖는 리더가 효과적이다. 또한, 상황이 아주 호의적이지도 아주 비호의적이지도 않은 중간 정도의 상황에서는 인간관계 지향적인 리더십 스타일이 효과적이라는 것을 보여주고 있다. 여기서 호의성이 중간 정도라는 것은 과업이 구조화되어 있으나 구성원이 리더를 싫어하므로 구성원의 감정을 중시하지 않으면 안 되는 상황이나, 구성원이 리더를 좋아하기는 하나 과업이 구조화되어 있지 않으므로 구성원의 창의성과 참여를 구해야만 하는 상황을 말한다(이길헌, 2016).

6. 평생교육기관 리더의 특성과 유형

1) 평생교육 리더의 특성

지도자의 힘이 독단적인 리더십에 있는 것이 아니라 다른 사람의 말을 경청하는 능력에 있다는 것, 불도저와 같이 밀고 나가는 힘에 있는 것이 아니라 상상력에 있다는 것, 과대망상증에 있는 것이 아니라 새로운 세계에 있어서의 리더십의 제한적인 성격을 인식하는 데 있다. 내일의 리더자는 현재보다 더 다양한 사회, 즉 훨씬 더 민주적이고 참여적인 사회를 대상으로 해야 한다. 리더십은 더욱 임시적이고 단체적이고 합의적인 것이 될 것이다. 경영자는 위계적인 방식만이 아니라 개방적이고 자유로운 방식으로도 운영할 수 있는 사람이며 자율적인 단위들로 구성된 조직에서도 일할 수 있는 사람이다(Toffler, 1980). 따라서 업무에 대한 전문적 실천능력과 조직구성원과의 인간관계 능력을 성공적인 리더의 기본적인 자질로 보고 있다. 즉, 조직구성원과의 인간관계 능력은 구성원들과의 일체감과 신뢰감을 볼 수 있으며 이 인간관계 능력은 다시 네 가지 특성으로 구분할 수 있는데 구체적인 내용을 살펴보면 다음과 같다(김용현 외, 2018).

첫째, 리더의 전심전력하는 사명감이다.

둘째, 구성원들이 리더를 믿고 의지할 수 있는 존경심이다.

셋째, 부하직원들이 감성을 움직일 수 있는 감수성이다.

넷째, 상황대처 능력과 유연성이다.

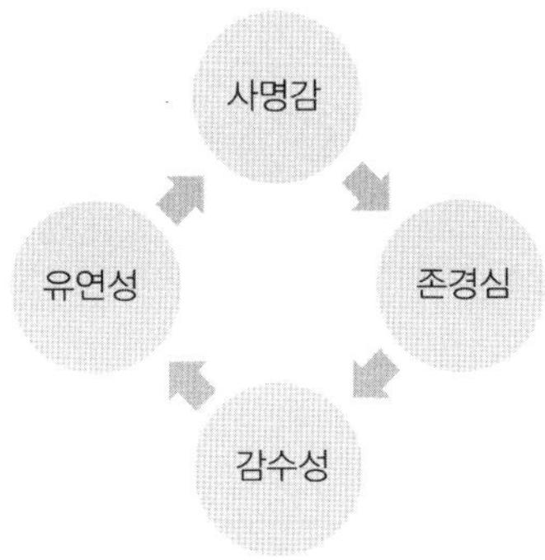

| 그림 9-9 | 리더의 네 가지 특성

2) 평생교육 리더의 유형

평생교육의 리더십 유형을 프로그램 리더십, 정책 리더십, 정치적 리더십, 대중 리더십, 그리고 전문적 조직의 리더십으로 구분하여 살펴보고자 한다.

(1) 프로그램 리더십

평생교육기관의 경영자는 기본적으로 프로그램을 검토하거나, 분석하는 수준을 넘어 프로그램의 필수적인 요소인 프로그램의 질이 지니고 있는 중요성을 이해할 수 있어야 한다. 또한 경쟁적 전략이라든가 프로그램에 대한 포트폴리오를 편성해야 한다는 점에서 프로그램에 대한 리더십을 발휘할 수 있어야 한다.

(2) 정책 리더십

평생교육 프로그램은 독자적으로 존재하는 것이 아니라, 불가피하게 정책을 포함하여 그 프로그램이 개설되어 있는 조직과 환경에 연계되어 있다. 즉, 정책은 일상의 조직실제와 절차에서의 공식적인 임무뿐만 아니라 소속 기관의 일반적인 목표와 가치에서 추출된다. 정책은 서면 형태와 같이 매우 구조화되고 체계적인 형태로 존재할 수도 있고, 일시적인 묵시적 형태의 강조이거나 일종의 합의와 의견 또는 원칙과 같은 형태로 제시될 수도 있다. 평생교육 경영자는 기관의 경영계획과 정책 개발을 위한 출발점으로 현재의 정책을 제대로 파악해야 하며, 이를 바탕으로 새로운 계획과 정책을 개발해 나가야 한다.

(3) 정치 리더십

평생교육기관의 최고경영자라든가 혹은 일선경영자는 그 자신이 책임지고 있는 조직의 임무와 활동에서 목표달성과 성과향상을 위하여 정치적으로 행동을 해야만 할 필요성이 있다. 조직체의 책임자는 모조직체 또는 정부기관과의 정치적 능력을 발휘해야만 생존이 가능하다. 이것은 결국, 평생교육기관 경영자가 기관의 내부 환경에 대한 내부역량만을 중심으로 리더십을 발휘해야 하는 것이 아니라, 기관의 외부환경에 대한 대외적 관계(External Relations, ER)에 있어서도 리더십을 발휘해야 한다는 것을 의미한다.

(4) 대중 리더십

대중 리더십은 평생교육기관 경영자가 조직 내외의 인간관계에서 지녀야 할 리더십을 말한다. 평등주의적 관점에서 볼 때 평생교육에서의 리더십은 어디까지나 팀워크이고, 리더는 일이 시작되고 마무리되는 단계에 조정자로서의 피드백을 주는 것이다. 이러한 상황에서의 리더십은 구성원들로 하여금 과업수행에 있어서 자율적인 책임을 갖도록 하는 데 있다. 이와 함께평생교육기관이 고도의 지식공유 조직이라는 점을 감안하여 교강사들이나 교육담당자들에 대한 배려와 리더십을 발휘할 필요가 있다.

(5) 전문적 조직 리더십

평생교육 분야는 각 기관이 독립적으로 존재하는 것이 아니라 다양한 영역에서 협력체제로 연결되어 있다. 이러한 점에서 평생교육기관 경영자는 리더로서 타 기관과의 협력적 체제를 이끌어낼 수 있어야 한다. 평생교육기관 경영자는 평생교육기관이 하나의 전문적인 교육조직체라는 것을 감안하여 전문적 조직으로서 제대로 된 기능을 수행할 수 있도록 해야 한다. 전문적 조직체로서 평생교육기관의 경영자는 구성원들에게 평생교육기관의 운영, 프로그램의 개발, 조직구성원의 역량강화 등과 같은 영역에서 부딪치는 여러 문제, 도전, 그리고 이슈에 관한 관심을 유도할 수 있어야 하며, 그러한 기회를 다양한 차원에서 제공해야 한다. 이러한 입장에서 소속 기관을 발전시키고자 하는 리더는 개인의 전문성 함양은 물론 조직체의 전문성을 개발하여야 하며, 전문조직체에 참여하여 그 조직체를 확대하고 활성화시킬 수 있는 책무성을 수용할 수 있어야 한다.

Chapter

10

의사소통과 의사결정

1. 의사소통의 개념 및 유형

1) 개념

의사소통이란 생각이나 뜻이 서로 통하는 것으로 말, 문자, 그림, 몸짓 또는 물건을 가지고 하는 행위 등을 매개체로 서로의 생각을 주고받는 것이다(서보준 외, 2018). 의사소통(communication)의 어원은 라틴어의 'communis'에서 유래된 것으로 '공통' 또는 '공유'라는 뜻을 가지고 있다(김은혜, 2013). 의사소통이란 인간이 신호나 기호를 사용하여 자신의 생각이나 메시지를 언어나 비언어적 방법으로 타인에게 전달하고 생각이나 감정을 교환, 공유하면서 상호 간에 영향을 미치는 과정이라고 할 수 있을 것이다.

의사소통은 문자 그대로 해석할 때, 하나 또는 그 이상의 유기체가 지식, 정보, 신념, 감정 등을 다른 유기체와 공유하거나 공동화하는 과정으로 정의될 수 있다. 이는 의사소통이 단순한 정보 전달을 넘어 상호 이해와 의미 공유를 본질로 한다는 점을 시사한다(Pearson et al., 2000).

사이먼(Simon, 1976)은 의사소통이란 조직의 한 구성원으로부터 다른 구성원에게 의사결정의 전제가 전달되는 과정이라고 하였고, 섀넌 등(Shannon & Weaver, 1949)은 하나의 마음이 다른 마음에 영향을 미치는 또는 과정을 뜻하는 것으로, 수단으로는 언어뿐만 아니라 음악, 그림, 연극, 무용 등 모든 인간의 행동을 포함한다고 하였다. 에어(Ayer, 1982)는 전달되는 것(what is transferred)이나 그 수단(the means) 또는 전 과정(the whole process)을 의미한다고 하였다.

| 표 10-1 | 광의와 협의의 의사소통

구분	정의
광의	사람과 사람, 사람과 기계, 기계와 기계 사이에 이루어지는 정보의 이전 과정
협의	사람과 사람 사이의 정보, 의사 또는 감정이 교환되는 것

출처: Simon, H. A. (1976). Administrative Behavior: A Study of Decision Making Process in Administrative Organization(3rd ed.). N.Y.: MacMillan Co.

여러 학자의 의사소통에 대한 견해를 종합에 볼 때 '의사소통이란 인간이 신호나 기호를 사용하여 자신의 생각이나 메시지를 언어나 비언어적 방법으로 타인에게 전달하고, 생각이나 감정을 교환 공유하면서 상호 간에 영향을 미치는 과정'이라고 할 수 있다(안병환 외, 2018).

오혁진(2021)는 의사소통이란 특정 개인이나 집단, 조직으로 구성되는 발신자가 특정 개인이나 집단, 조직으로 구성된 수신자에게 특정 형태의 정보를 전달하는 과정을 의미한다. 그러면서 평생교육기관의 의사소통을 대외적인 의사소통과 대내적인 의사소통으로 구분하였다. 평생교육기관의 실무자들 사이에 이루어지는 의사소통을 대내적 의사소통으로 인사관리와 조직관리 차원에서 매우 중요하다. 또한, 대외적 의사소통은 평생교육기관에 참여하는 학습자나 잠재적 학습자, 후원기관, 감독기관, 지역사회기관 등에 대해 이루어지는 것으로 각종 정보의 제공과 전달이라는 차원에서 중요하며, 대외적 의사소통의 목적은 기관의 이미지 유지와 향상, 기부자 및 자원봉사자의 관심 유도, 기관의 프로그램에 관한 정보제공, 잠재적 학습자들의 관심과 지원 유도, 기관에 관한 부정확하거나 불완전한 정보의 수정 등이 있다.

의사소통은 개인 또는 집단 간에 생각, 의견, 신념, 감정, 태도, 정보 등을 전달하고 받아들이는 상호교류하는 행위로 볼 수 있다. 의사소통은 다음의 특성을 가진다(최애경 외, 2018).

첫째, 의사소통은 최소한 두 사람이 필요하다. 의사소통은 두 사람 혹은 그 이상으로 이루어진 집단이나 조직 속에서 이루어진다.

둘째, 의사소통에서 우리는 화자임과 동시에 청자이다. 의사소통이 이루어질 때 우리는 말도 하고 동시에 듣는 역할도 한다.

셋째, 의사소통은 대부분 얼굴을 보고 이루어진다. 편지와 문서, 이메일이나 메신저 등을 통해서도 의사소통이 이루어지지만, 얼굴을 마주 보며 서로 생각을 주고받는 면대면으로 이루어지는 것이 원칙이다.

넷째, 의사소통은 같은 맥락에서 이루어지고 영향을 받는다. 의사소통이 이루어지는 상황 속에서 의사소통은 의도적이거나 비의도적으로도 이루어질 수 있다. 의사소통이 이루어지는 시간과 분위기, 상대에 따라서 때로는 생각지도 못한 방향으로 의사소통이 진행될 수 있다.

다섯째, 한 번 이루어진 의사소통은 되돌릴 수 없다. 이미 말한 것이나 행동한 것은 취소할 수가 없다.

2) 목적

소통의 부재가 큰 사회적 문제로 대두될 만큼 "말이 안 통해"라는 말을 주변에서 심심찮게 들을 수 있다. 자기주장만 내세우거나 남의 말을 듣지 않고 자기 이야기만 줄기차게 하는 사람 옆에는 친구가 없다. 우리가 의사소통을 하는 궁극적인 이유는 의사소통을 하지 않고는 살아갈 수가 없기 때문이다. 인간은 사회적 동물이다. 의사소통은 일상생활을 유지하는 수단이며, 삶의 중요한 부분이다. 이러한 측면에서 의사소통의 목적은 다음과 같다(최애경 외, 2018).

첫째, 우리는 자신과 다른 사람, 주변 상황과 세계를 알고 배우기 위해서 의사소통을 한다.

둘째, 타인과 관계형성을 위해 의사소통한다. 대화를 나누면서 서로 간에 마음을 나누고 그 과정에서 유대관계를 맺는다. 소통을 통해 사회적인 접촉을 가능하게 함으로써 인간의 사회적 소속 욕구 충족을 가능하게 한다.

셋째, 의사소통 과정에서 집단과 개인에 정보를 전달함으로써 의사결정의 역할을 한다.

넷째, 좌절이나 만족 같은 감정을 표현하게 함으로써 스트레스를 해소할 수 있게 한다.

다섯째, 타인에게 영향력을 미치기 위해 의사소통한다.

여섯째, 타인과 놀이를 하거나 즐기기 위해 의사소통한다.

일곱째, 타인을 돕기 위해 의사소통한다.

한편, 효과적인 의사소통을 위해 다운즈(Downs, 1985)는 다음과 같은 세 가지 기준의 복합물이어야 한다고 설명한다.

첫째, 전언(message)의 질과 그 표현이 중요하다.

둘째, 바라던 결과가 성취되는 것을 들 수 있다.

셋째, 의사소통이 효과는 시간적 관점에서 고려되어야 한다.

의사소통이 효과적으로 이루어지려면 이 세 가지 기준을 통합하여야 한다.

3) 기능

의사소통이 통제, 동기부여, 감정표현, 정보제공 등 네 가지 주요한 기능을 수행한다. 의사소통의 네 가지 주요 기능은 다음과 같다(조경덕 외, 2012).

첫째, 의사소통은 통제의 기능이 있다. 통제는 의사소통을 통해 구성원들의 활동을 통합하고 조정하는 것을 의미한다. 직무와 관련하여 구성원들의 책임과 권한을 명확히 규정하는 것과 관련된다. 즉, 통제를 통해 의사소통 과정에서 해야 할 행동을 규정하고, 하지 말아야 할 행동을 제한한다.

둘째, 의사소통은 동기부여의 기능이 있다. 동기부여는 구성원들을 자극하고 격려하며 집단 목표달성에 몰입할 수 있도록 한다. 즉, 다른 사람에게 자신의 생각을 표현함으로써 상대방의 가치관과 생활방식 등에 영향을 미칠 수 있다. 의사소통을 통해 구성원들에게 행해져야 할 것이 무엇이고, 그것을 어떻게 잘 행해질 수 있으며, 또 성과를 높이기 위해서 무엇을 행해질 수 있는지를 분명히 하는 것을 의미한다.

셋째, 의사소통은 감정표현의 기능이 있다. 의사소통을 통해 구성원들의 욕구 불만과 만족감이 표출됨을 의미한다. 집단은 사회적 상호작용이 일어나는 일차적인 장이며, 집단 내에서 이루어지는 의사소통은 감정 분출과 사회적 욕구충족의 수단이 된다. 즉, 의사소통을 하면서 자신이 가지고 있는 감정을 상대방에게 표현함으로써 공감하고 자신의 감정도 이해한다.

넷째, 의사소통은 정보제공의 기능이 있다. 구성원들이 의사소통을 통해 의사결정 과정에 참여하고, 필요한 정보와 자료를 교환하는 것을 의미한다. 즉, 자신의 생각과 감정을 상대방에게 표현하면서 상대방이 모르고 있던 정보를 제공하는 것이다.

4) 유형

의사소통의 유형은 그 분류방식에 따라 여러 가지로 나눌 수 있다. '조직의 성격'에 따라서 공식적 의사소통과 비공식적 의사소통으로, '의사소통의 수단'을 중심으로 할 때 언어적 의사소통과 비언어적 의사소통으로, '의사소통의 방향'에 따라 일방적 의사소통과 양방적 의사소통 등으로 구분한다(서보준 외, 2018).

(1) 조직의 성격에 따른 유형

① 공식적 의사소통

공식적 의사소통(Formal Communication)이란 공식적인 조직 내에서 공식적 의사소통의 경로와 수단을 통하여 정보가 유통되는 것을 말한다.

공식적 의사소통의 장점으로는 권한 관계가 명확해지고, 의사소통이 확실하고 편리하며, 발신자와 수신자의 책임소재가 분명하다는 점이다. 공식적 의사소통의 단점으로는 융통성이 없고 의사소통이 느려서 사무를 지연시키며, 조직을 경직화시킬 수 있고 공식적 의사소통만으로도 모든 조직 내의 합리적 의사소통을 이루기가 어렵다는 것이다.

② 비공식적 의사소통

비공식적 의사소통(Informal Communication)은 조직인 친화 관계, 학연, 지연 등 조직 내부의 인간적 접촉에 의해 자생적으로 형성되는 의사소통을 말한다.

비공식적 의사소통의 장점은 전달속도가 빠르고 하급자의 즉각적인 반응을 알기 위해 정보를 흘렸을 경우 신속하게 그 결과를 알아낼 수 있으며, 하급자들의 스트레스를 해소시켜 준다는 점이다. 비공식적 의사소통의 단점은 무책임한 정보가 흐를 경우 너무 전달속도가 빨라 관리자의 통제가 어렵고, 풍문, 전화, 잡담 등의 형태로 나타나므로 통제가 어렵고 책임추궁이 어려우며, 왜곡되고 정확하지 못하면 상관의 권위를 손상시킬 우려가 있다는 점이다.

| 표 10-2 | 공식적 의사소통과 비공식적 의사소통 비교

구분	내용
공식적 의사소통	•공식적 조직 내에서 공식적인 의사소통의 경로와 수단을 통해 정보가 유통되는 것이다. •보통 계서제(階序制)의 명령계통을 따라 공문서 또는 서면이나 구두의 명령보고 등의 방법으로 이루어진다. •목적은 조직구성원에게 조직의 목표방침 및 지시사항 등을 알리고 직원들의 의견과 보고내용을 관리자와 모든 직원에게 알리는 데 있다.
비공식적 의사소통	•비공식적 조직, 즉 자생적 집단 내에서 비공식적인 방법으로 이루어지는 것이다. •풍문, 유언, 전화, 접촉 등의 형태로 나타난다. •통제하기도 어렵고 추궁하기도 어렵다. •공식적 직책을 떠나 친분, 상호 신뢰 등 인간관계를 기초로 하여 의사소통을 하는 것으로 극히 제약된 조직이나 사회에서는 많은 의사소통이 발생한다. •구성원들의 여론 감정 등을 그대로 나타내므로 유익한 정보를 전달하는 수단이 되기도 한다.

출처: 곽내영. (2007). 곽내영 교육학(하). 서울: 도서출판 들풀.

(2) 의사소통의 수단을 중심으로 한 유형

① 언어적 의사소통

언어적 의사소통(Verbal Communication)은 언어를 매개체로 하여 의사소통이 이루어지는 것을 말하며, 구두의사소통과 문서의사소통으로 구분한다.

구두의사소통은 직접적인 말을 수단으로 하여 메시지를 전달하거나 정보를 교환하는 의사소통이다. 공문결제, 직원회의, 위원회 활동, 연수회, 전화, 여론조사, 개별 면담 등이 해당한다.

문서의사소통은 문서를 통한 의사소통이다. 보고서, 공문서, 회람, 게시판, 한컴 쪽지, 이메일, 팩스, 사후통지, 메모, 편지, 안내서 등이 있다.

구두의사소통의 장점은 즉시성, 신축성, 융통성, 비밀보장성이다. 단점은 전달대상이 제한되며 전달내용이 중요하고 복잡할 때는 사용하기가 어렵다는 것이다.

문서의사소통의 장점은 장기적으로 보존할 필요가 있을 때, 중요하고 복잡한 내용을 정확하고 획일적으로 전달할 필요가 있을 때, 구성원이 지리적으로 분산되어 있을 때 효과적이라는 것이다. 단점은 수신자의 반응을 확인하기 어렵고 수신자의 다양한 욕구를 고려하지 못하며, 비밀이 누설되기 쉽다는 것이다.

② 비언어적 의사소통

비언어적 의사소통(Nonverbal Communication)은 신체적인 동작을 표현하는 것으로 자신의 의사나 감정을 전달하고 타인의 의사도 확인할 수 있다. 이러한 비언적인 의사소통의 유형으로는 직접적인 소통수단인 몸짓, 손짓, 표정, 시선처리, 자세, 신체적 접촉뿐만 아니라 웃음, 울음, 하품 등을 포함한 모든 신체적인 표현 외에 그림, 사진, 도형이나 기호, 만화까지 폭넓게 포함된다. 일상생활에서 사람이 의사소통을 할 때, 언어적 요인은 7%에 국한된다. 말의 속도, 높낮이, 크기와 같은 음성 요인은 38%, 자세나 태도가 20%, 표정이 35%라고 한다. 사람의 인상을 연구한 미국의 유명한 심리학자인 앨버트 메르비안에 따르면 시각적 요인은 55%의 영향력을 가진다. 의사소통 과정에서 전체의 93%가 비언어적인 요인으로 이루어진다는 것을 볼 수 있다.

| 표 10-3 | 언어적 의사소통과 비언어적 의사소통 비교

구분	내용
언어적 의사소통	•문자와 말을 기호로 사용한다. •메시지(기호)를 단순히 전달하는 것보다는 메시지 안에 담겨 있는 생각, 감정, 정보의 전달을 더욱 중시한다.
비언어적 의사소통	•신체접촉, 몸짓, 손짓, 표정, 복장 등과 같은 비언어적 기호를 사용한다. •언어적 의사소통을 지원하지만, 그 자체 독립적으로 의미를 전달하며, 경우에 따라 언어적 의사소통보다 더 강력한 의미를 전달하므로 중요시된다.

출처: 곽내영. (2007). 곽내영 교육학(하). 서울: 도서출판 들풀.

(3) 의사소통 방향에 따른 유형

① 일방적 의사소통

일방적 의사소통(One-way Communication)은 명령이나 지시와 같이 전달자가 수신자에게 일방적으로 메시지를 전달하는 방식이다. 발송자가 수신자의 내적 반응만 일으키고 수신자로부터 다시 피드백을 받을 수 없다.

② 쌍방적 의사소통

쌍방적 의사소통(Two-way Communication)은 전달자가 수신자에게 메시를 전달하면 수신자의 반응이 피드백이 되어 다시 전달자에게 되돌아오는 형태를 말한다. 수신자와 송신자 간 상호 정보의 교환과 반응을 알 수 있으므로 의사소통의 정확성을 높이는 데 유용하다. 수평적 관계를 유지하기 때문에 자율적이고 창의적인 활동이 될 수 있다. 쌍방향 의사소통은 시간이 좀 걸리지만, 일방적 의사소통보다 효과가 높고 메시지 왜곡이 없다.

| 표 10-4 | 일방적 의사소통과 쌍방적 의사소통 비교

구분	내용
일방적 의사소통	•장점: 송신자가 자신의 생각, 감정, 의도, 정보 등을 정확히 전달하기 위해서 많은 준비가 필요하고, 그것들을 많은 사람에게 신속하게 전달할 수 있다. •단점: 피드백이 이루어지지 않으며 수신자를 수동적 위치에 놓이게 한다. •연설, 강연, 설교, 강의발표, 공식적인 인사와 같은 것이다.
쌍방적 의사소통	•장점: 의사소통자 상호 간의 이해와 의미공유를 촉진한다. •단점: 시간이 많이 걸린다. •인사, 대화, 상담, 요담, 면담, 토론수업 등과 같은 것이다.

출처: 곽내영. (2007). 곽내영 교육학(하). 서울: 도서출판 들풀.

2. 의사소통망의 형태 및 기법

1) 의사소통망의 형태

의사소통망(communication network)은 조직구성원들 간에 이루어지고 있는 반복성, 제한성이 있는 상호작용의 패턴이다. 의사소통망은 발송자로부터 수신자에게로 메시지가 흐르는 경로의 구조로 다양한 연결망, 형태가 있을 수 있으며, 조직 내의 지도자 위치, 의사소통의 흐름, 지도자와 추종자들의 관계 등에 따라 정형적 · 비정형적 의사소통 연결망으로 구분하여 유형화할 수 있다(Lunenburg et al., 1991).

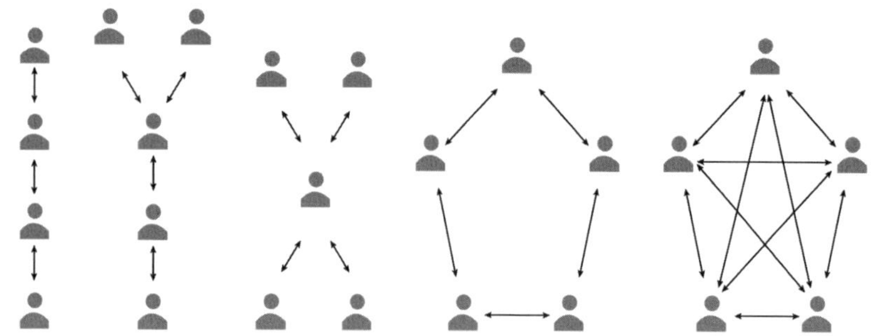

| 그림 10-1 | 의사소통의 유형

① 사슬형(Chain Networks): 연쇄형이라고도 하며, 공식적인 명령계통에 따라 의사소통이 상위계층에서 하위계층으로만 흐르는 의사소통망이다.

② Y형(Y Networks): 구성원이 상급자에게 보고하면 상급자는 조직의 장에게 보고하는 의사소통망이다. 매우 관료적이고 위계적인 조직에서 볼 수 있다. 이 의사소통망은 정보가 조직의 최하위층에서 최상층까지 전달되려면 모든 위계의 수준을 통해서만 가능하다는 점에서 사슬형과 비슷하다.

③ 수레바퀴형(Wheel Networks): 모든 정보와 흐름이 지도자에게 집중된 의사소통망이다.

④ 원형(Circle Networks): 조직구성원 간의 상호작용이 집중되어 있지 않고 넓게 분산되어 있는 의사소통망으로 위계적 관계 외 중심인물이 없는 위원회 조직에서 나타난다.

⑤ 완전연결형(All-channel Networks): 모든 조직구성원이 다른 모든 구성원과 자유롭게 정보를 교환하고 의사소통을 하며 구성원 개개인이 의사소통을 주도한다.

| 표 10-5 | 의사소통의 유형 구분

구분	내용
사슬형 (chain)	•두 사람만 접촉하면서 다른 한 사람과 연결되는 구조이다.
Y형(Y)	•연쇄형에서 외부의 두 사람과 접촉이 이루어지는 구조로서 대다수 구성원의 대표적인 지도자가 존재할 경우에 나타나는 유형이다.
수레바퀴형 (wheel)	•구성원 각자가 한 사람과 의사소통하는 구조이다.
원형 (circle)	•좌우 옆 사람과 접촉이 이루어지는 형으로 신분 관계가 불확실하고 집단구성원 간에 사회적 서열이 분명하지 않을 경우에 형성된다.
완전연결형 (all channel)	•구성원 전체가 상호 간에 의사소통이 이루어지는 형으로 각 구성원이 모든 다른 사람들과 함께 자유롭게 의사소통을 한다.

2) 의사소통 기법

(1) 조하리의 창

미국의 심리학자 조지프 루프트(Joseoph Luft)와 해링턴 잉햄(Harrington Ingham)의 이름을 합성하여, 조하리(Joe+Harry=Johari)의 마음의 창문(window of mind)이라는 자기개발모형을 탄생시켰다.

조하리의 창에서 이 창문에는 자신의 생각, 감정, 경험, 소망, 기대, 가족사항, 취미, 종교, 교우관계, 장단점 등 '자신에 관한 모든 것'이 모두 포함되어 있다. 창틀의 크기와 형태는 고정된 것이 아니라 상호 신뢰 수준과 자아 노출, 피드백의 교환 정도에 따라 유동적으로 결정되는 것이다.

조하리의 창에서 모든 인간은 자신에 대한 정보가 자신에게 잘 알려진 부분도 있고, 자신에게 알려져 있지 않는 부분도 있다. 이들의 결합 관계에 따라 개방적 영역, 맹목적 영역, 잠재적 영역, 미지적 영역 등 네 개의 영역이 생기게 된다.

① 개방적 영역 또는 드러난 영역: 이 영역은 자신에 관한 정보가 자신이나 타인에게 잘 알려진 부분이다.

② 맹목적 영역 또는 못 보는 영역: 자기 자신에 대하여 타인에게는 알려져 있으나 자신은 모르는 부분이다.

③ 잠재적 영역 또는 숨겨진 영역: 자기 자신에 대해 자신은 알고 있으나 타인에게는 알려지지 않은 부분이다.

④ 미지적 영역 또는 모르는 영역: 자기 자신에 대해 자기 자신을 모르고 타인도 모르는 부분이다.

| 표 10-6 | 조하리의 창 분류

구분	내용
개방적 영역	•자기 자신에 대하여 본인은 물론이고 타인에게도 잘 알려진 영역이다. •인간 관계가 성숙해지면 이 영역의 넓이는 커진다. •인간관계 유형은 '민주형'이 될 것이다.
맹목적 영역	•자기 자신에 대하여 타인은 알고 있는데 본인은 모르고 있는 영역이다. •이 영역을 좁힘으로써 자신의 행동을 변화시킬 수 있는 기회를 만들 수 있는데, 이를 위해 타인들로부터 피드백을 받을 필요가 있다. •자기 노출은 과다하게 하면서 타인으로부터 피드백을 받지 못하면, 인간관계 유형은 '독단형'이 될 것이다. •자기의 이야기는 많이 하면서 상대방의 이야기에는 귀를 기울이지 않는다.
잠재적 영역	•자기 자신에 대하여 본인만이 알고, 타인은 전혀 모르고 있는 영역이다. •남에게 노출시키기를 꺼리는 감정, 과거의 일, 실수, 약점 등이 포함될 수 있다. •자기 자신을 거의 노출시키지 않으면서 상대방으로부터의 피드백만을 받으려는 것으로, 인간관계 유형은 '과묵형'이 될 것이다.
미지적 영역	•자신에 대해서 자기도 모르고 타인도 모르는 영역이다. •본인을 포함해서 누구도 어떤 개인을 완전히 알 수는 없기 때문에 이 영역은 절대 없어지지 않는다. •자기 노출과 피드백을 최소로 하면, 인간관계 유형은 '폐쇄형'이 될 것이다. •자기의 의견을 노출하지도 않으며, 상대방으로부터 의견을 들으려고 하지도 않는다.

	자신의 앎 (known to self)	자신을 알지 못함 (unknown to self)
타인의 앎 (known to others)	개방적 영역 (open area) 「민주형」 •나와 타인에게 개방된 부분	맹목적 영역 (blind area) 「독단형」 •남은 아는데 자신은 알지 못하는 부분
타인이 알지 못함 (unknown to others)	잠재적 영역 (hidden area) 「과묵형」 •나는 알지만, 남에게는 숨겨져 있는 부분	미지적 영역 (unknown area) 「폐쇄형」 •나와 타인 모두 알지 못하는 부분

| 그림 10-2 | **조하리의 창**

(2) 대인 간 의사소통 유형

대인 간 의사소통은 전달자와 수신자 간의 피드백의 수준과 개방성의 정도에 따라 구분된다.

① **자기거부형**: 개인이 타인으로부터 고립되어 자신의 생각, 의견, 태도, 감정을 타인에게 숨기려고 하는 의사소통 유형을 자기거부형이라고 한다.

② **자기보호형**: 자신에 대해서는 숨기면서 남에 대해서는 알려고 하고 타인에 대한 평가만을 하는 의사소통 유형을 자기보호형이라고 한다.

③ **자기노출형**: 자신의 행동에 대한 반응을 상대방에게 확인시킴으로써 자신에게 관심을 두도록 하는 의사소통 유형을 자기노출형이라고 한다.

④ **자기협상형**: 의사소통하는 상대방과 자신의 내적 기준이 일치하지 않아 갈등을 느끼게 되는 문제를 자기가 스스로 해결하기 위해서 자신의 인지 내에서 타협하는 의사소통 유형을 자기협상형이라고 한다.

⑤ **자기실현형**: 자신에 대한 적당한 양의 정보를 제공하고 피드백을 요청하며,

방어적이지 않고 건설적이며 개방적인 피드백을 제공하는 의사소통 유형을 자기실현형이라고 한다.

(3) 의사교류분석

의사교류분석(TA, Transactional Analysis)은 1950년대 에릭 번(Eric Berne)에 의해서 발전되었다. 의사교류분석(TA)은 성격의 인지적・정서적・행동적인 면을 모두 강조하며 내담자가 새로운 결정을 해서 생의 과정을 바꿀 수 있도록 하기 위해 자각을 증대시키려는 경향이 있다.

기법은 각 개인의 초기결정을 중요시하고 새로운 결정을 할 수 있는 능력을 강조한다. 의사교류분석은 개인상담에 사용되고, 특히 집단상담에 적합한 상호역동적인 심리치료로 대인관계 및 의사소통이 강조되는 기법이다.

3. 의사소통의 장애요인과 개선방안

1) 장애요인

송신자나 수신자에게 의사를 전달하는 의사소통 과정의 어느 단계에서 방해되거나 차단 또는 왜곡될 수 있는데 이를 의사소통의 장애 또는 소음이라고 한다. 의사소통의 문제는 전달자, 수신자, 메시지의 전달과정에서 의사소통 상황이 어떠하냐에 달려 있다(서보준 외, 2018).

(1) 송신자와 관련된 장애요인

송신자(sender)는 의사소통 과정에서 정보를 전달하는 사람, 전달자이다. 송신자는 정보를 가장 효과적으로 전달할 수 있는 매체를 선택하여 메시지를 전달한다. 송신자가 정보를 전달하는 과정에서 장애요인을 살펴보면 다음과 같다.

첫째, 의사소통을 통하여 무엇을 전달해야 할 것인가의 목표가 결여되는 경우이다.

둘째, 의사소통의 기술부족 현상이다.

셋째, 송신자의 왜곡 현상이다.

넷째, 대인 간의 감수성 부족 현상이다.

다섯째, 누락 또는 생략이다.

(2) 수신자와 관련된 장애요인

수신자(receiver)는 송신자에 의해 전달되는 메시지나 정보를 수용하는 사람이다. 정보를 전달하는 송신자뿐만 아니라 전달을 받는 과정에서도 다음과 같은 장애요인을 살펴볼 수 있다.

첫째, 수신자의 고정관념과 잘못된 선입견이다.

둘째, 수신자의 평가적 경향이다.

셋째, 수신자의 선택적 지각의 문제이다.

넷째, 수신자의 문화적인 차이다.

다섯째, 반응적 피드백의 결핍 등이다.

(3) 상황에 관련된 장애요인

의사소통 상황이란 송신자와 수신자 사이에 의사소통이 이루지는 과정에 영향을 미치는 주변 여건을 의미하며, 다음과 같은 장애요인들이 있다.

첫째, 정보의 과중이다.

둘째, 언어의 한계이다.

셋째, 의사소통의 시간과 정보량이다.

넷째, 문자나 언어가 아닌 상징적인 기호를 통하여 오는 비구두적 의사소통이다.

2) 의사소통의 개선방안

의사소통의 수단은 언어이며 발신자와 수신자는 인격을 가진 인간이라는 점을 인식할 필요가 있다. 따라서 전달내용은 알기 쉽고 일관성을 가지면서 적절하게 상대방에게 저항을 일으키는 일 없이 전달되어야 한다. 의사소통을 원활하게 하고 그 효과성을 높이기 위해서는 다음과 같은 원칙이 실현될 수 있도록 노력하여야 한다(Redfield, 1958).

첫째, 명료성(clarity)의 원칙이다. 의사소통에 있어서 전달하는 내용이 분명하고 정확하게 이해될 수 있도록 표시되어야 한다는 것이다. 그러기 위해서는 그 내용이 체계적이어야 하고 과거와 현재 그리고 미래가 명료하게 비교될 수 있어야 한다.

둘째, 일관성(consistency)의 원칙이다. 의사소통에 있어서 전달내용은 전후가 일치되어야 한다는 것이다. 즉, 명령이나 지시에 있어서 일차와 이차의 모순이 있을 수 없으며 고위관리층의 명령이나 지시에 위배되는 중간관리층의 명령이나 지시는 있을 수 없다.

셋째, 적시성(timeliness)의 원칙이다. 의사소통은 적시에 이루어져야 한다는 것이다. 즉 필요한 정보는 필요한 시기에 적절히 입수되어야 한다는 것이다.

넷째, 적정성(adequacy)의 원칙이다. 전달하고자 하는 정보의 양과 규모는 적당해야 한다는 것이다. 즉 정보의 양이 너무 많거나 빈약해서도 안 된다는 것이다. 정보의 양이 너무 많을 경우에는 복잡하여 이해하기가 곤란하며, 반면에 너무 빈약할 경우에는 자료로서의 가치를 상실하게 된다.

다섯째, 배포성(distribution)의 원칙이다. 의사전달의 내용은 비밀을 필요로 하는 특별한 경우를 제외하고는 모든 사람이 알 수 있도록 공개해야 한다는 것이다. 특히 공식적인 의사소통에서는 배포성의 원칙이 중요시된다.

여섯째, 적용성(adaptability)의 원칙이다. 의사소통의 내용이 환경에 적절히 적응해야 한다는 것이다. 그 내용이 지나치게 세밀하게 규정되어 있을 경우에는 환경에의 적용이 불리하다. 그러므로 의사소통의 내용은 구체적인 상황에 따라 융통성과 신축성이 있어야 한다.

일곱째, 수용성(acceptability)의 원칙이다. 의사소통은 피전달자가 수용할 수 있어야 한다는 것이다. 즉, 수용성은 의사소통의 최종 목표가 된다. 그러므로 피전달자의 적극적인 반응을 보일 수 있도록 수용성이 있어야 한다.

이러한 원칙이 잘 준수되는지에 따라서 의사소통의 효과성이 결정되겠지만, 발신자의 기대와 목적에 의해서도 그 효과성이 평가되어야 한다. 의사소통의 효과를 극대화할 수 있는 세 가지 원칙은 다음과 같다(Downs et al., 1977).

첫째, 메시지의 질과 그 표현이 중요하다. 메시지에는 내용의 명료성, 적시성, 수신자 지향성, 관심, 주의를 끌 수 있는 능력, 완벽성과 일관성 등이 포함되어야 한다. 그러나 이러한 것은 단지 지침일 뿐이지 그 자체가 목적일 수는 없다.

둘째, 의사소통의 효과성은 발신자의 목적에 의해 정의될 수 있다. 모든 의사소통은 목적을 달성하기 위한 것이다. 따라서 바람직한 결과를 달성하였는지 여부에 의사소통의 효과성이 달려 있다.

셋째, 의사소통의 효과는 시간적 관점에서 고려되어야 한다. 즉 장단기적 측면에서 효과가 고려되어야 한다.

이처럼 의사소통의 원칙은 모두 의사소통의 효과성을 올리는 중요한 요소다. 의사소통의 장애요인을 극복하고 그 효과성을 높이기 위해서는 평생교육 기관장 자신이 의사소통의 개선을 위한 노력을 기울이는 동시에 제도적 측면에서의 방안도 함께 강구하여야 한다. 의사소통의 개선을 위한 방안은 개인적 측면과 평생교육기관 수준의 측면으로 구분할 수 있는데, 개인적인 측면에서의 평생교육 기관장이 취해야 할 의사소통 방안은 다음과 같다(Hoy et al., 2001).

첫째, 정보를 의사소통 흐름 속으로 전달하기 위하여 목표를 설정해야 한다(deter mine the objective).

둘째, 청중을 확인해야 한다(identify the audience).

셋째, 메시지가 왜곡되지 않도록 전언을 간결하고 쉽게 기호화해야 한다

(encode message).

넷째, 전달수단 및 경로를 결정해야 한다(determine the medium and the transmission channels).

다섯째, 전달 시에는 최적의 시간을 택한다(release the message at the most opportunity time).

여섯째, 전달내용의 양이 적절하게 한다(consider the volume).

일곱째, 피드백을 이용하여 결과를 점검한다(measure the results with feedback).

의사소통의 개선을 위하여 행정가는 정당한 목표를 수립하여 그의 아이디어를 전달하고, 수신자 집단을 위하여 기호화함으로써 의사소통의 왜곡을 방지하여야 한다. 특수한 말의 경우는 그것이 의미하는 것과 시사하는 것이 무엇인가를 확실히 하기 위해 직접적이고도 단순한 언어를 사용하여 전달하여야 한다. 그리고 메시지는 대안이 다양하므로 의사소통의 원활을 기하기 위해 매체 선정 기획이 필수적이며, 그것은 수신자의 욕구와 동기에 적합하고 적시에 적당한 양으로 수신자의 심리적인 영향을 극대화해야 한다. 그러나 무엇보다도 중요한 것은 의사소통의 개선을 위해서 자신의 행동 성과를 점검하고 필요에 따라서는 수정할 수 있는 피드백이 필수적이라고 할 수 있다(권인탁 외, 2017).

한편, 평생교육기관의 측면에서 평생교육기관을 발전시키려는 노력의 일환으로 평생교육기관의 의사소통 체제를 촉진하고 통제하며 개선하기도 한다. 예를 들면, 직원의 위치(location of personnel), 건축상의 배치(architectural configuration), 개인과 집단 사이를 연결하는 기계장치, 인사이동의 규정 등을 들 수 있다. 이외에 보고서와 저장(storage) 및 검색체제(retrieval systems)와 같은 정보업무는 의사소통 체제를 촉진하기 위한 효율성과 발전을 가능케 한다. 또한, 의사소통의 개선을 위한 전달자와 수신자 그리고 전달 수단적 관점에서 보면, 전달자와 수신자는 의사소통의 기술 향상, 의사소통에의 감정이입 시행, 의사소통에서의 신뢰적 분위기 조성, 수신자의 사실적 경험, 협의회 등을 통한 상호 접촉의 장려 등이 고려되어야 한다. 그리고 전달수단은 언어의 명료성, 피드백 장치의 확립,

정보관리 체제의 확립 등이 고려되어야 한다. 그럼으로써 의사소통의 장애요인과 왜곡 현상을 줄일 수 있다(권인탁 외, 2017).

3) 의사표현

(1) 평생교육기관에서의 의사표현

의사표현이란 한마디로 말하기이다. 즉, 말하는 이가 자신의 생각과 감정을 듣는 이에게 음성언어나 신체언어로 표현하는 행위이다. 의사표현에는 '입말'로 표현하는 구어적인 음성언어와 표정, 손짓, 발짓, 몸짓 따위로 표현하는 '몸 말'을 의미하는 신체언어가 있다.

말하기는 말하는 사람의 이미지를 결정한다. 자신이 자주 하는 말로 인해 자신의 이미지가 결정될 수 있기 때문에 말을 입 밖으로 내뱉을 때는 항상 신중해야 한다. 직장인에게 의사소통의 목적은 다음과 같다(최애경 외, 2018).

첫째, 목표달성을 이루고 효율성을 높이기 위한 목적이 크다. 조직 내의 성과창출을 효과적으로 달성하는 수단이 바로 의사소통이다. 직장생활을 원활히 하기 위한 필수적인 전제조건이다.

둘째, 공식적인 조직 안에서 생산성을 높이고, 사기를 진작시키고, 정보를 전달하고, 설득하려는 목적을 가진다.

셋째, 조직과 팀의 효율성을 이루기 위한 목적으로 구성원 간의 정보전달 과정이다. 자신의 생각과 느낌을 효과적으로 표현하는 것과 타인의 생각과 느낌, 사고를 이해하는 노력은 개인뿐만 아니라 조직이나 팀의 핵심 요소이다. 즉, 인간관계에서 의사소통은 직장생활에서 필수이며 대인관계의 기본이다.

학습자의 생각이나 감정에 대한 이해 없는 소통은 불통이다. 학습자의 직접적인 대화 이외에도 학습자의 혼잣말이나 동행한 학습자와 대화하는 소리에 귀를 기울여 들어야 한다. 진짜 불만이나 요구사항을 알아차릴 수 있기 때문이다. 교육적 상황에서 커뮤니케이션은 매우 빈번히 발생한다. 교사와 학습자 사이의 다양한 의견들을 교류할 수 있게 해 준다. 그리고 상황과 대상에 따른 적절한 의사표현이 이루어질 때, 원활한 의사소통이 이루어진다.

(2) 소통의 ABC 법칙

사람을 만날 때마다 우리는 적응하는 시간이 항상 필요하다. 일이 힘든 것보다 사람 때문에 힘들어서 조직의 화합이 잘 안 되는 경우가 많다. 소통과 공감을 위한 ABC법칙은 다음과 같다(윤영돈, 2015).

첫째, 접근하기(Approach)이다. 어떻게 상대방을 존중하면서 접근할 것인가? 항상 먼저 적극적으로 다가가되 낮은 자세를 유지하자. 거기에 밝은 미소와 상냥한 말투까지 곁들이면 만나는 사람들이 좋아할 것이다.

둘째, 다리놓기(Building bridge)이다. 어떻게 상대방과 관계를 구축할 것인가? 관계 구축은 소통의 목적이다. 서로의 공통점과 신뢰라는 튼튼한 기반이 만들어져야 다리가 무너지지 않는다.

셋째, 눈높이 맞추기(Customize)이다. 어떻게 상대방과 눈높이를 맞출 것인가? 상대방이 무엇을 원하는지 조금만 생각한다면 상대방을 만족시키는 방법을 아는 것은 결코 어려운 일이 아니다.

4. 의사결정의 개념 및 유형

1) 의사결정의 개념

기관을 운영하고 있는 운영자는 정확하고 합리적인 의사결정을 생각해야 한다. 즉, 여러 가지 사안 가운데 한 가지를 선택하는 일은 결코 쉽지 않을 것이다. 현명한 선택을 결정하기 위해서는 사전에 충분한 조사활동이 있어야 하고,

그 자료를 충분히 검토하고 분석하여야 한다.

올바른 선택에서 평생교육기관은 역시 경영상 많은 문제와 부딪히게 되고 그러한 것들을 해결하기 위한 수많은 의사결정을 내려야 한다. 의사결정(decision making)이란 바람직한 상태를 달성하기 위하여 하나 이상의 대안 가운데서 하나를 선택하는 의식적 과정이라고 할 수 있다. 의사결정에 대한 정의를 살펴보면 다음과 같다(서보준 외, 2018).

유필화 등(2008)은 의사결정을 일정한 목표를 설정하고 그 목표를 달성하기 위한 여러 대안을 책정하여, 이를 일정한 방법에 의거하여 상호 비교·평가함으로써 가장 유리하고 실행 가능한 최적 안을 선택하는 인간의 합리적 행동이라고 한다. 또한 몬디(Mondy, 1998)는 의사결정을 몇 가지의 대안을 만들고 평가하여 그 가운데에서 하나의 대안을 선택하는 과정이라고 하였으며, 피어스(Pearce)와 로빈슨(Robinson)은 의사결정을 두 개 이상의 대안으로부터 하나의 행동과정을 선택하는 과정이라고 한다.

위의 여러 학자의 정의를 종합해 보면 의사결정이란 기관이 추구하고 있는 목표를 달성하기 위하여 여러 가지 대안을 마련하고 그 가운데 가장 합리적이고 합목적적인 대안을 선택하는 행동이라고 할 수 있다.

평생교육기관에서는 의사결정에 있어서 권한이 기관장에게 집중되어 있는 경향이 있어 기관장의 특성요인이 결정적으로 작용하게 되는 경우가 많다. 특히 평생교육기관은 공공성과 공익성을 우선으로 하기 때문에 감독기관의 정책방향과 평생교육기관장의 운영방침이 의사결정에 커다란 제한 요인으로 작용하게 된다. 평생교육기관에서 바람직한 의사결정을 하기 위해서는 다음과 같은 몇 가지 전제조건이 충족되어야 한다(김재명, 2013).

첫째, 현재 상태와 목표 간에 차이가 존재하는가?

둘째, 의사결정자가 이 차이의 중요성을 인식하고 있는가?

셋째, 의사결정자는 차이를 극복하기 위한 동기가 부여되어 있는가?

넷째, 의사결정자는 차이를 감소시키기 위한 행동에 소요되는 능력이나 자금과 같은 자원을 가지고 있는가?

2) 의사결정의 유형

의사결정은 혼자 하는 경우, 구성원이 하는 경우, 결과를 예측할 수 있는 경우, 결과를 예측할 수 없는 경우, 어떤 경우에는 영향력을 광범위하게 미치는 의사결정이 될 수도 있고 단순하고 평범한 의사결정의 경우 등 그 유형은 다양하다. 즉 의사결정의 유형은 구조화 정도, 상황, 조직계층의 수준 등을 기준으로 분류할 수 있다(서보준 외, 2018).

(1) 의사결정의 구조화 정도에 의한 분류

사이먼(Simon)은 구조화 정도에 따라 의사결정을 정형적 의사결정과 비정형적 의사결정으로 구분하고 있다(강병서, 2013).

첫째, 정형적 의사결정은 사전에 결정된 일정한 기준에 따라 일상적으로 반복하여 내리는 의사결정을 의미한다. 즉 구조가 비교적 명확하게 되어 있으며, 자주 되풀이되는 의사결정으로서 표준적 절차나 프로그램이 설정되어 있는 형태이다. 이러한 의사결정을 취급하는 기법에는 선형계획법, 게임이론 확률론 등이 있다.

둘째, 비정형적 의사결정은 사전에 결정된 기준이 없는 비구조적인 의사결정으로서 프로그램화할 여지가 적고 주로 경영자의 판단이나 능력, 경험에 의해 영향을 받는 경우이다. 이와 같은 의사결정은 단발적이고 예상하지 못한 새로운 것이어서 그 성격이나 구조가 복잡하고 어려운 유형이다.

| 표 10-7 | 정형적 의사결정과 비정형적 의사결정의 비교

정형적 의사결정	비정형적 의사결정
일상적 · 반복적 · 단기적 의사결정	불규칙적 · 특수적 · 장기적 의사결정
하위계층의 의사결정	상위계층의 의사결정
의사결정 방법 · 절차의 명백성	의사결정 방법 · 절차의 불명확성
정보자료의 명백성	정보자료의 불확실성

출처: 서보준 외. (2018). 평생교육경영론. 고양: 공동체.

(2) 의사결정 상황에 따른 분류

구텐베르그(Gutenberg)는 의사결정의 유형을 의사결정 상황의 확실성 정도 여부에 따라 아래와 같이 분류하였다(박상범 외, 2005)

첫째, 확실성하에서의 의사결정이다. 의사결정에 따른 각 대안별로 상황의 발생결과가 100% 확실하게 예측할 수 있는 상황하의 의사결정이다.

둘째, 불확실성하에서의 의사결정이다. 발생할 수 있는 결과를 추정할 수 있으나 그 발생확률을 알 수 없는 경우를 의미한다.

셋째, 위험성하에서의 의사결정이다. 의사결정에 따른 결과에 대하여 확실하게 예측할 수 없고, 다만 일정한 확률을 가지고 예측할 수 있는 상황하의 의사결정이다.

(3) 조직계층의 수준에 따른 분류

앤소프(Ansoff)는 조직계층의 수준에 따라 의사결정 수준을 전략적 의사결정과 관리적 의사결정, 업무적 의사결정 등의 세 가지로 구분하였으며 구체적인 내용을 살펴보면 다음과 같다(윤홍우, 2005).

첫째, 전략적 의사결정이다. 주로 조직의 외부문제에 대한 의사결정으로서 조직목표의 변경, 조직의 성장계획, 다각화 계획, 프로그램 시장 지위 및 새로운 프로그램 개발 계획 등 포함된다.

둘째, 관리적 의사결정이다. 전략적 의사결정을 구체화하기 위하여 변환과정의 효율을 최적화하는 것을 목적으로 하는 의사결정이다. 예를 든다면, 조직구조의 변경, 정보의 흐름, 마케팅 경로, 입지 결정 등이 이에 속하며 이 밖에도 필요한 자본, 설비의 조달과 획득, 인력관리와 개발에 관한 것들이 포함된다.

셋째, 업무적 의사결정이다. 자원변화 과정의 능률을 극대화하는 의사결정으로서 전략적 및 관리적 의사결정을 구체화한다. 예를 들면, 자원배분, 일정계획 및 통제 활동, 수강료 책정, 프로그램 개발 일정, 마케팅전략 등이 포함된다.

(4) 의사결정 주체에 의한 분류

의사결정 주체의 의해 개인의사결정, 집단의사결정 등의 두 가지로 구분할 수 있으며 구체적인 내용을 살펴보면 다음과 같다(최은수 외, 2017).

첫째, 개인의사결정은 개인의 식견과 인격에 근거한 의사결정을 말한다. 따라서 개인의사결정은 합리성 측면에서 집단적·조직적 의사결정보다는 다소 떨어진다고 볼 수 있다. 그러나 신속하고 의사결정자의 의도에 맞는 결정을 할 수 있다는 점에서 장점이 있다.

둘째, 집단의사결정은 기관 규모의 확대와 업무의 전문화로 구성원 개인적 지식만으로는 기관이 요구하는 의사결정을 효율적으로 내릴 수가 없다. 따라서 조직체의 중요한 의사결정은 경영자 개인에 의한 결정보다, 각종 위원회나 연구팀, 태스크 포스(Task Force, TF) 등의 집단에 의해 이루어지는 것이 바람직하다.

3) 의사결정의 과정

일반적으로 의사결정은 문제해결 과정에 포함되는 개념이다. 따라서 문제해결 과정과 관련하여 의사결정을 정의하는 것이 바람직하다. 이에 드러커(Drucker)는 의사결정 과정의 여섯 단계를 제시하였다.

첫째, 문제를 정의한다.

둘째, 그 문제를 분석한다.

셋째, 문제해결의 대인들을 개발한다.

넷째, 최선의 대안을 결정한다.

다섯째, 결정을 효과적인 행동으로 전환한다.

여섯째, 그 결과를 검토하고 평가한다.

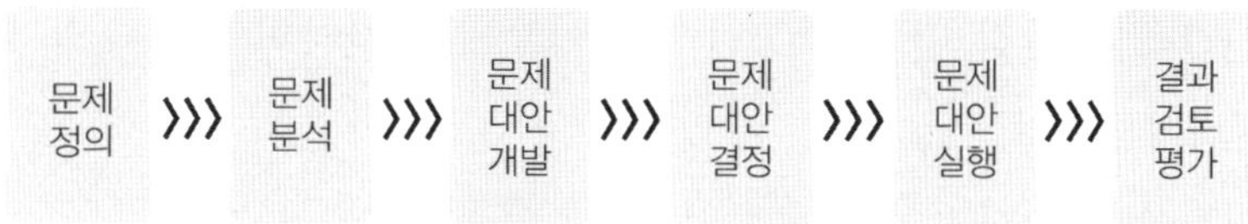

| 그림 10-3 | 의사결정 6단계

4) 의사결정이론의 모형

1940년대와 1950년대를 기점으로 하여 경영학을 비롯하여 정치학, 경제학, 행정학, 심리학 등 여러 사회과학에서 활발하게 논의되어 오고 있는 분야이다. 의사결정의 모형은 여러 학자에 따라 다양하게 분류하고 있으나, 일반적으로 평생교육기관의 의사결정은 시스템 이론의 주요 요소 중의 하나인 변환 상자, 혹은 암흑 상자에서 이루어지는 일련의 과정 중 하나라고 이해할 수 있다.

첫째, 규범적·이상적 접근으로 합리모형과 최적모형이 있다.

둘째, 현실적·실증적 접근으로 만족모형과 점증모형이 있다.

셋째, 혼합적 접근으로 혼합관조모형이 있다.

넷째, 비합리적 접근으로 쓰레기통모형과 암묵적 선호모형이 있다.

(1) 합리모형

합리모형(Rational Model)은 의사결정이 인간의 이성과 합리성에 근거하여 합리적으로 완성된다고 가정하는 이론이다. 정책결정자가 제기된 문제의 성격과 필요를 완벽하게 파악할 수 있으며, 그를 해결하기 위한 가장 합리적이고 최선인 대안을 찾을 수 있다는 합리적 행동에 대한 믿음을 기초로 한다. 주로 수학, 경제학, 경영학에서 주장되었다. 정책결정자의 전지전능, 최적 대안의 합리적 선택, 목표의 극대화, 합리적 경제인을 전제로 전개되는 이상론적·낙관론적 모형이다. 한계는 전지전능의 가정은 인간과 조직의 합리성이 제한되어 있으므로 비현실적이라는 비판을 받고 있다. 합리모형에 대한 비판은 다음과 같다(서보준 외, 2018).

첫째, 인간의 주관적 판단을 고려하지 않으며 인간사회의 동태적 요소를 중시하는 폐쇄이론이다.

둘째, 인간은 완벽하지 못하므로 완전한 예측이 불가능하다.

셋째, 결정자의 지적 능력에 한계가 있다.

넷째, 완전한 대안의 발견 및 선택에는 많은 비용이 소요된다.

다섯째, 목표에는 가변성이 항상 존재하고 있다.

(2) 만족모형

마치(March)와 사이몬(Simon)이 주장한 것으로 제한적인 합리성을 전제하고 제시한 모형이다. 만족모형(Satisfying Model)은 합리모형이 지닌 완전한 합리성, 특히 객관적인 사실판단을 하는 데 있어서 인간의 능력에 대한 한계를 지적하고 그 대신 보다 현실성(어느 정도 만족할 만한) 있는 인간의 제한된 합리성을 전제하고 있다.

만족모형은 개인적인 차원의 의사결정을 설명하려는 주관적 의도에서 출발하고 있기 때문에 정부의 정책결정에 그대로 적용하기에 무리가 있다. 의사결정자의 사회심리적 측면을 중시하는 현실적·실증적 이론이다. 현실의 의사결정자가 한정된 능력만 가지고 있다는 것을 전제로 의사결정을 지배하는 것은 최적화의 기준이 아니라 만족화의 기준이라고 주장한다. 즉 최선의 결정은 절대적 의미에서의 최고가 아니라 만족스러운 상태의 것이라는 모형이다. 정책결정에 있어 객관적인 상황적 조건보다는 정책결정자의 행동에 더 많은 주의를 기울인다. 다시 말해, 정책결정자의 주관적 입장에 서서 그가 어떻게 행동하는가를 실증적으로 관찰하여 그 기술적 자료를 토대로 정책결정이 이루어지는 양태를 모형화한 것이다(서보준 외, 2018).

| 표 10-8 | 만족모형의 장점과 단점 비교

구분	내용
장점	•최적 대안보다는 만족스러운 대안을 선택할 수밖에 없다는 점을 밝힘으로써 합리성 모형이 지닌 현실적 한계를 극복할 수 있는 가능성을 제시했다는 긍정적인 평가는 받고 있다. •정책결정자의 개인적 차원이 강조됨으로써 개인의 의사결정을 설명하는 데에는 상당한 설득력을 가지고 있다.
단점	•만족한 상태를 결정하는 기준이 무엇이며, 그 기준을 구성하는 변인들이 무엇인지를 제시하지 못한다. •대안의 탐색이 현실에 만족하는 것이므로 보수주의에 빠지기 쉽고 쇄신적 · 창의적 대안의 탐색활동을 기대하기는 어렵다. •조직차원의 거시적 정책결정의 문제를 설명하는 데는 상당한 무리가 있다는 평가를 받고 있다.

출처: 곽내영. (2007). 곽내영 교육학(하). 서울: 도서출판 들풀.

(3) 점증모형

점증모형(Incremental Model)은 의사결정자의 능력의 한계와 결정기술의 제약을 인식하여 현재의 대안과 이를 약간 변형시킨 제2의 대안을 비교하여 보다 향상된 것을 추구하는 기술적 · 실증적 모형이다. 린드블럼(C. E. Lindblom, 1968)에 의해 제안된 것으로, 윌다브스키(A. Wildavsky)도 주장하고 있다. 정책결정에 선택되는 대안은 대체로 기존 정책들의 문제점을 개선해 나가는 것이라는 전제하에, 현재 추진되고 있는 기존의 정책대안과 경험을 기초로 약간의 점진적인 개선을 도모할 수 있는 제한된 수의 대안만을 검토하여 현실성 있는 정책을 선택하려고 한다. 점증적 의사결정의 특징은 다음과 같다(안병환 외, 2018).

첫째, 의사결정자는 모든 대안을 포괄적으로 분석 평가하기보다는 현 정책보다 약간 향상된 정책에만 관심을 갖는다.

둘째, 비교적 한정된 수의 의사결정 대안만이 분석된다.

셋째, 각 대안에 대하여 한정된 수의 중요한 결과만이 분석된다.

넷째, 의사결정자의 당면한 문제는 끊임없이 재정의된다.

다섯째, 하나의 결정이나 올바른 해결안이 없으며 연속적인(점증) 분석 평가를 통하여 당면한 문제를 계속 재검토한다.

여섯째, 수정적 성격을 띠고 있으며, 미래지향적 사회 목표의 추구보다 현재의 구체적인 사회 결함을 경감시키는 데 목표를 두고 있다.

하지만 점증주의 모형에 대해서도 비판은 있다. 점증주의 모형의 비판은 다음과 같다. 먼저, 보수주의적 성격을 띠고 있어 혁신이 요구되는 사회에 부적합하다. 그리고 인간사회에 존재하는 타성적·반쇄신적 경향을 심화시켜 능동적으로 변화를 촉진하는 문제에 주의하지 않고 있으며, 결정에 있어서 장기적인 것은 등한시되고 단기적인 것에만 관심을 갖게 된다.

| 표 10-9 | 점증모형의 장점과 단점 비교

구분	내용
장점	•첨예한 갈등이나 문제를 야기하지 않고 안정적인 정책결정과 집행을 할 수 있다. •정책에 대한 폭넓은 지지를 받기 쉽고 실현가능성이 높은 대안을 선택할 수 있다.
단점	•적극적인 선의 추구보다는 소극적인 악의 제거에만 관심을 쏟는다는 비판을 받는다. •선택된 대안이 얼마나 폭넓은 동의를 얻을 수 있느냐에만 관심이 많다. •적극적인 새로운 목표추구보다는 드러난 문제나 불만의 해소에만 주력한다. •급격한 변화나 장기적 전망에 의거한 계획적인 변화를 거부하고 '적당히 되는대로 해나가는' 점진적인 개선을 도모하기 때문에 지나치게 보수적이고 대증적(對症的)인 정책결정 모형이라는 평가를 받고 있다.

출처: 곽내영. (2007). 곽내영 교육학(하). 서울: 도서출판 들풀.

(4) 혼합관조모형

혼합관조모형(Mixed Scanning Model)은 에치오니(Etzioni, 1965)가 합리모형과 점증모형을 혼합하여 주장한 모형이다. 에치오니 합리모형이 전제하고 있는 완전히 합리적이고 분석적인 결정의 비현실성과 점증모형이 지닌 근시안적이고 방향 감각이 없으면 보수적인 경향 때문에 두 가지 모형 모두가 바람직한 정책결정 전략이 될 수 없다고 주장한다.

혼합관조모형의 장점은 합리적 모형과 점증주의 모형을 절충하여 기본 방향의 설정과 같은 것은 합리적 모형을 적용하고, 방향 설정 후 특정한 문제해결은 점증주의 모형을 적용하는 것이 바람직하다고 보았다는 점이다. 이는 비현실성을 축소하고 보수성을 극복하며 조직환경에 따르는 조직의 신축성을 살린 것이다. 즉 혼합관조모형은 합리주의의 지나친 엄밀성과 점증주의의 보수성을 극복하고 단기적 변화에 대처하기 위한 모형으로 제시된 것이다. 혼합관조모형의 특징은 다음과 같다.

첫째, 광범위한 조직의 정책은 잠정적이고 점진적인 정책에 방향을 제시해 준다.

둘째, 좋은 결정은 조직정책에 일치하는 만족한 결과를 준다.

셋째, 대안탐색은 문제에 가까운 것들로 한정된다.

넷째, 중요한 정보는 유실되지만, 행동은 피할 수 없다는 가정을 토대로 분석이 진행된다.

다섯째, 이론, 경험 그리고 계속적인 비교가 함께 사용된다.

혼합관조모형의 단점으로는 이 모형이 새로운 것이 아니라 두 개의 대립되는 극단의 모형을 절충하고 혼합한 것에 불과하다는 점을 지적하고 있다. 또한 의사결정에서 가치의 우선순위나 정보가 대안의 선정에 영향을 주는 것보다는 지위, 권력, 환경 등이 더 영향을 주고 있다는 점이다(김형관, 1995).

| 표 10-10 | 혼합관조모형의 평가

구분	내용
긍정적	•기본적인 결정 범위 내의 점증적 결정으로 전반적인 국면과 세부적인 국면을 함께 고려한다. •상황에 따른 융통성을 제공해 줌으로써 급격한 환경 변화에 적응할 수 있다. •의사결정에 있어 결정자의 능력을 고려한다.
부정적	•이론적 독자성이 없고, 절충 혼합모형의 성격을 띠고 있어 독립된 모형으로 보기 어렵다. •합리성모형과 점증주의모형의 결함을 극복하지 못하고 있다. •현실적으로 의사결정이 기본적 결정과 특정 문제 결정 간의 전환에 신축성 부여가 쉽지 않다.

출처: 곽내영. (2007). 곽내영 교육학(하). 서울: 도서출판 들풀.

(5) 최적모형

최적모형(Optimal Model)은 합리모형이나 점증모형과 같은 보수적인 모형에 대한 비판으로 드로어(Y. Dror, 1971)가 주장한 것이다. 합리성과 아울러 초합리성, 즉 직관, 판단, 창의와 같은 잠재의식을 함께 고려하여 결정을 보려는 이론이다. 초합리적인 과정을 정책결정에서 불가결한 역할로 파악하는 비정형적 정책결정 유형이다(안병환 외, 2018). 의사결정과정에서 자원의 제약, 불확실한 상황, 지각·정보의 부족 등으로 합리성이 제약받음으로 불가피하게 적극적 요인으로서 초합리성을 고려하여 결정하자는 주장에 근거한다(조기임, 2009).

| 표 10-11 | 혼합모형과 최적모형의 비교

구분	내용
유사점	•합리성 모형과 점증주의 모형의 절충을 시도하고 있다는 점에서 유사하다.
차이점	•양자의 단순합계적 혼합이 아니라 합리성과 초합리성을 동시에 고려하는 최적치(optimality)를 추구하는 규범적 모형이라는 점에서 혼합모형과 다르다.

출처: 곽내영. (2007). 곽내영 교육학(하). 서울: 도서출판 들풀.

최적모형은 초합리성의 개념을 도입함으로써 합리적·종합적 모형을 한층 더 체계적으로 발전시켰다고 평가받고 있다. 최적모형의 특징은 다음과 같다.

첫째, 양적인 모형이 아닌 질적인 모형이다.

둘째, 합리적이고 초합리적인 구성요인을 가지고 있다.

셋째, 대안의 탐색과 선택에 있어서 기본적인 논리적 근거의 경제적 합리성이다.

넷째, 평범한 환류(feedback) 작용을 강조한다.

드로어(Dror)는 정책의 최적화를 위해서 합리성뿐만 아니라 직관, 판단, 창의성과 같은 초합리적 요인을 동시에 고려해야 한다고 말한다(안병환 외, 2018).

| 표 10-12 | 최적모형의 평가

구분	내용
긍정적	•초합리성의 개념을 도입함으로써 합리성 모형을 한층 더 체계적으로 발전시켰다는 평가를 받고 있다. •그동안 비합리성으로 배제해 왔던 요인들도 연구와 노력 여하에 따라서는 최적의 정책결정을 위한 핵심요소가 될 수 있음을 밝힘으로써 창의적이고 혁신적인 정책결정을 거시적으로 정당화할 수 있는 이론적 근거를 마련해 주었다.
부정적	•의사결정에 있어서 사회적 과정에 대한 고찰이 불충분하다. •달성방법도 명확치 않고 개념도 불명료한 초합리성이라는 개념에 의존하고 있어 다소간 비현실적이고 이상적인 모형이라는 평가를 받고 있다. •정책결정에서 비합리적 요소를 고려해야 한다는 것 외에는 합리성 모형의 범위를 크게 벗어나지 못하고 있다는 비판을 받고 있다.

출처: 곽내영. (2007). 곽내영 교육학(하). 서울: 도서출판 들풀.

(6) 쓰레기통모형

코헨 등(Cohen et al., 1972)은 쓰레기통모형(Garbage Can Model)을 통해 극도로 심한 불확실성을 경험하는 복합적 조직결정의 패턴 혹은 흐름을 설명하고 있다.

쓰레기통모형은 의사결정 과정이 문제 발견에서 해결까지 순차적인 절차를 밟지 않고 문제, 해결대안, 의사결정자들(참여자), 의사결정의 기회 등 네 가지 독립된 요인들이 각각 여러 개씩 쓰레기통 속에 뒤죽박죽 섞여 있다. 이들 네 가지 요소는 서로 아무런 관계없이 독자적으로 움직인다. 이들 요소들(쓰레기에 비유)이 서로 다른 시간에 쓰레기통에 들어와서 우연히 한 곳에서 동시에 만날 때 의사결정이 이루어진다는 것이다(가재환 외, 2005).

쓰레기통모형이 전제하는 극적인 사건이나 정치적 사건이 발생하였을 때 네 가지 요소가 합쳐진다(안병환 외, 2018). 이 경우 의사결정 방식은 진 빼기 결정(choice by flight), 날치기 통과(choice by oversight)라는 두 가지 유형이 전형적으로 나타난다.

쓰레기통모형이 가정하고 있는 조직화된 무정부상태는 공공조직이나 교육기관에서 쉽게 발견되기 때문에 그 실용성을 인정할 수 있다(남정걸, 2008). 그러나 모든 조직에서 나타나는 현상은 아니기 때문에 일부의 조직에서 또는 일시적으로 나타나는 혼란상태에서의 의사결정 행태를 이야기하는 데 적합할 뿐이라는 단점이 지적되고 있다.

(7) 암묵적 선호모형

암묵적 선호모형(Implicit Favorite Model)은 비합리적 접근법으로 의사결정자는 여러 개의 대안에 대해 객관적 분석평가를 한 후에 최종 대안을 선택하는 것이 아니라 암묵적으로 어떤 대안을 선택한 후에 이 선택을 논리적으로 합리화하고자 하는 것이다(곽내영, 2007).

| 표 10-13 | 주요 의사결정 모형 비교

최적화모형	만족화모형	점증모형	혼합모형
•대안개발 이전에 목표 설정	•대안개발 이전에 목표 설정	•목표 설정과 대안개발이 섞임	•대안개발 이전에 정책지침 설정
•의사결정은 목표수단 분석 •목표 결정 후 수단 탐색	•의사결정은 목표수단 분석 •때로는 분석에 의해 목표 변화	•수단과 목표가 분리되지 않음 •목표수단 분석은 부적합	•의사결정은 넓은 목표와 가설적 수단에 초점을 둠
•목표를 달성하는 최선의 대안 선정	•목표를 달성하는 만족스러운 대안 선정	•기존 대안이 잘못된 경우 옳은 대안 선정	•조직의 정책과 일관된 만족스러운 대안 선정
•종합적 분석: 모든 대안과 결과 검토	•일련의 대안이 탐색될 때까지 문제 탐색	•기존 대안에 유사한 것에 초점을 둠	•문제에 관련된 탐색과 분석 •정책에 의해 가설적 대안 평가
•이론에 의존	•이론과 경험에 의존	•연속적 비교, 이론에 덜 의존	•이론, 경험, 연속적 비교 방법

출처: 곽내영. (2007). 곽내영 교육학(하). 서울: 도서출판 들풀.

Chapter 11

평생교육기관의 마케팅 및 홍보

1. 마케팅의 개관

1) 정의

마케팅이란 말 그대로 시장에 내다 팔아 이익을 극대화시키기 위한 행동 또는 사고 체계, 방법을 말한다. 그러면 평생교육기관의 마케팅이란 무엇인가? 먼저 마케팅의 개념에 앞서 시장(market)의 의미를 살펴보자.

시장이란 경제학적인 의미에서 특정 제품과 서비스의 수요와 공급을 통해 가치의 교환이 이루어지는 추상적인 공간을 말한다. 일반적으로 시장이 형성되기 위해서는 다음의 조건을 갖추어야 한다(오혁진, 2021; 최은수 외, 2017).

첫째, 거래를 위한 둘 이상의 당사자가 존재한다. 이는 곧 수요자와 공급자를 말한다.

둘째, 거래 당사자 간의 상호 가치 있는 것을 소유하고 있어야 한다. 만일 상대방이 가치 있다고 인식하는 교육적 자원을 소유하고 있지 않으면 교환은 성립되지 않는다.

셋째, 거래 당사자들이 의사소통과 함께 전달(delvers)을 할 수 있어야 한다. 교환이 이루어지려면 양자는 먼저 상호 의사전달이 가능해야 한다. 즉 무엇을 줄 수 있고, 언제, 어디서 그리고 어떻게 교환되는가를 기술할 수 있어야 한다. 이와 함께 서로에게 가치 있는 것을 전달할 수단을 발견해야 한다.

넷째, 거래 당사자들은 상대방이 요청하는 것을 수용하거나 거부할 자유가 있어야 한다. 교환은 서로의 자발적 행동을 전제로 한다. 이를 통해 거래는 서로에게 이익을 증대시킨다. 서로가 교환을 자유롭게 함으로써 거래 시작 전과 비교해서 더 가치 있는 것을 더욱 많이 획득한다.

평생교육도 일반적으로 위의 네 가지 조건을 충족시킨다고 볼 수 있다. 평생교육 프로그램을 필요로 하는 학습자와 이를 제공하는 교육기관과의 만남을 통해 이루어진다. 평생교육기관의 프로그램에 대해 금전적 비용을 지출하든지 아니면 무료이든지 간에 학습자들은 시간과 노력이라는 비용을 지출해야 하며, 평생교육기관에 대한 관심과 호응이라는 가치를 제공할 수 있다. 그러므로 평생교육기관이 학습자들에게 제공받는 가치는 존재하고 있다. 이러한 가치는 평생교육기관의 존립을 위한 기본 근거이다. 따라서 경제학적인 관점에서는 본다면 평생교육의 경우도 일종의 시장으로서의 기본성격이 형성되어 있다고 볼 수 있다(오혁진, 2021).

마케팅(marketing)이란 사람들이 원하는 것이 무엇인가를 알기 위해서 연구를 하고, 사람들이 원하는 제품과 서비스를 창조하며, 그것에 대해서 효과적인 가격을 책정하고, 사람들이 그것을 구매하기 쉽게 하는 일이다. 이러한 의미에서 마케팅은 판매(sales), 광고(advertising), 그리고 유통(distribution)보다 넓은 의미를 내포한다(최은수 외, 2017).

마케팅이라는 용어는 20세기 초반에 미국에서 등장한 것으로 1960년대 전반까지 기업의 목적을 달성하는 하나의 기능으로, 생산자가 상품 또는 서비스를 소비자에게 유통하는데 관련된 모든 체제적 경영활동으로, 주로 경영학에서 사용되는 개념이다(황선영, 2015). 마케팅은 'Market'과 'Ing'의 합성어로 시장에서 판매자와 구매자 사이에 교환이 일어나는 공간이며 진행형은 멈추지 않고 지속된다는 의미를 담고 있다. 즉, 마케팅은 판매자와 구매자 사이에 교환이 지속적으로 이루어지게 하는 모든 활동을 의미한다. 그러나 1960년대 후반에 미국 마케팅협회(AMA, American Marketing Association)에서 "마케팅이란 생산자로부터 소비자나 사용자에게로 제품이나 서비스의 흐름을 다루는 영리활동의 수행이다"라고 정의를 내리면서 마케팅의 개념이 변화하기 시작했다.

코틀러(Kotler, 1982)는 "마케팅은 조직의 목표를 달성하기 위하여 표적시장(target markets)에서 자발적인 가치의 교환(voluntary exchanges of values)이 이루어지도록 만들어진 프로그램 분석, 계획, 집행, 조정이며, 마케팅은 크게 조직이 제공할 수 있는 물품을 표적시장의 욕구에 따라 결정하며, 사람들에게 알리고 동기를 부여하며 서비스를 제공하기 위해 효과적인 가격 설정과 홍보 그리고 유통경로를 사용하는 것에 달려 있다"라고 정의하고 있다. 즉, 마케팅을 개인과 집단이 제품과 가치를 타인들과 함께 창조하고 교환함으로써 그들의 욕구와 요구를 획득하도록 하는 사회적 및 관리적 과정이라고 하였다(김운걸 외, 2013).

1985년 미국 마케팅협회(AMA)에서 내린 마케팅의 정의는 개별 소비자와 조직 소비자의 목적을 만족시키기 위한 교환을 창조하기 위해 아이디어와 상품, 서비스의 개념, 가격, 촉진, 그리고 유통 등을 계획하고 집행하는 일련의 과정이라 한다(차진경, 2014).

또한, 미국 마케팅협회의 정의에서 나타나는 주요한 마케팅 개념 정의의 구성요소는 다음과 같이 다섯 가지로 정리될 수 있다(안병환 외, 2018).

첫째, 마케팅은 욕구(want)나 필요(needs)를 만족시킨다. 마케팅은 개별 소비자나 기업·조직 소비자의 당면해 있는 문제해결 능력, 즉 욕구나 필요 충족 등을 가지고 있어야 한다. 따라서 마케팅은 기업과 소비자뿐만 아니라, 기업과 기업 단위의 고객(기업소비자)과의 관계에서 파생되는 제반 마케팅문제를 다룬다.

둘째, 마케팅은 가치의 교환활동(An Exchange of Value)이다. 오늘날 마케팅의 가장 중심적인 핵심을 이루는 부분은 기업과 고객 간의 가치의 교환활동이다. 예를 들면, 기업은 고객에게 필요로 하는 제품이나 서비스를 제공하고 그 대가로 고객은 일정 금액을 지불하게 된다. 고객과 기업이 서로 가치교환을 통해 장기적으로 건설적인 관계를 유지·발전시켜야 한다는 것이 현대 경영학, 좁게는 마케팅적 사고의 핵심을 이룬다. 평생교육기관은 고객의 요구에 맞는 프로그램들을 개발하여 개강함으로써 평생교육기관과 가치교환을 만들어냄으로써 평생교육기관 수입의 일정 부분을 담당해야 하는 것이다.

셋째, 마케팅은 대상은 포괄적(Anything can be marketed)이다. 마케팅은 고객의 욕구를 만족시키기 위한 가치교환의 활동이라 했다. 그러면 가치란 무엇을 통해 실제로 고객에게 전달·소비되는가? 일반적으로 마케팅의 대상은 유·무형의 소비재와 서비스(음료수, 화장품, 정보서비스 등), 유·무형의 산업재(석유중간제품, 기업

상대의 컨설팅 등), 유·무형의 공공재(조달청에 구입하는 물품들, 정부에 제공되는 정보서비스 등), 아이디어(창업, 제품, 광고, 아이디어 등), 사람(배용준, 이병헌 등 스타 마케팅 전략), 시간(실시간 주가 정보서비스, 24시간 편의점 등), 장소(관광의 도시 제주도) 등으로 매우 다양하다.

넷째, 마케팅은 수단(Marketing Tools)이다. 마케팅은 기업의 목적을 달성하기 위해 행하는 기업활동이다. 예를 들어, 기업의 매출증대를 단기적 목적으로 정한 경우 마케팅의 역량은 매출 증대에 공헌하기 위한 방향으로 모아져야 할 것이다. 마케팅 관리자가 이러한 목적을 달성하기 위해 사용가능한 의사결정변수를 마케팅 믹스(Marketing Mix)라 하고, 이에는 제품(Product), 가격(Pricing), 판매촉진(Promotion), 유통(Place) 등이 있다. 이들 마케팅 믹스는 모두 P로 시작하고 있다. 맥카시(McCarthy)는 4P라고 이름 붙였다.

다섯째, 마케팅은 과정(Process)이다. '마케팅은 계획하고 집행하는 과정이다'라는 것은 마케팅 활동이 일회성에 목적을 둔 것이 아니라, 지속적인 노력을 요구하는 것을 강조하는 의미이다. 이러한 맥락에서 현대 마케팅에서 중요시하는 개념이 관계 마케팅(Relationship Marketing)이며 기본적인 핵심은 고객과의 가치교환을 통해 장기적인 우호 관계 증대가 기업 성장의 지름길이 된다는 사고방식이다.

마케팅의 개념적 의미는 무엇을 강조하는가에 따라 시대와 함께 변화되어왔다. 마케팅 개념이 처음 도입되었을 때는 생산지향적 관점을 가지다가 점점 판매지향적 관점으로 변화하였고, 이는 다시 고객지향적 관점, 시장지향적 관점으로 변화하고 있다(오세조 외, 2006).

생산지향적 관점 ››› 판매지향적 관점 ››› 고객지향적 관점 ››› 시장지향적 관점

| 그림 11-1 | 마케팅 개념의 변천

초기의 마케팅 철학은 제품 및 서비스의 생산과 유통에 초점을 두는 생산지향적 관점이었다. 질 좋은 제품을 생산만 하면 수요가 창출될 것을 가정한 마케

팅 개념이다. 그러나 아무리 좋은 제품이 생산되더라도 경우에 따라서 잘 판매되지 않음을 경험하자, 제품생산도 중요하지만, 판매가 더 중요하다는 생각에서 판매기술의 개선에 초점을 두는 판매지향적 개념이 강조되었다. 그러나 1990년대 들어 판매도 중요하지만 고객의 욕구에 초점을 맞추지 않으면 기업이 살아남을 수 없다는 생각에서 생산, 재무, 판매 등 기업의 모든 활동을 소비자인 고객의 욕구에 맞추자 마케팅 역시 고객지향적 관점으로 전환하게 되었다. 그러나 고객의 현재 욕구에 지나치게 초점을 두는 것은 새로운 수요를 창출하는 데 한계가 있다는 비판을 받게 돼 있으며, 이로 인해 최근에는 시장지향적 관점이 강조되고 있다. 시장지향적 마케팅이란 최종고객인 소비자들에게 최대한의 가치를 제공하기 위해 제품의 가치생산이나 가치생산 촉진과 관련된 기업 내외의 관련 고객들의 상호작용을 지속적으로 관리하는 것을 의미한다(오세조 외, 2006). 최근에 '고객을 위한 가치 창출'을 기업의 비전이나 생산, 유통, 판매 등의 모든 과정에서 강조함은 시장지향적 마케팅과 같은 맥락이다.

| 표 11-1 | 마케팅 개념의 유형과 특성

개념유형	고객 특성과 마케팅의 과제
생산지향적	•학습자는 프로그램 이용 가능성과 저가격에만 관심 둔다. •학습자는 경쟁프로그램의 가격을 알고 있다. •비가격요인은 거의 중시하지 않는다. •프로그램 개발과 학습자 유치 과정을 개선하여 능률을 높임으로서 교육비 수준을 낮추는 것이 고객 확보 주요 수단이다.
제품(프로그램) 지향적	•학습자는 최고의 프로그램을 선택하고자 한다. •경쟁프로그램의 품질이나 특성을 잘 알고 있다. •프로그램의 질 개선이 학습자 유지의 주요 수단이다.
판매지향적	•학습자는 특정 프로그램의 등록에 대해 주저하는 경향이 있다. •여러 가지 자극으로 보다 많은 등록을 유도할 수 있다. •학습자 유지, 확보를 위해 강력한 유치 조직이 형성되어 있어야 한다.
고객지향적	•학습자는 각각 다른 요구를 하게 되므로 세분시장으로 구분할 수 있다. •자신의 욕구를 가장 잘 충족시킬 수 있는 프로그램을 구매한다. •목표시장을 선정하고 욕구 충족도가 높은 효과적인 프로그램을 개발하고 마케팅 계획을 세워야 고객의 유지나 확보가 가능하다.

개념유형	고객 특성과 마케팅의 과제
사회 지향적	•학습자는 건강, 환경문제에 민감하며, 교육기관의 윤리적 측면 등을 고려하여 등록하게 된다. •교육기관은 좋은 환경을 제공하고 인간지향적인 사고와 함께 사회적 책임을 지는 방향으로 마케팅 활동을 전개할 수 있어야 한다.

출처: 권두승 외. (2016). 평생교육경영론(2판). 파주: 교육과학사.

이처럼 마케팅의 개념이 조직의 이익을 위한 제품 판매에서 벗어나 조직의 본질적인 비전과 목적을 실현하는 수단으로 의미가 변화되면서 기업 외의 비영리조직이나 단체에서도 마케팅을 중요한 영역으로 다루고 있다(황선영, 2015). 이러한 관점에서 김신일 등(2007)은 마케팅 개념을 기업, 비영리조직 및 정부기관이 각 고객의 욕망을 파악하고, 그에 합치된 상품이나 서비스, 아이디어 또는 그 전체를 기획·개발하고 이에 관한 사실을 전달하며, 각 주체자가 최소비용으로써 최대의 고객만족, 최대의 가치를 창출할 수 있도록 해당 상품 및 서비스를 제공하는 행위 및 처리과정을 포함하는 것이다고 정의하기도 한다(김신일 외, 2009).

결국 마케팅이란 '기업을 포함하여 모든 조직이나 기관에서 비전이나 목표를 달성하기 위해 시장 및 고객과 소통하면서 고객의 가치를 최대한 창출할 수 있는 상품 및 서비스를 제공하는 일체의 활동'이라 정의할 수 있다(황선영, 2015). 그렇다면 공급자중심, 교육자중심에서 수요자중심, 학습자중심으로 교육의 중심을 이동시켜야 함을 강조하고 있는 평생교육이나 평생교육기관에서도 마케팅은 중요한 영역으로 다루어져야 할 것이다(김용현 외, 2018).

마케팅에 대한 두 가지의 오해가 있다. 첫째, 제품을 팔기 위해 소비자를 현혹하는 교묘한 과정이다. 하지만 마케팅은 가치 없는 물건을 비싸게 파는 것이 아니라 오히려 소비자에게 어떻게 하면 그에 걸맞은 가치를 제안하고 전달할 수 있는지를 배우는 학문이다. 둘째, 최종 목표가 시장에서 경쟁자를 이기는 데 있다는 생각이다. 그러나 마케팅의 목표는 '경쟁에서 승리하는 것'이 아니라 '고객의 마음을 사로잡는 것'이 되어야 한다. 오히려 경쟁에서 승리하는 것이 목표가 될 경우 고객의 마음을 사로잡는 데 부정적인 영향을 미칠 수 있으므로 주의해야 한다. 세계적인 경영학 분야의 권위자인 오마에 겐이치(大前研一)는 "전략은 경쟁에서 승리하는 데 초점을 두기보다 새로운 고객 가치를 창출하는 데 초점을 두어야 한다. 사실 좋은 전략은 가능한 경쟁을 피하는 것을 목표로 해야 한다(김지헌, 2016; 한국전산원, 2006). 이처럼 마케팅은 경쟁자가 제공하지 못하는 새로운 가치를 발견하고 이를 고객들에게 효과적으로 제안하고 전달하기 위한 방안을 모색한 과정으로써 수직적인 차별화보다는 수평적 차별화에 노력해야 할 것이다(문영미, 2011).

오늘날의 마케팅 개념은 지속적인 가치교환을 유발할 수 있는 관계를 기준으로 평가한다. 과거에는 판매가 마케팅의 핵심이었지만, 오늘날에는 고객과의 장기적인 관계 구축이 더 중요시되고 있다. 100년 이상을 운영하는 브랜드 있는 기업들은 다음과 같은 전략을 가지고 있다. 먼저, 소비자가 공감할 수 있는 가치를 기반으로 기업의 정체성을 구축한 후 원칙 있는 일관된 행동을 통해 소비자에게 전달하는 것이다. '가치-만족-관계'의 선순환 구조는 기업이 제공하는 가치의 중요성을 소비자가 공감하고 기업으로부터 이를 지속적으로 제공받고 있다고 느낄 때 시작될 수 있으며, 그 결과가 브랜드 자산 증가로 나타나게 된다. 브랜드 전략의 중심에는 소비자가 '공감할 수 있는 가치'가 있어야 한다. 이는 가치의 교환과정에서 고객 만족을 이끌어내고 긍정적인 관계를 구축해준다. 긍정적 관계는 또 다른 가치교환의 무대로 소비자를 이끌고 더 큰 만족을 통해 더 확고한 관계를 구축하여 브랜드 자산 가치를 증가시킬 수 있다(김지헌, 2016).

경험적 마케팅은 관련된 다양한 경험을 통해 오감의 즐거움과 재미를 제공하는 것이다. 이러한 즐거움 속에 깨달음의 즐거움을 추가하는 제품 또는 서비스 마케팅은 교육시장에서 더욱 빛난다. 이는 교육과 오락을 결합한 신조어 에듀테인먼트(edutainment)로서 1,000만 권 이상 판매되어 출판 시장에 돌풍을 일으켰던 '마법 천자문'이 이를 잘 반영해 준다. 이 책의 성공비결은 만화를 통해 한자를 익힐 수 있다는 점에서 부모와 아이를 동시에 사로잡은 것이다. 잭디시 세스(Jagdish N. Sheth) 교수는 지적 즐거움은 “호기심을 유발시키고, 참신함을 제공하며, 지식에 대한 욕구를 만족시켜주는 것”이라고 정의하였다. 제품과 서비스를 제공하는 기관은 색다른 즐거움과 재미는 상식과 고정관념을 깨는 창의적인 제품들이 주로 지적 혜택을 충족시켜 주며, 차별적 가치를 발휘한다.

| 그림 11-2 | **마법천자문**

출처: 알라딘. (https://www.aladin.co.kr)

또한, 반전을 주는 인지적 깨달음의 즐거움(cognitive stimulation)을 주는 마케팅 커뮤니케이션 전략도 주목받고 있다. 황사, 미세 먼지 등으로 인해 소비자들의 호흡기 건강에 대한 우려가 증가함에 따라, 빙그레는 2014년 8월 목에 좋은 ‘맑은 하늘 도라지 차’를 출시하였다. 이 브랜드가 빠르게 알려진 것은 같은 해 9월에 진행된 재미있는 광고 덕분이라 할 수 있다. 뉴스 아나운서의 방송사고를 가장한 광고를 실제 상황으로 오해한 소비자들이 SNS를 통해 해당 광고를 전파시키면서 방송 내용에 드러나는 제품 광고를 자연스레 접하게 되었다. 이후 광고인 것이 알려지면서 인지적 깨달음의 즐거움을 더 할 수 있었다.

| 그림 11-3 | 방송사고를 패러디한 '도라지차' 광고 영상

출처: 중앙일보. (2014.09.24.). https://www.joongang.co.kr/article/15901664

2) 필요성

마케팅에서 중요하게 다루는 이론과 전략이 사람과 사람 사이의 관계에 관한 것이며 그 적용 분야는 참으로 넓고 다양하기 때문에 마케팅은 우리 사회에서 없어서는 안 될 중요한 분야이다. 즉, 상대방의 마음을 훔쳐 긍정적 관계를 맺고자 하는 사람이라면 누구에게나 필요한 분야이다. 사람은 누구나 제품이나 서비스에 선택과 구매의 주체가 되며 소비를 통해 자신을 표현하기 때문에 마케팅은 소비자로서 자신의 행동을 이해하는 데 도움을 줄 수 있는 분야이다.

사회의 다양한 영역인 비영리기관의 마케팅, 문화예술기관의 마케팅, 심시어 학교마케팅, 대학마케팅 등의 개념을 듣게 되면 그야말로 마케팅의 개념이 기업을 뛰어넘어 교육기관에 이르기까지 모든 기관과 조직에서 중요하게 다루어짐을 알 수 있다. 남정걸(2008)은 평생교육기관이 마케팅 개념을 적극적으로 도입할 때 얻을 수 있는 마케팅의 효과를 다음과 같이 제시하였다.

첫째, 평생교육기관에 대한 진정한 이미지 형성이다. 평생교육기관에 대한 좋은 이미지(예: 교·강사의 질, 효과적인 프로그램, 건전한 운영)의 형성 결과는 국가적 차원에서 관련 부처, 지방자치단체로부터 예산지원과 지역사회와 공공기관의 신임과 여러 자원의 지원을 더 얻게 될 것이다. 정치가나 행정가, 지역사회의 인심은 일반적인 대중의 이미지에 좌우되기 쉽기 때문이다. 그러므로 평생교육기관의 효과적인 마케팅은 미시적인 지역사회 차원에서만이 아니라 거시적으로는 국가적 차원에서 이루어져야 한다.

둘째, 대상별 특화된 프로그램의 개발과 보급이다. 효과적인 마케팅은 관심 인사나 관련 인사, 공사립의 관련 기관의 호의적이고 동조적인 참여를 유도할 뿐 아니라 평생교육의 질을 제공함으로써 학습자의 학습성과를 증진하게 된다. 교육에서 마케팅의 주요과제는 학습자의 성과를 제고하기 위하여 제한된 시간과 에너지를 어디에 투입할 것인가를 분간하는 것이다. 평생교육기관은 이처럼 대상별 특화된 마케팅을 전략적으로 치밀하게 전개하지 않으면 안 된다. 마치 기업이 특정한 소비자 집단의 욕구와 요구 및 수요를 규명하고 이를 충족시키기 위한 고객 위주의 제품을 생산하여 공급하는 방법을 찾는 것과 마찬가지이다. 이에 갈수록 치열해지는 경쟁 속에서 운영해야 하는 평생교육기관의 입장에서는 대상별 특화된 마케팅을 통해 프로그램의 차별화는 물론 잠재적 고객에게 전략적으로 접근하는 방법을 강구해야 한다.

셋째, 자유시장에서의 경쟁력 강화이다. 평생교육기관에서의 마케팅은 한편으로는 생존의 문제이기도 하며, 다른 한편으로는 경쟁력 강화의 길이기도 한 것이다. 기업이 살아남고 이윤을 추구하려면 고객을 찾아 나서고 그들의 수요에 맞는 제품을 생산하여 공급해야 한다. 소비자인 고객의 수요가 생산자의 의사결정에 결정적인 영향을 준다. 재화나 서비스를 필요로 하는 고객 스스로는 그것을 생산하지 못하기 때문에 생산자에게 질이 좋고 값이 저렴한 재화나 서비스를 요구하게 된다.

공교육에 비해 평생교육은 학습자의 선택권이 거의 개방되어 있고, 개방된 가운데 자유경쟁의 시장원리가 지배하는 분야이다. 개인의 권리와 자유, 능력을 중시하는, 그래서 공교육의 획일적이고 독점적인 지배를 거부하는, 교육의 질적 향상과 수월성을 추구하는 교육에서는 학습자의 교육 선택의 기회를 보장하기 위한 자유시장의 원리를 도입하여 치열한 경쟁을 전개하고 있는 것이 세계적 추세이다. 종래 교육기관이 제공하는 프로그램은 고객인 학습자에게 이로

울 것이나, 고객이 스스로 찾아오리라는 안이한 사고는 바람직하지 않다. 예측하기 어려운 불확실성의 치열한 경쟁에서 평생교육이 도태되지 않고 유지, 발전하려면 표적시장의 요구에 적절히 대응할 수 있는 마케팅 믹스를 개발하여, 선택의 기회를 확보하는 데 관심의 초점을 두어야 계속 유지, 발전할 것이다.

2. 평생교육기관의 마케팅

1) 특징

(1) 미시적 마케팅

충족되지 않은 고객의 욕구를 발견해 내고 그러한 욕구를 충족시켜 줄 수 있는 제품을 생산하고 중간상을 거쳐 고객에게 흐르도록 함으로써 조직의 목표를 효과적으로 달성하려는 활동이라 할 수 있다. 즉, 마케팅을 고객의 욕구를 충족시키기 위한 기업의 활동으로 정의하고 평가하는 관점을 미시적 마케팅이라고 한다. 이는 시장조사, 제품개발, 판매촉진, 유통경로 설계 그리고 서비스 활동을 포함한다.

평생교육기관은 공적인 의무를 함께 가지고 있으며, 또한 고객들에게 교육이라는 상품을 제공하기 때문에 고객의 욕구충족에 많은 관심을 기울여야 할 것이다. 따라서 지역주민들을 상대로 하는 꾸준한 요구조사와 함께 현재 시민들의 관심사는 무엇이며, 운영하는 교육기관에서 개설, 운영할 수 있는 프로그램에 대한 개발과 함께 시민들에게 프로그램을 어떻게 소개하며, 많은 시민을 프로그램에 참여시킬 수 있는지에 대하여 끊임없는 요구조사가 이루어져야 할 것이다.

(2) 거시적 마케팅

거시적 마케팅이란 가치를 교환하려는 전체 구성원들의 욕구를 효과적으로 해결하기 위하여 한 사회 내에서 필연적으로 발전한 사회적 과정이다.

영리기관으로서 평생교육기관의 마케팅은 일반기업과 다를 것이 없으므로, 여기에는 비영리기관으로서 평생교육기관의 마케팅 특징을 살펴보고자 한다(김신일 외, 2009).

첫째, 평생교육기관은 물적 상품보다는 서비스 성격의 상품을 제공한다는 점이다. 평생교육기관의 고객인 학습자들로부터 양질의 교육서비스를 제공받고 있다는 평을 받기 위해서는 광고나 홍보를 통해 무형의 교육서비스를 유형화하는 과정이 필요하다.

둘째, 평생교육기관은 여러 가지 목표를 동시에 추구하고 있다. 이윤, 학습자 성장, 지역공동체, 시민의식 등 여러 가지 목표를 동시에 추구한다.

셋째, 비영리조직으로서 평생교육기관은 마케팅 대상도 다양하다. 공공기관, 민간기관, 학습자 등 마케팅 대상도 다양하다.

이처럼 평생교육기관에서 거시적 마케팅이라는 관점은 평생교육기관이 지역사회에 어떤 목적으로 영향을 미칠 것인지를 고려한 운영을 말하며, 지역사회 발전을 위한 장기적인 목표설정을 통하여 일회성 평생교육 프로그램이 아닌 지속적인 프로그램의 개발·운영의 장기적인 마케팅 전략의 수립을 의미하는 것이다(안병환 외, 2018).

2) 프로그램 마케팅 모형

평생교육 프로그램을 잠재적 고객들에게 가장 효과적으로 어떻게 제공할 수 있느냐 하는 방법에 대해 연구하고 분석하고 판단하는 포괄적인 개념을 의미한다. 시멀리(Simerly, 1989)가 제시한 프로그램 마케팅의 모형에는 전통 모형, 교환 모형, 적응 모형 등이 있다(김진화, 2008).

(1) 전통 모형(traditional model)

고객의 필요와 요구보다는 평생교육기관의 요구와 필요에 우선적인 관심이 있다. 평생교육기관은 교육 프로그램을 독자적으로 창출하며, 학습고객들이 이것을 수용하도록 설득하기 위해서 마케팅을 사용한다. 즉, 평생교육기관에서 개발된 프로그램을 학습고객들이 수용할 수 있도록 프로그램에 대한 학습고객들의 생각, 태도, 가치관들을 변화시키는 관점이 강조된다.

이 모형에서는 마케팅의 의미가 학습고객을 설득시키는 것에 집중되며, 평생교육기관이 학습고객보다 강조됨으로 내부 지향적인 성격을 띠고 있다. 따라서 마케팅 활동을 계획할 때 고려해야 할 요인들이 거의 없다는 장점이 있는 반면에 외적 변화를 무시하고, 학습고객에 대한 무관심이 발생한다는 단점을 가지고 있다.

(2) 교환 모형(exchange model)

평생교육기관 및 단체들이 앞으로 개발할 프로그램의 가치를 고객의 요구와 필요의 교환을 통해 획득하는 것을 강조한다. 이러한 접근 모형은 평생교육기관이 잠재적 학습고객이나 소비자들과 함께 공생적인 관계이므로 강조한다. 따라서 의사결정을 이끌어 내기 위해서는 평생교육기관과 학습고객들 사이에 끊임없는 협상과 정보교환을 중요시한다. 학습고객들과 소비자들은 그들이 가치있게 여기는 것(예를 들면 시간 또는 돈)을 자신들에게 이익을 가져다주는 것이라고 생각하는 것과 교환하기를 원한다. 예를 들면, 교육 프로그램, 생산물, 용역 등이다.

이 접근은 평생교육기관과 학습고객의 균형적인 관점을 강조하며, 그 장점은 요구분석과 협상을 통해 평생교육기관의 지속적인 변화를 촉진시킨다. 그러나 계속적인 협상과 장시간의 요구분석 등으로 평생교육기관의 변화가 점진적이라는 단점을 가지고 있다.

(3) 적응 모형(adaptive model)

고객의 요구와 흥미에 응답을 강조함으로써 외부지향적이다. 또한, 교환 모형보다는 학습고객의 요구와 필요에 대한 응답을 아주 강조하기 때문에 실제적으로 평생교육기관의 목적이나 필요, 기준, 가치들을 무시하는 경향이 있다. 이 모형은 기본적으로 학습고객이 원하거나 필요한 것이라면 그것이 평생교육기관의 임무에 일치하지 않아도 제공한다는 태도를 취하고 있기 때문에 평생교육기관의 전통적인 경향을 도외시할 수 있다는 단점을 가지고 있다. 반면에 학습고객의 만족을 강조하기 때문에 변화 촉진에 매우 적극적이라는 장점을 가지고 있기도 하다. 이러한 적응모형은 신자유주의 교육이 점차 확산되면서 많은 평생교육기관에서 적용되고 있다.

| 표 11-2 | 프로그램 마케팅 모형 비교

구분	전통모형	교환모형	적응모형
강조점	•조직체 지향	•공생적 관계(조직과 학습고객)	•학습고객 지향
환경과의 관계	•거의 반응이 무딤	•의사결정을 위한 지속적인 협상, 교환, 정보 공유	•매우 반응적임
관점	•학습고객이 조직체의 프로그램 및 서비스를 수용해야 함으로 학습고객의 사상, 태도, 그리고 신념을 변화시키는 관점에서 이해함	•학습고객들이 시간, 돈, 낡은 사고 유형 등을 자신들에게 혜택을 주는 교육 프로그램 및 서비스와 교환한다는 관점	•평생교육기관이 학습고객의 요구와 필요에 상응하는 교육 프로그램 및 서비스를 변화시키는 관점
참여	•내부 지향	•내부 · 외부 균형	•외부 지향
장점	•덜 복잡하고 단순함 •고려할 요소가 거의 필요 없음 •쉽게 판촉할 수 있음	•평생교육기관이 변화에 적응할 수 있도록 요구분석과 협상을 강조함	•학습자에 의해 평생교육기관의 재생과 적응이 잘 이루어짐. 능동적으로 변화에 적응함
단점	•평생교육기관의 변화지향성이 거의 없음 •기관의 실패 및 학습고객의 불만을 가져올 수 있음	•전통적인 평생교육기관이 지속적인 협상과 교환과정에 어려움을 겪을 수 있음	•전통적 평생교육기관 내의 보수적인 집단과 갈등이 초래될 수 있음

출처: 김진화. (2008). 평생교육 프로그램개발론. 파주: 교육과학사.

3) 마케팅 절차

마케팅은 평생교육 프로그램을 많은 사람에게 알려 잠재학습자들로 하여금 교육의 기회를 알게 하여 참여할 수 있도록 유도하는 데 그 목적이 있다. 마케팅의 절차는 ① 문제인지 및 문제정의, ② 목표설정, ③ 시장 분할, ④ 마케팅 전략 수립, ⑤ 프로그램 마케팅 수행, ⑥ 마케팅 평가 및 조절 등의 순으로 전개된다. 마케팅 절차에 대하여 살펴보면 다음과 같다(김진화, 2008).

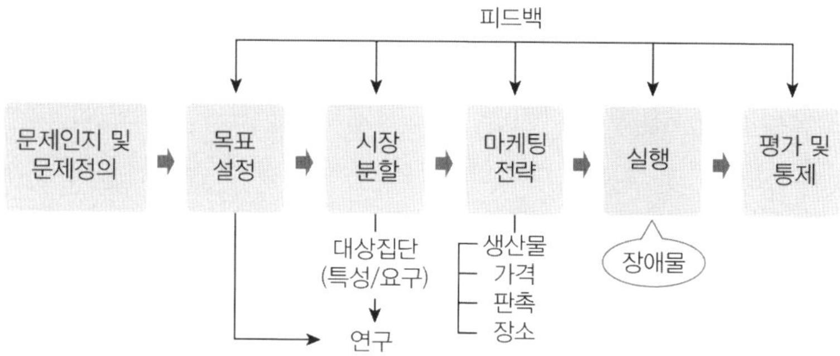

| 그림 11-4 | **프로그램 마케팅 단계**

출처: 김진화. (2008). 평생교육 프로그램개발론. 파주: 교육과학사.

첫째, 문제인지 및 정의는 프로그램 마케팅의 출발점이다. 실제로 밝혀지는 문제들은 너무 광범위한 경우가 대다수이다. 이러한 문제들은 통제가 불가능한 것들이 있을 수도 있다. 따라서 인지된 많은 문제 중에서 통제할 수 있는 차원으로 문제들을 새롭게 규정할 필요가 있다. 또한, 단지 중요한 문제에 대한 징후뿐만 아니라 설명되어진 중요한 문제를 명확히 규정하는 것도 매우 중요하다.

둘째, 확인된 문제를 목표로 전환하는 것이다. 목표는 향후에 취해져야 할 다양한 조치를 명확하게 규정해주는 기능을 가지고 있다. 목표를 적절하게 설정하는 것은 프로그램 마케팅 수행 후에 평가하는 데 도움이 된다. 또한, 이처럼 목표는 의도에 적합하도록 특별화되어야 하며, 구체적으로 확인할 수 있도록 현실성이 있어야 한다. 즉 시장분할의 각 부분을 좀 더 구체화하여 기술하여야 한다. 또한, 목표를 설정하는 데 있어서 특별히 중요한 것은 어떤 변화의 형태가 드러나도록 하는가를 결정하는 것과 문제의 질을 고려해야 한다는 것이다.

셋째, 시장분할(market segments)은 학습고객의 특성이나 요구를 준거로 집단을 분할하는 과정이다. 이러한 분할의 한 묶음은 아마도 정신적으로 이 그룹의 특성에 맞게 고안된 프로그램의 표적이 될 것이다. 즉, 특정 시장분할에 도달하기 위해서 많은 전략을 가지고 접근하는데 각각의 분할마다 서로 다른 접근방법과 전략들을 가지고 접근한다. 목표를 설정하는 것과 밀접하게 관련 있는 과정은 누가 그 프로그램의 학습고객이 될 것인가를 결정하는 문제이다. 다시 말해서 잠재적 대상의 100%를 변화하기를 시도하거나 그 프로그램으로 그들 모두를 모으는 것은 실제로 불가능한 일이다. 따라서 잠재적 학습고객들의 특성과 요구에 의해 시장을 분할해야 한다. 시장분할은 ① 학습 지향(learning orientation)에 의해서 구별될 수 있고, ② 프로그램 제공 선호도(program offering preferences)에 의해 구별될 수 있고, ③ 인구통계학적 특성(demographic characteristics)에 의해 구별될 수 있다.

넷째, 일단 프로그램 목표들이 설정되어지고 적합한 시장 분할이 되어졌을 때 프로그램 계획자는 사용할 프로그램 마케팅 전략을 개발해야 한다. 마케팅 전략은 학습고객에게 전달될 프로그램의 세부내용에 대한 결정까지를 포함한다. 프로그램에 포함시킬 내용이 무엇인가? 어떻게 그리고 어디에 이것이 전달되어져야 하는가? 어떻게 잠재적 학습고객이 이것에 대해 알도록 할 것인가? 그리고 어떻게 참석하라고 동기 부여할 것인가? 또 비용은 얼마나 할 것인가? 이러한 질문들은 소위 마케팅의 4Ps, 즉 마케팅 믹스를 의미한다. 그것은 생산물(product), 장소(place), 판촉(promotion), 가격(price)을 말한다.

| 표 11-3 | 4P 마케팅 믹스 설계 항목

마케팅 믹스	세부 항목
생산물(product)	•종류(variety), 품질 수준, 디자인, 사양(features), 상표, 포장, 서비스 등
가격(price)	•판매가(list price), 지불 기간, 지불 방법, 신용 조건, 요금제 등
장소(place)	•유통 경로, 유통 범위, 상권 분석(Location), 재고, 물류, 유통 매장설계 등
판촉(promotion)	•광고(Ads), 홍보(PR), 개별 판매(personal selling), 판촉(sale promotion)

출처: 김지헌. (2016). 가치를 사는 소비자 공감을 파는 마케터. 고양: 갈매나무.

한편, 최근에는 평생교육 프로그램에 학습고객의 참가를 유도하고 촉진시키기 위해 전통적으로 강조되어 온 생산물, 가격, 장소, 판촉이라는 4P 이외에 3P를 포함시켜 프로그램 마케팅 적용하고 있다. 여기에서 3P란 평생교육기관의 정책(policy), 다른 기관과의 파트너십(partner ship), 그리고 외부의 영향력을 의미하는 정치성(politics)을 의미한다.

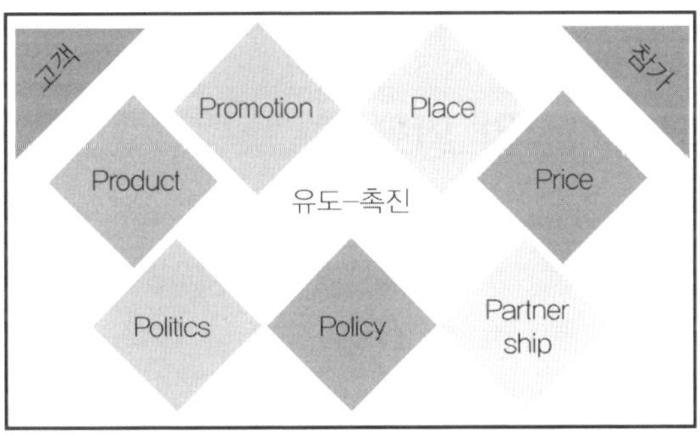

| 그림 11-5 | 프로그램 마케팅 7P 구성요소

출처: 김진화. (2008). 평생교육 프로그램개발론. 파주: 교육과학사.

평생교육기관에서 제공하는 교육 프로그램에 잠재적 학습고객의 참여가 이루어지기 위해서는 그들을 유인할 수 있는 교환요소가 있어야만 한다. 잠재적 학습고객은 자신들의 시간과 돈, 노력, 가치 등을 내놓게 되고 평생교육기관은 이에 상응하는 질 좋은 교육 프로그램 및 서비스를 제공해야 할 것이다.

다섯째, 프로그램 마케팅의 수행이다. 문제가 파악되고 그것이 목표로 전환되고 학습고객의 특성과 요구에 따라 시장이 분할되면 다양한 프로그램 마케팅 기법들이 마련된다. 이렇게 마련된 기법들은 구체적으로 수행과정을 거쳐야만 한다. 이 실행단계에 있어서 고려되어야 할 요소는 매우 많다. 경제적 지원 단체나 잠재적 학습고객의 저항 등이 있을 수 있다. 또한, 학습고객의 시간, 관심, 그리고 다른 자원들을 위한 다른 조직과 경쟁적 관계에 놓인다는 사실도 인식해야 할 것이다.

여섯째, 마케팅 평가 및 조절은 프로그램 마케팅의 최종단계이다. 성공 여부를 진단하기 위해서 목표에 비추어 프로그램의 결과를 사정하는 단계가 바로 이 단계이다. 만약 목표에 견주어 볼 때, 결과가 새로운 변형을 위한 정보로 가치 있을 수 있고, 목표를 성취하는 데 충분치 않다면 그 이유를 밝혀 새롭게 마케팅 믹스에 대한 재평가가 이루어져야 할 것이다.

3. 평생교육시장의 이해

1) 의미와 성격

평생교육시장은 일반시장과는 다른 특성을 지니고 있다. 일반시장에서는 구매력에 금전적 요소가 매우 중요한 영향을 미치지만, 평생교육시장에서는 금전적 요소보다 학습자의 시간, 교통편, 학습자의 주변 여건 등이 더 중요한 요소로 작동하기도 한다. 그러므로 평생교육시장에서의 수요는 일반시장에서의 수요와는 달리 학습자의 관심과 참여 가능성이 중요한 변수이다. 확장성 시장이란 시장의 규모가 마케팅 비용에 의해 크게 영향을 받는 시장을 말한다. 비확장성 시장이란 수요자들의 시장 진입 장애가 높아 시장 규모가 마케팅 비용에 의해 크게 영향을 받지 않는 경우를 말한다.

한편 특정 프로그램에 대한 학습자의 수요가 실제로 교육 참여로 이어지는 정도에 따라 평생교육시장은 다차원적인 성격을 지니고 있다. 이는 다음과 같이 살펴볼 수 있다(오혁진, 2021; Kotler et al., 1995).

① 잠재시장: 웹마스터 전문교육 프로그램에 관심을 가지고 있는 모든 학습자는 잠재시장에 해당된다.
② 이용 기능 시장: 소득과 물리적 · 시간적으로 프로그램에 참여할 수 있는 접근 가능성을 가지고 있는 집단의 규모이다.
③ 유자격 이용 가능 시장: 제공기관에서 제시하는 자격 요건을 갖추고 있는 시장이다.
④ 노력대상 시장: 실제로 참여를 유도하기 위한 노력이 시도된 집단을 의미한다.
⑤ 최종 시장: 실제로 프로그램에 참여한 학습자 집단을 의미한다.

평생교육시장은 학습자의 실제적인 참여여건과 평생교육기관이 제시하는 조건에 따라 다층적인 구조를 갖는다. 그러나 평생교육시장의 규모를 결정하는 가장 중요한 요인은 학습자들의 참여 동기와 참여 장애요인이다. 그러므로 평생교육기관에서는 학습자의 참여 동기와 참여 장애요인을 고려한 마케팅전략을 강구해야 한다(서보준 외, 2018).

2) 평생교육시장 세분화의 중요성

평생교육시장을 세분화하는 이유는 학습자들의 눈높이의 요구사항에 맞는 교육을 제공할 수 있는 기초 자료를 수집하여 그에 대응하는 마케팅 전략을 수립하기 위함이다. 평생교육시장의 세분화가 중요한 이유를 구체적으로 살펴보면 다음과 같다(최은수 외, 2017).

첫째, 새로운 시장에 진입하는 것을 보다 쉽게 만들어 준다.

둘째, 목표시장을 정확하게 파악할 수 있어 불필요한 비용의 지출을 줄일 수 있다.

셋째, 평생교육기관의 인적·물적자원을 효율적·효과적으로 대응할 수 있다.

넷째, 급격하게 변화하는 시장 상황에 효율적·효과적으로 대응할 수 있다.

3) 평생교육시장의 선정

평생교육기관에서 프로그램에 참여할 잠재적 학습자를 세분화한 후에는 얼마나 많은 세분시장을 관리하고 어떤 세분시장에 보다 초점을 맞출 것인가를 결정해야 하는데 이를 표적시장의 선정이라고 본다. 평생교육기관에서 제공하는 프로그램의 잠재적 학습대상자는 평생교육의 대상이 의미하듯 모든 연령층이다. 하지만 치열한 경쟁의 상황에서 모두를 위한 특성 없는 프로그램은 성공하기 어려울 수밖에 없다.

4) 평생교육시장의 세분화 절차

시장 세분화의 절차를 간단히 살펴보면 다음과 같다(최은수 외, 2017).

① 잠재학습자 분석: 잠재학습자에 대한 조사를 실시하여 시장에 관한 충분한 이해와 잠재학습자에 대한 명확한 이해를 해야 한다.

② 세분화 방법 및 기준 선택: 잠재학습자에 대해 조사한 자료를 바탕으로 시장 세분화의 목적을 정하고, 이에 알맞은 시장 세분화 방법과 세분화 시장의 기준을 선정해야 한다.

③ 세분화 시장의 특성 파악: 잠재학습자들의 특성은 인구통계적 변수(지역, 학력,

결혼 여부, 직업 유무 등)에 따라 구분하여 정리하면 학습자 집단에 대한 파악이 용이하다.

5) 평생교육시장 세분화의 기준

평생교육은 교육서비스의 판매이므로 시장을 분석하여 세분화하는 기준은 다소 차이가 있을 수 있다. 평생교육시장을 세분화하기 위해 사용할 수 있는 유일한 방법이란 없다. 하지만 평생교육시장 세분화는 평생교육기관의 효율적인 경영을 위해 매우 필요한 전략이다. 세분화의 기준을 살펴보면 다음과 같다(권인탁 외, 2017; 최은수 외, 2017).

① 지리적 자료: 평생교육시장을 세분화하기 위한 가장 기본적인 자료이다.

② 인구통계학적 자료: 시장 세분화에서 지리적 자료와 함께 가장 많이 적용되는 기준이다.

③ 심리적 자료: 잠재학습자의 가치 기준이나 성격, 태도, 신념, 동기, 욕구, 기대, 관심 등에 관한 자료를 기준으로 세분화하는 방법이다.

④ 행동적 자료: 교육 프로그램에 수강하는 학습자의 행동을 기준으로 세분화하는 방법이다.

4. 평생교육기관의 홍보

1) 의의 및 목적

(1) 평생교육기관 홍보의 의의

홍보라는 단어의 사전적 의미는 기업 · 단체 또는 관공서 등의 조직체가 커뮤니케이션 활동을 통하여 스스로의 생각이나 계획 · 활동 · 업적 등을 널리 알리는 활동이다(조현양, 2017). 프랑스 PR협회는 "한 집단이 그 집단의 구성원 상호 간, 또는 다른 많은 집단의 여러 가지 여론 사이에 바람직한 관계를 수립하며, 이를 유지할 목적으로 전개하는 활동을 말한다"라고 그 의의를 내렸다. 또한, 미국 PR협회는 "사회의 동향을 분석하고 그 동향이 무엇을 초래할 것인가 예측하여 조직 지도자의 상담역이 되며, 조직과 사회에 이익이 되는 사업을 추진하는 기술이고 사회과학이다"고 하였다(김용현 외, 2018; 한국경영연구소, 2010).

평생교육기관 홍보의 의의에 비추어 조금 더 논의해 보면 평생교육기관에서 질 좋은 평생교육 프로그램들을 일반에게 널리 알려서 잠재된 학습자에게 학습 의욕을 일으킬 수 있도록 동기를 부여해 주는 데 그 의의가 있음을 알 수 있다. 무엇보다도 고정관념을 효과적으로 구축하기 위해서는 학습자와 평생교육기관의 첫 만남에서 학습자의 기억 속에 좋은 첫인상을 남기기 위한 진지한 고민과 노력이 필요하다. 심리학자들의 연구 결과에 따르면 첫인상은 불과 0.1초 만에 결정되며 이후 행동을 해석하고 평가하는데 매우 중요한 영향을 미친다고 한다. 학습자가 평생교육기관과의 첫 만남에서 얻게 되는 경험들은 이후에 얻게 되는 경험의 몇 배가 넘는 큰 힘을 발휘할 가능성이 있다. 평생교육기관에 대한 좋은 첫인상을 남기기 위해서는 때론 처음부터 모든 것을 완벽하게 할 수 있다는 자만심을 버릴 필요가 있다. 자만이 때로는 나쁜 인상을 남기기도 하기 때문이다(김지헌, 2016).

(2) 평생교육기관 홍보 목적

일반적인 내용의 홍보목적은 일반 사회로부터의 이해, 장기적인 영업성적의 향상, 지역사회로부터의 이해, 일반적 노사관계의 원활화 촉진, 금융기관으로부터의 이해, 단기적인 영업성적의 향상, 시민단체로부터의 이해, 특정 문제에 대한 정부 측을 이해하는 데 홍보목적이 있다(현대경영연구소, 2010). 평생교육기관 홍보에 있어서 그 목적은 평생교육기관의 이념에 대한 이해와 침투에 있으며, 이것은 평생교육기관의 갖가지 활동에 대해 좋은 이미지를 갖게 하려는 종합적인 커뮤니케이션이라 할 수 있다. 남정걸(2008)은 평생교육기관의 홍보의 목적을 다음과 제시하였다.

첫째, 잠재학습자의 유인 및 확보에 있다.

둘째, 재정적인 어려움에 도움을 줄 수 있는 재정 후원자의 확보에 있다.

셋째, 평생교육기관을 위해 봉사할 수 있는 인력의 확보에 있다.

넷째, 평생교육기관의 홍보 그 자체가 평생교육적 효과를 얻기 위함에 있다.

다섯째, 대내적으로 기관 구성원들의 지지와 이해, 공감대와 협동심을 제고하고 참여자들의 기관에 대한 일체감을 불식시키는 데 있다.

여섯째, 평생교육기관에 대한 일반의 오해를 불러일으키는 데 있다.

이와 같은 것을 종합해 보면 평생교육기관 홍보의 목적은 대내적으로는 구성원들의 협동된 마음을 갖게 하는 데 있고, 대외적으로는 잠재된 학습자의 학습동기를 유발시켜 수강생을 확보하고, 재정적 후원자 또는 후원기관을 확보하는 데 있다.

평생교육기관에서의 홍보는 어려운 재정환경에서 효율적으로 기관을 알릴 수 있는 수단이다. 따라서 적은 비용으로 잠재 학습자들에게 좋은 교육 프로그램을 알리고, 기관의 교육적 이념과 위상을 널리 알릴 수 있는 방법이 홍보이다. 즉, 거의 비용을 들이지 않고 평생교육기관을 알릴 수 있는 방법이기 때문에 홍보전략을 제대로 수립하는 것은 매우 중요한 일이다(최은수 외, 2017).

2) 프로그램 홍보의 과정

홍보는 프로그램 촉진을 위해 별도의 소요 비용이 없이 잠재적 학습자에게 전달하는 것이다. 홍보의 과정을 살펴보면 다음과 같다(김진화, 2008).

첫째, 1단계에서는 잠재적 학습자에 대해 파악한다.

둘째, 2단계에서는 잠재적 학습자의 기관 및 프로그램에 대한 이미지 및 태도를 평가한다.

셋째, 3단계에서는 핵심 학습고객에게 기대하는 이미지 및 태도를 수립한다. 잠재학습자 가운데 수강을 주도할 수 있는 핵심 학습고객에게 평생교육기관이 기대하는 바를 정립하도록 한다.

넷째, 4단계에서는 효과적 홍보 전략을 개발한다.

다섯째, 5단계에서는 계획의 실행 및 결과에 대한 평가를 실시한다.

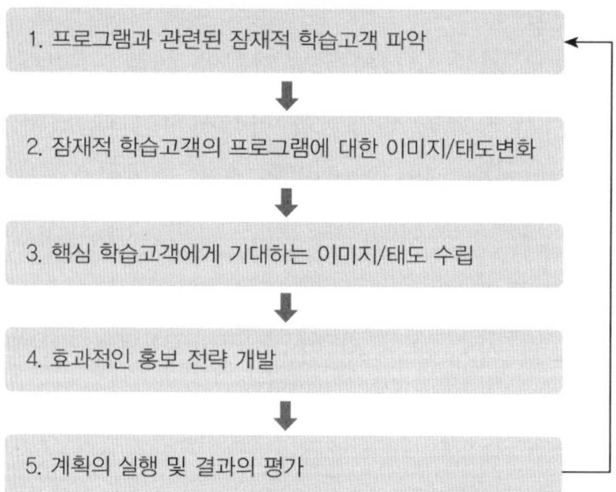

| 그림 11-6 | 프로그램 홍보의 과정

출처: 김진화. (2008). 평생교육 프로그램개발론. 파주: 교육과학사.

3) 프로그램 홍보의 원칙

평생교육기관의 홍보에서는 대중들에게 기관에 대한 이미지와 교육 프로그램을 진실된 모습으로 전달되어야 한다. 따라서 홍보 제작에 있어서 몇 가지 원칙이 있다.

첫째, 진실성의 원칙이다. 홍보 있는 그대로 정확한 내용을 전달해야 한다.

둘째, 상호작용의 원칙이다. 홍보는 제공자의 일방적인 정보의 제공에만 그치는 것이 아니라 대중과 공급 주체인 평생교육기관 사이에서 일어나는 상호작용에 근거하여야 한다. 즉 평생교육기관이 추구하는 교육적 이념에 공감하고 자신들의 교육요구에 부합하는 프로그램을 접하였을 때 학습 동기를 일으키게 되는 것이다.

셋째, 공공이익 합치의 원칙이다. 홍보는 계몽적 성격을 바탕으로 대중을 의식하고 개인의 이익과 공공의 이익을 실현할 수 있는 모습을 담아야 한다.

넷째, 인간적 접촉의 원칙이다. 홍보는 대중을 상대로 하기 때문에 인간적인 관계가 중요시된다.

4) 평생교육기관의 홍보 매체의 종류

홍보 도구의 종류는 인쇄자료, SNS(Social Network Service), 방송 매체, 대중 잡지 및 신문, 전화, 우편물, 시청각 자료, 기관을 특징화하는 매체(로고, 카탈로그, 브로슈어, 편지, 건물 등), 뉴스, 행사, 강연, 개인적 접촉 등이 있다. 특히, SNS는 인터넷을 통해 생각이나 정보를 주고받을 수 있게 해 주는 서비스로서 정보 전달이 빠르고 파급효과가 대단히 크다. SNS의 종류는 페이스북, 트윗, 카카오톡, 구글, 유튜브, 인스타그램 등이 있다.

Chapter

12

평생교육기관 평가와 프로그램 평가

1. 평생교육 평가의 의미

1) 측정과 평가

측정(measurement)은 양을 기준으로 하여 자로 길이를 재고, 저울로 무게를 재며, 되로 부피를 재는 것이다. 무게, 길이, 부피 외에도 깊이, 속도, 온도, 분량, 넓이, 거리 등이 측정의 대상이 된다. 측정은 그 대상이 물질적인 것이든 행동적인 것이든, 또는 정신적인 것이든 안정되어 있다는 가정이 전제된다. 그러므로 여기에서는 얼마만큼 정밀하고 정확하게, 그리고 오차가 없이 측정하느냐, 즉 측정 도구의 신뢰성과 객관성이 중요시되고, 그 절차나 방법의 표준화가 요구된다. 그러기 때문에 매우 능률적인 것이 장점이다. 그리고 측정 과정에서는 가치판단이 있어서는 안 된다. 측정은 어떤 도구를 사용했느냐가 중요시되고, 누가 측정하든지 그 결과가 동일하기를 바라기 때문에, 측정을 하는 인간의 가치관과 판단력, 역할은 중요하지 않다. 반면 평가(evaluation)는 사물의 가치나 수준 따위를 평하는 것이다. 통찰력과 판단력을 포함한 인간적 과정으로서 결코 가치 자유적이거나 상황과 무관하게 이루어지는 것이 아니다. 평가의 대상인 교육기관이나 학습자는 안정적이지 못하고 항상 변하고 있는 상황에 있다. 교육이 의도하는 바가 바로 학습자의 행동 특성이나 정의적 및 지적 특성의 변화이고, 그 변화를 촉진하기 위해서 필요한 지원을 하고 자원을 투입하는 등 여건을 조성하는 노력의 과정이 경영이라고 할 수 있다. 더구나 평생교육기관은 학교보다도 더 안정적이지 못하고 항상 상황의 변동이 많기 때문에 평생교육에 종사하는 사람은 상황의 변동에 따라 늘 독특하고 새로운 의미와 가치를 부여하지 않으면 안 된다. 그러므로 평가는 측정과 달리 획일적인 표준화를 기하기는 어렵다(남정걸, 2008).

평생교육에서는 이처럼 끊임없이, 그리고 다양하게 변하는 상황을 확인하고 판단하는 일련의 과정이 평가(evaluation)라고 할 수 있다. 따라서 변화를 판단하려면 최소한 두 시점에서의 검사(test)를 거쳐 그간의 변화를 측정하고, 애초에 계획하고 의도한 목표에 어느 정도 접근했는가를 판단하게 된다. 그러므로 측정은 평가의 전제이자 필요조건이라고 할 수 있기 때문에 양자는 불가분의 관계에 있다. 즉, 평가는 측정의 결과를 바탕으로 활용된다. 그렇기 때문에 평가란 평가를 받는 쪽에서는 매우 민감한 것이므로 흔히 원래의 의도대로 변화나 과정을 중요시하지 않고 평가의 결과 그 자체를 목표로 삼는 목표의 전치현상(goal displacement)이 일어나기도 한다. 평가는 양적으로 표현되는 측정에만 의존하여서는 안 되며, 인간의 심리적인 과정이나 행동, 표현, 그리고 이들을 야기하는 환경이나 상황 등 측정하기 어렵거나 수량화할 수 없는 것, 즉 질적인 것까지를 포함해야 된다. 한편 측정과는 달리 평가는 객관성이나 신뢰성 또는 능률성은 차라리 부차적이고 핵심적인 것은 의도했던 교육목표를 어느 정도 달성했느냐, 잘 되었느냐 잘못되었느냐 하는 목표에 비추어 가치를 판단하는 타당도가 중요시된다(남정걸, 2008). 교육평가와 유사한 개념들을 비교하면 검사 또는 측정이라는 단어를 사용하기도 한다. 교육평가는 교육 관련 대상의 가치 판단 행위로 정의 내리는 가장 포괄적인 개념 정의이다.

| 표 12-1 | 유사개념들의 비교

구분	정의
검사 (test)	•학습결과를 알아보려는 도구 •학습자의 반응을 얻기 위하여 제시되는 일련의 질문으로 구성되는 것 •학습과 관련하여 통상적으로 사용되고 있는 시험지와 같은 것
측정 (measurement)	•검사도구를 가지고 학습결과를 알아보려고 하여 학습자의 반응을 얻었다고 하더라도 그 결과를 이해하기 어려우므로, 보다 이해하기 쉽도록 수량화하는 과정 •어떤 특성을 이해하기 쉽도록 수량화(일반화)하는 과정
평가 (evaluation)	•어떤 한 검사만이 아니라 관찰이나 면접 혹은 다른 자료수집 방법을 동원하여 학습자의 행동변화의 정도를 양적으로 표현하거나 혹은 질적인 유목으로 나타내는 체계적(논리적, 의미화 해석)인 과정

출처: 곽내영(2007). 곽내영 교육학(하). 서울: 도서출판 들풀.

2) 서비스 품질의 측정

(1) 품질측정

교육서비스 제공 등을 수행하는 평생교육기관 및 시설은 제공하는 서비스에 대해 학습자들이 그 서비스를 평가하고 이를 기초로 만족 및 이용·등록 의도를 형성하게 된다. 따라서 어떤 교육서비스를 제공할 것인가, 얼마나 좋은 교육서비스를 준비할 것인가 등과 같은 서비스가 전달되는 과정과 관련된 서비스 품질의 문제가 매우 핵심적인 사항이기 때문에 서비스 품질에 대한 보다 체계적인 이해가 필요하다. 제공하는 제반 서비스에 대해 학습자들은 그 품질의 양호 정도를 평가하고, 이 결과를 바탕으로 서비스에 대한 만족 및 재이용 의도를 형성하게 된다. 서비스는 그 고유한 특성으로 말미암아 객관적으로 품질을 측정하기가 어렵다. 따라서 일반적으로 서비스 품질은 소비자에 의해 주관적으로 인지된다(박정훈 외, 2000). 이때 주어진 서비스의 지각된 품질은 소비자가 제공받을 서비스에 대한 기대와 학습자가 제공받아 지각한 서비스, 즉 기대된 서비스와 지각된 서비스의 두 가지 변수에 달려 있으며(Gronroos, 1990), 학습자와 교직원 간의 접촉, 즉 서비스 전달과정에서 발생(Parasuraman et al., 1988)하는 것으로 알려져 있다. 결국 서비스를 제공받는 입장인 이용자들이 기관이 제공하는 서비스에 대해 어떻게 지각하는가의 여부가 서비스 품질이라 볼 수 있다.

루이스 등(Lewis & Booms, 1983)은 서비스 품질을 "인도된 서비스가 고객의 기대와 얼마나 일치하는가의 척도"라고 정의하고, 서비스 품질은 고객의 기대에 일치되도록 일관성 있게 서비스를 제공해야 한다고 주장하였다. 그룬로스(Grönroos, 1984)는 서비스 품질을 "고객의 지각된 서비스와 기대한 서비스의 비교평가 결과"라고 정의하고, 서비스 품질은 학습자의 기대, 기술적·기능적 특성, 이미지와 같은 제 변수와 함수관계에 있다고 하였다.

위와 같이 서비스 품질은 주로 학습자의 서비스에 대한 지각(perception)과 서비스에 대한 기대(expectation)로서 결정되는 학습자의 인지된 서비스 품질로 정의된다. 이러한 '기대 불일치 패러다임'에 토대를 두고 있는 서비스 품질에 대한 견해는 크로닌 등(Cronin & Taylor, 1992)에 의해 다시 반박 및 수정되어 오고 있다.

(2) 측정방법

파라수라만, 자이다믈, 베리(Parasuraman et. al., 1988; 이하 PZB) 등의 선행연구를 정리하여 서비스 품질 평가를 위한 서브퀄(SERVQUAL)을 개발했다. 이는 학습자들의 서비스에 대한 기대와 성과에 대한 지각을 함께 측정하는 것으로, 고객만족 연구에서 주로 다루어지는 '기대 불일치 패러다임'에 토대를 두고 있다고 할 수 있다. 이 방법은 최초로 개발된 서비스 품질 측정방법이며, 서비스 산업에 폭넓게 적용될 수 있는 일반적인 방법으로 서비스마케팅 영역에서 매우 광범위하게 응용되고 있다(박정훈 외, 2000). 특히 서브퀄(SERVQUAL)은 신규 서비스의 도입과 퇴출이 잦은 서비스 업종의 특성을 반영할 수 있도록 서비스 분야나 특성에 따라 평가 항목을 새롭게 추가하거나 삭제, 수정을 할 수 있도록 해줌으로써 적용 범위를 넓힐 수 있는 가능성을 가지고 있다. PZB의 탐색적 고객연구 결과를 도식으로 요약하면 다음과 같다(Zeithaml et al., 2006).

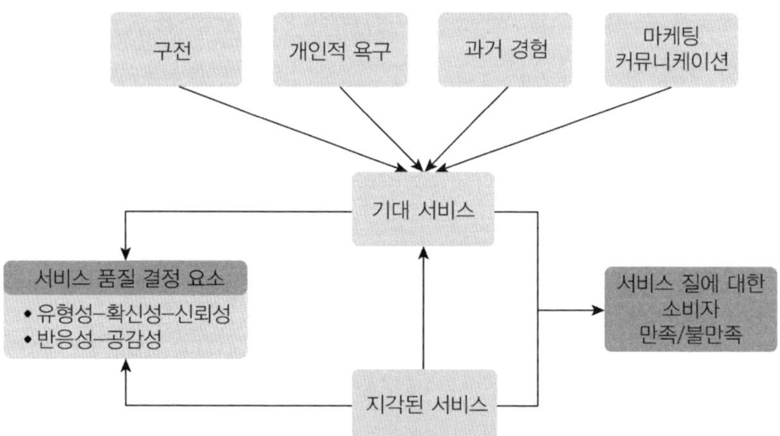

| 그림 12-1 | **서비스 품질에 대한 고객의 평가**

출처: Zeithaml et. al. (2006). Service marketing. 전인수 외 역. 서비스 마케팅. 서울: 한국맥그로힐.

3) 품질평가

탐색적 연구를 통해 서비스 품질의 개념적 정의를 내리고 10개(유형성, 신뢰성, 대응성, 능력, 예절, 신빙성, 안전성, 가용성, 커뮤니케이션, 고객이해)의 평가차원을, 확인한 후 서비스 품질에 대한 고객의 지각을 측정할 수 있는 도구 개발을 위해 정량적인 연구단계를 시작하였다. PZB는 서비스 품질을 주제로 하는 탐색적 연구와 일련의 반복적인 자료수집과 자료분석 단계를 통해 97개 문항으로 구성된 측정도구 시안을 점차 개선시키고 축약하여 신뢰성(reliability: R), 확신성(assurance: A), 유형성(tangibles: T), 공감성(empathy: E), 대응성(responsiveness: R) 등 5개 차원을 대표하는 22개 문항을 확정하였다(김연성 외, 2002; 송광석, 2007). 5개 품질차원은 각 차원의 영문 첫 자를 모아 RATER라고 부르기도 한다. 학습자의 서비스 품질을 판단하는 데 활용하는 것을 찾아낸 것이며, 학습자가 느끼는 상대적 중요도 순서대로 나열하면 신뢰성, 대응성, 확신성, 공감성, 유형성을 들 수 있다. 그 각각은 다음과 같다(김승욱, 2019).

(1) 신뢰성(Reliability)

약속한 서비스를 믿음직하고, 정확하게 수행하는 신뢰할 만한 서비스의 수행은 학습자의 기대에 대하여 적시에 동일 방법으로 매번 실수 없이 성취할 수 있는 수단을 말한다. 예를 들어, 강의 일정 변동 없이 정해진 시간대에 받는 것을 중요하다고 생각한다. 또한 신뢰성은 강의 등록 작성과 기록 유지의 정확성을 기대하는 사무실 안쪽(back office)으로 연장된다.

(2) 확신성(Assurance)

정당(warranty)한 보장성, 서비스 직원의 지식과 예절, 신뢰성과 자신감을 전달하는 능력과 안정성이다. 믿음과 확신을 동반한 직원의 능력뿐 아니라 그들의 지식과 호의, 확신성 차원에서 주요 특징은 서비스 수행능력, 학습자에 대한 정중함과 존경, 학습자와의 효과적 의사소통, 서비스 제공자가 진심으로 학습자에게 최선의 관심을 쏟는 것을 포함하다.

(3) 유형성(Tangibles)

물적 시설, 직원, 장비, 인력, 커뮤니케이션 자료의 외향, 통신사의 확보, 물적 환경(예: 청결도)의 상태이다. 눈으로 구분 가능한 설비나 장비 등 물리적으로 구성되어 있는 외양을 나타낸다. 따라서 이러한 서비스는 제공자가 보여준 세심한 관심과 배려의 유형적 증거이다. 이것을 서비스 제공 시 다른 학습자의 행동으로까지 확장될 수 있다.

(4) 공감성(Empathy)

서비스로서의 접근 용이성(가용성), 원활한 의사소통, 학습자에 대한 충분한 이해(고객이해) 등을 의미한다. 이것은 학습자에게 제공하는 개별적인 배려와 관심이다. 즉, 학습자에 대한 배려와 개별적인 관심을 보일 준비로 공감성은 학습자의 요구를 이해하기 위하여 접근 가능성, 민감성, 노력을 주요 특징으로 포함한다. 예를 들자면, 학습자의 잘못으로 강의 신청을 제대로 못 했을 때 이를 해결해 줄 수 있는 능력이다.

(5) 대응성(Responsiveness)

응답성 또는 요구 대응성으로 학습자를 돕고 신속한 서비스를 제공하는 태세로서 학습자에게 언제든지 준비된 서비스를 제공하겠다는 의미이다. 다시 말해, 학습자를 돕고 신속한 서비스를 제공하겠다는 의지로 뚜렷한 이유도 없이 학습자를 기다리게 하는 것은 평생교육기관에 대한 불필요한 부정적 인식을 자아내게 한다. 만일 서비스 실패가 발생하게 되면 전문가적인 입장에서 신속하게 복구할 수 있는 능력이 기관에 대한 매우 긍정적 인식을 심어준다. 예컨대, 상담 지연에 대한 보상적 성격으로 음료수를 제공하는 것은 학습자의 불편한 생각을 호의적으로 바꿀 수 있다.

| 표 12-2 | SERVQUAL 5개 차원

품질평가	SERVQUAL 차원	SERVQUAL 차원 정의
유형성	유형성	물리적 시설, 장비, 직원, 커뮤니케이션 자료의 외양
신뢰성	신뢰성	약속한 서비스를 믿을 수 있고 정확하게 수행할 수 있는 능력
대응성	대응성	학습자를 돕고 신속한 서비스를 제공하려는 자세
능력	확신성	직원의 지식과 예절, 신뢰와 자신감을 전달하는 능력
예절		
신빙성		
안전성		
가용성	공감성	평생교육기관이 학습자에게 제공하는 개별적 배려와 관심
커뮤니케이션		
고객이해		

출처: Zeithaml et. al. (2006). Service marketing. 서비스 마케팅. 전인수 외 역. 서울: 한국맥그로힐. 재구성.

4) 평가활용

SERVQUAL은 다양하게 응용될 수 있는데, 가장 중요한 기능은 정기적으로 고객조사를 통하여 서비스 품질의 추이를 추적하는 것이다. 다점포 서비스 업체에서는 SERVQUAL을 비교하여 고객 불만의 원천을 발견하는 데 사용한다. 한편 마케팅 연구에서는 SERVQUAL을 이용하여 경쟁업체와의 서비스를 비교할 수 있으며, 서비스 품질의 우위와 부적절성의 차원을 확인할 수 있다. SERVQUAL은 고객의 서비스 품질에 대한 기대와 지각 간의 격차를 항목과 서비스 차원별로 분석할 수 있게 함으로써 기업이 서비스 품질 개선을 이해하고 노력해야 할 핵심 차원이나 차원 내의 구체적인 항목을 명확히 하는 데 일차적으로 활용할 수 있으며, 그 밖에도 다음과 같이 여러 방면으로의 활용이 가능하다(김승욱, 2019).

첫째, SERVQUAL 측정을 반복 시행함으로써 고객의 기대와 지각을 시계열적으로 비교해 볼 수 있다. 이를 통해 일정기간 동안 고객의 기대수준이나 기업의 서비스 수행에 대한 평가의 추이를 살필 수 있으며, 고객들의 만족도 변화에 미치는 기대와 평가의 영향이 어느 정도였는지를 확인할 수 있다.

둘째, SERVQUAL 조사를 경쟁기업에 대해서도 실시함으로써 자사와 경쟁사 간의 서비스 품질을 비교해 볼 수 있다.

셋째, 개인의 SERVQUAL 점수를 토대로 고객들의 서비스 품질 지각수준에 따라 고객세분화를 위한 자료로 활용할 수 있다.

넷째, SERVQUAL 설문의 내용을 수정하면 기업 내부의 부서 간 업무 협조도와 같은 내부 서비스 품질을 측정하는 데 활용할 수도 있다.

2. 서비스 품질관리

1) 서비스 정의

서비스 품질에 관한 총체적 정의를 내리기 어렵기 때문에 각각 상황에 적합한 정의를 내리는 것이 적절하다. 또한, 서비스 품질이란 개념이 존재하는 공간이 너무 넓고 너무 많은 구성요소를 포함하고 있기 때문에, 이것들을 모두 포함하는 모형을 설계하는 것은 매우 어려울 뿐만 아니라, 그 모형의 적용에 따른 효용성에도 의문이 있다. 이는 서비스 품질측정, 일반화 가능성, 관리의 유용성, 고객 관련성, 개선 방안 제시 여부 등과 같은 의사결정 기준의 관점에서 보면, 서비스 품질에 대한 정의와 차원 규명은 각각 장단점을 내포할 수 있기 때문이다(유동식, 2013).

서비스 품질은 서비스 사용자가 서비스에 대해 느끼는 만족의 정도이다. 따라서 서비스 품질이 훌륭하다는 것은 고객이 기대하는 바를 충족시켜 주거나 기대 이상의 서비스를 제공하는 것으로써 고객이 지각하는 서비스 품질이란 고객의 기대나 욕구 수준과 고객들이 지각한 것 사이에 존재하는 차이의 정도로 정의할 수 있다(유동식, 2013).

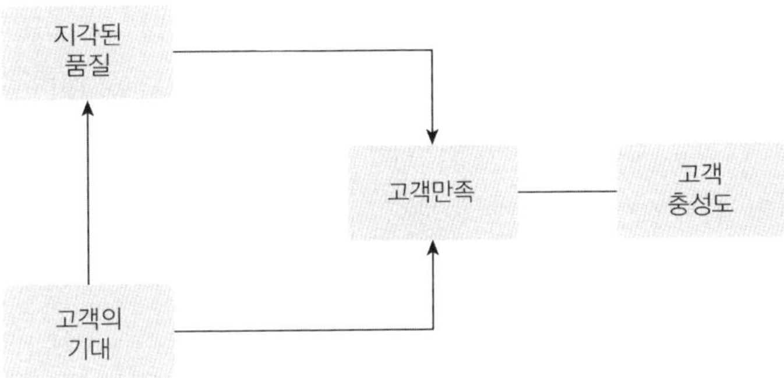

| 그림 12-2 | **품질과 고객만족, 고객충성도 간의 관계**

출처: 김승욱. (2019). 언택트(untact) 마케팅 시대의 디자인 씽킹과 서비스 경영. 서울: 박영사.

서비스는 사용자에게 성과에 대한 어느 정도의 만족을 제공하지만, 소유되거나 저장·수송될 없는 무형적 활동으로 정의할 수 있다. 즉 고객의 욕구충족을 목적으로 사람과 설비 또는 시설에 의해 제공되는 행위, 성과인 것이다. 일반적으로 경영은 특정 형태를 가진 유형의 제품을 대상으로 해왔다. 그러나 기업이 소비자의 욕구를 충족시키기 위해 제공할 수 있는 제품에는 무형의 제품도 있는데 이러한 제품을 서비스라 한다.

이처럼 무형성은 서비스의 중요한 특성이다. 소비자는 감촉을 느낄 수 없는 어떤 것의 구매에 대해 불안하게 생각할 수 있다. 그러므로 서비스가 무형적인 특성을 갖는다는 것은 마케터가 극복해야 할 과제이다. 이는 서비스의 전달 촉진 가격의 결정방법에 영향을 끼친다. 서비스에 대한 이러한 정의에도 불구하고 엄격하게 무형과 유형으로 분류될 수 있는 상품은 별로 없다. 사실 상품은 유형성의 정도에 따라 재화와 서비스 간의 연속선 상에 위치하는 것으로 볼 수 있다(김승욱, 2019).

서비스는 성과의 실현을 통해 학습자에게 만족을 제공한다. 성과 만족은 학습자가 서비스의 무형적 활동에 의해 제공된 성과를 경험하면서 얻는 것이다. 평생교육기관은 일단 학습자가 가장 만족스러운 조건으로 학습할 수 있도록 노력해야 하고, 더 나아가서 학습 후에도 계속 자신의 선택에 대해서 만족스러워 할 수 있도록 최선을 다해야 한다(이지은, 2014).

이 과정에서 학습자도 타인에게 평생교육기관이나 학습에 대한 끊임없는 정보를 제공하게 되는데, 그것이 불만이든 만족이든 평생교육기관에 아주 가치 있는 정보임이 틀림없다. 기관이 충분히 만족할 만한 서비스를 학습자에게 제공하였다면, 그 학습자는 적극적으로 평생교육기관의 정보를 잠재적 학습자에게 제공할 것이다. 이는 평생교육기관에는 최고의 마케팅이라 할 수 있다. 이것이 바로 평생교육기관이 학습자에게 해야 하는 최고의 실천이라고 볼 수 있다. 중요한 것은 서비스의 제공이 교육서비스를 받은 후부터 시작되는 것이 아니다. 학습자가 교육서비스를 받은 시점부터 충분히 만족을 느낄 수 있도록 해야 한다. 따라서 교육서비스가 이루어지기 전부터 서비스는 시작되는 것이라 할 수 있다. 또한, 평생교육기관의 모든 종사자는 프로그램이나 기관에 대한 긍정적인 이미지를 심어 주기 위한 노력을 해야 하고, 이것이 기존 학습자에게 기관이 학습자에게 할 수 있는 최고의 덕목으로 볼 수가 있다.

2) 서비스의 특성

서비스는 네 가지 특성을 갖는다. 서비스는 비유형적이고, 표준화가 어려우며, 즉시 소멸되고, 생산과 소비가 동시에 이루어지는 차별적 특성을 갖는다(김승욱, 2019).

(1) 비유형성(Intangibility) 또는 무형성

서비스는 무형성과 추상성을 지니므로 서비스를 제공받기 전에는 서비스의 형태나 가치를 파악하거나 평가하기가 어렵다. 교육서비스는 자신이 지불한 대금을 증명했음을 보여주는 구체적인 대상이 없다. 그러므로 서비스를 보다 유형적으로 보이게 하여 무형성을 극복한다.

첫째, 서비스 제공자는 소비자들로 하여금 가치 있는 무엇인가를 제공받고 있다는 느낌을 갖도록 노력한다.

둘째, 교수자나 특정 강사 등을 통해 광고 모델로 활용하여 제공되는 서비스를 유형화한다.

셋째, 서비스 제품을 문화콘텐츠화 한다. 서비스는 유형의 상품과는 달리 구매하기 전에 감각기관에 의해 감지될 수 없는 무형성 때문에 소비자가 제공받기 전까지는 서비스의 질에 대해 불확실하게 느껴진다. 소비자는 서비스 기업의 광고보다 구전에 의한 정보를 더욱 신뢰한다. 예를 들어, 유학을 위한 학원을 알릴 때 그 학원을 거쳐 간 학원생들의 해외 진학실적을 보여주어 신뢰를 더하게 한다든지 은행에서 서비스카운터를 낮춰 고객이 앉아서 업무를 보게 하거나 업무를 진설하고 신속하게 치리해 주어 고객에게 만족을 주는 일 등이다. 하지만 볼 수도 없고 만질 수도 없기 때문에 고객은 구매 전에 서비스의 효용을 정확히 알 수 없다. 단지 여러 가지 정황으로 미루어 효용을 추측할 수 있을 뿐이다. 이러한 무형성에 의한 문제점은 저장이 불가능하고 특허를 통한 서비스 보호가 불가능하며 진열 및 커뮤니케이션을 할 수 없다. 그리고 가격 설정이 모호하며 표본추출이 곤란한 것 등으로 볼 수 있다.

(2) 이질성(Heterogeneity) 또는 비표준화(Variability)

서비스는 제공 주체마다 상이하고 비표준적이며 가변적이다. 따라서 서비스는 이질성에 기인하여 고객에게 제공하는 서비스의 표준화가 어렵다. 유형 제품을 구매하는 소비자는 매번 같은 품질의 제품을 구매할 것으로 기대한다. 하지만 서비스는 사람에 의존하므로, 일관되고 표준화된 서비스가 제공되기 어렵다고 보인다. 의사의 차이에 따라 의술이 달라질 수 있으며, 미용사 머리 손질이 방문 시마다 달라지듯이 말이다. 형편없는 서비스를 경험한 소비자는 그 서비스를 반복구매하지 않을 것이며 주위 사람에게 부정적 의사를 표출할 것이다.

이런 문제점을 해결하기 위해서 서비스 표준의 설계 및 수행, 학습자들이 사전에 알 수 있는 패키지 서비스 제공, 질 좋은 교육서비스를 강화해야 한다. 그리고 개별학습자에 맞는 서비스의 맞춤화를 시행하여 일정하지 않은 서비스의 질을 보완한다.

(3) 소멸성(Perishability)

서비스는 판매될 때까지 저장될 수 없다. 소비자가 서비스 제공되는 시점에 이를 소비하지 않으면, 그 서비스는 사라져 버린다. 예를 들어, 비행기 좌석은 재고로 저장될 수 없으며, 채워지지 않는 좌석은 그대로 사라져 버리고 만다. 항공사는 어제의 비행에서 재고로 남은 빈 좌석을 내일의 초과 수요를 채우기 위한 재고로 유지할 수 없는 것이다.

의사들이 예약시간을 지키지 않는 고객들에게도 비용을 부과하는 것은 서비스의 이러한 소멸성 때문이다. 서비스 제공 시점에 환자가 없으면 서비스 가치가 상실되기 때문이다. 수요가 지속적이고 안정적이면 서비스의 소멸성은 크게 문제가 되지 않는다. 그러나 수요의 변동이 심하면, 서비스 제공자는 효율적인 자원 활용을 위한 의사결정을 내리기 어렵게 된다. 그러므로 서비스 마케터는 최적의 자원 배분을 위해 수요-공급의 특성을 분석해야 한다. 안정적인 서비스 수요의 확보를 위한 방법을 찾아볼 수 있는데 크게 서비스 가격의 차별화. 보완적 수요의 개발, 보완적 서비스 제공, 예약시스템의 도입을 볼 수 있다.

(4) 비분리성(Inseparability) 또는 생산과 소비의 동시성

서비스는 흔히 생산과 소비가 동시에 이루어진다. 따라서 유형제품의 경우와 달리 서비스는 누리거나 즐길 뿐 가질 수는 없다. 내과의사는 환자의 이야기를 듣고, 증상의 원인을 파악한 다음 처방을 내리면(생산), 환자는 증상을 설명하고 의사의 치료를 받는다(소비). 그러므로 유형 제품과는 달리 서비스의 경우에는 소비가 발생될 때 서비스 제공자가 그 자리에 존재해야 한다. 이러한 서비스 특성은 유통과 관련된 시사점을 제공한다. 유형 제품의 경우에는 소비자가 원하는 시간과 장소에 상품을 공급하기 위해서 수송·저장과 같은 유통기능이 중요하다. 그러나 무형적 특성의 서비스는 재고로 유지될 수 없음으로 시간 및 장소 효용을 창출하는 수단인 수송과 저장은 별로 중요하지 않다. 서비스의 유통에서 중요한 것은 고객의 면전에서 서비스 제공자가 직접 제공하는 서비스 질이며, 이는 고객의 반복구매에 큰 영향을 미친다. 생산과 소비의 동시성으로 인해 발생되는 문제를 해결하는 방법중 하나는 기계의 도입으로 대인 접촉에 의한 서비스 제공을 줄이는 것이지만, 대부분의 서비스가 사람에 의존해야 하므로 서비스 제공의 질을 향상시키는 다른 방법들도 강구되어야 한다.

3) 서비스 전략의 혁신

교육서비스 업체의 경우에는 무형의 서비스 자체가 상품이므로 제조업체의 부가서비스와는 그 속성이 매우 다르다. 즉, 서비스 혁신의 대상은 서비스를 제공하는 새로운 프로세스를 설계하는 경우와 기존 프로세스를 개선하는 경우로 크게 구분된다. 현재는 새로운 시장에서 고객의 니즈를 파악하여 새롭게 서비스 전달경로를 설계하는 것이 중요하다. 서비스 상품 경쟁력 강화로서 서비스 상품 자체의 프로세스 혁신으로 서비스 품질에 대한 경쟁력을 높이는 방법이다. 기존의 서비스 수준에 대한 고객의 기대는 계속 높아지고 있으므로 지속적인 프로세스 혁신이 필요하다. 예를 들어, 프로세스를 고객중심으로 변화시키는 방법으로서 병무청의 징병검사 프로세스 단축이나 인터넷으로 병원예약을 하는 것 등이 여기에 속하는 혁신전략이라고 할 수 있다(김승욱, 2019).

3. 고객만족 경영

1) 고객만족의 개념

고객만족에 앞서 고객이 먼저 경험을 느껴봐야 고객만족을 알 수 있다. 고객경험(Customer Experience)이란 고객 라이프 사이클 동안 해당 기업과의 모든 상호작용들의 결과로 얻어지는 기업과의 관계에 대한 고객의 의식적 또는 잠재적 느낌이라 할 수 있다. 고객의 기대를 충족시키고, 고객 만족과 충성심 및 칭찬을 증진시키기 위해서 기업이 고객경험과 상호작용을 디자인하고, 대응하는 것이 고객경험관리(Customer Experience Management, CEM)라고 할 수 있다(김용세, 2018).

고객경험관리란 온라인 고객을 응대하는 것 이상이다. 고객이 어디서 구매를 했고, 어떤 브랜드의 제품을 샀는지 등을 아는 것 이상이다. 고객의 충성도를 유지하는 것뿐 아니라, 다른 사람에게 칭찬하도록 하기 위해 아주 개인화된 경험을 만들어 내고, 제공할 수 있을 정도로 고객을 철저히 이해하는 것이다. 고객을 깊이 이해하는 것은 쉽게 이루어지는 것이 아니다. 기업 조직 전반에 걸쳐 고객과의 모든 접점들로부터 인사이트를 찾아내야만 한다. 초연결 환경에서 극도로 치열한 경쟁이 벌어지는 지금의 마켓 상황에서는 고객경험만이 핵심적인 차별화 포인트가 되는 것이다.

고객은 TV, 인터넷, 매장, 서비스 제공자, 심지어는 지인들 등 수많은 접점을 통해 기업의 제품이나 서비스를 경험하게 된다. 이처럼 다양한 접점에서 느끼는 경험은 해당 기업이나 브랜드에 대한 로열티를 만들기도 하고 상실하게 만들기도 한다. 따라서 고객경험관리에서 가장 중요한 것은 고객 접점에서 기업과 고객이 깊은 유대관계를 맺도록 하는 것이다(오창호 외, 2011). 해리스 등(Harris et al., 2003)은 총체적인 고객경험이란 소비자와 기업 간에 존재하는 모든 접점과 소비자가 갖는 모든 경험이라고 언급했다. 바르고 등(Vargo & Lusch, 2004)에 의하면 경험이란 순전히 개인고객의 관점에서 인식된 것이며 그 본질은 개인적이고 오직 고객의 마음속에만 존재하는 것이다.

고객만족(customer satisfaction)은 흔히 약어로 'CS'로 언급되곤 하는데, 일반적으로 '고객의 요구와 기대에 부응하여 그 결과로써 상품, 서비스상의 재구입이 이루어지고 아울러 고객의 신뢰감이 연속되는 상태'라고 이해되고 있다. 여기서 고객이란 누구인가를 규명하는 것이 우선적으로 필요하다고 본다. 평생교육기관의 입장에서 보면 고객은 곧 평생교육기관의 '이해관계자'를 의미한다. 여기서 이해관계자란 넓은 의미로는 조직의 안팎에서 나(우리 기관)의 일의 결과를 사용하는 사람을 말한다. 이렇게 보면, 나의 고객은 조직 내에서는 직장 상사, 동료, 그리고 부하 직원일 수 있고, 조직 외에서는 관련 업체의 직원들이라든가 우리 기관이 제공하는 프로그램이나 서비스의 '소비자'를 일컫는 말이다. 평생교육기관이 제공하는 교육 프로그램의 소비자는 곧 학습자이기 때문에, 교육기관에서의 학습자는 소비자인 동시에 고객이고, 고객인 동시에 배우고 가르치는 자인 것이다. 흔히 기업체에서의 고객만족은 제품, 서비스, 그리고 이미지의 세 가지가 많이 언급되곤 하는데, 이를 평생교육기관에 대비하여 보면 기관에서의 고객만족은 유형적인 교육 프로그램 만족, 무형적인 교육서비스 만족과 기관 이미지 만족의 세 가지로 구분할 수 있다(계도원, 2012).

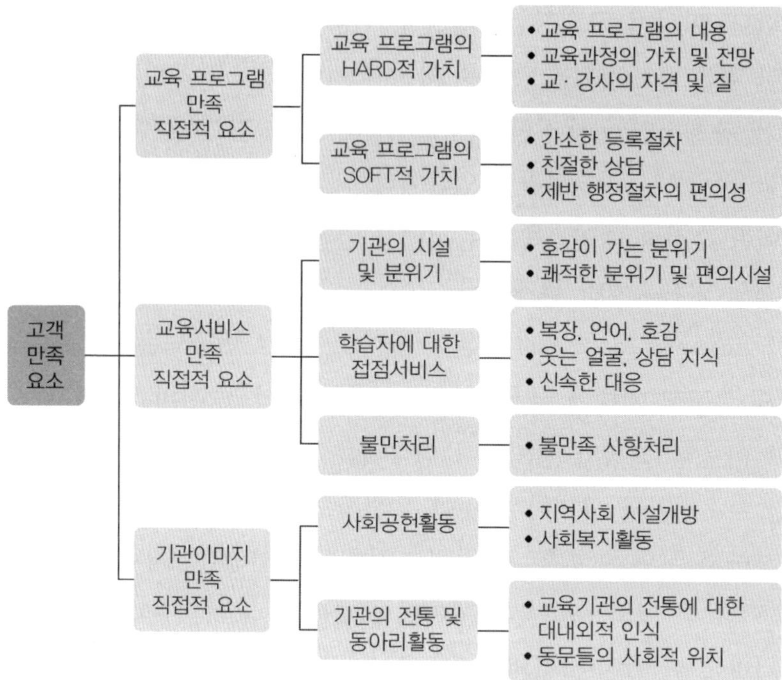

| 그림 12-3 | 고객만족의 세 요소와 그 하위요인

출처: 권두승 외. (2016). 평생교육경영론(2판). 파주: 교육과학사.

평생교육기관에 있어서 고객 만족은 직접적인 요소인 교육 프로그램과 서비스, 그리고 간접적인 요소인 평생교육기관 이미지의 총합에 의해 결정된다. 여기서 교육 프로그램 만족과 교육서비스 만족은 고객만족의 직접적인 요소이지만, 기관의 이미지는 간접적인 요소이기도 하다. 교육 프로그램 만족은 교육 프로그램의 하드웨어적 가치와 소프트적 가치를 말하는데, 하드웨어적 가치는 프로그램의 내용 등 소위 유형적인 가치를 말하고, 소프트적 가치는 간소한 등록절차, 친절한 상담, 행정절차의 편의성 등 무형적인 가치를 말한다. 이러한 교육활동 및 교육서비스에 대한 만족은 학습자들의 지속적인 등록은 물론 좋은 구전효과를 초래할 수 있는 반면, 불만족한 고객은 곧바로 등록을 중단하거나 중도탈락하게 될 뿐만 아니라 좋지 못한 구전을 통하여 기관에 학습자들이 유입되는 것을 가로막아 기관 발전에 저해요소로 작용하게 된다(권두승 외, 2016).

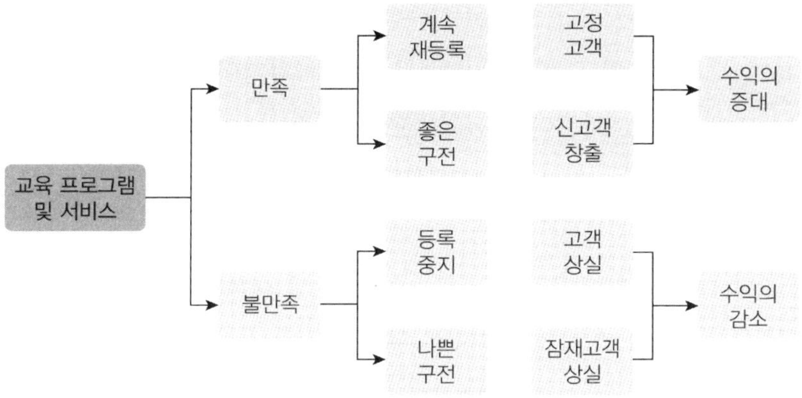

| 그림 12-4 | **교육 프로그램 및 서비스의 만족 및 불만족 효과**

출처: 권두승 외. (2016). 평생교육경영론(2판). 파주: 교육과학사.

2) 고객만족의 경영관리

고객만족을 실천하기 위해 고객만족 경영을 위한 실천 체제가 구축되어야 하며, 기관의 경영체제의 모든 부문에서 고객만족 개념을 접합시켜야 한다. 이를 위해서는 고객만족 경영의 세 가지 원칙이 필요하다(김영한, 1997).

첫째, 경영활동 중에 고객만족이 최우선시 되어야 한다. 기존에는 경영활동에 있어서는 성장성이라든가, 수익성 등이 강조되었지만, 고객만족 경영에 있어서는 항상 고객위주로 생각하는 발상이 지배적이다.

둘째, 고객과 가까이에 있는 직원, 교강사 등과 같은 현장요원을 중요시하고 그들을 우대해 주는 관리체제로 전환되어야 한다.

셋째, 고객만족도를 정기적으로 측정하여, 그 결과에서 문제점을 찾아내고 이를 개선하기 위한 활동에 주력하여야 한다. 모든 성과는 측정할 수 있어야 하며, 측정 없이는 성과관리가 불가능하다는 인식하에 고객만족도를 측정하여야 한다.

이처럼 고객만족 경영의 3대 원칙을 토대로 평생교육기관은 서비스 만족, 교육 프로그램의 질 만족, 그리고 기관 이미지 만족 등을 기할 수 있어야 하며,

이는 곧 교직원 만족으로부터 출발한다는 것을 인식할 필요가 있다. 왜냐하면, 평생교육기관 경영자의 입장에서 보았을 때 제1차적인 고객은 평생교육기관의 구성원인 교직원이고, 이들이 우선적으로 만족해야만 이들을 통해 학습자 만족, 교강사 만족, 나아가서 외부 관련 단체나 기관으로부터의 만족을 이끌어낼 수 있기 때문이다(권두승 외, 2016).

이와 함께 고객만족 서비스의 질과 학습자들에 대한 서비스의 질을 개선하기 위해서 평생교육기관의 경영자들이나 구성원들이 귀를 기울여야 할 방안을 간추리면 다음과 같다(Kotler et al., 2007).

첫째, 최고 경영자의 고객서비스에 대한 인식 및 지원이 필수적이다. 평생교육기관의 최고경영자는 평생교육기관의 전반적인 경영뿐 아니라 평생교육기관 내의 학습자 서비스 문화를 구축하고 이를 구성원들에게 체득하도록 하는데 최고 경영자의 지도력(leadership)이 요구된다.

둘째, 학습자와 교직원과의 서비스 접점지대를 분석하여 무엇이 문제이고, 무엇을 개선해야 하는지를 재설계하는 것이 필요하다. 상담 및 수강신청제도, 등록제도, 증명서 발급 등 학습자와 직접적으로 관련된 서비스의 내용과 전달 방식을 개선하는 것을 말한다.

셋째, 교직원 및 교강사에게 중단 없는 교육기회를 제공하고 동기부여 체제를 구축하는 것이 필요하다. 조직 자체가 서비스 문화를 가져야 하고 직원들이 학습자들을 위해 봉사하겠다는 신념·가치관·철학이 있어야만 서비스의 질이 높아질 수 있다. 그런데, 여기에서 중요한 점은 평생교육기관 경영자들이 직원들로 하여금 학습자들을 위해 서비스하도록 요구하는 만큼 직원들에게도 인간적인 배려, 상호지지, 그리고 일의 수행에 대한 진정한 감사의 표시가 있어야 한다.

넷째, 일선에서의 서비스 제공자에게 권한을 부여할 필요가 있다. 평생교육기관에 있어서 대부분의 서비스는 대면적 만남을 통해서 이루어진다. 따라서 일선에 있는 서비스 제공자(교강사 및 직원)의 사고, 태도, 전문성이 학습자의 만족

수준을 결정한다.

다섯째, 학습자들이 평생교육기관 내에서의 다양한 서비스를 제대로 활용할 수 있도록 적극적인 조치가 필요하다. 이는 평생교육기관에서의 생활 초기나 중간에 학습자들에 대한 철저한 오리엔테이션이 중요함을 의미한다. 또한 평생교육기관의 자료실을 활용할 수 있는 능력을 키워주면 자료실을 직원의 도움 없이도 원하는 자료를 찾을 수 있어서 불필요한 갈등이나 시간 낭비를 줄여주어 학습자의 만족도는 높아질 것이다. 평생교육기관의 편에서 보면, 잘 훈련된 학습자는 직원의 일부가 되는 셈이기 때문에 경비절감의 효과도 기할 수 있다.

여섯째, 가시성(visibility)이 높은 조치를 우선 행해야 한다. 학습자들을 위해 개선해야 할 서비스 중에는 아주 근본적이며 중요하지만 많은 시간과 비용이 요구되는 것이 있는 반면, 손쉽게 해결할 수 있는 문제도 있다. 적은 시간과 비용으로 해결 가능하면서도 학습자들이 직접적으로 그 개선의 정도를 확인할 수 있는 조치를 취하는 것이 필요하다. 그 이유는 학습자들로 하여금 기관이 학습자를 위해 무엇인가를 행하고 있다는 믿음을 줄 수 있기 때문이다.

마지막으로, 학습자들과의 체계적인 의사소통 체제를 확보하고 지속적으로 관리를 하는 것이 필요하다. 평생교육기관은 높은 수준의 서비스를 제공하는 일과 함께 서비스의 재설계 등을 학습자들에게 공개할 필요가 있다.

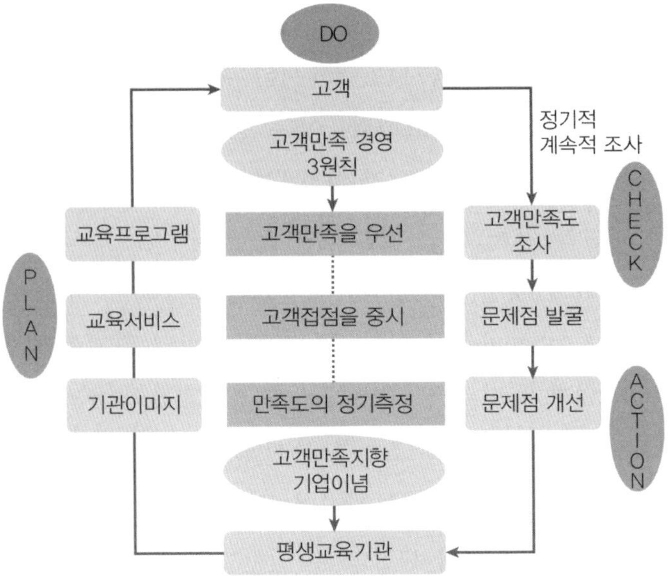

| 그림 12-5 | **교육 프로그램 및 서비스의 만족 및 불만족 효과**

출처: 권두승 외. (2016). 평생교육경영론(2판). 파주: 교육과학사.

4. 평생교육 프로그램의 평가

1) 평가의 의미

도구를 사용하여 측정된 측정치의 가치나 유효도(타당도)를 판단하는 전문적 과정이며, 한 개인의 어떤 특성이나 성취의 측정결과를 주어진 목적이나 준거에 비추어 그 가치와 성취도를 따지는 과정이다.

평가란 문자가 암시하는 것 같이 가치(value)를 부여하며, 비평(criticizing)을 가하는 것이라 고할 수 있다. 또한 일상적으로 점검(checking)이나 검토(monitoring)하는 것으로 간단한 의미로 규정할 수도 있다. 반면, 평가 대상의 각 부분의 과거나 현재 상황이나 변화와 진행과정 및 변화 결과 등을 심층적으로 분석하는 종합적인 평가의 의미를 함축하기도 한다. 이러한 평가에 대해서 다음과 같이 세 가지로 교육평가를 정의할 수 있다(신윤희, 2006).

첫째, '교육목표가 얼마나 실현되었는지 그 정도를 밝히는 과정'으로 교육평가를 '목표달성도 확인'으로 보는 타일러(Tyler)식 개념 정의이다. 이 관점은 1930년대 이후 미국에서 등장한 이래 지금까지도 교육현장에 지속적인 영향을 미치고 있다. 우리나라도 1960년대에 학력평가를 교육과정 목표의 달성도를 측정하는 것으로 연계시키려는 타일러식의 교육평가 개념이 도입되었다. 강사가 일정 기간 수업을 진행한 후 학습목표가 얼마나 달성되었는지를 확인하기 위해서 평가를 실시하는 경우이다. 교육평가를 통해 달성 가능한 여러 목표 중 하나만을 특히 강조하는 관점이다. 교육목표로 설정되지 않은 부분에 대한 평가행위와 교육의 목표 자체가 타당하게 설정되었는지를 평가하는 부분을 내포하지 못한다는 한계를 지닌다.

둘째, '교육과 관련된 의사결정을 내리는 데 필요한 정보를 수집하는 활동 또는 그 과정' 이다. 대표적인 학자로는 크론바흐(Cronbach)과 스터플빔(Stufflebeam)을 들 수 있다. 이 관점은 교육평가의 범위를 교육 관련 의사결정에 필요한 정보를 제공하는 것으로 한정하고, 최종적인 의사결정 자체는 교육평가의 영역을 벗어나는 것으로 본다. 평가자와 의사결정자의 역할 분리에 초점을 둔다. 정보수집 활동과 의사결정 행위를 구분하기 어려운 상황에 대한 설명이 부족하다는 한계를 지닌다.

셋째, '교육과 관련된 어떤 대상의 장점, 질, 가치 등을 판단하는 과정과 그 산물'이다. 평가에 대한 사전적 정의를 그대로 취한 것이다. 대표적인 학자로는 스크리븐(Seriven)과 스테이크(Stake)를 들 수 있다. 스크리븐은 교육평가는 우선 평가기준을 설정하고, 관련 정보를 수집한 뒤, 평가 기준을 적용하여 대상의 가치나 유용성, 효과, 중요성 등을 판단하는 것으로 종료됨을 주장한다. 평가자의 전문적 판단에 초점을 둔다. 교육평가는 학습자, 강사, 교육과정, 교육 프로그램, 교재, 시설, 평생교육기관, 평생교육 사명 및 철학 등 교육과 관련된 대상의 질이나 가치를 판단하는 행위로 본다.

평가에 대해 종합하여 정리하면, 일반적으로 평가란 어떤 사물과 사건에 대하여 가치를 부여하거나, 어떤 사업이나 활동에 대하여 목표달성의 정도나 계획 수행의 효과나 수준을 검사, 조사, 시험, 점검, 심사, 판단, 판정, 측정, 순위 결정하는 모든 과정과 방향수정, 내용 및 방법의 개선 작용 등을 총칭하는 말이다(김진화, 2008).

이에 일반적인 평가의 의미를 토대로 평생교육 프로그램 평가의 개념을 정리해 보자면, 설계된 프로그램을 실행한 후에 프로그램의 성과, 가치, 효과를 판단하는 것이 바로 프로그램 평가이다. 다시 말해, 프로그램과 관련된 제반 요소에 가치를 부여하고 비평하는 일련의 과정이라 정의할 수 있다. 여기에서 프로그램에 관련된 제반 요소란 매우 광범위하여 프로그램에 투입된 제반 요소를 말할 수 있고, 프로그램이 진행되는 과정을 의미할 수도 있으며, 프로그램 운영과 관련된 다양한 물적·인적 요소를 지칭할 수도 있다. 또한 프로그램의 목적과 의도 프로그램의 내용, 프로그램의 결과 등이 포함될 수 있다(김진화, 2008).

이상의 내용을 토대로 프로그램 평가란 프로그램과 관련된 제반 요소 중에서 프로그램의 의도, 프로그램의 내용, 프로그램 참여자, 프로그램 운영을 평가의 주 대상으로 삼는다. 또한 프로그램의 가치를 판단하고, 프로그램의 성과를 감정하고, 그 프로그램의 목표, 내용, 활동, 투입 등에 관한 정보를 제공하려는 일련의 절차로 정의된다. 실제 평생교육 현장에서 활용되고 있는 프로그램 평가는 다음 네 가지의 의도로 이루어지고 있다(김진화, 2008).

첫째, 프로그램의 가치나 장점을 판단하거나 결정하는 것이다.

둘째, 프로그램의 효과 및 영향을 파악하고 판단하는 것이다.

셋째, 프로그램의 목적달성 정도를 확인하는 것이다.

넷째, 프로그램에 대한 의사결정을 보조하는 것이다.

2) 평가의 중요성

교육·훈련 프로그램 평가의 기능에는 첫째, 학습목표의 달성도를 확인하고 학습부진을 처방하고 치료에 필요한 정보를 제공한다. 둘째, 학습자의 행동변화의 증거를 과학적·객관적으로 수집하고 해석하기 위한 방법을 모색한다. 셋째, 개인차를 파악하고 학습자를 이해하는 수단으로 생활 지도와 상담의 자료를 제공한다. 넷째, 학습자의 학습동기 유발목적으로 평가를 하기도 한다. 다섯째, 교육·훈련 계획을 수정·보완·개선하기 위해서, 여섯째, 학습자의 성적관리, 진급, 학급편성, 선발 등의 목적으로 활용된다(윤옥한, 2018).

평생교육 프로그램은 개발하여 운영하고, 운영결과를 평가하여 프로그램을 개선하는 일련의 교육체제를 구축하고 있다. 일반적으로 평가의 필요성이나 중요성은 다음과 같은 사항을 근거로 하고 있다(배호순, 2008).

첫째, 교육목표의 달성 정도를 확인할 수 있다.

둘째, 교육활동의 효과를 확인하고 명료화할 수 있다.

셋째, 교육의 효과 증대와 질적 수준 향상을 기할 수 있다.

이처럼 평가는 직접적으로는 교육 프로그램의 효과와 가치를 확인하고 그 목표달성의 정도를 확인하기 위해서 필요하며, 간접적으로는 교육의 질적 개선, 효과 증대, 효율성 증대, 생산성 증대 등과 함께 교육 프로그램 개선을 위하여 필요하다. 나아가 교육평가는 교육기관의 목적 달성을 위하여 필요한 합목적적인 활동인 동시에 교육기관의 생존을 위하여 필요불가결한 활동이라고 볼 수 있다. 따라서 교육활동 전반에 걸쳐서 평가활동이 요구되고 있으며, 매우 중요한 교육활동의 하나다. 프로그램 평가자들은 항상 이러한 점들을 염두에 두고 신중하게 평가를 실시해야 한다. 하지만 평가가 중요하다고 하여 평가를 강조하다 보면 교육이 평가를 위하여 존재하는 것처럼 여겨질 수 있다. 분명한 것은 평가를 통하여 프로그램의 효과를 확인하고 프로그램 실시의 타당성을 제공하는 것이 주된 목적이란 것을 주지하는 것이다. 또한 평가를 통하여 프로그램의 문제점을 진단하고 가치를 판단하여 피드백을 제공하며 학습의 질을 향상시킬 수 있다. 아울러 프로그램에 재정적으로 지원하는 기관의 조건을 만족시켰는지 확인하고, 광고 홍보 자료로 활용하기 위하여 필수적인 활동이라고 볼 수 있다 (김용현 외, 2024).

5. 프로그램의 평가모형

최근에 평가의 의미를 명료화하고 평가와 다른 개념 간의 차이를 밝혀보려는 노력이 많이 이루어지고 있으며, 이러한 활동의 일환으로 제시되고 있는 것이 평생교육평가의 모형이다. 평가는 평생교육 프로그램의 운명과 기관의 효율적인 경영을 위한 정보를 제공해 준다. 그러므로 평가를 위한 전략을 수립하는 것이 매우 중요하다.

평생교육 평가모형은 타일러(Tyler)가 제시한 교육목표 달성 정도를 확인하는 '목표 지향적 평가모형', 스티플빔(Stufflebeam)이 제시한 맥락, 투입, 과정, 산출평가를 통한 '의사결정중심 평가모형', 커크패트릭(Kirkpatrick)이 제시한 프로그램의 결과를 중심으로 평가하는 '결과중심 평가모형', 스크리븐(Scriven)이 제시한 탈목표 평가인 '가치판단 평가모형', 파렛(Parlett)과 해밀턴(Hamilton)이 제시한 평가를 위한 실험·설계적 연구에는 무관심한 '조명적 평가모형'이 있다. 여러 가지 접근 모형을 다음과 같이 살펴볼 수 있다.

1) 목표 지향적 평가모형(목표달성 평가 접근)

목표 지향적 평가모형(attainment of objective approach)은 교육평가에서 가장 많은 영향을 미치는 대표적인 모형이다. 이 모형은 타일러(Tyler)에 의해 제안되었으며, 프로버스(Provus)의 모형, 하몬드(Hammond)의 모형이 대표적으로 예시될 수 있다. 이 평가모형은 원래 고등학교 학생들의 학업성취를 평가하기 위하여 제안되었으나, 이를 기업교육과 보건교육 등 평생교육 프로그램 모형으로 널리 활용되고 있다(김진숙 외, 2018).

타일러의 목표달성 확인 모형으로 기계론적 교육관과 실증주의의 패러다임에 근거하여 프로그램을 실시한 후, 학습자에게 일어나는 외형적인 행동변화, 즉 학습자가 프로그램에 참여하여 사전에 의도했던 목표에 어느 정도 도달했는가에 대한 증거를 획득하는 과정으로 평가를 규정하고 있다(김진화, 2008). 다시 말해, 평가의 과정이란 교육과정 및 수업의 프로그램에 의해서 교육목표가 실지로 어느 정도나 실현되었는지를 밝히는 과정(목표달성 확인 과정)이다. 교육평가는 그것 자체를 위해 존재하는 활동이 아니다. 평가는 교육의 전체과정과 깊이 관련되어 있다는 관점에서 교육평가의 역할과 기능을 규정하려는 입장이다.

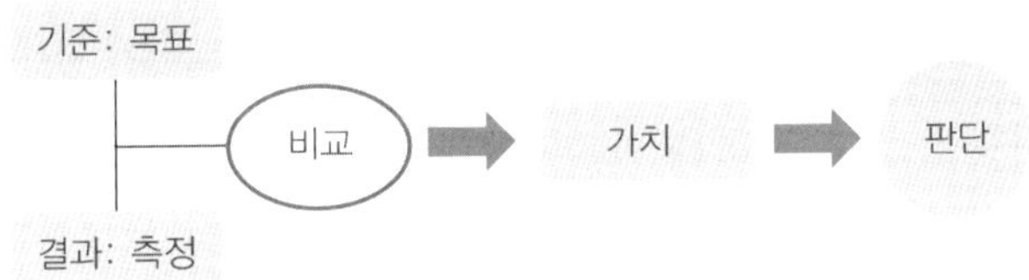

| 그림 12-6 | 목표지향 평가의 개념도

출처: 김진화. (2008). 평생교육 프로그램 개발론. 파주: 교육과학사. 재구성

목표지향 평가의 장점은 다음과 같이 요약될 수 있을 것이다(김진화, 2008).

첫째, 프로그램이 그 목표를 성취하였는지에 대한 가장 기초적인 상식을 제공하고 있어 매우 폭넓게 사용되고 있으며, 신뢰성도 매우 높다.

둘째, 프로그램 담당자로 하여금 결과에 대해 명백하게 되며, 결과물에 대하여도 책임감을 느낄 수 있게 한다.

셋째, 평가자 입장에서도 시간적인 소모 및 그에 따른 장애를 최소화시킨다.

넷째, 표준화된 기제로 채점하는 시험이 사용될 때에는 용이하고 비교적 비용도 저렴하다.

다섯째, 프로그램 참가자의 성과를 쉽게 수량화할 수 있는 객관적 정보를 제공한다.

그리고 목표 지향적 평가 방법의 단점으로는 다음과 같은 점들이 있다(김진화, 2008).

첫째, 프로그램의 목표를 달성하지 못하였다고 판정할 때는 무엇이 잘못되었는지 알 수 없다. 또한, 프로그램이 성공적이라고 보았을 때 그 프로그램의 어떤 측면이 성공의 요인이 되었는지 알 수 없다. 다시 말하자면 목표지향 접근방법은 프로그램과 관련된 다양한 자원을 고려하지 못한다는 단점이 있다.

둘째, 프로그램 평가가 피상적으로 수용되어 비판적으로 평가되지 않을 수 있다는 점이다. 목표 성취를 평가하는 데에는 성공적이라 할 수 있으나 목표 그 자체가 잘못 설정되었거나 중요하지 않은 경우에는 문제가 될 수 있다.

셋째, 프로그램의 목표를 측정하는 데 초점을 둠으로써 의도하지 않은 긍정적 혹은 부정적 결과들이 인정되거나 평가되지 않을 수도 있다.

한편, 목표 지향적 교육평가의 모형의 기능은 다음과 같다.

첫째, 교육목표의 선정 및 세분화에 이바지한다.

둘째, 학습경험의 선정(구체적 목표) 및 조직에 기여한다.

셋째, 교수-학습과정과 밀접한 관련을 갖고 있으며, 어떤 교수방법이 어떤 특성의 학생에게 적절(개별화 교수)할 것인지에 관한 정보를 제공해 준다.

넷째, 교수과정 중에 평가를 함으로써 학생의 학습결과를 파악하고, 그에 따라 수업을 수정 및 적정화(수업의 질 개선)시킬 수 있다.

2) 의사결정중심 평가모형

의사결정중심 평가모형 중 널리 활용되는 것은 스티플빔(Stullebeam)이 1968년 제안한 CIPP(context-input-process-product) 모형이다. 'C'는 상황평가(context evaluation), 'I'는 투입평가(input evaluation), 'P'는 과정평가(process evaluation), 'P'는 산출평가(product evaluation)의 약자이다. 기존의 평가모형과는 달리 프로그램 개선을 목적으로 의사결정을 보조하기 위한 새로운 평가모형을 발표하였다(배호순, 2008).

이 프로그램 평가모형은 산업교육현장에서 많이 활용되고 있으며, 프로그램을 개발할 때 의사결정 틀을 제공할 뿐만 아니라 프로그램을 평가할 때 평가의 지표로 활용할 수 있다. 평가지표는 다음과 같다(이성흠, 2005).

| 표 12-3 | CIPP 프로그램 평가모형 준거

준거	내용
1. 상황평가 1-1. 학습자 특성 1-2. 프로그램 특성	•프로그램 계획단계에서 추구할 목표를 설정하고 구성하는 결정내용과 관련된 것을 평가한다.
상황평가 문항 예시	1. 프로그램은 학습자의 특성을 잘 반영하고 있다. 2. 프로그램은 기관이 추구하는 목표를 프로그램 특성에 잘 반영하고 있다.
2. 투입평가 2-1. 교육목표 2-2. 교수 학습	•설정된 교육목표와 요구를 성취하는 데 필요한 수단을 구체화하기 위한 구조적 결정과 관련된 것을 평가함
투입평가 문항 예시	1. 교육내용이 배우고자 하는 교육목표와 일치한다. 2. 교육내용이 현업에 도움이 된다. 3. 교수는 학습자의 학습의욕과 흥미를 유발한다. 4. 교수는 강의준비를 충실히 준비하였다.
3. 과정평가 3-1. 인간관계 3-2. 학습지원 환경	•설계한 대로 실천하기 위한 결정과 관련된 것을 평가한다.
과정평가 문항 예시	1. 같은 반 학습자들은 상호 친하게 지내는 편이다. 2. 학습지원환경(식당, 휴게실 등) 등 편의시설이 잘 되어 있다.
4. 산출평가 4-1. 공익성 4-2. 학습자만족도 4-3. 학습성과	•목표의 성취를 측정 해석하고 프로그램을 존속시킬 것인지의 여부와 관련된 것을 평가한다.
산출평가 문항 예시	1. 이 프로그램은 자기개발 향상에 도움이 된다. 2. 이 프로그램은 학습자들에게 만족감을 준다. 3. 이 프로그램은 학습성과를 높이는 데 도움이 된다.

출처: 윤옥한. (2018). 평생교육 프로그램 개발: 이론과 실제. 파주: 양성원. 재구성.

의사결정자에게 필요한 정보를 제공하여 의사결정을 돕는 데 초점을 맞춘 모형이다. 평가는 프로그램 운영자의 의사결정을 돕는 수단적 기능을 하고 프로그램 운영자가 프로그램을 지속적으로 시행할 것인가를 결정하기 위해 수행하는 평가이다. 구체적으로 이 접근법은 프로그램의 요구분석, 계획, 시행, 평가 등 모든 면을 평가하여 의사결정자에게 유용한 정보를 제공한다고 하여 '정보처리모형', '과정모형'이라고도 한다(김진화, 2008).

평가자는 단지 프로그램에 대한 정보와 자료만을 수집하고 자료에 대한 가치판단은 의사결정자에 의해 이루어진다. 따라서 현장의 개선이나 혁신을 위한 평가에 초점을 두기보다는 현상 유지를 위한 평가, 의사결정자의 결정을 합리화해 주는 평가가 되기 쉽다는 문제가 있다(정철영, 2007). 의사결정에 필요한 정보 제공을 위하여 다음과 같은 네 가지 형식의 평가틀을 개발하였다(김용현 외, 2109; 김진숙 외, 2018; 윤옥한, 2018; 이무근, 1990).

(1) 상황평가

상황평가(context evaluation)는 프로그램 실행 여부 및 프로그램 목적설정과 관련된 평가이며, 조직이나 개인이 직면한 상황이나 배경과 프로그램의 목표 간의 적합성을 평가하는 것이다. 프로그램의 학습목표를 설정하기 위한 타당한 근거를 제공하기 위하여 이루어지는 기본적인 평가단계다. 프로그램의 요구조사, 직무분석, 반성법 등이 사용된다(이무근, 1990).

(2) 투입평가

투입평가(input evaluation)는 설정된 목적 달성을 위해 필요한 수단을 구체화시키는 평가이며, 프로그램의 목표를 달성하기 위하여 자원을 어떻게 활용해야 하는지를 평가하는 것이다.

프로그램 담당자의 역량, 적절한 예산계획과 시간계획, 프로그램 운영을 뒷받침하는 각종 시설 및 기자재, 프로그램 운영기관의 각종 지원 등 다양한 요소를 평가할 필요가 있다. 평가방법으로는 참고문헌 탐색, 현지 방문이나 답사, 사전탐색적 시행 등의 방법을 활용한다. 프로그램 운영의 적절성, 실천가능성, 경제성을 파악하기 위하여 사용 가능한 인적 자원이나 물적 자원, 해결방안이나 절차를 기술하고 분석하는 데 중점을 두고 있다(김용현 외, 2109).

(3) 과정평가

과정평가(process evaluation)는 실행 의사결정을 위해서 필요하다. 실행 의사결정은 이미 선정된 설계, 방법, 전략을 실행하고 개선하는 데 수단을 제공한다. 설계한 대로 실천하기 위한 결정과 관련된 것을 평가할 수 있다.

(4) 산출평가

산출평가(product evaluation)는 참여한 학습자에게 즉시적으로 나타난 변화(output)와 일정한 시간이 경과한 후에도 지속된 변화(outcome), 즉 활용정도를 평가하는 데 초점이 맞추어진다. 순환 의사결정은 어떤 활동이나 프로그램 자체를 계속하거나, 바꾸거나, 종료할지를 결정한다.

3) 결과중심 평가모형

결과중심 평가모형은 커크패트릭(Kirkpatrick)과 필립스(Phillips)의 모형 있으며, 커크패트릭의 네 가지 모형이 가장 대표적이다. 커크패트릭은 제시하지 않았지만, 그의 제자인 필립스가 네 단계 평가를 확대 발전시킨 다섯 단계 평가인 투자회수율(Return On Investment, ROI) 평가이다. 예를 들면, 한 프로그램을 운영하는 데 한 개인에게 직접비 500만 원, 간접비 300만 원, 기회비용 700만 원을 합하면 1,500만 원이 투자되었다고 한다면 1,500만 원 투자한 금액에 대한 경영성과 기여도, 즉 회수율이 얼마 정도가 되는지를 확인하는 평가이다. 다섯 단계 평가의 경우 여러 가지 상황적인 조건이나 회수율에 대한 비용분석 등이 매우 어렵기 때문에 실제로 기업현장에서 많이 이루어지지는 않고 있다(윤옥한, 2018).

(1) 반응평가(reaction evaluation)

자료 · 강사 · 시설 · 내용 등을 포함 프로그램에 대해 참여자가 어떻게 생각하고 있는지를 알아보는 평가다. 참여자의 반응은 프로그램의 지속성 여부를 결정하는 데 있어서 매우 중요한 요소다.

(2) 학습평가(learning evaluation)

프로그램에서 제시된 원리 · 사실 · 기법 및 기술에 대한 학습을 측정하는 평가다. 지필 테스트, 기술 실습, 직무 시뮬레이션을 포함하여 학습을 측정하는 방법은 매우 다양하다.

(3) 행동평가(behavior evaluation)

'행동'이라는 말은 직무수행의 측정과 관련하여 사용된다. 반응에 대한 평가는 전후 비교, 관찰, 통계적 비교, 장기적 추적 등을 포함한다.

(4) 결과평가(result evaluation)

프로그램의 결과를 조직의 발전과 관련시키는 평가다. 비용 절약, 학습결과 개선(work output improvement), 질 변화 등을 검토함으로써 얻어진다. 이것은 프로그램이 실시되기 전후에 자료를 수집하고 개선할 사항을 분석하는 것이다.

결과중심 평가모형은 평가절차와 정보분석상의 편의성으로 널리 활용되고 있다. 그러나 프로그램의 개발 및 실시과정에 대한 평가를 실시하기 어렵다는 문제점을 지니고 있으며, 결과중심 평가모형 준거(반응-학습-행동-결과) 간의 영향관계가 명확하지 않다는 비판을 받고 있다(김진숙 외, 2018). 커크패트릭(Kirkpatrick)의 네 단계 평가모형과 필립스(Phillips)의 다섯 단계 평가모형을 좀 더 구체적으로 표현하면 다음과 같다.

| 표 12-4 | 커크패트릭의 네 단계 평가모형과 필립스의 다섯 단계 평가모형

Kirkpatrick의 네 단계 평가모형		Phillips의 다섯 단계 평가모형	
평가단계	평가내용	평가단계	평가내용
1: 반응	참여자가 이 프로그램에 대해 느낀 바를 평가함	1: 반응과 계획된 행동	프로그램에 대한 참가자의 반응측정과 구체적인 실행계획을 수립
2: 학습	참여자가 프로그램을 통하여 제시된 학습을 어느 정도 이해하는가를 평가함	2: 학습	지식, 기능, 태도 변화의 정도를 측정
3: 행동	학습결과로써 참여자의 행동 변화 있는지를 평가함	3: 현업적용	현업에서 행동변화와 배운 내용의 적용도 측정
4: 결과	프로그램의 교육결과 조직과 개인의 산출물 변화 유무를 평가함	4: 경영성과	프로그램의 사업에 미치는 측정
		5: 투자회수 효과	프로그램에 투입된 비용과 결과에 대한 금전적 가치 측정

출처: 윤옥한. (2018). 평생교육 프로그램 개발: 이론과 실제. 파주: 양성원. 재구성.

4) 가치판단 평가모형

가치판단중심 평가모형은 1967년 스테이크(Stake)에 의하여 제안되었다(배호순, 2008). 스테이크에 의하면 평가를 구성하는 가장 중요한 요소는 기술과 판단이다. 특정 프로그램에 대한 적합한 평가를 내리기 위해서는 프로그램에 대하여 충분하게 기술하고 판단할 필요가 있다는 것이다. 그에 의하면 평가는 평가의뢰인을 중심으로 이루어져서 의뢰인의 요구에 답하는 데 중점을 두어야 하고, 평가대상 프로그램에 관련된 선행조건, 진행과정, 산출결과를 기술해야 하며, 의도한 결과뿐만 아니라 부수적인 효과나 우발적인 결과에도 관심을 가져야 한다. 또한, 평가자는 최종적인 결론을 독자적으로 내리지 말고 평가대상 프로그램 관련자들의 판단을 수집·분석·반영하는 데 비중을 둔다. 간혹 실험법이나 표준화검사의 사용이 부적절할 수도 있으므로 주관적이고 기술을 묘사한 다양한 자료를 활용할 필요가 있다고 주장한다. 그는 특히, 형식적(공식적)인 평가가 평가자들의 훈련 및 경험 부족이나 행동적 자료의 한계, 학교의 외형적인 면에만 치우친 애매모호한 점이 이 분류목적만을 강조하는 표준화 검사 등으로 신뢰할 수 없다고 주장한다. 따라서 형식적인 평가의 부실함을 보완하기 위해서는 교사가 비형식적 평가에 관심을 두어야 한다고 주장한다. 일상생활을 통하여 수시로 교사가 인과관계를 관찰하고 직관적이고 주관적인 판단을 통하여 도달하는 비형식적 평가의 중요성을 강조하였다.

스테이크(Stake)의 가치판단중심 평가모형은 평가를 거시적인 관점에서 종합적으로 접근하고 있으며, 기술적 자료와 판단 자료를 구분하고 그 관계를 중시하는 한편 평가에서 판단의 역할을 부각시켰다는 점에서 긍정적 평가를 받고 있다. 그러나 지나치게 이상적인 측면이 있어서 평가 실행상 적합한 자료수집 방법을 개발하기 어렵고 충분하게 기술하고 판단하기 위해서는 지나치게 복잡한 과정과 막대한 비용이 소요된다는 단점을 지니고 있다(김용현 외, 2024).

5) 조명적 평가모형

파렛(Parlett)과 해밀턴(Hamilton)이 제시한 평가를 위한 실험·설계적 평가연구는 교육의 과정과 절차에 관련된 요소들을 밝힘으로써 교육을 개선하고자 노력하는 사람들에게 도움을 주고 빛을 밝혀 주는 일이다. 평가는 곧 교육을 개선하기 위한 연구와 같은 의미를 갖는다. 교육현상의 원리나 법칙을 발견하기 위한 실험설계적 연구에는 별로 관심이 없다. 설명과 해석이라는 사회인류학적인 접근을 따라 복잡한 교육상황을 있는 그대로 수용하고 사실 그대로를 이해하는데 중점을 둔다. 전문가가 만든 프로그램을 전달하는 중개기술자가 아니라 탐구하고 평가하는 연구자로서 교사는 수업활동 속에서 학생들과 함께 교육의 과정을 만들어 가는 사람이다.

| 표 12-5 | 교육훈련 프로그램 평가모형 정의와 특징

모형	평가의 정의	특징
Tyler의 목표 지향적 평가모형	•교육과정 및 교수·학습 프로그램에 의해서 교육목표가 어느 정도나 실현되었는지를 밝히는 과정	•교육목표의 달성 정도를 확인하는 과정 •교육활동의 과정 혹은 부차적인 교육효과 측정에 어려움 •평가활동의 단순화와 기계화에 대한 비판
Stullebeam의 의사결정중심 평가모형	•의사결정의 대안을 판단하는 데 필요한 적절한 정보를 획득하고, 기술하고 제공하는 과정	•맥락-투입-과정-산출평가 •관리지향적 평가로서 의사결정의 종류에 따른 정보와 자료 획득 가능 •프로그램 개선을 위한 적절한 정보
Kirkpatrick의 결과중심 평가모형	•교육 프로그램 운영결과로 발생하는 효과에 대하여 평가	•평가절차와 정보분석 상의 편의성으로 널리 활용되고 있다. •프로그램의 개발 및 실시과정에 대한 평가를 실시하기 어려움 •준거 간의 영향관계가 명확하지 않음
Stake의 가치판단 평가모형	•다양한 교육적 수단이 갖는 장점, 진가, 가치 등에 대한 질문에 해답을 추구하는 일 •평가는 그 자체가 이러한 가치판단의 결정을 위한 방법론적 활동	•탈목표(goal-free) 평가 •교육 프로그램의 가치는 사용자나 수혜자의 입장에서 판단 •형성적·총합적 역할
Parlett의 조명적 평가모형	•교육의 과정과 절차에 관련된 요소들을 명료화하여 보여줌으로써 교육의 개선을 가져오고자 노력하는 사람에게 도움을 주고 빛을 밝혀 주는 일	•평가를 위한 실험·설계적 연구에는 무관심 •설명과 해석이라는 사회·인류학적 접근에 따른 교육상황 이해

출처: 변창진 외. (1996). 교육평가. 서울: 학지사. 재구성.

Chapter

13

평생교육기관의 네트워크

1. 네트워크 개념 정의

1) 네트워크 개념

네트워크라는 용어는 공학적 개념에서 시작하였지만, 최근에는 많은 학문 영역에서 관심을 보이고 있으며, 사회시스템 개념 속에서 일상적인 용어로 많이 사용되고 있다(김희연, 2002). 사회학에서는 상호호혜, 신뢰, 규범에 바탕을 둔 사회 네트워크를 사회적 자본(social capital)이라 하였으며, 정치학이나 행정학에서는 정부가 정책결정, 관리, 운영에 지역주민과 네트워크를 활용하는 협력적 통치방식을 거버넌스라고 하였다(문정수 외, 2008).

네트워크에 대한 학자들의 정의를 살펴보면 카스텔(Castel)은 네트워크를 '상호 연관된 노드들의 집합'이라 하였고, 미셸(Michell)은 '여러 관계의 연결체'로서 교환방식으로서 네트워크를 통해 조정, 협동, 연계, 연대하는 것을 강조하였다(문정수, 2010).

네트워크는 도움을 주거나 받을 수 있는 상대를 찾을 때 발생하게 되며 사회적 관계를 만들고 유지하는 것이며, 사회적 교환을 위한 구조를 제공한다는 점에서 지지체계(support system)라고 할 수 있다.

네트워크는 하나의 체제 안에서 이루어지는 구성요소 간의 연계 · 협력 · 제휴 등의 개념으로 이미 많이 사용되어 왔지만, 이러한 개념들은 제한적 내지는 일회적 성격이 강했다. 그러나 네트워크의 개념은 보다 체계적(Systematic)이어서 규모가 크며 한 지역의 종합적 체제(Total System)를 전제로 한, 지속성을 가지는 개념이다(최운실 외, 2012). 또한 OECD(2003)는 네트워크를 실행력을 높이기 위하여 체제를 확립하고(Systematic Establishment) 다수의 노드(Node, 사람이나 팀, 조직 등) 사이를 내 · 외적으로 연계(Link)하는 것을 말한다(정연순, 2006). 이러한 정의는 체계적 운영(Systematic Management), 노드(Node), 연계(Link), 실행력 개선(Performance

Improvement)의 네 가지 핵심요소를 포함하고 있다.

평생교육기관의 네트워크(network) 또는 네트워킹(networking)에 대해 권인탁 등(2017)은 사업조직이 전반의 경쟁력을 강화하고, 부족한 자본과 인력, 기술 등을 만회하기 위하여 한곳에 모여 중복된 사업을 피하고 인력과 기술을 공유하면서 효율성을 높이는 것을 말한다. 그런데 평생교육기관과 지역사회와의 관계 활동을 조성해 나가려면 평생교육기관장은 그 기관(단체)으로부터 지원 혹은 협조를 받아야 할 과업과 그 목적을 분명히 하고 그에 적합한 기술적 방도를 고려할 수 있어야 한다. 관계 활동에 의한 유대관계는 그 목적이나 과업의 성격에 따라 그 형태 및 수준을 달리해 운영해 나가는 것이 필요하기 때문이다.

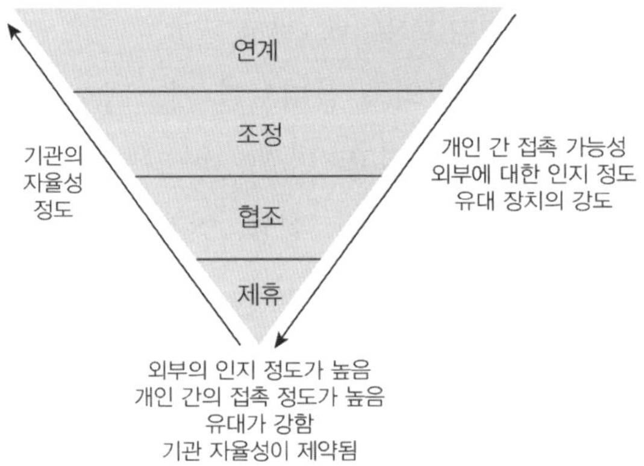

| 그림 13-1 | 평생교육기관과 지역사회의 유대관계

출처: Loughran, E. L. (1982). Different skills for different purpose: Networking, coordination, cooperation and collaboration. Community Education Journal, 9(4), 29.

라우란(Loughran)에 의하면, 유대관계의 형태는 연계(networking) · 조정(coordination) · 협동(cooperation) · 제휴(collaboration)의 네 가지로 구분된다(Loughran, 1982). 유대관계의 밀도를 더욱 강화해야 할 필요에 따라 연계에서부터 제휴에 이르기까지 순위로 그 수준을 적절히 유지해야 할 것이 강조된다. 여기에서 제일 느슨한 관계의 연계활동은 곧바로 평생교육 네트워크화로, 협조는 자원봉사활동가 같은 형태로, 그리고 제휴는 평생교육기관의 파트너십 형태로 나타나게 된다(권두승 외, 2016).

평생교육법 제19조 제4항 제5호에 국가는 평생교육 진흥과 관련된 업무를 지원하기 위하여 국가평생교육진흥원을 설립하고 평생교육기관 간 연계체제를 구축할 것이 명시되어 있다. 또한, 제20조 제2항 제4호에서 시·도지사의 책무로서 시·도 평생교육진흥원의 설치와 함께 해당 지역의 평생교육기관 간 연계체제를 구축해야 함을 명시하고 있다. 따라서 시·도 평생교육진흥원은 네트워크 구축을 통한 지역공동체(community) 구축을 위하여 지방자치단체, 지방교육자치단체 및 지역유관기관과 협력하여 지역 특성에 맞는 평생교육의 시스템을 개발하여 정착시켜야 하고, 시·도 행정구역 내의 단체 또는 국가나 지방자치단체로부터 행정적 지원을 받고 있는 평생교육단체 및 평생교육시설에 대하여 네트워킹을 구축함으로써 지역주민에게 다양한 평생학습의 기회 및 정보를 신속히 제공할 수 있어야 한다(권인탁 외, 2017).

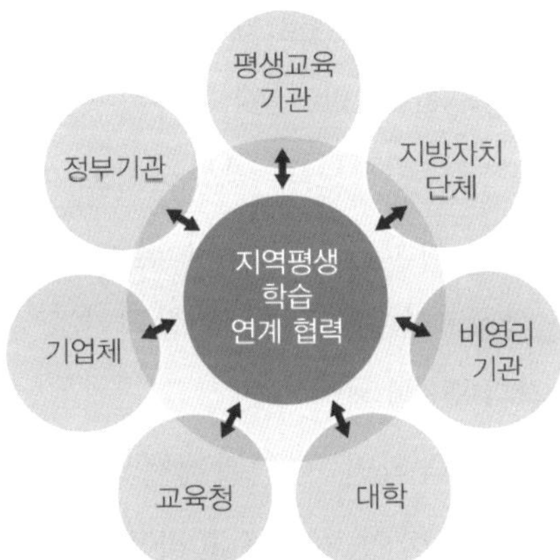

| 그림 13-2 | **지역평생학습체제의 연계·협력**

출처: 김용현 외. (2018). 평생교육경영론(2판). 파주: 양서원.

이와 같은 의미들을 종합하여 보면 네트워크란 하나의 시스템 안에서 구성요소 간의 연계, 협력, 제휴 등을 의미한다. 네트워크에 대한 개념 정의들은 공통적으로 네트워크 참여자들의 목적 공유, 개방적 소통과 협력적 활동, 자발적 참여와 자율적 운영 등의 특성에 주목한다. 네트워크는 기존의 연계, 협력, 제휴 등의 개념보다 체계적이고, 규모가 크며 한 지역의 포괄적 체계를 전체로 한 지속성을 가지는 개념이라고 할 수 있다. 즉, 네트워크는 파트너십이 원활하고 상시적으로 이루어져 기관 간에 지속적인 연락 및 협력의 관계를 유지하고 있는 상태라고 볼 수 있다(오혁진, 2021).

이러한 네트워크는 두 가지 측면에서의 합리화와 효율화를 목적으로 하고 있다. 하나는 기존 시설을 효율적으로 이용하며, 지역의 교육과 학습 자원을 유효하게 활용하는 측면이고, 다른 하나는 재정적으로 합리적인 운영 측면이다(양병찬, 2004). 네트워크의 효과성 차이는 네트워크 구조와 맥락, 즉 중심화된 통합과 외부통제, 그리고 안정성과 풍족한 자원 등에 의해서 나타난다. 네트워크의 속성은 무한히 뻗어갈 수 있는 개방구조로 빠르게 변화할 수 있다. 따라서 이러한 속성 때문에 네트워크에 근거한 사회구조는 '사회구조의 균형을 위협하지 않고도 손쉽게 혁신을 꾀할 수 있는 고도의 역동적이고 개방적인 체계'라고 할 수 있다. 네트워크에서는 이론, 사고, 문화 등이 흘러가는 상태에 있으며 새로운 연결고리가 생성되기도 하고, 기존의 것이 통합되기도 하면서 전체적으로 네트워크 구조가 변화되어 간다(김경애 외, 2007).

결론적으로 네트워크는 전략적인 협력관계를 유지함으로써 서로의 약점을 보완하고 서로의 강점을 공유하여 시너지효과를 얻는 것을 목적으로 이루어진다.

2) 평생교육 네트워크의 중요성과 특징

사회 · 경제적으로는 기업을 중심으로 한 사회 전반에 인텔리전트화(고도정보 집적화)와 네트워크화가 진행되고 있고, 이것은 기존 시스템과 기능을 유기적으로 조합한다거나 리엔지니어링하여 새로운 종류 혹은 기능 · 역할을 창출하려는 움직임으로 나타나고 있다(김윤석, 2010). 그 목적은 고객과 시민에 대한 서비스의 질적 향상과 다양한 요구에 대한 대응이다. 이상과 같은 평생교육 네트워크를 통하여 획득할 수 있는 장점을 정리하여 보면 다음과 같은 측면에서 네트워크의 중요성이 강조된다(권인탁 외, 2017; Skage, 1996).

첫째, 지역주민의 교육 요구에 대한 총체적인 접근이다. 정부부처, 사회단체, 각종 평생교육기관 등은 주민의 교육 요구를 해결하기 위해 서로 협력하는 체제를 구축하고 있지 못하다. 따라서 많은 지역사회 구성원은 상호적이며 상호 관련성이 있는 교육서비스를 손쉽게 이용하지 못하고 있는데, 이를 해결할 필요가 있다.

둘째, 교육서비스의 중복을 피하는데 도움이 된다. 자원이 감소하고 재정 확보 경쟁이 증가하는 시대에 평생교육 서비스의 효율성을 높이기 위해 노력해야 한다.

셋째, 정부지원의 필요조건을 효과적으로 사용하기에 바람직하다. 여러 기관 간의 지원, 협농, 협력은 서비스를 개선하고 제한된 자원과 비용을 효과적으로 사용하는 방법이기 때문에 바람직한 것으로 받아들여지고 있다. 따라서 선신국의 경우는 다른 기관과의 강력하고 효과적인 파트너십의 실현 정도를 중앙정부 및 지방자치단체의 평생교육기관에 대한 재정지원 요건으로 포함하고 있는 것이 일반적이다.

넷째, 단위 평생교육기관의 역량 부족으로 다른 기관 간에 협력적인 네트워크는 중요하다. 단위 평생교육기관은 인적 · 재정적으로 역량이 불충분하기 때문에 지역주민의 교육 요구에 대응하기 위해서 자기 기관 외에 다른 기관을 찾게 된다. 이때에 스스로 추가적인 서비스를 제공하려 하기보다는 다른 기관을 참여시켜 그 기관이 보유하고 있는 자원과 전문지식을 이용하는 것이 기관과 주민 모두에게 효율적이다.

이처럼 평생학습 네트워크의 필요성은 학습 수요의 폭발적인 증대를 배경으로 학습원조 시설 등이 다루지 못하는 한계, 다양한 학습원조 시설 상호 간의 역할 분담의 방법, 정보통신기능의 학습원조 활동에의 도입과 활용 등과의 관계에서 논해지고 있다. 또한, 네트워크화에 관한 생각은 학습을 원조하는 시설이나 단체 그리고 지도자 등과의 관계를 중시하는 견해이기도 하다. 따라서 평생학습 시대에 있어서 네트워크화를 영위하는 것은 스스로의 독자성 및 주체성을 추구하고 아이덴티티가 확립되어 있다는 것을 전제로 하는 것이며, 나아가서 스스로의 책임에 있어서 필요한 모든 것을 실현시키고자 하는 자기주도적 활동보다도, 타자와의 공존공영을 의도해서 전개해 나가는 교류·협력활동이 중요시된다. 평생학습 원조체제의 구축에 공헌하게 되는 네트워크는 일반적으로 조직으로서 구상된 것이다. 이 경우에 생각되는 조직은 종래의 수직적이고 위계적인 조직형과 새로운 네트워크형의 조직으로 대별할 수 있다. 이들의 특징은 다음과 같다(권두승 외, 2016).

| 표 13-1 | 평생학습 네트워크의 특징

구분	네트워크형 조직	위계적 조직
가치관	이질성의 적극적 용인	동질성, 획일성 높음
조직의 중심	없음 또는 상당수	최상위의 1인
조직의 구성	다수 및 무한한 가능성	복수 이상
조직, 관계의 변경	유연성 높음	유연성 적음, 수속 복잡
구속성	단기적, 개방성	장기적, 지속적이고 강함
권한	수평적, 유동적	계층적, 역할 고정적
발의(의견전달)	구성조직원의 독창성	최상위층의 지시
유효한 활동방법	교환활동, 공동 활동	상의하달 방식
활동의 전개	다양성, 다발성	동일성, 동시성

출처: 권두승 외. (2016). 평생교육경영론(2판). 파주: 교육과학사.

특히, 네트워크형 조직의 특징은 이질적인 가치의 용인, 참가조직의 주체성 존중, 조직의 유연성, 쌍방향성 및 호혜성 있는 자료의 교환, 활동전개의 신속성과 동시 진행성 등과 같은 것을 지적할 수 있다. 이들의 특징은 단순히 위계적 조직과의 비교로부터 나오는 특징에 머무르지 않고, 여러 학습활동을 지원하고, 활성화를 도모하는 데 있어서 유용성이 높은 것이 그 특징이다. 왜냐하면, 이질적인 가치를 용인한다는 것은 다양한 것과의 공존·공영을 의미하고, 참가조직의 주체성을 존중한다는 것은 각각의 권한 보장과 존재감의 고양을 기한다는 의미이고, 조직의 유연성이 보장된다는 것은 자유로운 활동을 조장하고 경직성을 극복한다는 의미가 있고, 쌍방향성·호혜성 있는 자원의 교환이 가능하다는 것은 각각의 장점을 상호 향유하자는 것이며, 그리고 활동의 전개에 신속성과 동시 진행성이 있다는 것은 다양한 학습요구에의 신속한 대응이 가능하다는 것을 의미하기 때문이다(권두승 외, 2016).

또한 전략적 협력관계를 유지하기 위해 형성되는 네트워크는 다음과 같은 특징을 갖고 있다고 하였다(김용현 외, 2018).

첫째, 네트워크의 연계는 공급자들 사이에서만 형성되는 것이 아니라, 학습자들 사이에서도 형성된다.

둘째, 네트워크의 연계는 상호작용이다. 네트워크 참여를 통해 서로 무엇인가 얻기를 기대하고 있어 상호 기대하는 성과를 협약서에 명시하기도 한다.

셋째, 네트워크 내에서는 요소들이 자율적으로 관리한다. 네트워크는 각기 다른 국면에서 서로 다른 지도력에 의해 움직이며, 지도력 자체가 계속 변화한다.

넷째, 네트워크 참여자(노드)는 공동 목적을 소유한다.

다섯째, 네트워크는 변화한다. 네트워크는 역동적인 구조로서 참여자의 역할, 규모, 유형 등이 변화하며 목적을 달성한다.

여섯째, 전자매체는 네트워크를 강화하고 지지하는 데 기여하지만 네트워크는 인간적이다.

일곱째, 대규모의 네트워크는 소속감, 응집력을 창출하고 유지하며, 공유되는 가치를 강화할 때 효과적인 경향이 있다.

3) 평생교육 네트워크 영역

평생학습 네트워킹은 제도적 네트워킹과 디지털 네트워킹으로 분류해서 생각할 수 있다. 제도적 네트워킹은 기획 및 계획, 프로그램, 정보 등을 공유하기 위한 인위적인 회의나 행사 등을 의미하고, 디지털 네트워킹은 그것을 통해 각종 정보, 각종 프로그램, 교·강사 등을 공유하는 것을 의미한다(권인탁 외, 2017). 평생학습 정보의 네트워크화를 체계적으로 추진하기 위해서는 다음의 몇 가지 단계를 거쳐야 할 필요가 있다. 특히 평생학습 정보의 네트워크화가 체계적으로 확립되기 위해서는 계획단계에서부터 완성단계에 이르기까지 상당한 정도의 시간이 필요하다(권두승 외, 2016). 이노우에 코시와 테우치 아키토시(井上講四·手打明敏, 1989)는 평생학습 네트워킹을 구체적으로 인적 네트워크(communication), 사업 네트워크(transportation), 정보 네트워크(information), 공간 네트워크(location)로 분류하여 제시하고 있다(양병찬, 2000).

(1) 인적 네트워크(communication)

지역의 공공기관, 각종 단체, 법인, 학교 등과 같은 평생교육 시설과 단체는 많은 평생교육 프로그램을 운영하고 있으나 각 분야에서의 전문강사를 초빙하는 데 많은 어려움을 겪고 있다. 왜냐하면 평생교육기관 종사자 간의 상호 정보교류를 위한 연결 기제가 없고, 그들의 전문성을 향상하기 위한 평생교육 분야 전문가로부터의 협력·조언 체제가 미흡하고, 평생교육 분야에서 자원봉사자 간의 교류도 거의 전무하며, 그들 간의 협의체를 통한 연결체제 또한 미흡하기 때문이다. 이에 지역평생교육의 활성화를 위해 평생교육기관과 단체가 평생교육과 관련된 사업을 교류할 경우에 인적자원 요소, 즉 평생교육을 담당하는 교・강사, 종사자, 자원봉사자 등 인적자원의 교류 또는 네트워크가 선행되어야 한다.

(2) 사업 네트워크(transportation)

지역단위별로 평생교육기관 및 단체 간의 사업을 서로 연계・협력함으로써 보다 효율적으로 사업을 추진・운영할 수 있다. 지역의 평생학습사업을 통하여 지역의 종합적인 학습 프로그램의 제공과 그 이용 체제를 정비하고, 시설의 합리적이고 효율적인 활용을 촉진한다. 지역에 있는 모든 평생학습시설 간에 평생학습사업을 공유하고 상호 이해를 도모하기 위한 체제화를 촉진한다. 또한, 지방의 문화축제라든가 평생학습축제, 열린 음악회 등과 같은 문화 및 교육 관련 이벤트 사업이 계획・운영될 때 상호 간의 협력지원체제가 가동되어야 함을 의미한다.

(3) 정보 네트워크(information)

학습자의 평생학습에 도움이 되는 모든 것을 메시지, 문서, 디지털 등으로 제공될 수 있도록 교류가 이루어지는 체제 구축을 의미한다. 정보의 교류는 네트워크의 기본이며, 네트워크는 정보의 네트워크라고 해도 과언이 아니다. 시・도 평생교육진흥원이나 시・군・구 평생학습관에 서버 컴퓨터를 설치하고 각종 정보를 데이터베이스화하여 홈페이지를 운영함으로써 각 평생교육시설 및 평생학습관은 진흥원이나 센터의 홈페이지를 통해 정보를 수집해 가는 정보 네트워크 구성이 필요하다.

(4) 공간 네트워크(location)

학교를 비롯하여, 평생교육 관계 시설이 보유하고 있는 물적 자원을 교류하는 것을 의미한다. 물적 자원의 교류는 자원의 효율적인 활용이라는 문제와 관련되는 것으로 시설・설비・교재・교구 등이 포함된다. 국공립학교와 같은 공공시설의 경우에는 그 시설을 독점해서는 안 된다. 모든 공공의 교육시설도 물적 자원의 관리를 위임받은 것이라는 해석이 가능하기 때문이다. 반면에 사립대학이나 민간시설에 대하여 그 시설이 보유하고 있는 물적 자원의 개방을 요구하는 것은 용이한 일은 아니다. 유상으로 개방한다거나 행정적으로 개방에 대해 합당한 보상을 함으로써 점차 교류가 이루어지도록 시도해야 할 것이다.

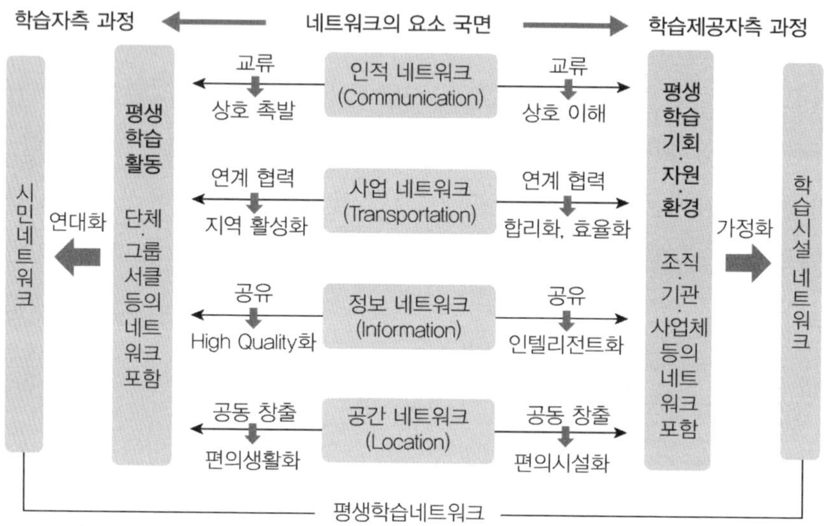

| 그림 13-3 | 평생학습 네트워크 영역

출처: 井上講四, 手打明敏(1989). 生涯學習施設のネットワーク. 日本生涯教育學會 編, 生涯學習社會の總合診斷.

따라서 평생학습사회를 구축하기 위해서는 산만하게 흩어져 있는 평생학습 정보들을 체계적으로 수집하여 학습자들에게 효율적으로 제공할 수 있는 체제를 마련하는 것이 필요하다. 앞으로 지역사회의 시민을 위한 평생교육기관·단체·시설의 유기적인 연계체제를 구축하여 인적·물적 자원과 정보자원을 공유함으로써 평생교육 관련 사업과 활동의 상승효과가 기대된다.

2. 파트너십의 개관

1) 파트너십

공유 가능한 목적을 달성하기 위해 구체적인 역할과 책임을 공유하는 호혜적(mutual-benefit) 협력, 공조(共助) 관계를 파트너십이라 한다. 이러한 파트너십의 개념은 사용되는 맥락에 따라 다소 차이를 나타내고 있지만, 일반적으로 상호협력, 동반자적 관계 등의 의미를 내포한다는 점에서 공통적이라고 할 수 있다. 이러한 파트너십의 개념을 더 잘 이해하기 위해 유사한 용어들을 살펴보면 다음과 같다(오혁진, 2021).

(1) 전략적 제휴(strategic allance)

경쟁 관계에 있는 조직들이 일시적으로 상호보완적인 제품, 시설, 기능 및 기술을 공유하는 것을 의미한다. 이런 의미에서 전략적 제휴는 협력이 가능한 기관과의 협력을 통해 제3의 경쟁적인 기관에 대해 우위를 차지하기 위한 파트너십의 전략이라고 볼 수 있다.

(2) 아웃소싱(outsourcing)

자신이 수행하는 다양한 활동 중 전략적으로 중요하면서도 가장 잘할 수 있는 분야나 핵심역량에 모든 자원을 집중시키고 나머지 활동들의 기획에서부터 운영까지 일체를 해당 분야에서 보다 뛰어난 외부 전문기관에게 맡김으로써 기관의 경쟁력을 제고시키는 파트너십의 한 전략이라고 볼 수 있다.

(3) 네트워크(network)

네트워크는 각 시스템 구성요소 간의 연계, 협력, 제휴를 말한다. 네트워크는 파트너십이 원활하고 상시적으로 이루어져 기관 간에 지속적인 연락 및 협의 관계를 유지하고 있는 상태를 말한다.

2) 파트너십의 정보제공과 교류 요소

파트너에게 지속적인 정보를 제공한다는 것은 파트너십의 구축과 유지에 있어 매우 중요한 측면이라 할 수 있다. 여기에서 의사소통은 부정적으로는 장벽이 될 수 있고, 긍정적으로는 성공의 핵심요소가 될 수 있다. 효과적인 의사소통이 형성될 때, 파트너는 규명된 문제가 어떤 것인지, 문제해결을 위한 노력이 어떻게 이루어졌는지 등 그 프로그램의 진행 상황을 알게 된다(한국교육개발원, 2001). 만약 적절한 의사소통이 형성되지 못했을 때, 파트너는 정보를 갖고 있지 못할 뿐 아니라 다른 파트너를 경계할 수도 있고, 본인들의 참여가 가치 있지 못하다는 느낌을 가질 수도 있다.

| 표 13-2 | 파트너십의 교류요소

교류요소	의미	효과
인적자원	•평생교육기관 간의 교육인력 상호교류 •자원봉사자 상호교류 •전문교육 관련 기관에서 활동 중인 인력 상호교류	•전문교육 강사 확보
물적자원	•강의시설, 숙박시설, 교육기자재 등	•우수한 시설과 설비 •이미지 제고와 실적 향상
정보자원	•강사, 시설, 프로그램, 학습자, 후원집단 교류	•세미나 개최, 최신뉴스 등 시너지 효과

출처: 오혁진. (2021). 평생교육경영론(2판). 서울: 학지사. 재구성.

오늘날 파트너십을 유지하는 것은 항상 계획된 모임을 통해서만 이루어지는 것은 아니다. 직접적인 대면에서의 관계유지에 가장 효과적인 방법이기는 하지만, 전화 등 통신수단으로의 접촉행위 역시 파트너십을 유지하는 데 중요한 부분이다. 예를 들면, 식사를 통한 파트너와의 만남이 갖는 중요성에 대해 이야기할 수 있을 것이다. 파트너가 특정 평생교육 사업 및 프로그램에 대해 의논하지 않는다 하더라도 접촉 자체가 중요하며, 혹시 한쪽 파트너가 토의가 필요하다고 생각되면 자연스럽게 그 장소에서 토의의 기회를 가질 수도 있을 것이다(이향란, 2015).

3) 파트너십의 장점과 문제점

평생교육 현장의 다양한 기관들이 경쟁적으로 등장하고 있는 상황에서 독자적으로 생존하는 것은 결코 쉬운 일이 아니다. 왜냐하면, 모든 면에서 취약한 평생교육기관이 경쟁력 있는 시설이나 자원을 독자적으로 확보하는 것은 매우 어려운 것이 현실이다. 이러한 치열한 경쟁에서 네트워크를 통해 파트너십을 형성하는 것이 새로운 동역자를 확보하는 것이다. 따라서 대등한 수준의 기관들과 상호 파트너십을 맺음으로써 시너지 효과를 창출하여 경쟁력을 확보하는 것은 중요하다. 평생교육기관에 파트너십이 가져다주는 장점을 살펴보면 다음과 같다(최은수 외, 2017).

첫째, 자신의 장점을 극대화할 수 있다. 즉, 모든 부문에서 경쟁력을 갖추기는 쉽지 않다. 따라서 취약한 부분은 파트너십을 통해 확보하고 자신의 장점을 극대화하여 경영의 효율성을 높일 수 있다.

둘째, 열악한 재정을 효율적으로 활용할 수 있다. 예산의 부족으로 많은 어려움을 겪고 있는 평생교육기관에서는 새로운 설비와 공간 등을 확보하는 것은 큰 무리가 따른다. 따라서 전략적 파트너십을 통해 상호 좋은 설비와 공간을 공유한다면 매우 효율적인 예산활용이 가능하다.

셋째, 경쟁관계의 기관과 중복된 프로그램 운영을 회피하여 지나친 경쟁을 유발하지 않게 된다. 경쟁관계에 놓여 있는 기관과 동일한 프로그램을 운영한다면 많은 홍보비용과 출혈 수강료 책정을 하게 되지만 파트너십을 통해 경쟁을 피하고 자신의 장점을 살린 특성화된 프로그램 운영을 가능케 한다.

넷째, 다양한 정보를 공유할 수 있어 경쟁력 확보에 큰 도움을 줄 수 있다. 정보 네트워크를 통해 다양한 정보를 교류함으로써 시민들에게 질 좋은 정보와 교육 프로그램을 제공할 수 있다.

한편, 파트너십은 앞서 살펴본 것처럼 다양한 장점을 가져다주기도 하지만 반드시 긍정적인 면만 있는 것이 아니라 문제점도 있다. 파트너십의 문제점을 살펴보면 다음과 같다.

첫째, 파트너십은 초기에 많은 추가 부담을 가져온다. 파트너십의 구축을 위해서는 많은 시간과 노력, 인내가 필요하다. 기관의 입장에서 파트너십의 구축은 단기적으로 업무의 추가를 의미한다. 파트너십을 통해 얻을 수 있는 유익이 그리 크지 않은 상황에서 별도의 파트너십이나 네트워크를 구축하고 관리하는 것은 평생교육기관의 부족한 인력을 고려할 때 오히려 업무의 부담으로 작용할 수 있기 때문이다.

둘째, 파트너십 구축을 위해서 불가피하게 타협해야 할 경우가 많다. 즉, 해당 기관 간의 공통분모를 찾기 위해 양보해야 할 경우가 많다. 그런 과정에서 그 기관의 고유한 가치, 전통, 문화 등이 훼손될 가능성이 있다. 따라서 이해관계가 복잡해질 수 있다.

셋째, 기관 간의 갈등이 발생할 수 있다. 파트너 기관 간의 경험, 자원 및 역량의 차이로 말미암아 미묘한 관계가 발생할 수 있다. 또한 주도권, 이득 배분 문제로 사소한 갈등이 존재할 수 있다.

넷째, 평생교육기관 간의 파트너십을 형성하는 데는 업무의 혼란을 가져올 수 있다. 파트너십 초기에 책임과 권한의 관계와 업무 영역에서 많은 한계가 존재한다. 따라서 평생교육기관은 이러한 한계를 최대한 극복하여 파트너십의 효과를 극대화할 수 있도록 노력해야 한다.

3. 평생교육기관의 네트워크 형성과 파트너십

1) 평생교육과 지방자치단체와의 네트워크

OECD는 2001년 프랑스 파리에서 열린 교육부장관 회의에서 '모든 사람의 능력개발에 대한 투자(Investing Competencies For All)'를 주제로 개최하여 평생학습체제 구축을 강화하고 지역주민의 학습권을 실질적으로 보장함으로 지식기반사회의 학습도시사업을 강조하였다(최은수, 2019).

우리나라는 1994년 창원시가 평생교육 관련 조례 제정, 1999년 광명시가 전국 최초로 평생학습도시를 선언하면서 각 지방자치단체에서도 평생학습도시에 대한 관심을 갖게 되었으며, 본격적으로 교육부는 2001년부터 평생학습도시 조성사업을 시작하면서 지역사회에서 평생교육을 활성화하는 계기가 마련되었다(김동일, 2019b). 이처럼 지역주민을 위한 각 도시의 학습권 보장 및 평생교육 기회 확대에 기여하였다(국가평생교육진흥원, 2020).

이와 더불어 행정안전부의 2019년 주요업무에는 "모두가 안전한 국가, 다 함께 잘 사는 지역"이라는 목표하에 분권과 균형발전으로 다 함께 잘사는 지역 누구나 어디에서든 안전한 나라혁신을 주도하는 열린 정부 화해와 통합의 포용사회 추진계획을 제시하였다(행정안전부, 2019). 또한, 대통령소속 자치분권위원회 자치분권 종합계획(안) 보고 자료에 의하면 6대 전략 33개의 과제를 제시하였다. 특히, '주민주권 구현' 전략은 지역사회교육론과 시민교육론을 비롯하여 평생교육과 밀접한 관련이 있다. 새로운 국가발전 전략으로 자치분권체제로 중앙과 지방이 동반적 관계에서 실질적 자치권을 확대하고, 지방 주도 성장을 촉진하여야 지속 가능한 균형이 있는 국가발전을 선도할 수 있다고 하였다(대통령소속 자치분권위원회, 2018). 이를 위해 우선으로 민주주의의 질적 제고를 위한 주민주권 구현이다. 지방의 정책과정에서 주민이 소외되지 않도록 하기 위해 주민 참여

제도를 도입하는 것이다. 그리고 지역주민 '스스로 자신의 삶을 바꾸는' 주민주권 역량강화를 위한 구현이다. 이러한 주민주권은 주민 중심의 정책과정 참여와 주민자치 활성화로 풀뿌리 민주주의 정착을 위한 교육이 필요하다. '교육자치 강화 및 지방자치와의 연계 · 협력 활성화'는 평생학습도시의 기반이 되는 과제로 제시하였다. 추진에 대한 필요성은 교육서비스의 질 제고를 위해 인적 · 물적 지역 자원의 총체적 활용 필요성과 자치행정 분야와 교육행정 분야의 연계 · 협력 활성화로 주민의 편익 증진을 도모하고자 하였다.

추진방안으로는 첫째, 국가 책무성이 요구되는 최소 범위 즉 국가 교육표준, 미래교육 전략 · 방향, 교육격차 해소, 안전 및 갈등관리 등의 역할을 제외하고는 교육부-교육청-학교 간의 유 · 초 · 중등교육 권한의 합리적 배분 이양을 위해 규제적 지침 정비 및 제도개선 등을 진행한다. 둘째, 지역사회와 지방교육기관의 협력을 통해 주민참여 확대방안을 마련한다. 셋째, 자치단체와 교육기관이 평생학습의 질 제고를 위해 지역의 자원을 활용하는 교육지원센터 설치와 마을교육 네트워크 형성, 온종일 돌봄 체계 구축을 마련한다(구미시, 2019).

이처럼 지방자치단체의 평생교육은 지역주민의 삶 속에 자연스럽게 다가와 있는 상황이다. 또한, 중앙정부와 광역시 · 도 및 시 · 군 · 구의 여러 공공기관과 부서에서 다양하게 운영되고 있다. 지역주민과의 관계에서 이루어지는 평생교육의 특성을 고려한다면 지방자치단체의 역할을 새롭게 정리할 필요가 있다. 지방자치단체장은 평생교육법의 평생교육 진흥과 관련하여 지역주민 활동 중심의 지역밀착형 사업을 중심으로 '중앙정부-시 · 도-시 · 군 · 구 연계 거버넌스 시스템 구축'이 필요하다. 그리고 각 지방자치단체는 해당 교육청과 상호 소통하며 협력적이고 통합적인 관계 형성 체제가 필요하다. 이러한 시스템 구축이 미래 사회를 대비하는 지방자치단체의 평생교육으로 첫 발걸음이 될 것이다(김동일, 2019b).

2) 평생교육기관과 지역사회와의 파트너십

최근 평생교육기관과 지역사회와의 파트너십 활동의 실제들은 크게 증대되고 있다. 이러한 활동의 실제들은 크게 기업체, 지방자치단체, 민간비영리단체, 평생교육기관 등과 같은 기관과의 파트너십 형태에서 두드러지게 나타나고 있으며 평생교육기관의 교육의 질을 보장하거나 고용기회를 증진시키는 성과를 보여주고 있다.

프로그램의 측면에서도 이들 유대활동은 매우 다양하다. 이들 프로그램은 크게 ① 의사소통 활동, ② 주민의 보조적 활용, ③ 교육기관으로서의 프로그램 개발, ④ 평생교육기관에서의 자원봉사 활동, ⑤ 지역사회 자원 활용, ⑥ 재정 지원 등의 활동 유형에서 찾아볼 수 있는데, 이는 평생교육기관의 적극적이며 창의적인 노력을 자극하고 있다. 이와 관련해 평생교육기관에서는 ① 지역사회의 제반활동에 대한 참여 조장, ② 지도성 훈련, ③ 자원의 관리와 할당, ④ 그 과정의 합리화, ⑤ 조직 개발, ⑥ 의사결정 기술, ⑦ 재정 조달, ⑧ 조정자 등의 면에서 구체적인 전략들이 요청될 수 있다.

효과적인 관계형성 및 촉진을 위해서는 체계적인 관계형성 혹은 파트너십 형성 전략을 12단계로 나누어서 제시하면 다음과 같다(김승유, 2001; Bishop, 2000).

제1단계: 효과적인 전략개발을 위해 팀을 만들어라.

제2단계: 시장성이 높은 고객유형을 신중하게 선택하라.

제3단계: 고객유형에 맞는 독특한 제품과 서비스의 목록을 만들어라.

제4단계: 고객유형에 맞춘 통일된 홍보아이디어를 개발하라.

제5단계: 잠재고객에게 유용한 것을 무료로 제공하라.

제6단계: 전문성을 높이기 위해 일관된 홍보메시지를 만들어라.

제7단계: 기관의 일관된 이미지를 위해 통일된 CI(corporate identity) 작업을 하라.

제8단계: 통합된 고객 데이터베이스를 구축하라.

제9단계: 정보시스템을 통합하라.

제10단계: 고객과 쌍방향 커뮤니케이션이 가능한 도구를 개발하라.

제11단계: 고객유형에 맞는 매체를 통해 당신의 기관을 홍보하라.

제12단계: 고객과 장기적이고 긴밀한 관계를 유지하는 데 힘써라.

연계체제를 도시 전체의 거시적인 관점에서 본다면 민(民)과 관(官)이 도시문제에 대해 연계·협력하는 것은 민이 관이 주도하는 행정에 깊이 관여하고, 관이 하는 일에도 민의 참여가 보장되는 것을 의미한다. 앞으로 평생교육은 '보다 나은 지역 만들기'라는 지역 전반적인 측면에서 역동적인 역할을 하게 될 것이다. 최근 전국적으로 추진되고 있는 평생교육 체제화, 학교 지역 연계, 학습마을 만들기 사업 등은 이와 같은 지역의 연계체제를 넘어 동반자의 협동적 관계를 요청하게 될 것이다. 이런 관점에서 지역발전계획이나 지역 평생학습 종합계획의 기획 단계에서부터 주민의 참여가 보장되어야 하며, 사업의 평가에도 주민의 관점이 녹아들어야 할 필요가 있다. 이러한 주민참여의 과정이 있을 때 민간과 민간, 관과 관, 민간과 관의 연계·협력이 더욱 활성화될 것이고, 지역의 모든 주체와 자원, 정보 등이 통합적으로 고유의 이상적인 지역 동반자 관계가 가능해질 것이다(윤여각 외, 2016).

3) 평생교육 주민참여 체제

평생교육기관이 파트너십을 계속해서 유지해 나가려면 평생교육기관 수준에서 주민참여를 적극적으로 조장해 나가는 참여체제가 마련되어야 한다. 그러면 평생교육기관 경영에의 주민참여를 조장해야 한다고 할 때 어느 수준까지 이들을 참여시켜야 할 것인가가 기본적으로 문제가 된다. 카프란 등(Kaplan & Tune)에 의하면 그들은 교육에서의 주민 참여의 수준을 다섯 가지로 나누어 제시한 바 있다. 주민의 지원(citizen support), 자문(citizen advisement), 의사결정의 부분적 공유 또는 전반적 공유(citizen sharing in certain or all decisions), 그리고 주민 통제(citizen control)로 나누어 위계화하고 그것을 주민 통제의 수준까지 지향되어야 할 것을 시사했다(Kaplan et al., 1978).

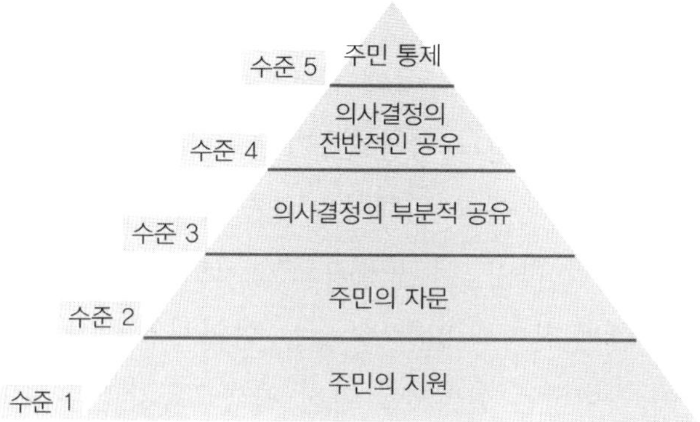

| 그림 13-4 | **공공 평생교육기관 경영에 있어서의 주민 참여수준**

출처: Kaplan et al. (1978). Citizens in public Education: Five level of Participation. Community Education Journal, VI(3), 1-25.

아울러 평생교육기관 경영 및 프로그램 운영에의 주민참여를 조장하려면 먼저 그 기능과 이를 판정하는 기준이 선정될 필요가 있다. 주민참여는 그들의 동기, 태도 등에 따라 그 형태가 달라질 수 있고, 그 기능 등에 또한 문제가 많기 때문이다.

주민참여의 수준을 어느 정도로 할 것인가를 판정하는 기준을 들어보면, ① 주민 통제에 의한 건강한 평생교육기관의 유지, ② 권한의 적정한 배분, ③ 사회의 정책·문화풍토와 조직 현실과의 조화, ④ 전문직과 대중의 관계 개선, ⑤ 교육 학습자로서의 그들의 모니터링과 보고, ⑥ 참여에 따른 개개인의 학습기회, ⑦ 교육위원회 등의 대의원 선출과 그에 따른 지원 활동 등이 주민참여 수준 판정 기준이다.

한편 참여 형태에서 고려해야 할 것은 ① 평생교육기관의 프로그램 및 경영 등에 대한 정보제공, ② 자원봉사 지원, 곧 평생교육 프로그램 제공과 관련한 활동보조, 탁아, 상담, 재정지원 및 멘토링 등의 활동과 프로그램의 지원 활동,

③ 예산, 인사, 프로그램 개발, 야외 프로그램 활동 등에 대한 지원 및 의사결정 활동, ④ 기획과 발전, ⑤ 프로그램의 질과 관련된 연구, ⑥ 성과의 평가 등 어디에 초점을 두고 참여시킬 것인가가 실제적인 문제가 된다.

어떤 기능을 중심으로 할 것인가에 따라서, 그리고 적어도 부분적 의사결정을 공유하는 수준에서 그들의 참여가 허용되어야 한다면, 여기에는 상당한 정도의 평생교육기관의 자율성과 평생교육기관 중심의 경영이 요구된다. 그러므로 평생교육에서의 주민참여를 위해서는 평생교육기관 수준에서 분권화된 조직형태가 뒷받침되어야 하며, 더 구체적으로 지도자, 학습동아리 대표, 프로그램이수자, 주민이 함께 참여해 일할 수 있는 협의체와 같은 조직을 만드는 것이 필요하다. 이들이 참여하는 협의체를 가진 평생교육기관의 경영은 효과적인 파트너십을 이룩하는데 가장 좋은 기반이 될 수 있다는 것을 고려해야 된다(권두승 외, 2016).

4) 평생교육 네트워크 실천

(1) 네트워크 장애요인

실제 평생교육기관 경영에서 네트워크 활동을 추진해 가는 일은 쉽지 않다. 서로 다른 이해관계와 사업방식이나 관할 부서의 경계 등으로 인해서 기관들 간의 네트워크에는 장애요소가 있게 마련이다. 이를 극복하기 위해서는 다양한 실전전략이 요구된다(김용현 외, 2018).

첫째, 네트워크 기관 간의 이해관계가 요구된다. 제안을 받은 네트워크 기관의 직원들은 자신들이 일을 제대로 하고 있지 않다는 것을 의미한다고 느낄 수도 있다. 이때 그들은 저항적이고 방어적 태도를 취하게 된다. 지역의 기관들은 어떤 사람이 그들의 역할을 가로챌 것을 걱정함으로써 영역의 문제를 제기하고 있다.

둘째, 시간과 재원의 부족하다. 직원들은 그들에게 더 많은 책임과 활동이 부과됨으로써 네트워크의 운영 자체를 부정적으로 볼 수 있다. 초과 근무에 대한 재정적 지원을 할 수 없다면 그 기관은 네트워크에 참여하는 데 장애가 발생할 수 있다.

셋째, 의사소통의 문제가 있다. 제안된 네트워크사업의 목적에 대해 명확하게 의사소통이 되지 않거나 개인 또는 기관의 기대·요구 등이 잘못 이해되었을 경우에 문제가 발생한다. 의사소통의 문제는 기관 간에도 생기지만, 기관 내에서도 발생할 수 있다.

(2) 네트워크 성공 원칙

지역교육의 활성화를 위해서 필수적으로 요청되는 기관 간의 연계·협력이 성공하기 위해서는 열 가지 실천 원칙이 필요하다(양병찬, 2000).

첫째, 지역의 공동 이슈·사업을 선택하라. 연계는 참여기관 간의 공동 이슈나 사업을 설정할 필요가 있다. 따라서 지역사회에서 요구하는 공동의 이슈를 선택하여야 한다. 예를 들면 환경 문제 등이 지역의 공동사업이 될 가능성이 크다.

둘째, 연계 사업의 중심에서 논의하라. 연계하게 된 사업의 핵심 과제부터 논의하라. 중심이 되는 사업을 논의하고 이를 실행에 옮기면 주변의 과제로 확산시켜 나갈 수 있다.

셋째, 기여할 수 있는 점은 다양하다는 것을 인식하라. 기관들은 자기 기관의 단점을 보완하기 위해 연계에 참여하는 것이다. 따라서 각각의 기관이 다른 기관이 가지고 있는 장점과 단점을 이해하고 받아들인다면 문제는 최소화될 수 있다.

넷째, 모든 기관의 독자적인 이해관계를 충족할 수 있도록 하라. 모든 기관이 연계에 참여함으로써 이득이 있다고 생각하게 해야 한다.

다섯째, 관습적인 이해관계를 이해하고 존중하라. 지역 내에서 각 기관은 고유의 역사와 구조, 가치, 문화, 지도력 등을 가지고 있다. 불필요한 갈등을 회피하기 위해서는 연계 기관들이 서로를 이해하고 존중할 필요가 있다.

여섯째, 명성을 공평하게 분배하라. 지역사회에서 네트워크사업을 통하여 얻을 수 있는 명성을 각 기관이 공평하게 배분해야 할 것이다. 이같이 지역사회의 인정은 구체적으로 교환되는 가치와 함께 네트워크에 참여하는 중요한 이유가 된다.

일곱째, 가시적 성과를 획득하라. 네트워크를 통한 사업이 구체적이고 가시적인 성과를 획득하도록 한다. 이는 각 기관이 스스로 현실적이고 계측 가능한 결과를 볼 때만 지속적으로 참여를 하게 되는 것이다.

여덟째, 동의할 수 없는 데에 동의하라. 네트워크는 교환활동이라고 했다. 따라서 교환과정에서 합의가 이루어지지 않는 경우는 흔하게 발생한다. 네트워크 활동은 일회성에 끝나는 것이 아니므로 먼저 양보하고 다음에 요구할 수 있는 교환의 관계를 만드는 것이다. 즉, 즉각적으로는 동의할 수 없지만 서로 주고받는다는 관계 속에서는 다음을 생각하며 동의할 수 있다.

아홉째, 안정적인 협의체를 구성하라. 다양한 기관·단체들이 연계하기 위해서는 지속가능한 협의체를 만들어야 한다. 어느 조직이 간사 단체의 역할을 할 것인가 협의체의 대표를 뽑고 연계 기관 단체들의 일정한 협의를 유지할 수 있도록 협동적인 관계를 구축해 나가야 한다.

열째, 현실적인 연계 예산을 편성하라. 네트워크를 통하여 공동사업을 하는 경우에는 각 기관의 분담금 등을 통하여 현실적인 연계 예산이 편성되어야 한다. 예를 들어, 지역평생교육축제를 개최하고자 할 때 여러 기관·단체들이 사업계획을 공동으로 세우면서 실제적인 사업의 전개를 위하여 분담금을 갹출하여 운영한다.

Chapter

14

평생교육의 디지털 전환과 미래 전략

1. 평생교육에서 디지털 전환의 의의

1) 접근성 향상과 교육 기회의 확장

디지털 전환 덕분에 시간과 장소에 구애받지 않고 누구나 평생학습에 참여할 수 있게 되었다. 예를 들어, 농촌 지역이나 교통이 불편한 지역, 혹은 장애가 있는 사람들도 온라인 강의를 통해 손쉽게 배울 수 있게 되었다. 이러한 변화는 평소 교육 기회가 적었던 소외 계층의 학습 참여율을 높였으며, 사회 전체의 교육권 보장에 긍정적인 영향을 주고 있다(Jimoyiannis & Gravani, 2010; van Dijk, 2020).

2) 교육 효율성 증대와 개인 맞춤형 학습 강화

디지털 기술은 학습자의 필요와 수준에 맞춘 맞춤형 학습을 가능하게 한다. 예를 들어, 온라인 플랫폼은 학습자의 이전 학습 상황과 관심사를 분석해 꼭 필요한 자료와 학습 경로를 제공한다. 이를 통해 학습 몰입도와 자기효능감을 증진하며, 서울시평생교육진흥원의 발표에 따르면 코로나19 시기 온라인 전환 후 학습 참여율이 30% 이상 증가했다(OECD, 2020).

3) 교육 시스템 및 조직문화 혁신 촉진

디지털 전환은 단순히 새로운 기술을 사용하는 것에 그치지 않고, 평생교육 기관 내부의 운영 방식과 조직 문화를 바꾸도록 만든다. 교사들은 새로운 기술을 익혀 학습자를 더 효과적으로 지원해야 하고, 기관들은 유연한 협업 문화와 디지털 역량 강화를 위한 교육을 꾸준히 제공해야 한다. 이러한 변화가 평생교육의 질을 높이고, 더 나은 학습 환경을 만드는 데 중요한 역할을 한다(이수진,

2023; Fullan, 2013).

4) 디지털 전환의 한계와 비판적 시각

디지털 전환은 많은 장점을 지니지만, 한편으로는 사회적 고립, 기술 접근의 격차, 그리고 디지털 과부하로 인한 심리적·신체적 피로와 같은 부작용도 동반한다. 특히 체르니에비츠 등(Czerniewicz et al., 2020)은 긴급 원격 교육이 디지털 격차를 가시화하고, 불평등을 심화했다고 지적한다. 또 일부 연구들은 디지털 업무 과중으로 인한 피로와 소진이 교사 및 학습자 모두에게 나타난다고 보고하고 있다.

2. 디지털 학습 환경과 교육 플랫폼

1) MOOC 플랫폼의 글로벌 확산과 학습자 영향

MOOC는 '대규모 공개 온라인 강좌'를 뜻하며, 언제 어디서나 인터넷만 연결되면 무료 또는 저렴한 비용으로 강의를 들을 수 있는 교육 방식이다. 예를 들어, 미국 스탠포드 대학에서 제공한 '온라인 머신러닝' 강좌에는 16만 명이 넘는 사람들이 참여했다(Koller et al., 2013). 이렇게 많은 사람들이 동시에 참여할 수 있는 교육은 이전에는 상상하기 어려웠다. MOOC 덕분에 사람들이 다양한 전문 지식을 쉽게 배울 수 있고, 스스로 공부하는 능력도 자연스럽게 높아지고 있다.

2) 국내 K-MOOC 및 지역 기반 플랫폼의 활성화

국내에서도 K-MOOC라는 이름으로 2020년부터 1,000개가 넘는 강좌가 제공되고 있다. 특히, 각 지역 평생교육센터와 협력해 그 지역에 맞는 맞춤형 강좌도 만들어내고 있다. 또한, 모바일로 언제 어디서든 공부할 수 있게 하여 학습자의 편리함을 높이고 있다(김지연·박정훈, 2019). 그 외에도 '에듀넷'이나 '러닝허브' 같은 공공 온라인 학습 사이트도 활발하게 운영되면서, 도시와 농촌 사이의 교육 격차를 줄이는 데 큰 도움이 되고 있다.

3) VR/AR과 같은 첨단기술을 통한 학습 혁신

KAIST 등 여러 연구기관에서는 가상현실(VR)과 증강현실(AR) 기술을 활용해, 실제 실험실 환경을 컴퓨터 안에 그대로 만들어내는 프로젝트를 진행하고 있다. 예를 들어, 평소 접하기 어려운 과학 실험이나 의료 시뮬레이션을 VR 공간에서 직접 체험할 수 있다(Tsolaki & Stathopoulou, 2023). 이러한 기술은 직업 및 기술 교육 분야에서 실습 효과를 극대화하며, 비대면 상황에서도 학습자의 몰입도와 성취감을 향상시키고 있다.

3. 빅데이터와 AI 기반 평생교육 서비스

1) 개인 맞춤형 학습 경로 설계와 성과 향상

AI 기술은 학습자의 이전 학습 이력과 반응 패턴을 꼼꼼히 분석해 가장 적합한 학습 계획을 만들어낸다. 예를 들어, 언어 학습 앱인 Duolingo는 사용자가 자주 틀리는 문제, 학습에 소요하는 시간, 단어를 익히는 속도 등을 빅데이터로 수집해 맞춤형 복습 시기와 난이도를 조절하고 있다(Williams et al., 2019). 덕분에 학습자들은 더 효율적으로 공부할 수 있고, 학습을 꾸준히 이어갈 동기 부여도 높아져 성과가 크게 향상되고 있다.

2) 취업 지원과 경력 개발에서 AI의 역할 강화

국내에서는 잡코리아와 글린트(Glints) 같은 플랫폼이 AI 기반의 역량 분석 시스템을 활용해 구직자와 직무 간의 적합성을 정밀하게 평가하고 있다(이준형·김선영, 2021). 이를 통해 구직자에게는 자신에게 맞는 맞춤형 교육 프로그램과 경력 컨설팅을 제공하며, 고용주에게는 적합한 인재를 추천해 취업 성공률을 높이고 있다. 이러한 AI 기술의 도입은 평생교육과 노동시장 간의 연계를 강화하는 효과적인 방법으로 주목받고 있다.

3) 학습 데이터 분석을 통한 교육 정책과 프로그램 개발 지원

평생교육기관은 학습자들이 남긴 다양한 빅데이터를 분석해 학습자의 선호도, 학습 패턴, 참여도 등을 파악하고 있다(Cho & Kim, 2020). 이 데이터는 새로운 교육 프로그램 개발이나 기존 과정 개편에 중요한 근거가 되며, 학습 지원 방안 수립에도 큰 도움을 준다. 따라서 빅데이터 분석을 적극 활용함으로써 교육의 효과를 높이고 학습자에게 더 적합한 맞춤형 평생교육 서비스를 제공할 수 있다.

4. 온라인 학습자 관리와 학습 성과 평가

1) 실시간 학습 데이터 수집 및 맞춤형 피드백 제공

서울시평생교육진흥원은 LMS(학습관리시스템)를 도입하여 학습자의 출석 여부,

과제 제출 상황, 토론 참여 등 다양한 학습 활동 데이터를 실시간으로 수집하고 있다(서울시평생교육진흥원, 2022). 이렇게 수집된 데이터는 개별 학습자의 학습 상태를 분석하는 데 활용되며, 그에 맞는 맞춤형 피드백이 신속하게 제공되고 있다. 이로 인해 학습자들은 자신의 학습 진행 상황을 정확히 파악하고, 부족한 부분을 즉시 보완할 수 있어 자기주도적 학습 능력이 향상되고 있다. 또한, 이러한 체계적인 관리로 학습 참여율이 15% 이상 증가하고 학습자 만족도도 90%를 넘는 긍정적인 결과가 나타나고 있다.

2) 디지털 포트폴리오 시스템 활용을 통한 역량 증명

'Portfolium'과 경기도평생교육진흥원의 e-포트폴리오 시스템은 학습자가 교육 과정에서 수행한 프로젝트, 과제, 성과물 등을 체계적으로 기록하고 관리하는 도구이다(김현아·박지윤, 2021). 학습자는 자신의 학습 결과를 시각적으로 정리하고, 이를 취업이나 진로 상담 시 역량 증명의 자료로 활용할 수 있다. 평생교육기관은 이 데이터를 바탕으로 학습자의 진도와 성과를 객관적이고 체계적으로 평가할 수 있어 교육의 질 관리에 큰 도움이 되고 있다. 따라서 디지털 포트폴리오는 학습자와 기관 모두에게 매우 유용한 학습 관리 도구로 자리 잡고 있다.

3) 학습 성과 평가의 신뢰성과 공정성 확보

온라인 학습 환경에서 학습 성과 평가의 신뢰성을 보장하는 것은 매우 중요한 과제이다. 최근에는 자동 출석 체크 시스템, 온라인 시험 감독 시스템, 그리고 AI 기반 부정행위 탐지 기술 등이 도입되고 있어 평가의 객관성과 공정성을 크게 향상시키고 있다(Seo et al., 2022). 이러한 기술들은 학습자의 부정행위를 효과적으로 방지하며, 평가 결과에 대한 신뢰도를 높이는 역할을 한다. 따라서 평생교육기관은 디지털 기술을 적극 활용하여 공정한 학습 평가 환경을 조성하고, 학습자들이 정당한 평가를 받을 수 있도록 노력하고 있다.

4) 성과관리체계 구축과 데이터 기반의 의사결정

효과적인 평생교육경영을 위해서는 학습자의 참여, 만족도, 성과를 정량화하여 분석할 수 있는 성과관리체계의 도입이 필수적이다. 특히 KPI(Key Performance Indicator)를 활용한 주기적인 성과 측정은 기관의 교육 품질과 행정 운영 효율성을 함께 평가할 수 있도록 한다. 더불어 균형성과표(BSC: Balanced Scorecard)를 통해 학습자 관점, 내부 프로세스, 재정, 사회적 기여 등 다양한 영역에서 성과를 체계적으로 관리할 수 있다. 예컨대 인천광역시 평생교육진흥원은 이러한 다면적 평가 지표를 도입하여 연간 학습자 만족도, 온라인 접속률, 취업 연계율 등의 통합 성과 보고서를 공개하고 있으며, 이는 공공성과 경영 투명성을 높이는 데 기여하고 있다.

5. 디지털 시대 평생교육기관의 혁신 전략

1) AI 기반 학습관리 시스템 도입 및 운영 최적화

핀란드의 Opintopolku 평생교육기관은 AI 학습관리 시스템을 도입하여 학습자의 학습 진행 상황을 실시간으로 확인하고, 개별 학습자의 필요와 수준에 맞는 맞춤형 학습 경로를 제공하고 있다. 이를 통해 학습자의 만족도는 95%에 달하는 높은 수준을 유지하고 있다(Hämäläinen & Vähäsantanen, 2021). 이 시스템은 학습자의 강점과 약점을 분석하여 적절한 학습 자료와 과제를 추천하는 역할을 하여, 학습 효율을 크게 높이는 데 기여하고 있다. 따라서 AI 기술은 평생교육에서 학습자의 개별화를 실현하는 데 중요한 수단으로 자리 잡고 있다.

2) 협력 네트워크 구축과 디지털 콘텐츠 공동개발

한국평생교육진흥원은 지방자치단체와 다양한 교육기관과 협력하여 디지털 교육 콘텐츠를 공동으로 개발하고 있으며, 이를 바탕으로 온라인 강좌를 체계적으로 운영하고 있다(이수진, 2023). 이러한 협력은 각 기관이 가진 교육 자원과 전문성을 결합하여 고품질 콘텐츠를 생산하는 데 도움이 되고, 동시에 교육 비용 절감에도 기여하고 있다. 또한, 협력 네트워크는 지역 간 교육 격차를 줄이고, 다양한 대상 학습자에게 맞춤형 학습 기회를 제공하는 기반이 되고 있다. 이로 인해 평생교육의 접근성과 다양성이 크게 확대되고 있다.

3) 조직 문화 혁신과 인재 역량 강화

평생교육기관은 디지털 역량 강화 교육과 인사 평가 체계를 개편하여 구성원들의 기술 활용 능력과 혁신적 사고를 장려하고, 유연한 업무 환경을 조성하고 있다(Fullan, 2013). 이를 통해 직원들은 최신 기술을 적극적으로 활용할 수 있는 능력을 갖추게 되었으며, 새로운 업무 방식과 혁신적 아이디어를 실천할 수 있는 환경이 조성되고 있다. 이러한 조직 문화 변화는 평생교육기관이 급변하는 디지털 환경에 유연하게 대응하며 지속가능한 성장을 이룰 수 있는 기반이 되고 있다. 따라서 인재 역량 강화는 평생교육기관 혁신에서 빼놓을 수 없는 중요한 과제이다.

4) 리더십 전략과 조직 경영 체계의 변화

디지털 전환이 가속화됨에 따라 평생교육기관은 단순한 기술 도입을 넘어서 조직 구조와 리더십 체계를 전환하는 혁신 경영 전략이 요구된다. 특히 변혁적 리더십(transformational leadership)은 조직 구성원에게 디지털 변화의 필요성을 설득하고, 학습자 중심의 비전을 공유하는 데 핵심적인 역할을 한다. 이와 더불어, 각 부서 간 수평적 의사결정 구조와 협업 체계를 통해 유연하고 민첩한 조직 문화를 구축할 필요가 있다. 예를 들어, 서울특별시 평생교육진흥원은 조직 내부에 '디지털 전환 추진 TFT'를 구성하여 실무자 중심의 Bottom-up 전략을 실행하고 있으며, 이와 같은 리더십 모델은 향후 평생교육기관의 지속 가능한 혁신의 방향성을 제시한다.

6. 미래 평생교육 경영의 과제와 전망

미래 평생교육이 성공적으로 자리 잡기 위해서는 기술 도입뿐 아니라 디지털 포용성과 윤리적 책임, 그리고 지속가능한 경영 전략에 기반한 복합적인 접근이 필요하다.

첫째, 가장 시급한 과제는 디지털 격차의 해소이다. 디지털 격차란 컴퓨터, 인터넷, 스마트 기기 등 디지털 기술을 이용할 수 있는 기회나 능력의 차이를 의미하며, 이는 특히 고령자, 저소득층, 농어촌 거주자 등 사회적 약자에게 더욱 두드러진다. 이러한 격차가 해소되지 않으면 교육 기회의 불균형은 더욱 심화되고, 궁극적으로 사회적 불평등을 강화시킬 수 있다. 이에 따라 평생교육기관과 정부는 디지털 접근성을 높이기 위한 맞춤형 지원 프로그램을 운영하고 있으며, OECD 역시 디지털 포용을 위한 인프라 구축과 정책 강화를 지속적으로 권고하고 있다.

둘째, 개인정보 보호와 데이터 보안 역시 미래 평생교육의 핵심 과제 중 하나이다. 디지털 학습 환경에서는 학습자의 개인정보와 학습 데이터가 끊임없이 수집되고 분석되며, 이는 교육 품질 향상에 기여함과 동시에 정보 유출이라는 잠재적 위험도 내포하고 있다. 따라서 평생교육기관은 유럽연합의 GDPR(일반 개인정보 보호법) 등 국제 기준을 준수하고, 안전한 데이터 관리 체계를 구축함으로써 학습자의 신뢰를 확보해야 한다. 이는 단순한 법적 의무를 넘어, 학습자의 권리를 존중하고 평생교육 시스템의 신뢰성을 높이는 기반이 된다.

셋째, AI 튜터링과 메타버스 등 첨단 기술을 활용한 새로운 학습 환경의 확대가 예상된다. 메타버스는 가상 공간에서 실시간 상호작용이 가능한 몰입형 학습 환경을 제공하며, AI 기반 튜터링 시스템은 학습자의 성향과 성취 데이터를 분석하여 개인 맞춤형 피드백을 제공한다. 예컨대, KAIST와 네이버랩스가 공동개발 중인 AI 학습 보조 시스템은 학습자의 학습 효율성을 획기적으로 향상시킬 것으로 기대된다. 이러한 기술 융합은 평생교육을 단순한 지식 전달이 아닌, 능력 향상과 성장 중심의 개별화된 학습 체계로 진화시키고 있다.

이러한 흐름 속에서 평생교육기관은 단순히 기술을 도입하는 것을 넘어, 윤리성과 사회적 책임을 내재화한 경영 전략을 수립해야 한다. 특히 평생교육기관은 디지털 전환을 추진함과 동시에 학습자의 권익 보호, 공정한 학습 기회 제공, 사회적 약자에 대한 배려를 포함하는 디지털 윤리 경영체계를 마련해야 한다. 최근에는 ESG(Environment, Social, Governance) 기반의 지속가능한 운영 방침을 도입하는 기관이 늘고 있으며, 이는 기술 도입과 서비스 운영 전 과정에 사회적 책임을 반영하는 중요한 흐름이다. 예를 들어, 광주광역시 평생교육진흥원은 고령자와 장애인을 위한 '디지털 학습 돌봄 매니저' 제도를 시행하여 디지털 격차 해소와 학습권 보장을 동시에 달성하고 있다.

따라서 미래의 평생교육 리더는 기술 활용 역량뿐만 아니라 윤리적 감수성과 사회적 포용, 혁신을 이끄는 리더십 역량을 고루 갖춘 전문 경영자로서 역할을 수행해야 한다. 평생교육은 단지 개인의 역량 개발을 넘어, 사회 통합과 평등한 학습권 실현이라는 공공적 역할을 수행해야 하며, 이러한 역할 수행을 위한 통합적 경영 전략과 책임 있는 리더십이 절실히 요구된다. 앞으로 평생교육은 기술 기반 사회에서 모두가 배움의 기회를 공정하게 누릴 수 있도록 하는 포용적이고 지속가능한 사회적 기반으로 자리매김할 것이다.

Reference

참고문헌

가재환, 김충렬. (2005). 21세기 조직행동론. 서울: 형설출판사.

강병서. (2013). 가치창출을 위한 신경영론. 서울: 무역경영사.

강석권. (2012). 인권감수성 훈련: 인권과 인권교육. 부산: 국가인권위원회 부산인권사무소.

강위영, 나운환, 박경순, 류정진, 정명현, 김동주, 정승원, 강윤주. (2009). 직업재활개론. 서울: 나눔의집.

강인준. (2007). 경영기획업무 매뉴얼. 서울: 영화조세통람.

계도원. (2012). 고객만족마케팅 전략: 고객마인드 고객가치 향상을 통한 기업가치 혁신. 서울: 좋은책만들기.

고정훈. (2015). 언론사부설 평생교육기관의 변천과정에 대한 탐색적 연구. 서강대학교 교육대학원 석사학위논문.

곽내영. (2007). 곽내영 교육학(하). 서울: 도서출판 들풀.

교육개혁위원회. (1996). 신교육체제구축 & 위상 교육개혁(안). 서울: 교육개혁위원회.

교육과학기술부. (2008). 2008 평생교육법, 평생교육법시행령, 평생교육법시행규칙 해설자료. 서울: 교육과학기술부.

교육부. (2014. 11. 5). 2014학년도 사내대학평생교육시설 인가 승인 보도자료.

구미시. (2019). 구미시 지방분권 추진계획 수립 연구용역. 구미: 구미시.

국가인권위원회. (2004). 국제인권장전: 유엔인권해설집. 서울: 국가인권위원회.

국가인권위원회. (2018). 유엔세계인권교육프로그램 행동계획. 서울: 국가인권위원회 정책교육국 인권교육기획과.

국가평생교육진흥원. (2019). 2018 평생교육백서. 서울: 국가평생교육진흥원.

국가평생교육진흥원. (2020). 2019 평생교육백서. 서울: 국가평생교육진흥원.

권건일, 송경애. (2006). 교육학개론. 파주: 양서원.

권대봉. (2006). 평생교육의 다섯마당. 서울: 학지사.

권두승, 오혁진, 김한별. (2006). 평생교육시설과 학원의 교습과정 실태 조사 및 활성화 방안 연구. 서울: 한국교육개발원.

권두승, 최운실. (2016). 평생교육경영론(2판). 파주: 교육과학사.

권이종, 이상오. (2001). 평생교육: 실제편. 서울: 교육과학사.

권인탁, 임영희. (2017). 평생교육경영론(2판). 서울: 학지사.

권중돈, 이은영, 박현주, 이은주, 정희남. (2016). 노인 인권 길라잡이: 노인복지시설 인권교육교재. 서울: 국가인권위원회.

김경애, 김정원. (2007). 교육지원체제로서 지역 네트워크 형성과정에 대한 사례연구: 노원지역의 교육복지투자우선지역 사례를 중심으로. 평생교육학연구, 13(3), 117-142.

김경희. (2009). 사회복지행정론. 서울: 청목출판사.

김기표. (2016). 4차 산업혁명과 학교교육. 국제뇌교육종합대학원 지구평화연구소. 평화학논총, 6(2), 62-78.

김기현. (2007). 신세대 장병의식이 군 리더십 유효성에 미치는 영향: 대대급 전투부대 사례를 중심으로. 한성대학교 국제대학원 석사학위논문.

김대식. (2017). 4차 산업혁명 시대 초등교육의 정체성과 역할. 교육사상연구, 31(4), 23-45.

김도수. (1995). 사회교육학. 서울: 교육과학사.

김도수. (2001). 평생교육. 파주: 양서원.

김동일, 이학곤, 박지유, 이경수, 김예경. (2025). 평생교육론. 서울: 동문사.

김동일. (2019a). 한국교회의 사회활동과 교회평생교육 고찰: 호남지역 교회 중심으로. 예술인문사회융합멀티미디어논문지, 9(11), 67-79.

김동일. (2019b). 평생교육 활성화를 위한 전담공무원 제도 제안. 예술인문사회융합멀티미디어 논문지, 9(12), 27-36.

김동일. (2020). 평생교육실습 이론과 실제. 파주: 정민사.

김명한, 박종열. (2002). 교육행정 및 학교경영. 서울: 형설출판사.

김미옥. (2012). 지적장애인 서비스과정 참여에 관한 인식 연구: 장애인거주시설 내의 참여를 중심으로 한 IPA 분석. 사회복지연구, 43(4), 69-394.

김미자. (2023). 평생교육경영론(2판). 고양: 공동체.

김미향. (2014). 한국 사회교육자 전문성에 관한 제도적 규정의 변천과정 연구. 동의대학교 대학원 박사학위논문.

김병태, 김문홍, 김동조, 조준희. (2014). 쉽게 배우고 바로 적용하는 경영학원론. 대전: 대경.

김봉철. (2001). 중학교 평생교육 운영에 관한 학부모의 인식 연구. 경기대학교 교육대학원 석사학위논문.

김성수. (2000). 경영정책과 전략. 서울: 삼영사.

김승욱. (2019). 언택트(untact) 마케팅 시대의 디자인 씽킹과 서비스 경영. 서울: 박영사.

김신일, 권두승, 한숭희, 양병찬, 오혁진, 이지혜, 허준. (2003). 평생학습지원체제 구축방안 연구. 서울: 한국교육개발원.

김신일, 김재웅, 정민승. (2009). 평생교육경영학. 서울: 한국방송대학교 출판부.

김신일, 김재웅. (2002). 평생교육경영학. 서울: 한국방송통신대학교출판부.

김연성, 박영택, 서영호, 유왕진, 유한주, 이동규. (2002). 서비스 경영: 전략·시스템·사례. 파주: 법문사.

김영한. (1997). 고객만족혁명. 서울: 성림.

김용세. (2018). 비즈니스 이노베이션 서비스 디자인. 서울: 박영사.

김용현, 김종표, 문종철, 이복희, 김나리. (2024). 평생교육프로그램개발론. 파주: 양서원.

김용현, 성낙돈, 윤여각, 이상오, 정기수, 강무섭, 송병국, 양병찬, 김진한, 김노마, 이정희, 심의보, 하광호, 정찬남. (2018). 평생교육경영론(2판). 파주: 양서원.

김운걸, 이정교. (2013). 고객만족을 위한 공간디자인 마케팅 현황분석 연구: 상업 공간을 중심으로. 한국공간디자인학회논문집, 8(2), 59-69.

김윤석. (2010). 평생학습 사업별 네트워크 사례 분석: 여수시를 중심으로. 광주대학교 대학원 석사학위논문.

김윤태. (2006). 교육행정·경영의 이해(수정판). 서울: 동문사.

김은혜. (2013). 중학생이 지각한 부모-자녀 간의 의사소통과 자아탄력성이 학교적응에 미치는 영향. 충북대학교 교육대학원 석사학위논문.

김인수. (2009). 레널즈(W. D. Reynolds)가 한국장로교 선교상황의 발전과 변화에 끼친 영향 연구. 호남신학대학교 대학원 박사학위논문.

김재명. (2013). 경영학원론. 서울: 박영사.

김종서, 김신일, 한숭희, 강대중. (2009). 평생교육개론(3판). 파주: 교육과학사.

김종재, 이한재, 박춘호, 이경근. (2007). 경영의 이해. 서울: 박영사.

김종철, 배종근, 윤형원, 노종희, 김영식, 김재범, 김세기, 강영삼, 김신복, 김명한, 김칠순, 정진환, 임규진, 강무섭, 신중식, 한국교육행정학연구회. (1997). 현대 교육행정이론. 서울: 형설출판사.

김지연, 박정훈. (2019). K-MOOC 학습자의 만족도와 지속적 이용 의도에 관한 연구. 한국교육정보미디어학회지, 25(4), 667-693. https://doi.org/10.15833/kjeme.2019.25.4.667

김지헌. (2016). 가치를 사는 소비자 공감을 파는 마케터: 남다른 가치를 찾아내는 마케팅 두뇌 만들기 프로젝트. 고양: 갈매나무.

김진숙, 김규태, 서민호, 조정선. (2018). 평생교육경영론. 파주: 양성원.

김진철, 김진극, 유승동, 문승일. (2015). 경영학의 이해(개정2판). 서울: 형설출판사.

김진화. (2008). 평생교육 프로그램개발론: 청소년지도자, 성인교육자, 산업교육담당자를 위한. 파주: 교육과학사.

김창걸. (1994). 교육행정학신론: 교육행정 및 교육경영. 서울: 형설출판사.

김창걸. (2003). 교육조직행정론. 서울: 형설출판사.

김창엽. (2014). 평생교육실무론. 서울: 동문사.
김창환, 김본영, 오요섭, 오지연, 이진영, 정미림, 손지혜. (2007). 평생교육 프로그램 분류 자료집. 서울: 한국교육개발원.
김현아, 박지윤. (2021). e-포트폴리오 기반 학습 성과 관리 사례 연구: 경기도평생교육진흥원을 중심으로. 평생교육연구, 39(3), 77-95.
김형관. (1995). 교육행정. 서울: 성원사.
김효석, 김경한. (1993). 비즈니스 프로세스 리엔지니어링: 성공전략과 구체적 추진 방법론. 서울: 한국능률협회.
김희연. (2002). 지역사회복지의 네트워크 분석: 대전광역시 사회복지관을 중심으로. 이화여자대학교 대학원 박사학위논문.
나운환, 박경순, 이창희, 강윤주, 신현욱. (2019). 직무개발과 배치. 파주: 정민사.
남정걸. (1993). 사회교육행정론. 서울: 교육과학사.
남정걸. (1996). 특수교육행정론. 서울: 교육과학사.
남정걸. (1997). 교육조직행정론. 서울: 교육과학사.
남정걸. (2008). 평생교육경영학(개정판). 파주: 교육과학사.
노영순. (2014). 문화·관광분야 기업의 사회적 책임(CSR) 확산을 위한 기초연구. 서울: 한국문화관광연구원.
단국대학교 경영학원론 출판위원회. (2005). 21세기의 경영학 원론. 서울: 양서각.
대통령소속 자치분권위원회. (2018). 자치분권 종합계획(안). 서울: 대통령소속 자치분권위원회.
도회근. (2015). 울산 동구주민과 학교내 인권실태조사. 울산: 울산광역시.
류은숙. (2009). 인권의 이해. 정신보건시설 인권교육 참고교재 II(강사양성 교육용). 서울: 한국정신사회재활협회.
문영미. (2011). 디퍼런트: 넘버원을 넘어 온리원으로. 파주: 살림출판사.
문정수, 이희수. (2008). 인천 지역평생교육정보센터의 네트워크 특성 사례. 평생교육학연구, 14(4), 155-183.
문정수. (2010). 지역평생교육추진체제의 사회네트워크 분석. 중앙대학교 대학원 박사학위논문.
미래창조과학부 미래준비위원회, KISTEP, KAIST. (2017). 10년 후 대한민국 미래 일자리의 길을 찾다: 미래전략 보고서. 서울: 진한엠앤비.
박동서. (2001). 한국행정론(5판). 서울: 법문사.
박동홍. (2011). 지방교육행정조직 변천에 관한 연구: 교육과학기술부의 조직 변천이 서울특별시교육청의 조직 변천에 미친 영향을 중심으로. 한국교원대학교 교육정책전문대학원 석사학위논문.
박상범, 이재식. (2005). 경영학원론. 서울: 삼영사.

박인학. (2002). 교육행정과 교육조직 경영의 이론과 실제. 서울: 도서출판 양지.

박정훈, 강기두, 주희엽. (2000). 가상 상점(Cyber Shopping Mall)의 서비스품질 측정. 경영과학, 17(3), 131-146.

배장오. (2009). 평생교육개론. 고양: 서현사.

배호순. (2008). 교육프로그램 평가론. 서울: 원미사.

배화옥, 심창학, 김미옥, 양영자, 국가인권위원회. (2015). 인권과 사회복지. 파주: 나남.

백방선. (2000). 경영학원론. 서울: 무역경영사.

변종임, 최돈민, 이덕난, 이세정, 고영상, 위영은, 이은주. (2014). 100세 시대 평생교육체제 구축을 위한 평생교육법 정비방안 연구. 서울: 국가평생교육진흥원.

변창진, 최진승, 문수백, 김진규, 권대훈. (1996). 교육평가. 서울: 학지사.

서보준, 서명환, 김우호, 이진열, 박희숙. (2018). 평생교육경영론. 고양: 공동체.

서성무, 이지우. (2005). 경영학의 이해. 서울: 형설출판사.

서울시평생교육진흥원. (2022). LMS 도입 후 학습 참여도 및 만족도 분석 보고서.

서정화, 구관서, 임창희. (2010). 대학인적자원관리: 이론과 실제(대학행정총서 2). 서울: 학지사.

성낙돈, 안병환, 가영희, 임성우. (2015). 평생교육학개론. 서울: 동문사.

성연환. (2011). 한국기독교 초기 선교사들이 한국사회의 평생교육에 미친 영향 연구. 강남대학교 교육대학원 석사학위논문.

송광석. (2007). 서비스품질일관성지수의 개발 및 측정에 관한 연구. 숭실대학교 대학원 박사학위 논문.

송화섭. (1993). 교육행정이론과 경영론. 서울: 양서원.

신동기. (2008). 미래사회 리더의 경영키워드: 피터 드러커가 제안하는 미래를 읽는 힘. 서울: 북오션.

신성훈. (2013). 한국 지역사회교회의 시기별 평생교육활동 특성. 중앙대학교 대학원 박사학위논문.

신유근. (2011). 경영학원론: 시스템적 접근(3판). 서울: 다산출판사.

신윤희. (2006). 대학수학능력시험 사회문화영역 문항의 타당도 분석. 경상대학교 교육대학원 석사학위논문.

신응섭, 이재윤, 남기덕, 문양호, 김용주, 고재원. (2004). 리더십의 이론과 실제. 서울: 학지사.

신중식, 강영삼. (2009). 교육행정·경영론. 서울: 교육출판사.

신철순. (1995). 교육행정 및 경영. 서울: 교육과학사.

안병환, 가영희, 성낙돈, 임성우. (2008). 교육행정 및 교육경영. 고양: 공동체.

안병환, 가영희, 임성우, 조현구. (2018). 평생교육경영론. 서울: 동문사.

안옥순. (2018). 평생교육 관련 학술논문과 법에 나타난 평생교육 개념의 비교 연구. 서강대학교 교육대학원 석사학위논문.

안치민. (2003). **복지권의 구성과 성격**. 서울: 한국사회복지학.

양병찬. (2000). **지역사회 평생교육 공동체 구축을 위한 네트워크 전략**. 서울: 한국교육개발원.

양병찬. (2002). **지역을 살리기 위한 평생학습마을/도시 만들기**. 서울: 한국교육개발원.

양병찬. (2004). 대학평생교육원의 지역 네트워크 강화 전략 탐색: 일반 성인교육 위탁 운영을 중심으로. **교육연구, 18**, 163-193.

오세조, 김동훈, 박충환. (2006). **고객중심과 시너지 극대화를 위한 마케팅**. 서울 박영사.

오창호, 박대섭, 오창호, 김현숙. (2011). 외식서비스접점에서의 고객경험관리(CEM)와 지각된 감정 및 브랜드태도, 관계지향성의 구조적관계에 관한 연구. **외식경영연구, 14**(1), 181-200.

오혁진. (2021). **평생교육경영론(2판)**. 서울: 학지사.

웅선희. (2009). 음악학원 경영에 관한 연구: 전주 · 익산 지역 피아노 학원을 중심으로. 전주대학교 경영대학원 석사학위논문.

유네스코 한국위원회. (1973). **평생교육의 이념과 방향**. 서울: 유네스코한국위원회.

유동식. (2013). 서비스교육훈련이 서비스품질과 자기효능감에 미치는 영향에 관한 연구: K기관을 중심으로. 한국기술교육대학교 테크노인력개발전문대학원 석사학위논문.

유재욱, 이근철, 선정훈. (2014). **현대사회와 지속가능경영(2판)**. 서울: 박영사.

유필화, 황규대, 강금식, 정홍주, 장시영. (2008). **디지털 시대의 경영학**. 서울: 박영사.

육윤복. (2005). **현대사회와 경영학**. 서울: 경영과회계.

윤여각. 이희숙. 양병찬. (2016). **지역사회교육론**. 서울: 한국방송통신대학교출판문화원.

윤영돈. (2015). **기획서 마스터: 상대의 마음을 훔쳐라!**. 서울: 새로운 제안.

윤옥한. (2018). **평생교육 프로그램 개발: 이론과 실제**. 파주: 양서원.

윤정일, 송기창, 김병주, 남수경. (2021). **교육행정학 원론(7판)**. 서울: 학지사.

윤종혁, 김진희, 최수진, 한만길, 김정래, 천호성, 최영철. (2016). **교육 형평성 실현을 위한 정책연구: 유네스코 교육차별철폐 협약 이행과 관련하여**. 서울: 한국교육개발원.

윤종훈, 송인암, 박계홍, 정지복. (2015). **경영학원론(2판)**. 파주: 학현사.

윤홍우. (2005). **신경영학원론**. 서울: 형설출판사.

이건창. (2006). **현대경영의 이해(3판)**. 서울: 무역경영사.

이경화, 권옥경, 김숙기, 김경열, 황성용, 권희철, 송미정, 임제현, 최윤주, 이은정. (2017). **평생교육론**. 서울: 태영출판사.

이길헌. (2016). **평생교육기관 경영의 성과극대화를 위한 평생교육경영론**. 고양: 아이템풀한교원.

이무근. (1990). **직업·기술교육에서의 교육과정**. 서울: 배영사.

이성흠. (2005). **교육훈련 프로그램 반응평가**. 파주: 교육과학사.

이수진. (2023). 평생교육기관의 디지털 혁신과 조직문화 변화. 한국평생교육학회지, 30(1), 45-67. https://doi.org/10.18009/kila.30.1.003

이승주. (2006). 경영전략 실천 매뉴얼. 서울: 시그마인사이트컴.

이양교. (2002). 평생교육 정책론: 교육선진국의 정책행정과 평생교육의 실태비교. 서울: 학문사.

이원우, 서도원, 이덕로. (2002). 경영학원론(2판). 서울: 박영사.

이인규, 신준섭, 정호영, 박성란. (2016). 선생님을 위한 인권플러스: 인권감수성 향상을 위한 초 · 중 · 고등학교 교사용 인권메뉴얼. 서울: 국가인권위원회.

이재규. (2005). 최신 경영학원론: 혁신론적 접근(2판). 서울: 박영사.

이정희. (2008). SWOP/AHP 분석기법을 이용한 부산항만공사의 발전방안 수립에 관한 연구. 한국해양대학교 대학원 석사학위논문.

이종수, 윤영진, 강인재, 곽채기, 채원호, 이재원, 하정봉. (2012). 새 행정학(6판). 서울: 대영문화사.

이종수. (2009). 행정학사전(2판). 서울: 대영문화사.

이준일, 김지혜, 이승택, 박진아. (2015). 인권행정 길라잡이: 국가기관편. 서울: 국가인권위원회.

이준형, 김선영. (2021). 인공지능 기반 평생학습 지원 서비스 개발 동향. 정보과학회논문지, 48(5), 473-483. https://doi.org/10.5626/JCS.2021.48.5.473

이지은. (2014). 공항특수경비조직의 서비스품질과 고객만족, 서비스가치 및 고객충성도의 관계. 서울벤처대학원대학교 박사학위논문.

이진규. (2009). 전략적·윤리적 인사관리. 서울: 박영사.

이진영. (2004). 학교의 사회적 조직 변인과 교사의 공동체 의식과 관계. 경인교육대학교 교육대학원 석사학위논문.

이찬교, 김재웅. (2005). 교육행정. 서울: 한국방송통신대학교출판부.

이필상, 이만우, 정순진. (2002). 경영학원론. 서울: 법문사.

이한검. (1994). 경영학개론. 서울: 형설출판사.

이향란. (2015). 평생교육경영론. 고양: 공동체.

이희수, 권인탁, 김득영, 변종임, 양병찬, 이정희, 이세정, 이현석. (2001). 지역단위 평생교육체제 구축방안 연구. 서울: 한국교육개발원.

이희수, 조순옥. (2007). 「Learning to be」와 「Recurrent Education」에 대한 비교. 평생교육학연구, 13(4), 203-230.

임재호. (2014). IPA 기법 및 QFD 기법을 이용한 염색가공업 품질경쟁력 제공방안에 관한 연구. 한양대학교 대학원 박사학위논문.

임종운, 문영희. (2005). 평생교육개론(2판). 서울: 홍익재.

임종헌, 유경훈, 김병찬. (2017). 4차 산업혁명 사회에서 교육의 방향과 교원의 역량에 관한 탐색적 연구. 한국교육, 44(2), 5-32.
임창희. (2003). 경영학원론. 서울: 학현사.
임창희. (2010). 신 인적자원관리. 서울: 명경사.
장정범. (2014). 델파이(Delphi)와 IPA 분석을 통한 민간조사원의 업무범위 설정에 관한 연구. 용인대학교 대학원 박사학위논문.
장진호. (1988). 평생교육과 사회교육. 서울: 대사출판사.
전미경, 심태은, 안윤정, 이송이, 임윤서. (2017). 나비: 나의 삶, 나의 비전. 파주: 정민사.
전영주, 아영아, 이경희. (2014). 학교폭력예방 길라잡이. 서울: 국가인권위원회.
정민경, 최성호. (2022). 평생교육에서의 디지털 포용 정책과 현황: 서울시 디지털 소외계층 지원사업 사례. 사회복지연구, 39(2), 123-143.
정민승, 허준. (2017). 평생교육경영론. 서울: 한국방송통신대학교출판문화원.
정연순. (2006). 네트워크로서의 학교-도시형 대안학교 운영원리의 평생교육적 해석. 평생교육학연구, 12(3), 23-47.
정지웅, 김지자. (2000). 사회교육학개론(3판). 서울: 서울대학교출판부.
정철수. (2015). 경찰행정의 고객지향성에 미치는 영향요인에 관한 연구. 서울시립대학교 대학원 박사학위논문.
정철영. (2007). 농업인 평생학습체계구축을 위한 농업인교육 발전방안 연구. 농업교육과 인적자원개발, 40(2), 1-31.
정태화, 윤형한, 홍용기. (2014). 고등직업교육기관의 통합 방안: 전문대학을 중심으로. 세종: 한국직업능력개발원.
정환진. (1997). 국립대학 행정조직의 운영 및 기능분석. 동국대학교 교육대학원 석사학위논문.
제철웅, 강주현, 정선애. (2014). 인권경영 길라잡이: 기업 인권교육 교재. 서울: 국가인권위원회.
조경덕, 장성화. (2012). 대인관계와 커뮤니케이션. 서울: 동문사.
조기임. (2009). 부동산경매 입찰자들의 의사결정에 따른 위험요인분석: 계층분석적 의사결정모형을 통한. 서울산업대학교 주택대학원 석사학위논문.
조남두, 권기욱, 오영재, 유현숙, 조남근, 최창섭, 신현석. (2006). 교육행정론. 서울: 원미사.
조동성. (2010). 21세기를 위한 경영학. 서울: 서울경제경영.
조만형. (2022). 현대인에게 꼭 필요한 생활 속의 법(개정판). 서울: 박영사.
조재준. (2012). 평생교육행정경영론. 서울: 태영출판사.
조현양. (2017). 수주도서관 타당성조사 및 건립기본계획 수립. 부천: 부천시.
주삼환, 천세영, 명제창, 신붕섭, 이명주, 이석열. (2008). 교육행정 및 교육경영(3판). 서울: 학지사.
주정우. (2018). 중국시장에서 샤오미의 성공적인 마케팅 전략에 관한 연구. 우석대학교 대학원 석사학위논문.
지호준. (2000). 21세기 경영학. 서울: 법문사.
차갑부. (2014). 평생교육론: 모든 이를 위한 평생학습. 파주: 교육과학사.
차경수, 최충옥, 이미나. (1995). 교육사회학의 이해. 파주: 양서원.
차명직. (2006). 인권. 서울: 살림.
차병권. (1987). 재정학개론. 서울: 박영사.
차성호. (2000). 인적자원관리 테마여행: 21세기 인사·HRD·조직관리의 55가지 에세이식 해법. 서울: 새로운 제안.
차진경. (2014). SNS 특성이 주얼리 제품 및 온라인 쇼핑몰에 대한 태도형성에 미치는 영향에 관한 연구. 경기대학교 서비스경영전문대학원 석사학위논문.
최경민, 이영기, 손장호. (2018). 학교가 행복한 우리 아이들: 교육과정 재구성에서 희망을 찾다. 고양: 공동체.
최기운. (2006). 나초보, 기획과 연애하다: 연애편지처럼 쓰는 기획서. 서울: 서돌.
최기철. (2019). 대구MBC문화센터의 발전 방안 연구. 영남대학교 문화예술디자인대학원 석사학위논문.
최애경, 송연숙. (2018). NCS 직업기초능력 의사소통 능력. 고양: 지식공동체.
최운실, 정석구, 양병찬, 정수현, 최돈민, 허준, 이세정, 김세화, 김선미, 이준석. (2012). 세계시민 육성을 위한 가정·학교·사회 연계체제 구축전략. 서울: 국가평생교육진흥원.
최은수, 배석영. (2017). 평생교육경영론(2판). 파주: 양서원.
최은수. (2019). 주요 외국의 평생교육정책. 서울: 학지사.
최현. (2008). 인권. 서울: 책세상.
한국경제신문 기획부. (2001). 비상경영: 세계 9대 컨설팅사 긴급처방. 서울: 한국경제신문.
한국교육개발원 미래교육기획위원회. (2011). 한국교육 미래 비전. 서울: 학지사.
한국교육개발원. (2001). 지역별 평생교육 관계자 연수자료집Ⅰ. 서울: 한국교육개발원.
한국노동연구원. (2000). 21세기형 인적자원관리: 뉴패러다임과 실천과제. 서울: 명경사.
한국산업인력공단. (2013). 국가직무능력표준 개발 매뉴얼. 서울: 한국산업인력공단.
한국전산원. (2006). 2006년 기관별 국내외 전망: McKinsey quarterly “2006년 주목해야 할 10대 트렌드를 중심”으로. 서울: 한국전산원.
한숭희. (2006). 평생교육론: 평생학습 사회의 교육학(2판). 서울: 학지사.
한우섭, 김미자, 신승원, 연지연, 진규동, 신재홍, 송민열, 김대식, 최용범, 최은수. (2019). 평생교육론(2판). 서울: 학지사.
한진희. (2012). 호텔 조리종사자의 리더십유형 연구와 교환관계가 조직유효성에 미치는 영향. 경기대학교 대학원 석사학위논문.

행정안전부. (2019). **2019년 업무보고: 모두가 안전한 국가, 다함께 잘사는 지역**. 세종: 행정안전부.

허태규. (2016). 경영환경과 경영전략 및 경영혁신기법이 전략적 성과관리시스템과 경영성과에 미치는 영향. 동아대학교 대학원 박사학위논문.

현대경영연구소. (2010). **기업홍보·CI·현대광고**. 서울: 승산서관.

홍기형, 이화정, 변종임. (2006). **평생교육의 이해**. 서울: 교육과학사.

홍봉선, 아영아. (2012). 인권감수성이 청소년의 학교폭력 가해행위에 미치는 영향. **한국사회복지, 23**, 307-335.

홍성수. (2001). **경영전략**. 서울: 새로운 제안.

황선영. (2015). 학습자의 참여지속과 확대에 영향을 미치는 평생교육기관의 마케팅 전략요인 분석. 공주대학교 교육대학원 석사학위논문.

황종건. (1992). **사회교육 체계의 재정립**. 서울: 21세기정책연구원.

星野前川正. (1990). *企画の立て方*. **기획 세우는 법**. 서울: 매일경제신문사.

汪中求, 朱新月. (2011). *零缺陷工作*. 新世界. 이지은 역. (2014). **퍼펙트 워크: 열심히 일하지 말고 완벽하게 일하라**. 서울: 다산북스.

井上講四, 手打明敏. (1989). *生涯學習施設のネットワーク*. 日本生涯教育學會 編, 生涯學習社會の總合診断.

持田榮一, 森隆夫, 諸岡和房. (1979). *生涯教育事典*. 東京: ぎようせい.

Andrews, K. R. (1980). *The Concept of Corporate Strategy*. Irwin: Homewood.

Ansoff, H. I. (1965). *Corporate Strategy*. NY: McGraw-Hill.

Ayer, A. J. (1982). *Language, Truth and Logic*. New York: Dover.

Barnard, C. I. (1938). *The functions of the executive*. Cambridge: Harvard University Press.

Baume, C., Martin, P., & Yorke, M. (2002). *Managing Educational Development Projects: Effective Management for Maximum Impact*(SEDA Series). Routledge.

Berrien, F. K. (1968). *General and social systems*. New Brunswick, N.J.: Rutgers University Press.

Bertalanffy, L. (1968). *General system theory: foundations, development, applications*. New York: George Braziller.

Bishop, B. (2000). *The strategic enterprise: growing a business for the 21st century*. Toronto: Stoddart. 김승욱 역. (2001). **관계우선의 법칙**. 서울: 경영정신.

Blake, R. R., & Mouton, J. S. (1964). *The managerial grid: key orientations for achieving production through people*. Houston: Gulf.

Campbell, R. F., Corbally, J. E. Jr., & Ramseyer, J. A. (1966). *Introduction to educational administration* (3rd ed.). Boston: Allyn & Bacon.

Chandler, A. D. (1962). *Strategy and structure: chapiers in the history of the industrial enterprise.* Cambridge: M.I.T. Press.

Clemens, J., & Mayer, D. F. (1987). *The Classic touch: lessons in leadership from Homer to Hemingway.* Homewood, Ill.: Dow Jones-Irwin. 김민홍 역. (2005). 고전에서 배우는 리더십. 서울: 매일경제신문사.

Cohen, M. D., March, J. G., & Olsen, J. P. (1972). A garbage can model of organizational choice. *Administrative Science Quarterly, 17*(1), 1-25.

Collins, J. C. (2001). *Good to great: why some companies make the leap and others don't.* New York: Harper Business. 이무열 역. (2010). 좋은 기업을 넘어 위대한 기업으로(개정판). 파주: 김영사.

Coombs, P. H. (1968). *The world educational crisis: A systems analysis.* New York: Oxford University Press.

Courtenay, B. C. (1990). An analysis of adult education administration literature, 1936-1989. *Aduit Education Quarterly, 40*(2), 63-77.

Cronin, J. J., & Taylor, T. S. (1992). *Measuring Service Quality: A reexamination and extension. Journal of marketing, 56*(3), 56-69.

Czerniewicz, L., Agherdien, N., Badenhorst, J., Belluigi, D., Chambers, T., Chili, M., ... & Wissing, G. (2020). A Wake-Up Call: Equity, Inequality and Covid-19 Emergency Remote Teaching and Learning. *Postdigital Science and Education, 2*(3), 946-967. https://doi.org/10.1007/s42438-020-00187-4

Dave, R. H. (1973). *Life-long Education and Scool Curriculum.* Hamburg: UNESCO Institute for Education.

Dave, R. H. (1976). *Foundation of lifelong education.* New York: Pergamon Press.

Douglass, S. B. (1978). *Managing Yourself: practical help for Christians in personal planning, time scheduling, and self-control.* San Bernardino, CA: Here's Life Publishers.

Downs, A. (1985). *An Economic Theory of Democracy.* Boston: Addison-Wesley.

Downs, C. W., Linkugel, W. A., & Berg, D. M. (1977), *The organizational communicator.* New York: Harper and Row.

Dror, Y. (1971). *Design for Policy Sciences.* New York: American Elsevier Pub.

Drucker, P. F. (1995). *Managing in a time of great change.* Oxford: Butterworth-Heinemann. 이재규 역. (1996). 미래의 결단. 서울: 한국경제신문사.

Drucker, P. F. (1999). *Management challenges for the 21st century.* New York : HarperBusiness. 이재규 역. (2002). 21세기 지식경영: 지식근로자의 자기개발법(2판). 서울: 한국경제신문사.

Etzioni, A. (1965). *Modern organizations.* Englewood Cliffs, NJ: Prentice-Hall.

European Parliament and Council of the European Union. (2016). Regulation (EU) 2016/679 (General Data Protection Regulation). *Official Journal of the European Union.* https://eur-lex.europa.eu/eli/reg/2016/679/oj

Fayol, H. (1949). *General and industrial management* (C. Storrs, Tran.). London: Sir lssac Pitman & Sons.

Fullan, M. (2013). *Stratosphere: Integrating technology, pedagogy, and change knowledge.* Pearson.

Gilbert, N., & Specht, H. (1977). *Coordinating Social Services: An Analysis of Community, Organizational and Staff Characteristics*(Praeger Special Studies in U. S. Economic, and Political Issues). Prageger Publishers Inc.

Grönroos, G. (1984). A Service-oriented Approach to Marketing of Service. *European Journal of Marketing, 12*, 588-601.

Grönroos, G. (1990). *Service Management and Marketing: Managing the Moments of Truth in Service Competition.* Lexington Books, Lexington.

Gulick, L. (1937). Notes on the theory of organization. In L. Gulick & L. Urwick (Eds.), *Papers on the science of administration*(pp. 191-195). New York: Institute of Public Administration, Columbia University.

Harackiewicz, J. M., Barron, K. E., Pintrich, P. R., Elliot, A. J., & Thrash, T. M. (2002). Revision of achievement goal theory: Necessary and illuminating. *Journal of Educational Psychology, 94*, 638-645.

Harari, Y. N. (2014). *Sapiens: a brief history of humankind.* London: Harvill Secker. 조현욱 역. (2015). 사피엔스: 유인원에서 사이보그까지, 인간 역사의 대담하고 위대한 질문. 파주: 김영사.

Harari, Y. N. (2016). *Homo deus: A brief history of tomorrow.* London: Harvill Secker. 김명주 역. (2023). 호모 데우스: 미래의 역사. 파주: 김영사.

Harris, R., Harris, K., & Baron, S. (2003). *Theatrical service experiences: dramatic script development with employees. International Journal of Service Management, 14*(2), 184-199.

Houl, C. (1992). *The literature of adult education: A bibliographic essay.* San Francisco: Jossey-Bass.

Hoy, W. K., & Miskel, C. G.(2001). *Educational Administration: Theory, Research, and Practice*(6th Ed.). New York: MaGraw-Hill.

Ife, J. (2000). Human rights and social work. Columbia University Press.

Jones, C. O. (1968). *Introduction to the study of public policy.* Belmont, CA: Wadsworth Publishing Company.

Kaplan, M. H., & Tune. R. V. (1978). Citizens in public Education: Five level of Participation. *Community Education Journal, VI*(3), 1-25.

Kast, F. E., & Rosenzweig, J. E. (1985). *Organization and management: A systems and contingency approach* (4th ed.). New York: McGraw-Hill.

Katz, R. L. (1955). Skills of an Effective Administration. *Harvard Business Review, 23*(January-February), 33-42.

Kaufmann, R. A. (1972). *Educational System Planning.* Englewood Cliffs, NJ: Prentice-Hall Inc.

Knezevich, S. J. (1984). *Administration of public education: A source book for the leadership and management of educational institutions* (4th ed.). New York: Harper & Row.

Kolb, B. M. (2004). Marketing for cultural organizations : new strategies for attracting and engaging audiences. New York: Routledge/Taylor & Francis Group. 이보아, 안성아 역. (2004). 문화예술기관의 마케팅. 파주: 김영사.

Kotler, P. (1982). *Marketing for non-profit organizations*(2nd ed.). Englewood Cliffs, NJ: Prentice-Hall.

Kotler, P. (1999). *Kotler on marketing*. New York. Free Press.

Kotler, P., & Fox, K. F. A. (1995). *Strategic Marketing for Educational Institutions.* Mew Jersey: Prentice Hall.

Kotler, P., & Lee, N. (2007). *Marketing in the public sector: A roadmap for improved performance,* N.J.: Prentice Hall.

Lengrand, P. (1970). *Introduction to Life-long Education.* Paris: UNESCO.

Lewis, R. C., & Booms, H. (1983). *The Marketing of Service Quality.* Emerging Perspectives on Service Marketing, eds, Berry, L., Shostack, G., and Upah, G., AMA, Chicago, pp.99-107.

Loughran. E. L. (1982). Different skills for different purpose: Networking, coordination, cooperation and collaboration. *Community Education Journal, 9*(4), 29.

Luckin, R., Holmes, W., Griffiths, M., & Forcier, L. B. (2016). *Intelligence unleashed: An argument for AI in education.* Pearson.

Lunenburg, F. C., & Ornstein, A. C. (1991). *Educational administration: concepts and practices.* Belmont, Calif.: Wadsworth Pub.

Luthans, F. (2008). *Organizational behavior* (11th ed.). Boston: McGraw-Hill.

Mackay, H. (1993). *Get the Job You Want, Keep the Job You Love in Today's Frenzied Job Market.* New York: Harper Business.

Merriam, S. B., Caffarella, R. S., & Baumgartner, L. M. (2007). *Learning in adulthood: A comprehensiv guide* (3rd ed.). San Francisco: Jossey-Bass. NI: Prentice-Hall Incy.

Mintzberg, H. (1975). The manager's job: Folklore and fact. *Harvard Business Review, 53*(4), 49–61.

Mondy, R. W. (1998). *Human resource management* (7th ed.). Upper Saddle River, NJ: Prentice Hall.

Northouse, P. G. (2022). *Leadership: Theory and practice* (9th ed.). Thousand Oaks, CA: Sage Publications.

OECD. (2020). *Education responses to COVID-19: Embracing digital learning and online collaboration.* OECD Publishing. https://doi.org/10.1787/39b0e8cf-en

Paine, T. (1987). *Right of man.* New York: Prometheus Books.

Parasuraman, A., Zeithaml, V. A., & Berry, L. L. (1988). SERVQUAL: A Multiple-Item Scale for Measuring Consumer Perception a of service quality. *Journal of Retailing, 64*(1), 12-40.

Pearson, J. C., & Nelson, P. E. (2000). *An introduction to human communication* (6th ed.). New York: McGraw-Hill.

Perry, W. (1976). *Open university.* Milton Keynes: Open University.

Redfield, C. E. (1958). *Communication in management: The theory and practice of administrative communication.* Chicago: University of hicago Press.

Robbins, S. P. (2005). *Organizational behavior* (11th ed.). Upper Saddle River, NJ: Pearson Prentice Hall.

Schwab, K. (2016). *The Fourth Industrial Revolution.* Colony/Geneva: World Economic Forum. 송경진 역. (2017). **클라우스 슈밥의 제4차 산업혁명.** 서울: 새로운 현재.

Selwyn, N. (2016). *Education and technology: Key issues and debates* (2nd ed.). Bloomsbury Academic.

Shannon, C. E., & Weaver, W. W. (1949). *Mathematical of Communication.* Urbana, Ⅲ.: The Univ. of Illinois Press.

Simerly, R. G., & Associates. (1989). *Handbook of marketing for continuing education.* San

Francisco, CA: Jossey-Bass.
Simon, H. A. (1976). *Administrative Behavior: A Study of Decision Making Process in Administrative Organization*(3rd ed.). N.Y.: MacMillan Co.
Skage, S. (1996). *Building strong and effective community partnerships: A manual for family literacy workers,* Canada: The Family Literacy Action Group of Alberta.
Skidmore, R. (1994). *Social Work Administration: Dynamic Management and Human Relationships*(3rd ed.). Person Education.
Stogdill, R. M. (1974). *Handbook of leadership: A survey of theory and research.* New York: Free Press.
Sweet, W. (2003). *Philosophical theory and the universal declaration of human right.* Univ. of Ottawa Pass.
Toffler, A. (1980). *The third wave.* New York: William Morrow and Co. 이규행 역. (1995). 앨빈 토플러 제3물결의 정치. 서울: 한국경제신문사.
Trecker, H. B. (1977). *Group process in social work: A theoretical and skills framework.* New York: Association Press.
Turner, J. H. (1972). *The structure of sociological theory.* Homewood, IL: Dorsey Press.
UNESCO. (2014). 2014-2021 Medium-term strategy. Paris: UNESCO.
van Dijk, J. A. G. M. (2020). The digital divide. Polity Press.
Vargo, S. L., & Lusch, R. F. (2004). Evolving to a New Dominant Logic for Marketing. *Journal of marketing, 68*(1), 1-17.
Weihrich, H., & Koontz, H. (1993). *Management: a global perspective.* New York: McGraw-Hill. 김세영, 양동훈, 김원석 역. (2006). 현대경영의 이해: 글로벌 경영과 현대 기업. 서울: 범한서적.
Yukl, G. A. (2020). *Leadership in organizations* (9th ed.). Harlow: Pearson.
Zeithaml, V. A., Bitner, M. J., Gremler, D. D. (2006). *Services marketing: integrating customer focus across the firm*(4th ed.). Boston: McGraw-Hill/Irwin. 전인수, 배일현 역. (2006). 서비스 마케팅. 서울: 한국맥그로힐.

알라딘. (https://www.aladin.co.kr)
위키백과사전. (2025). (http://ko.wikipedia.org)
조선일보. (2017. 03. 16.). 유발 하라리 “학교 교육 90%, 30년 뒤엔 쓸모없어”
중앙일보. (2014. 09. 24.). 방송사고 패러디 광고, 미모 리포터 목소리 갈라짐에…역대급 방송 사고? https://www.joongang.co.kr/article/15901664

AUTHORS

저자소개

김동일

광주대학교 교육학박사

광신대학교 사회복지학석사

광신대학교 초빙교수

조원환

중부대학교 경영학박사

고려대학교 교육학석사

세한대학교 석좌교수

송곡대학교 SGAE글로컬대학 본부장

박현진

중부대학교 교육학박사

총신대학교 교육학석사

세한대학교 전임교수

평생교육경영론

초판 1쇄 인쇄 / 2025년 9월 1일
초판 1쇄 발행 / 2025년 9월 5일

•

공저자 / 김동일 · 조원환 · 박현진
발행인 / 이 중 수
발행처 / **동 문 사**

•

서울특별시 서대문구 홍제원 1길 12
(홍제동 137-8)
Tel: 02)736-3718(대), 736-3710, 3720
Fax: 02)736-3719
등록번호: 1974.04.27. 제9-17호
가격: 25,000원

•

ISBN: 979-11-6328-707-0 (93370)
E-mail: dong736@naver.com
www.dongmunsa.com